张京波 孙虎 尹万健 主编

?
如何
　　选择车型　　购车
　　　　办理牌照　　办理保险
　　日常维护　　维护车主权益

?
怎样
　　安全节能驾驶车辆
　　　　办理保险理赔
　　　　进行二级维护和换季维护

私家车

Sijiache
Shiyong
Shouce

使用手册

人民交通出版社股份有限公司
China Communications Press Co.,Ltd.

内 容 提 要

该书共分十章,详细叙述了现阶段私家车主怎样取得购车上牌资格,如何根据个人需求选择车型,如何购车、办理车辆保险和领取号牌手续,怎样安全节能地驾驶车辆,如何对私家车进行日常维护,何时对私家车进行二级维护和换季维护,出事故后怎样办理私家车的保险理赔,如何维护自身权益等车主关心和需要掌握的知识。该书是私家车主的工具书。

图书在版编目(CIP)数据

私家车使用手册 / 张京波,孙虎,尹万健主编.
— 北京:人民交通出版社股份有限公司,2014.9
 ISBN 978-7-114-11611-7

Ⅰ.①私… Ⅱ.①张… ②孙… ③尹… Ⅲ.①汽车—使用方法—手册 Ⅳ.①U471.2

中国版本图书馆 CIP 数据核字(2014)第 187030 号

书　　名:	**私家车使用手册**
著 作 者:	张京波　孙　虎　尹万健
责任编辑:	智景安　宋　伟
出版发行:	人民交通出版社股份有限公司
地　　址:	(100011)北京市朝阳区安定门外外馆斜街 3 号
网　　址:	http://www.ccpress.com.cn
销售电话:	(010)59757973
总 经 销:	人民交通出版社股份有限公司发行部
经　　销:	各地新华书店
印　　刷:	北京市密东印刷有限公司
开　　本:	720×960　1/16
印　　张:	24.25
字　　数:	380 千
版　　次:	2014 年 9 月　第 1 版
印　　次:	2014 年 9 月　第 1 次印刷
书　　号:	ISBN 978-7-114-11611-7
定　　价:	48.00 元

(有印刷、装订质量问题的图书由本公司负责调换)

前　言

在中国,汽车已经进入家庭,私家车数量急速增加,远远超过公务车和商用汽车数量。公安部发布的数据显示,至2012年年底,全国汽车保有量1.2亿辆,年增长1510万辆,增长量超过1999年年底全国汽车保有量。我国18个大中城市汽车保有量超过百万辆。汽车驾驶人首次突破2亿人,年增长2647万人,增长量超过1997年年底汽车驾驶人总量。统计数据显示,道路交通安全形势总体平稳,但仍不容乐观。2012年,全国共查处超速行驶9000多万起,因超速行驶肇事导致7000多人死亡,是导致交通事故最多的交通违法行为。2012年,全国共查处不按交通信号灯指示通行交通违法行为2649万起,平均每天7万多起。全国接报涉及人员伤亡的路口交通事故4.6万起,造成1.1万人死亡、5万人受伤,分别上升17.7%、16.5%和12.3%。其中,因路口违反交通信号灯导致的事故起数上升17.9%。全国私家车导致的事故起数、死亡人数同比上升5.5%和6.5%,分别占机动车肇事总数的68.7%和58.8%,比2011年上升6.4%和6.2%。

汽车是高技术集合的产品,作为私家车主没有必要了解汽车各个部件、总成的技术性能和参数;但应懂得如何安全驾驶和使用汽车,如何选购汽车,如何给汽车领取号牌、办理保险和理赔,如何维护和修理汽车,如何考取驾驶证,了解驾驶证审验、交通违法记分、交通法律法规知识及与车有关的典型案例分析等。《私家车使用手册》就是为指导广大家庭汽车拥有者解决这些难题而编写的。该书内容简洁、注重实用、图文并茂,并用案例分析问题,适合车主、驾驶人、汽车爱好者阅读使用。

本书共分十章,由张京波、孙虎、尹万健同志主编。第一章由张京波同志负责编写,第二章、第五章由孙虎、刘学福、张京波同志负责编写,第三章、第四章、第六章、第九章由尹万健、陈超、马建伟、张子吟同志负责编写,第七章由张建双、李保良同志负责编写,第八章和第十章由张铁民、张殿国同志负责编写。全书由张京波同志统稿。

在本书编写过程中,参阅了大量国内文献资料,引用了其中部分内容,在此向原作者致以最诚挚的谢意。因编者水平和时间所限,差错在所难免,敬请广大读者批评指正。

编者
2014 年 6 月

目 录

第一章 汽车基础知识 ... 1

第一节 汽车的概念 ... 1
第二节 汽车基本构造 ... 18
第三节 柴油机小型汽车 ... 25
第四节 汽车新技术应用简介 ... 29

第二章 汽车驾驶证 ... 54

第一节 驾驶证考试内容 ... 54
第二节 驾驶证的日常管理 ... 56
第三节 违章记分一般规定 ... 58

第三章 家用汽车购置 ... 62

第一节 汽车技术性能指标概述 ... 62
第二节 国产汽车的选购 ... 70
第三节 进口汽车的选购 ... 84
第四节 二手车购置 ... 89
第五节 购车注意事项 ... 98

第四章 汽车牌照与保险 ... 111

第一节 汽车领取号牌 ... 111
第二节 汽车保险种类与选择 ... 112
第三节 汽车保险公司 ... 123
第四节 汽车保险续保 ... 127
第五节 汽车保险理赔 ... 131

第六节　贷款购车 …………………………………… 141

　　第七节　汽车保险理赔典型案例 …………………… 143

第五章　汽车驾驶 ……………………………………… 153

　　第一节　行车准备 …………………………………… 153

　　第二节　不同路况条件下的车辆驾驶 ……………… 154

　　第三节　交通法规 …………………………………… 166

　　第四节　交通信号与标志标线 ……………………… 174

　　第五节　安全驾驶策略 ……………………………… 210

　　第六节　常见行车故障与排除 ……………………… 214

　　第七节　汽车节油驾驶技巧 ………………………… 226

第六章　自驾游 ………………………………………… 229

　　第一节　自驾游常识 ………………………………… 229

　　第二节　线路选择及准备 …………………………… 235

　　第三节　汽车自救措施 ……………………………… 248

第七章　私家车安全行驶法律及案例 ………………… 251

　　第一节　私家车出行涉及的法律问题 ……………… 251

　　第二节　保险理赔涉及的法律问题 ………………… 266

　　第三节　私家车挂靠经营问题 ……………………… 270

　　第四节　私家车改装的法律问题 …………………… 276

　　第五节　车身广告的法律问题 ……………………… 279

　　第六节　典型交通事故分析 ………………………… 281

第八章　家用汽车维护 ………………………………… 287

　　第一节　日常维护 …………………………………… 287

　　第二节　行车过程中的维护 ………………………… 299

　　第三节　换季维护 …………………………………… 310

　　第四节　汽车易耗品的选用 ………………………… 322

第九章　汽车美容与装饰 ……………………………………… 343

第一节　汽车内装饰 ………………………………………… 343

第二节　汽车外装饰 ………………………………………… 348

第三节　汽车美容与护理 …………………………………… 352

第四节　汽车音响 …………………………………………… 358

第五节　汽车安全防护 ……………………………………… 361

第六节　汽车改装知识 ……………………………………… 369

第十章　汽车停驶与封存 ……………………………………… 376

第一节　汽车的停驶维护 …………………………………… 376

第二节　办理相关汽车停驶手续 …………………………… 378

参考文献 ………………………………………………………… 380

第一章 汽车基础知识

近年来,机动车、驾驶人持续快速增长,至 2012 年年底,全国机动车驾驶人数量已达 2.6 亿人,汽车保有量 1.2 亿辆,年增长 1510 万辆,增长量超过 1999 年年底全国汽车保有量。18 个大中城市汽车保有量超过百万辆。汽车驾驶人首次突破 2 亿人,年增长 2647 万人,增长量超过 1997 年年底汽车驾驶人总量。2012 年,经过各级、各部门共同努力,全国涉及人员伤亡的道路交通事故起数和死亡人数下降 3.1% 和 3.8%,一次死亡 3 人以上事故下降 15%,其中发生重特大道路交通事故 25 起,同比减少 2 起。尽管道路交通安全形势总体平稳,但仍不容乐观,据有关专家分析,未来 10 年,我国机动车和驾驶人仍将持续、大幅增长,道路交通安全面临诸多挑战。

与此同时,私家车呈爆炸式增长,其数量从 21 世纪初的年增长 100~200 万辆增加到目前的近千万辆。私人轿车拥有率不断提高,反映出随着经济社会发展,人民物质生活水平不断提高,私家车作为群众出行的交通工具日益普及。

第一节 汽车的概念

1885 年,德国工程师卡尔·奔驰(Karl Benz)设计制成了世界上第一辆以汽油为燃料,以内燃机为动力,主要用于人员乘坐的现代汽车"奔驰一号车",并获得了专利权。车上装有 3 个实心橡胶轮胎的车轮,前面一个小轮,后面两个大轮;将一台单缸四冲程汽油发动机设置于两后轮之间;发动机产生的动力依靠齿轮和链条机构传给装有差速器的后轴,行驶方向依靠操纵杆控制。为了提高人员乘坐的舒适感,在车架和车轴间装有钢板弹簧悬架,使之更加具有现代汽车的特点。

以内燃机作为驱动力可使汽车的车体轻盈灵巧,自动化程度高,操作省力。同时也使得汽车工业得到了一次技术和理念上的升华。"汽车"一词是外来语,英文 Automobile,其中并没有内燃机、外燃机和使用什么燃料之意,更没有特指以汽油为燃料,其本意就是"自行驱动"。

汽车对于现代人并不陌生,即便是谈到品牌,很多人也能说出一二三来,可真要问"什么是汽车"的话,许多人未必能说得清。按照《辞海》的权威说法:"汽车是一种能自行驱动,主要供运输用的无轨车辆。原称'自动车',因多装用汽油机,故简称汽车"。《现代汉语词典》解释为"汽车是用内燃机作动力,主要在公路或马路上行驶的交通工具,通常有4个或4个以上的橡胶轮胎。用来运载人或货物。"但这样给汽车下定义有失严谨。一则摩托车也是自行驱动、无轨、用汽油机;二则拖拉机也使用内燃机、无轨、有4个或4个以上的车轮;三则过去的蒸汽机车是采用外燃机;四则现在的汽车还可以用天然气、煤气、甲醇等为燃料,何况还有太阳能车、电动车等。因此,目前对汽车的解释存在一定的局限性,有必要对此作以探究从而较科学地反映汽车的特征。我们认为,给汽车下定义必须考虑到以下几个因素:第一,汽车的产生与发展。汽车的产生与发展经历了100多年的历史,不同时期的汽车有着不同的结构特点,并且汽车的种类和用途也是日新月异;第二,以汽车原意为依据。汽车源自西方,应以西文原意为主要依据,并结合现代意义上的汽车予以定义。英文中的"汽车"即"Automobile"是由"Auto(自己)"和"Mobile(会动的)"构成的,这就是"Automobile(汽车)"的来历,其意思是自己会动的,即自动车;第三,汽车与其他机械相比是有区别的。在汽车定义中,不应完全涵盖相似机械的所有特点。

按照国家标准 GB/T 3730.1—2001 对汽车的定义:由动力驱动,具有4个或4个以上车轮的非轨道承载的车辆,主要用于:载运人员和(或)货物;牵引载运人员和(或)货物的车辆;特殊用途。本术语还包括:①与电力线相连的车辆,如无轨电车;②整车整备质量超过400kg的三轮车。

综上所述:汽车属于"自动车"范畴中一个发展着的家族,不同时期的汽车有着不同的技术性能和结构特点。汽车是一种以自身动力驱动,不依靠轨道和架线,具有4个或4个以上车轮,驾驶室与车厢一体或固装在同一车架上,能在道路上行驶的轮式交通运输工具,以及由此派生出来的具有其他特殊用途的无轨自动车辆。

一、汽车车型的分类

道路上行驶的汽车造型和性能特征等千差万别,如何区别这些汽车?根据不同的需要和习惯,常见的汽车分类方法有:

(一)按使用的燃料种类划分

1. 汽油汽车

主要以汽油发动机为动力的汽车。由于汽油黏度小,蒸发快,可以用汽油喷射系统将汽油喷入汽缸,经过压缩达到一定的温度和压力后,用火花塞点燃,使气体膨胀做功。汽油机的特点是转速高,结构简单,质量轻,造价低廉,运转平稳,使用维修方便。汽油机在汽车上,特别是小型汽车上大量使用,至今不衰。

2. 柴油汽车

主要以柴油发动机为动力,柴油发动机和汽油发动机相比,其热效率提高25%~40%,且动力性能好、功率大、耐久可靠、清洁性优良。因此,国内车用柴油的需求量一直在迅速上升。柴油机和汽油机的主要区别在于点火方式。柴油机是柴油与被压缩的高温空气相遇后自行着火燃烧,因此它被称为是压燃式发动机。汽油机则是混合气由电火花塞点燃,是点燃式发动机。选择使用车用柴油首先要保证它的发火性,即十六烷值必须满足柴油发动机设计要求。同时,还要保证车用柴油的冷凝点必须低于使用条件下的气温,这里汽车消费者应消除一种误区,柴油的牌号并不是指柴油所适应的气候温度,而是指在某温度下柴油失去流动性的凝固点。如:5号车用柴油适用的最低气温必须在8℃以上地区,0号车用柴油适用的最低气温必须在4℃以上地区,-10号车用柴油适用的最低气温必须在-5℃以上地区,-20号车用柴油适用的最低气温必须在-14℃以上地区,-35号车用柴油适用的最低气温必须在-29℃以上地区,-50号车用柴油适用最低气温必须在-44℃以上地区。

3. 燃气汽车

发动机以天然气或液化石油气为燃料,常见的有城市公共汽车、出租汽车。燃气汽车主要有液化天然气汽车(简称LPG汽车或LPGV)和压缩天然气汽车(简称CNG汽车或CNGV)。顾名思义,LPG汽车是以液化石油气为燃料,CNG汽车是以压缩天然气为燃料。燃气汽车的一氧化碳排放量比汽油车减少90%

以上,碳氢化合物排放量减少70%以上,氮氧化物排放量减少35%以上,是目前较为实用的低排放汽车。

4. 燃气燃油两用车

其发动机既可以以天然气或液化石油气为燃料,也可以用汽油或柴油为燃料,常见的有出租汽车。

5. 燃料电池汽车

燃料电池汽车的工作原理是:使作为燃料的氢在汽车搭载的燃料电池中,与大气中的氧发生化学反应,从而产生出电能启动电动机,进而驱动汽车。甲醇、天然气和汽油也可以替代氢(从这些物质里间接地提取氢),不过将会产生极度少的二氧化碳和氮氧化物。但总的来说,这类化学反应除了电能就只产生水。因此,燃料电池车被称为"地道的环保车"。

6. 电动汽车

电动汽车是指以车载电源为动力,用电机驱动车轮行驶,符合道路交通、安全法规各项要求的车辆。由于对环境影响相对传统汽车较小,其前景被广泛看好,但当前技术尚不成熟。

(二)按汽车产地划分

1. 国产汽车

国内汽车生产厂生产的汽车,又分为合资品牌、自主品牌。

合资品牌主要有:北京奔驰、北京现代、昌河铃木、长安福特、长安铃木、长安马自达、长安沃尔沃、东风本田、东风标致、东风日产、东风雪铁龙、东风悦达起亚、东南三菱、广汽丰田、广州本田、华晨宝马、江南奥拓、南京名爵、上海大众、上海大众斯柯达、上海通用别克、上海通用凯迪拉克、上海通用雪佛兰、上海通用五菱、一汽奥迪、一汽大发、一汽大众、一汽丰田、一汽马自达、郑州日产等。

自主品牌主要有:北汽、比亚迪、昌河汽车、长安、长城汽车、长丰汽车、长丰扬子、大迪、东风悍马、东风柳汽、东南、福田、哈飞、海马汽车、红旗、华晨金杯、华晨中华、华泰汽车、吉利、吉利全球鹰、江淮汽车、江铃陆风、力帆、奇瑞、青年莲花、曙光汽车、双环汽车、天津一汽、天马汽车、天汽美亚、一汽奔腾、中兴、众泰、猎豹、上汽荣威、红旗汽车、解放汽车、奇瑞、瑞麒、威麟、开瑞等。

2. 进口汽车

通过合法渠道取得国内的各项认证和许可批文,正常交税,由专业的汽车进出口公司进口到国内市场销售的整车。

(三)按道路交通管理需要划分

1. 大型客车

大型客车是指车长大于等于6m或者核定载客人数大于等于20人的载客汽车,大型客车的运距多达数百公里,有的车厢内全部设座位;有的全部设铺位,所以俗称"卧铺车",并有存放乘客随身行李的行李架或行李舱。

还有大型城市客车(10~12m)和特大型城市客车(铰接客车为13~18m,双层客车为10~12m并具有上下两层座位)。

2. 大型货车

大型货车指重型和中型载货汽车。重型载货汽车车长大于等于6m,总质量大于等于12000kg。中型载货汽车车长大于等于6m,总质量大于等于4500kg且小于12000kg。

根据《中华人民共和国机动车登记办法》规定,载货汽车可分为重型、中型、轻型、微型4个种类。其中,重型和中型载货汽车核发大型货车号牌(俗称黄牌);轻型和微型载货汽车核发小型货车号牌(俗称蓝牌)。具体车型参数是:车长大于等于6m,总质量大于等于12000kg载货汽车为重型载货汽车;车长大于等于6m,总质量大于等于4500kg且小于12000kg载货汽车为中型载货汽车;车长小于6m,总质量小于4500kg载货汽车为轻型载货汽车;车长小于等于3.5m,载质量小于等于750kg载货汽车为微型载货汽车。另外,外资企业的货车不分种类,全部核发外资汽车号牌(俗称黑牌)。根据机动车的登记办法和载货汽车车型的具体参数的规定,机动车驾驶员和车主对载货汽车如何分类的问题就不难掌握了。

3. 小型客车

小型客车泛指小型载人汽车,即定员2~9人的小型客车,一般包括:跑车、轿车、微型面包车,这种客车由于体积小,所以很适用于家庭和单位使用。一般区别于中巴、大巴车。微型车的优点就是价格便宜、维修方便、油耗较低。

4. 小型货车

车长小于等于3.5m,总质量小于等于1800kg的载货汽车(以下简称"微货")。从货车发展的历史看,微货具有经济、舒适、安全性强等优点,一直受到个体私营业主的青睐。但是随着货车市场的细分,微货的载重性能低这一缺点也越来越不能满足用户的需求。

(四) 按用户性质划分

1. 家庭汽车

也可称为私人轿车或个人轿车，一般为私人所有，供家庭使用。而公用轿车(单位用车)属单位所有，供公务使用。家用轿车与经营轿车(如出租汽车、租赁轿车)也不同。

家用轿车可用于上下班、节假日出游、上街购物等，需要时也可用于业务活动。由于家用轿车的开支由家庭承担，所以与家庭收入水平直接相关。一般说来，大多数家用轿车比公用轿车及经营用轿车的档次要低，车价和维持费用也较低廉。

在发达国家，汽车早已普及，一般家庭都有一辆以至多辆家用轿车。因此，家用轿车在全部汽车保有量中数量最大，在汽车市场所占的份额也最大。各大汽车公司一直把家用轿车作为他们生产经营的重点。

回顾国外汽车工业发展的历史，不难发现，各国汽车工业的起飞，主要就是靠开发能够进入家庭的、物美价廉的家用轿车。美国福特的 T 型车、德国大众的"甲壳虫"、法国雪铁龙的 2CV、意大利菲亚特的微型车、日本的各种轻四轮车，都在汽车工业发展史上写下了光辉的一页。没有这些大众化的家用轿车，汽车就只能是少数人的奢侈品，汽车就不可能进入家庭。而不进入家庭，就没有汽车的大规模的流水生产，也就没有各国汽车工业的今天。从某种意义上说，开发具有最广大市场的家用轿车，是国外汽车工业发展的成功之路。

2. 公务汽车

指政府部门和国有企业的单位用车(Official cars)，包括军车、警车、消防车、救护车、抢险救灾车等以及其他一些车辆。确定是不是属于公务汽车的范畴主要看是否应用于公务需要。有些政府机构和事业单位的车辆虽然具有公务汽车的特征，但是有时用于私事，这种情况应排除在公务汽车范围之外。

公务汽车应遵守国家法律法规，国家为了保证某些公务的顺利开展，可以制定相应的制度保证。比如：消防车、救护车在执行公务时可以闯红灯等。

3. 商务汽车

即多用途汽车，英文名 MPV，其全称是 Multi Purpose Vehicle。它集轿车、旅行车和厢式货车的功能于一身，车内每个座椅都可调整，并有多种组合的方式,例如可将中排座椅靠背翻下即可变为桌台,前排座椅可作180度旋转等。近年来,MPV趋向于小型化,并出现了所谓的S-MPV,S是小(Small)的意思。S-MPV车长一般在4.2~4.3m之间,车身紧凑,一般为5~7座。别克商务、瑞风、东风风行、丰田大霸王等都是商务车。

(五)按汽车的用途划分

1. 乘用车

俗称轿车。在其设计和技术特性上主要用于载运乘客及其随身行李或临时物品的汽车,包括驾驶员座位在内最多不超过9个座位。它也可以牵引一辆车。主要包括:

(1)普通乘用车(见图1-1)。车身:封闭式,侧窗中柱有或无。车顶(顶盖):固定式,硬顶。有的顶盖一部分可以开启。座位:4个或4个以上座位,至少两排。后座椅可折叠或移动,以形成装载空间。车门:2个或4个侧门,可有一后开启门。

(2)活顶乘用车(见图1-2)。车身:具有固定侧围框架的可开启式车身。车顶(顶盖):车顶为硬顶或软顶,至少有两个位置:①封闭;②开启或拆除。可开启式车身可以通过使用1个或数个硬顶部件或合拢软顶将开启的车身关闭。座位:4个或4个以上座位,至少两排。车门:2个或4个侧门。车窗:4个或4个以上侧窗。

图1-1 普通乘用车　　　　图1-2 活顶乘用车

(3)高级乘用车(见图1-3)。车身:封闭式。前后座之间可以设有隔板。车顶(顶盖):固定式,硬顶。有的顶盖一部分可以开启。座位:4个或4个以上座位,至少两排。后排座椅前可安装折叠式座椅。车门:4个或6个侧门,也可有1个后开启门。车窗:6个或6个以上侧窗。

(4)小型乘用车(见图1-4)。车身:封闭式,通常后部空间较小。车顶(顶盖):固定式,硬顶。有的顶盖一部分可以开启。座位:2个或2个以上的座位,至少一排。车门:2个侧门,也可有1个后开启门。车窗:2个或2个以上侧窗。

图1-3　高级乘用车　　　　　图1-4　小型乘用车

（5）敞篷车（见图1-5）。车身：可开启式。车顶（顶盖）：车顶可为软顶或硬顶，至少有两个位置；第一个位置遮覆车身；第二个位置车顶卷收或可拆除。座位：2个或2个以上的座位，至少一排。车门：2个或4个侧门。车窗：2个或2个以上侧窗。

（6）仓背乘用车。车身：封闭式，侧窗中柱可有可无。车顶（顶盖）：固定式，硬顶。有的顶盖一部分可以开启。座位：4个或4个以上座位，至少两排。后座椅可折叠或可移动，以形成一个装载空间。车门：2个或4个侧门，车身后部有1个仓门。

（7）旅行车（见图1-6）。车身：封闭式。车尾外形按可提供较大的内部空间。车顶（顶盖）：固定式，硬顶。有的顶盖一部分可以开启。座位：4个或4个以上座位，至少两排。座椅的一排或多排可拆除，或装有向前翻倒的座椅靠背，以提供装载平台。车门：2个或4个侧门，并有1个后开启门。车窗：4个或4个以上侧窗。

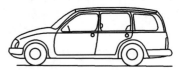

图1-5　敞篷车　　　　　　　图1-6　旅行车

（8）多用途乘用车（见图1-7）。除上述车辆以外的，只有单一车室载运乘客及其行李或物品的乘用车。但是，如果这种车辆同时具有下列两个条件，则不属于乘用车而属于货车：①除驾驶员以外的座位数不超过6个；只要车辆具有可使用的座椅安装点，就应算"座位"存在。②$P-(M+N\times68)>N\times68$。式中：$P$为最大设计总质量；$M$为整车整备质量与1位驾驶员质量之和；$N$为除驾驶员以外的座位数。

（9）短头乘用车（见图1-8）。一种乘用车，它一半以上的发动机长度位于车辆前风窗玻璃最前点以后，并且转向盘的中心位于车辆总长的前1/4部分内。

图1-7　多用途乘用车　　　　图1-8　短头乘用车

（10）越野乘用车（见图1-9）。在其设计上所有车轮同时驱动（包括一个驱动轴可以脱开的车辆），或其几何特性（接近角、离去角、纵向通过角,最小离地间隙）、技术特性（驱动轴数、差速锁止机构或其他形式机构）和它的性能（爬坡度）允许在非道路上行驶的一种乘用车。

（11）专用乘用车。运载乘员或物品并完成特定功能的乘用车,它具备完成特定功能所需的特殊车身或装备。例如：旅居车、防弹车、救护车、殡仪车等。

2.商用车辆

在设计和技术特性上用于运送人员和货物的汽车,并且可以牵引挂车。乘用车不包括在内。

（1）客车。在设计和技术特性上用于载运乘客及其随身行李的商用车辆,包括驾驶员座位在内座位数超过9座。客车有单层的或双层的,也可牵引一辆挂车。

①小型客车（见图1-10）。用于载运乘客,除驾驶员座位外,座位数不超过16座的客车。

 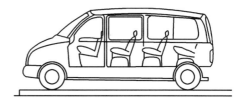

图1-9　越野乘用车　　　　图1-10　小型客车

②城市客车（见图1-11）。一种为城市内运输而设计和装备的客车。这种车辆设有座椅及站立乘客的位置,并有足够的空间供频繁停站时乘客上下车走动用。

③长途客车（见图1-12）。一种为城间运输而设计和装备的客车。这种车辆没有专供乘客站立的位置,但在其通道内可载运短途站立的乘客。

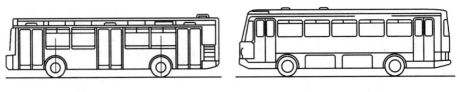

图1-11　城市客车　　　　　　图1-12　长途客车

④旅游客车(见图1-13)。一种为旅游而设计和装备的客车。这种车辆的布置要确保乘客的舒适性,不载运站立的乘客。

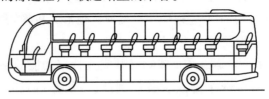

图1-13　旅游客车

⑤铰接客车(见图1-14)。一种由两节刚性车厢铰接组成的客车。在这种车辆上,两节车厢是相通的,乘客可通过铰接部分在两节车厢之间自由走动。这种车辆可以按城市客车、长途客车、旅游客车进行装备。两节刚性车厢永久联结,只有在工厂车间使用专用的设施才能将其拆开。

图1-14　铰接客车

⑥无轨电车(见图1-15)。一种经架线由电力驱动的客车。这种电车可指定用作多种用途,并按长途客车、旅游客车、铰接客车进行装备。

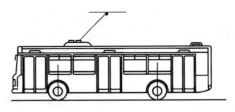

图1-15　无轨电车

⑦越野客车。在其设计上所有车轮同时驱动(包括一个驱动轴可以脱开的车辆)或其几何特性(接近角、离去角、纵向通过角、最小离地间隙)、技术特性(驱动轴数、差速锁止机构或其他形式机构)和它的性能(爬坡度)允许在非道

路上行驶的一种车辆。

⑧专用客车。在其设计和技术特性上只适用于需经特殊布置安排后才能载运人员的车辆

（2）半挂牵引车（见图 1-16）。装备有特殊装置用于牵引半挂车的商用车辆。

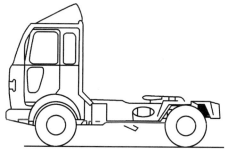

图 1-16　半挂牵引车

（3）货车。一种主要为载运货物而设计和装备的商用车辆。根据需要也可牵引挂车。

①普通货车（见图 1-17）。一种在敞开（平板式）或封闭（厢式）载货空间内载运货物的车辆。

图 1-17　普通货车

②多用途货车（见图 1-18）。在其设计和结构上主要用于载运货物，但在驾驶员座椅后带有固定或折叠式座椅，可运载 3 人以上的乘客。

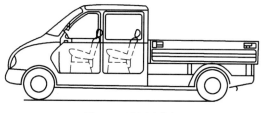

图 1-18　多用途货车

③全挂牵引车(见图1-19)。一种牵引牵引杆式挂车的货车。它本身可在附属的载运平台上运载货物。

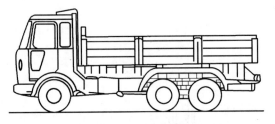

图1-19 全挂牵引车

④越野货车(见图1-20)。在其设计上所有车轮同时驱动(包括一个驱动轴可以脱开的车辆)或其几何特性(接近角、离去角、纵向通过角,最小离地间隙)、技术特性(驱动轴数、差速锁止机构或其他形式的机构)和它的性能(爬坡度)允许在非道路上行驶的一种车辆。

图1-20 越野货车

⑤专用作业车(见图1-21)。在其设计和技术特性上用于特殊工作的货车。例如:消防车、救险车、垃圾车、应急车、街道清洗车、扫雪车、清洁车等。

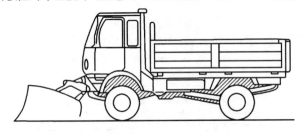

图1-21 专用作业车

⑥专用货车。在其设计和技术特性上用于运输特殊物品的货车。例如:罐式车、乘用车运输车、集装箱运输车等。

二、汽车产品型号的构成

1988年国家颁布了国家标准 GB 9417—88《汽车产品型号编制规则》。汽车型号应能表明汽车的厂牌、类型和主要特征参数等。该项国家标准规定,国家汽车型号均应由汉语拼音字母和阿拉伯数字组成。不适用于军用特种车辆(如装甲车、水陆两用车、导弹发射车等)。

汽车的产品型号由企业名称代号、车辆类别代号、主参数代号、产品序号组成。必要时附加企业自定代号。对于专用汽车及专用半挂车还应增加专用汽车分类代号(见图1-22)。

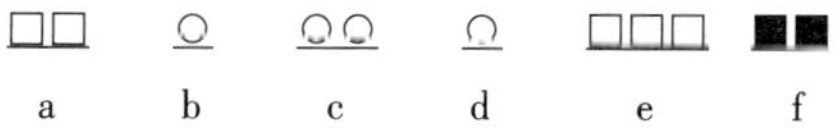

```
□□   ○   ○○   ○   □□□   ■■
 a    b    c    d    e     f
```

图1-22 汽车产品型号编制规则

a-企业名称代号,用汉语拼音字母表示;b-车辆类别代号,用阿拉伯数字表示;c-主参数代号,用阿拉伯数字表示;d-产品序号,用阿拉伯数字表示;e-专用汽车分类代号,用汉语拼音字母表示;f-企业自定代号,用汉语拼音字母或阿拉伯数字均可

1. 企业名称代号

企业名称代号由2个或3个汉语拼音字母组成,是识别企业名称的代号。例如:CA表示第一汽车制造厂,EQ表示第二汽车制造厂,TJ表示天津汽车制造厂等。

2. 车辆类别代号

车辆类别代号位于产品型号的第二部分,用1位阿拉伯数字表示。见表1-1。

各类汽车类别代号　　　　　　　　　　　　表1-1

车辆类别代号	车辆种类	车辆类别代号	车辆种类
1	载货汽车	6	客车
2	越野汽车	7	轿车
3	自卸汽车	8	——
4	牵引汽车	9	半挂车及专用半挂车
5	专用汽车		

注:上表也适用于所列车辆的底盘。

3. 主参数代号

主参数代号位于产品型号的第三部分,用2位阿拉伯数字表示。

(1)载货汽车、越野汽车、自卸汽车、牵引汽车、专用汽车与半挂车的主参数代号为车辆的总质量(t),牵引汽车的总质量包括牵引座上的最大质量。当总质量在100t以上时,允许用3位数字表示。

(2)客车及半挂车的主参数代号为车辆长度(m)。当车辆长度小于10m时,应精确到小数点后1位,并以长度(m)值的10倍数值表示。

(3)轿车的主参数代号为发动机排量(L),应精确到小数点后1位,并以其值的10倍数值表示。

(4)专用汽车及专用半挂车的主参数代号,当适用定型汽车底盘或定型半挂车底盘改装时,若其主参数与定型底盘原车的主参数之差不大于原车的10%,则应沿用原车的主参数代号。

(5)主参数的数字修约按《数字修约规则》的规定。

(6)主参数不足规定位数时,在参数前以"0"占位。

4. 产品序号

产品序号位于产品型号的第四部分,用阿拉伯数字表示,数字由0、1、2……依次使用。

5. 专用汽车分类代号

专用汽车分类代号位于产品型号的第五部分,用反映车辆结构和用途特征的3个汉语拼音表示,结构特征代号共分6大类,见表1-2。

6. 企业自定代号

企业自定代号位于产品型号的最后部分,同一种汽车结构略有变化而需要区别时(例如汽油、柴油发动机,长、短轴距,单、双排座驾驶室,平、凸头驾驶室,左、右置转向盘等),可用汉语拼音字母和阿拉伯数字表示,位数也由企业自定。供用户选装的零部件(如暖风装置、收音机、地毯、绞盘等)不属结构特征变化,应不给予企业自定代号。

专用汽车结构特征代号　　　　表1-2

厢式汽车	罐式汽车	专用自卸汽车	特种结构汽车	起重举升汽车	仓栅式汽车
X	G	Z	T	J	C

型号举例:BJ2020S——BJ代表北京汽车制造厂,2代表越野车,02代表总

质量为2t,0代表该车为第一代产品,S为厂家自定义。TJ7131U——TJ代表天津汽车制造厂,7代表轿车,13代表发动机排量为1.3L,1代表该车为第二代产品,U为厂家自定义。

三、车辆识别代码(VIN)

车辆识别代码,就如人的身份证一样,具有在世界范围内对一辆车的唯一识别性。当每一辆新出厂的车被刻上VIN代码,此代号将伴随着车辆的注册、保险、年检、维修,直至回收或报废而载入每辆车的服役档案。利用VIN代码可方便地查找车辆的制造者、销售者及使用者。而使用VIN代码是中国在车辆制造与贸易及管理上同世界接轨的重要步骤。国际标准化组织ISO在1976年制定了ISO 3780《道路车辆——世界制造厂识别代号》后,各主要汽车生产国纷纷制定了自己的标准,建立了世界范围内的车辆识别系统。我国在1996年完成了有关车辆识别代号的报批工作,发布了4个重要标准:GB/T 16735、GB/T 16736、GB/T 16737、GB/T 16738,这4个标准等同采用了ISO标准。

车辆识别代码就是汽车的身份证号,它根据国家车辆管理标准确定,包含了车辆的生产厂家、年代、车型、车身形式及代码、发动机代码及组装地点等信息。车辆识别代码(VIN),是英文Vehicle Identification Number(车辆识别码)的缩写。因为ASE标准规定:VIN代码由17位字符组成,所以俗称17位码。正确解读VIN代码,对于我们正确地识别车型、正确地诊断和维修车辆都是十分重要的。车辆识别代码构成如图1-23所示。

车辆识别代码VIN由三部分组成,即WMI、VDS、VIS。

第一部分——世界制造厂识别代码(WMI),它具有世界车辆制造厂的世界唯一性。ISO组织授权美国汽车工程师学会SAE作为其国际代理,负责为世界各国指定地区代码及国别代码,负责WMI代码的保存与核对。我国机械局汽车行业管理处获得授权负责中国境内(包括大陆、港、澳、台地区)的车辆识别代码的统一管理,负责WMI代码的分配。

世界制造厂识别代码(WMI)的第1位字码是标明一个地理区域的字母或数字;第2位字码是标明一个特定地区内的一个国家的字母或数字。第1、2位字码的组合将能保证国家识别标志的唯一性。第3位字码是标明某个特定的制造厂的字母或数字。第1~3位字码的组合能保证制造厂识别标志的唯一性。

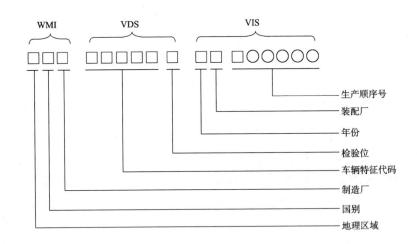

图 1-23　车辆识别代码
□-代表字母或数字；○-代表数字

第 1 位字码表示地理区域，如非洲、亚洲、欧洲、大洋洲、北美洲和南美洲。第 2 位字码表示一个特定地区内的一个国家。美国汽车工程师学会（SAE）负责分配国家代码。第 3 位字码表示某个特定的制造厂，由各国的授权机构负责分配。如果某制造厂的年产量少于 500 辆，其识别代码的第 3 个字码就是 9。

第二部分——车辆说明部分（VDS），表明车辆特征。车辆说明部分（VDS）由 6 位字码组成，如果制造厂不用其中的一位或几位代码，应在该位置填入制造厂选定的字母或数字占位。此部分应能识别车辆的一般特性，其代码顺序由制造厂决定。

轿车：种类、系列、车身类型、发动机类型及约束系统类型；MPV：种类、系列、车身类型、发动机类型及车辆额定总质量；载货车：型号或种类、系列、底盘、驾驶室类型、发动机类型、制动系统及车辆额定总质量；客车：型号或种类、系列、车身类型、发动机类型及制动系统。

第三部分——车辆指示部分（VIS），表明车辆出厂特征。

制造厂为了区别不同车辆而指定的一级字码，其最后 4 位应是数字。第 9 位：校验位，通过一定的算法防止输入错误；第 10 位：车型年份，即厂家规定的型年（Model Year），不一定是实际生产的年份，但一般与实际生产的年份之差不超过 1 年；第 11 位：装配厂；12～17 位：顺序号，一般情况下，汽车召回都是针对某一顺序号范围内的车辆，即某一批次的车辆。

车辆识别代码的位置。①车上:轿车的 VIN 码一般在驾驶员侧风窗外侧下方(就是风窗的右下角,从车外看),货车的 VIN 码一般在车辆中部大梁工字钢上;②机动车行驶证上:新的行驶证在"车架号"一栏一般都打印 VIN 码;③其他地方:如保险单上、发动机室内的各种铭牌上、驾驶员侧车门柱上等。

四、轿车级别

轿车等级是源自德国大众对汽车的一种分级方法,它不是权威的标准,只是大众当初为自己制定平台战略时,制定的一套参考数值,后来被广泛使用。

德国大众在开始推广它的平台战略时,他们将车型平台按照大小和定位,分成 A00 级、A0 级、A 级、B 级、C 级、D 级 6 个级别。按照德国汽车分级标准,A 级(包括 A0、A00)车是指小型轿车;B 级车是中档轿车;C 级车是高档轿车;而 D 级车指的则是豪华轿车,其等级划分主要依据轴距、发动机排量、质量等参数,字母顺序越靠后,该级别车的轴距越长、发动机排量和质量越大,轿车的豪华程度也不断提高。

随着车型的增加以及价格、款式、配置选择越来越多样化,A 级、B 级、C 级车的边缘交叉也会越来越多。例如,有些车型或许轴距属于 A 级车范围,而发动机排量与价格却与 B 级车相差无几。因此,轿车分级不应过于僵化死板,需灵活处理。

A00 级。该级别轿车的轴距为 2~2.2m,发动机排量小于 1L,例如奥拓就属于 A00 级轿车。

A0 级。该级别轿车的轴距为 2.2~2.3m,发动机排量为 1~1.3L,比较典型的是两厢夏利轿车。

A 级。该级别轿车的轴距为 2.3~2.45m,发动机排量为 1.3~1.6L,一汽大众的捷达、上海大众的 POLO 都算得上是 A 级车当中的明星。

B 级。B 级中档轿车的轴距为 2.45~2.6m,发动机排量为 1.6~2.4L,B 级车市场逐渐成为国内汽车企业拼杀的主战场,奥迪 A4、帕萨特、中华、东方之子等众多车型均属于 B 级车阵营。

C 级。C 级高档轿车的轴距为 2.6~2.8m,发动机排量为 2.3~3.0L,国内名气最大的 C 级车非奥迪 A6 莫属。

D 级。D 级豪华轿车大多外形气派,车内空间极为宽敞,发动机动力也非常强劲,其轴距一般均大于2.8m,发动机排量基本都在3.0L以上,常见的D级车有奔驰S系列、宝马7系、奥迪A8和劳斯莱斯、宾利等品牌的车型。

  轿车发动机排量一般可以作为区分轿车级别的标志。发动机排量是指发动机全部汽缸的工作容积之和,单位是"L"。我国轿车分级就是以发动机排量作为依据的。

  按规定,发动机排量小于或等于1L,属于微型车;发动机排量大于1L且小于或等于1.6L,属于普通级轿车;发动机排量大于1.6L且小于或等于2.5L,属于中级轿车,发动机排量大于2.5L,属于高级轿车。一般发动机排量越大的轿车,功率越大,加速性能越好,车内的装饰也越高级,其档次也就越高。如德国奔驰新S级轿车,发动机排量超过3L,英国的罗尔斯·罗伊斯轿车,发动机排量更高达6.8L。

第二节　汽车基本构造

  汽车由发动机、底盘、车身和电器设备四部分组成。

一、发动机

  发动机是一种能量转换机构,它将燃料燃烧产生的热能转变成机械能。要完成这个能量转换必须经过进气,把可燃混合气(或新鲜空气)引入汽缸;然后将进入汽缸的可燃混合气(或新鲜空气)压缩,压缩接近终点时点燃可燃混合气(或将柴油高压喷入汽缸内形成可燃混合气并引燃);可燃混合气着火燃烧,膨胀推动活塞下行实现对外作功;最后排出燃烧后的废气。即进气、压缩、作功、排气4个过程。主要由曲柄连杆机构、配气机构、燃料供给系统、润滑系统、冷却系、点火系(汽油机)和起动系组成。

  1.曲柄连杆机构

  曲柄连杆机构是发动机实现工作循环,完成能量转换的主要运动零件。它由机体组、活塞连杆组和曲轴飞轮组等组成。在作功行程中,活塞承受燃气压力在汽缸内作直线运动,通过连杆转换成曲轴的旋转运动,并从曲轴对外输出动力。而在进气、压缩和排气行程中,飞轮释放能量又把曲轴的旋转运动转化成活塞的直线运动。

2. 配气机构

配气机构的功用是根据发动机的工作顺序和工作过程,定时开启和关闭进气门和排气门,使可燃混合气或空气进入汽缸,并使废气从汽缸内排出,实现换气过程。配气机构大多采用顶置气门式配气机构,一般由气门组、气门传动组和气门驱动组组成。

3. 燃料供给系统

由燃油泵,燃油缓冲器,燃油滤清器,喷油器,压力调节器,冷起动阀和节温定时开关构成。

汽油机燃料供给系的功用是根据发动机的要求,配制出一定数量和浓度的混合气,供入汽缸,并将燃烧后的废气从汽缸内排出到大气中去;柴油机燃料供给系的功用是把柴油和空气分别供入汽缸,在燃烧室内形成混合气并燃烧,最后将燃烧后的废气排出。燃油管路中的压力约为250kPa。

4. 润滑系

润滑系通常由润滑油道、机油泵、机油滤清器和一些阀门等组成。功用是向作相对运动的零件表面输送定量的清洁润滑油,以实现液体摩擦,减小摩擦阻力,减轻机件的磨损。并对零件表面进行清洗和冷却。

5. 冷却系

水冷发动机的冷却系通常由冷却水套、水泵、风扇、水箱、节温器等组成。冷却系的功用是将受热零件吸收的部分热量及时散发出去,保证发动机在最适宜的温度状态下工作。

6. 点火系

点火系通常由蓄电池、发电机、分电器、点火线圈和火花塞等组成。在汽油机中,汽缸内的可燃混合气是靠电火花点燃的,为此在汽油机的汽缸盖上装有火花塞,火花塞头部伸入燃烧室内。

因为柴油的可燃度比汽油低,所以柴油机不需要点火,通过高压就可以使柴油燃烧。所以柴油机没有点火系统。

7. 起动系

要使发动机由静止状态过渡到工作状态,必须先用外力转动发动机的曲轴,使活塞作往复运动,汽缸内的可燃混合气燃烧膨胀作功,推动活塞向下运动使曲轴旋转。发动机才能自行运转,工作循环才能自动进行。因此,曲轴在外力作用下开始转动到发动机开始自动地怠速运转的全过程,称为发动机的起动。

完成起动过程所需的装置,称为发动机的起动系。

起动系统包括驱动装置和辅助装置。前者对曲轴施加力矩,驱动曲轴旋转;后者可使驱动迅速、轻便、可靠。

起动方法包括:人力驱动、起动机起动等。最常见的就是起动机起动。

起动机(电动机)包括啮合机构、驱动机构和保护电路。

啮合机构使起动机的驱动齿轮与飞轮齿圈啮合以及通过控制装置接通起动机的电枢电路。有杠杆式和电磁式两种。

驱动机构是电枢轴与驱动齿轮之间的连接机构(包括小齿轮)。由于飞轮齿圈与起动机小齿轮之间的传动比很大,起动后,飞轮转速高,若带动起动机旋转,将造成起动机因超速而损坏。因此,驱动机构必须是单向传力,即是一个单向离合器。

常用驱动机构有:单向滚柱式离合器、弹簧式离合器和多片摩擦式离合器。

保护电路的作用是发动机起动后,能使起动机停止工作;发动机正常工作时,即使误将起动开关接通,起动机也不会工作。保护电路大多是依靠汽车起动机中性点电压和改进起动继电器来实现的。

二、汽车底盘

底盘的作用是支撑、安装汽车发动机及其各部件、总成,形成汽车的整体造型,并接受发动机的动力,使汽车产生运动,保证汽车的正常行驶。底盘由传动系、行驶系、转向系和制动系四部分组成。

1. 传动系

发动机所发出的动力依靠传动系传递到驱动车轮。传动系具有减速、变速、倒车、中断动力、轮间差速和轴间差速等功能,与发动机配合工作,能保证汽车在各种工况条件下的正常行驶,并具有良好的动力性和经济性。主要由离合器、变速器、万向传动装置、主减速器、差速器和半轴等组成。

按能量传递方式不同可以分为:机械传动、液力传动、液压传动、电传动等。

2. 行驶系

接受由发动机经传动系传来的转矩,并通过驱动轮与路面的附着作用,转化为汽车行驶的驱动力,将全车各部件连成一个整体,支撑汽车的总质量,传递并承受路面作用于车轮上的各种力及其力矩,缓和不平路面对车身造成的冲击和振动,保证汽车平稳行驶。主要由车架、车桥、车轮和悬架等组成。

3. 转向系

转向时,转动转向盘,安全转向柱和转向器中的转向齿轮一起转动,带动转向器中的转向齿条横向移动,转向齿条带动左右转向横拉杆移动,横拉杆与左右转向节臂相连,推动转向节臂转动;转向节臂与转向节固定在一起,转向节随之转动;转向节上装有转向车轮,于是转向车轮被转向节带动偏转一个转向角度,使汽车改变行驶方向。转向完成后,转向盘转回原位,带动转向车轮恢复原位,汽车恢复直线行驶。

转向系主要由转向操纵机构和转向传动机构组成。转向操纵机构包括转向盘和安全转向柱;转向传动机构包括转向器、左右横拉杆、转向节臂和转向节等。

4. 制动系

制动系统一般由制动操纵机构和制动器两个主要部分组成。

制动操纵机构产生制动动作、控制制动效果并将制动能量传输到制动器的各个部件(制动钳总成,制动油管,制动主缸,制动报警开关,制动轮缸和制动管路)。

制动器是产生阻碍车辆的运动或运动趋势的力(制动力)的部件。

车上常用的制动器都是利用固定元件与旋转元件工作表面的摩擦而产生制动力矩,称为摩擦制动器。有鼓式制动器和盘式制动器两种。

按制动作用可分为:行车制动、驻车制动、应急制动及辅助制动系统等。

按操作能源可分为:人力制动系统、动力制动系统和伺服制动系统等。

按能源传输可分为:机械式、液压式、气压式、电磁式等。

同时采用两种以上传能方式的制动系称为组合式制动系统。

三、车身

汽车车身的作用主要是保护驾驶员以及构成良好的空气力学环境。好的车身不仅能带来更佳的性能,也能体现出车主的个性。汽车车身结构从形式上说,主要分为非承载式车身和承载式车身两种。

非承载式车身的汽车有刚性车架,又称底盘大梁架。车身本体悬置于车架上,用弹性元件连接。车架的振动通过弹性元件传到车身上,大部分振动被减弱或消除,发生碰撞时车架能吸收大部分冲击力,在坏路行驶时对车身起到保护作用,因此车厢变形小,平稳性和安全性好,而且车厢内噪声低。但这种非承载式车身比较笨重,质量大,汽车质心高,高速行驶稳定性较差。

承载式车身的汽车没有刚性车架,只是加强了车头、侧围、车尾、底板等部位,车身和底架共同组成了车身本体的刚性空间结构。这种承载式车身除了其固有的承载功能外,还要直接承受各种负荷。这种形式的车身具有较大的抗弯曲和抗扭转的刚度,质量小,高度低,汽车质心低,装配简单,高速行驶稳定性较好。但由于道路负载会通过悬架装置直接传给车身本体,因此噪声和振动较大。

还有一种介于非承载式车身和承载式车身之间的车身结构,被称为半承载式车身。它的车身本体与底架用焊接或螺栓刚性连接,加强了部分车身底架而起到一部分车架的作用,例如发动机和悬架都安装在加固的车身底架上,车身与底架成为一体共同承受载荷。这种形式实质上是一种无车架的承载式车身结构。因此,通常人们只将汽车车身结构划分为非承载式车身和承载式车身。

非承载式车身和承载式车身按照有无刚性车架划分。车架是支撑车身的基础构件,一般称为底盘大梁架。发动机、变速器、转向器及车身部分都固定其上,它除了承受静载荷外还要承受汽车行驶时产生的动载荷,因此车架必须要有足够的强度和刚度,以保证汽车在正常使用时受到各种应力下不会破坏和变形。

车架有边梁式、钢管式等形式,其中边梁式是采用最为广泛的一种车架。边梁式车架由两根长纵梁及若干根短横梁铆接或焊接成形,纵梁主要承受弯曲载荷,一般采用具有较大抗弯强度的槽形钢梁。也有采用钢管,但多用于轻型车架上。一般纵梁中部受力最大,因此设计者一般将纵梁中部的截面高度加大,两端的截面高度逐渐减少,这样一来可使应力分布均匀,同时也减小了质量。

横梁有槽形、管形或口形,以保证车架的扭转刚度和抗弯强度。横梁还用以安装发动机、变速器、车身和燃油箱等。为适应不同的车型,横梁布置有多种形式,如为了提高车架的扭转刚度采用 X 形布置的横梁。边梁式结构简单,工艺要求低,制造容易,使用广泛。但由于粗壮的大梁纵贯全车,影响整车布置和空间利用率,大梁的横截面高度使车厢离地距离加大,乘客上下车不方便。此外质量也大,整车行驶经济性变差。这些缺点对小客车、轿车是缺点,对于越野车可能就是优点,因为越野车要求有很强的通过性,行驶崎岖路面时要有一定的离地间隙,而非常颠簸的道路会令车体大幅扭动,只有带刚性车架的承载式车身结构才能抵御这种冲击力。因此越野车上普遍采用非承载式车身。主要构成部件有:

(1)发动机罩。是最醒目的车身构件,是买车者经常要察看的部件之一。对发动机罩的主要要求是隔热隔声、自身质量小、刚性强。

发动机罩由外板和内板组成,中间夹以隔热材料,内板起到增强刚性的作用,其几何形状由厂家选取,基本上是骨架形式。发动机罩开启时一般是向后翻转,也有小部分是向前翻转。

向后翻转的发动机罩打开至预定角度,不应与前风窗玻璃接触,应有一个约为10mm的最小间距。为防止在行驶中由于振动自行开启,发动机罩前端要有保险锁钩锁止装置,锁止装置的开关设置在车厢仪表板下面,当车门锁住时发动机罩也应同时锁住。

(2)车顶盖。是车厢顶部的盖板。对于轿车车身的总体刚度而言,顶盖不是很重要的部件,这也是允许在车顶盖上开设天窗的理由。从设计角度来讲,重要的是它如何与前、后窗框及与支柱交界点平顺过渡,以求得最好的视觉感和最小的空气阻力。当然,为了安全,车顶盖还应有一定的强度和刚度,一般在顶盖下增加一定数量的加强梁,顶盖内层敷设绝热衬垫材料,以阻止外界温度的传导及减少振动时噪声的传递。

(3)行李舱盖。要求有良好的刚性,结构上基本与发动机罩相同,也有外板和内板,内板有加强筋。一些被称为"两厢半"的轿车,其行李舱向上延伸,包括后风窗玻璃在内,使开启面积增加,形成一个门,因此又称为背门,既保持一种三厢车形状又能够方便存放物品。

如果采用背门形式,背门内板侧要嵌装橡胶密封条,围绕一圈以防水防尘。行李舱盖开启的支撑件一般用钩形铰链及四连杆铰链,铰链装有平衡弹簧,使启闭舱盖省力,并可自动固定在打开位置,便于提取物品。

(4)翼子板。是遮盖车轮的车身外板,因旧式车身该部件形状及位置似鸟翼而得名。按照安装位置又分为前翼子板和后翼子板，前翼子板安装在前轮处，因此必须要保证前轮转动及跳动时的最大极限空间，因此设计者会根据选定的轮胎型号尺寸用"车轮跳动图"来验证翼子板的设计尺寸。

后翼子板无车轮转动碰擦问题，但出于空气动力学的考虑，后翼子板略显拱形弧线向外凸出。现在有些轿车翼子板已与车身本体成为一个整体，一气呵成。但也有轿车的翼子板是独立的，尤其是前翼子板，因为前翼子板碰撞机会比较多，独立装配容易整件更换。有些车的前翼子板用有一定弹性的塑性材料（例如塑料）做成。塑性材料具有缓冲性，比较安全。

（5）前围板。是指发动机舱与车厢之间的隔板，它和地板、前立柱连接，安装在前围上盖板之下。前围板上有许多孔口，作为操纵用的拉线、拉杆、管路和电线束通过之用，还要配合踏板、转向机柱等机件安装位置。

为防止发动机舱里的废气、高温、噪声窜入车厢，前围板上要有密封措施和隔热装置。在发生意外事故时，它应具有足够的强度和刚度。对比车身其他部件而言，前围板装配最重要的工艺技术是密封和隔热，它的优劣往往反映了车辆运行的质量。

（6）材料。钢板、碳纤维、铝、强化塑料等，不同用途的汽车车身、不同部位的材料不同，一般是钢板。如奥迪高档车是铝合金材料，赛车是碳纤维，悍马H2的发动机罩是强化塑料材质。

四、电器设备

汽车上电器设备很多、可划分为8个部分。

1. 充电系

由蓄电池、发电机和调节器组成，是汽车低压电源。

2. 起动系

由起动机和继电器组成。其任务是起动发动机。

3. 点火系

由点火线圈、分电器、火花塞等组成。其功能是将低压电能转变为高压电，产生电火花点燃汽缸中的可燃混合气。现代汽车发动机上使用的点火系统大致可分为传统触点式点火系统、电子点火系统和计算机控制点火系统3种。

4. 照明及信号装置

包括各种照明和信号灯及喇叭、蜂鸣器等。其任务是确保车内外照明和保证各种运行条件下的行车安全。

5. 仪表

有电流表、机油压力表、水温表、燃油表、车速里程表和发动机转速表等。汽车仪表正向数字化、屏幕化发展。属于汽车的监测设备。

6. 舒适系统

主要有暖风机、空调、音响视听装置等。其任务是为驾驶员和乘客提供良好的工作条件和舒适安乐的环境。

7. 微机控制系统

包括发动机变速中心(EEC)、车辆行驶中心(VEC)、驾驶员信息中心(DIC)三大类。目前已进入实用阶段的电子控制装置有电子控制燃油喷射系统(EFI)、电子控制式自动变速器(EAT)、电子防抱死制动装置(ABS)等。

8. 辅助电器

包括电刮水器、电动汽油泵、风窗玻璃洗涤设备、电动玻璃、电动座椅、防无线电干扰设备等。

为适应汽车的使用环境,汽车电器设备的额定电压一般是 12V 或 24V。铅酸蓄电池每千克蓄能 25~45W·h,充放电寿命 400 次以上。汽车外部照明要求车前远光 100m、近光 40m 以内均能辨明路面上的任何障碍物,并保证对面来车的驾驶员不感到眩目。所有电气设备均应具有防潮、抗振动冲击和抗无线电干扰的能力,在低温 -40℃ 和高温 55℃(驾驶室内)及 75℃(发动机罩下)的环境下能正常工作。

印刷电路、晶体管、集成电路、瓷性磁、高分子绝缘材料和工作塑料等新技术新材料的迅速发展,促进了汽车电器设备的不断改进。电子技术在汽车上应用越来越广,如数字显示仪表、晶体管点火、晶体调节器等。有的新型汽车还装有微型计算机控制发动机和制动防抱系统。能控制汽车运行情况的整车计算机控制系统也正在研制中。有的汽车还装备有步话机和汽车电话等。

第三节 柴油机小型汽车

100 多年前柴油机刚诞生时,只用作低速的固定动力,20 世纪 30 年代柴油机开始装备重型汽车,50 年代高速柴油机出现并开始装备轻型车;80 年代柴油机已开始用于轿车。如今,现代柴油汽车已在重中型车中基本取得了垄断地位,柴油机在轻型汽车中占有了30%~40%的比例,在轿车中占有的比例正在逐步上升。在能源紧张的欧洲大陆和日本,柴油轿车中占有一定的比例。世界轿车的柴油化程度正在不断提高。

有专家指出,柴油机的排放在诸多指标上要比汽油机清洁得多,尤其在温室气体的排放方面。国外对汽油机的研究表明,在目前技术条件下的汽油机,几乎无法解决温室气体的排放问题,未来的轿车发动机将主要以柴油为动力,包括混合动力车,都离不开柴油机。从世界汽车发展看,柴油机必将成为轿车的主要动力源。在目前的欧洲市场上,柴油轿车、柴油 MPV 的比例越来越高。

开发研制高效、节能、环保型汽车是我国汽车制造业的迫切任务,也是未来汽车发展方向。在众多发展研究对象中,现代柴油机以其本质上的优点,及可进一步改进的潜能,已成为新世纪轿车内燃机重点研究对象之一。从我国科学技术水平和消费者经济承受能力来看,发展现代柴油轿车既符合国家节能、环保的要求,又适应普通轿车消费者的承受能力。

一、轿车用柴油机的优势

相对于汽油机或强制点燃式的内燃机来说,柴油机有下列优点:

(1)燃料直接喷入发动机的燃烧室内,使柴油机不会发生早燃、爆燃等不正常燃烧现象,可以采用高达 20 左右的压缩比,热功转换效率高。

(2)燃料与空气的分层混合,使柴油机可以在任何数值的稀空燃比(空间平均值)下正常燃烧,能获得进一步的效率优势。

(3)燃料分层混合的特点,使柴油机不必像汽油机那样采用量调节法调节输出功率,在部分负荷运转时,燃烧过程比全负荷时更好,进气不必节流,使用效率大大高于汽油机。

(4)汽车发动机除了汽车起步、加速、爬坡等少数情况外,大部分时间都在部分负荷下工作,使车用柴油机的每百公里油耗只有相应汽油机的 2/3 左右。这不仅节约能源,而且减少了温室气体 CO_2 的排放。

(5)柴油机在通常情况下(总在过量空气的情况下工作),排放的 HC 较相应的汽油机少得多。至于 NO_x 的排放,由于燃烧过程的特征不同,汽油机在大负荷运行时排放量较柴油机多,而柴油机在小负荷运行时排放量较汽油机多。

以上的这些优势,将使柴油机具有更广的发展空间。

二、柴油机的技术性能

(1)燃烧热效率高。由于可利用高的压缩比,采用稀燃及无进气门节流损失等技术,使柴油机的热效率均可达40%以上(汽油机燃烧热效率一般只有30%),因而热效率比汽油机高,一般每百公里油耗要比汽油机低30%~40%,经大众汽车公司测试,在市区工况下,1.8L汽油车每百公里油耗为12.2L,柴油车每百公里油耗仅为7.9L;在混合工况下,汽油车每百公里油耗为8.5L,柴油车每百公里油耗为5.3L。

(2)动力性好。当代柴油机尤其是轿车用柴油机已是高新技术产品的代表之一。它已摆脱了柴油机过去长期不如汽油机转速高和升功率小的状况,研究人员在保持其低转速、输出转矩大的优点的同时,已研制出高转速的柴油机,使柴油机转速能够提高到5000r/min以上,可以达到汽油机的水平。特别是一些小型轿车用直喷中冷共轨供油式柴油机的相继问世,更加证明了这一点,一些柴油轿车已达到了普及的程度。

三、柴油机的环境污染

(1)排放。汽车排放是一个国际性的问题,更是我国汽车发展的首要问题。在其他国家,对汽车排放的限制越来越严格,欧洲从1996年开始执行了欧Ⅱ标准,2000年开始执行欧Ⅲ标准,而到2005年将采用欧Ⅳ标准。进一步控制汽车排放将是我国迫不及待的一项重要任务。

柴油机除颗粒直径为 $0.1\mu m$ 左右的碳烟微粒外,其他排放污染物一般要比汽油机少。与汽油机相比,现代柴油机的 CO_2 排放量要低15%~32%,温室效应气体排放低45%左右。柴油机CO和HC的排放量非常低,可形成臭氧破坏的HC排放量仅为汽油机的1/3。

可见,柴油机排放物中主要就是NOx和微粒,经过科研人员的努力,柴油机微粒排放量降低了85%左右,柴油机的排放水平在其寿命范围内非常稳定。经正常维护的柴油机,NOx排放量维持其恒量,随着柴油机燃烧系统的改进、电子控制燃油喷射技术的应用、废气再循环(EGR)以及废气后处理技术的改进,在短期内将会有更大的改善。

(2)噪声。噪声污染也是汽车工业控制的污染指标之一,特别是在一些发达国家,已经出台了一系列控制噪声污染的制度和措施。我国在不久的未来将会出台有关法规。因此,从长远角度来看,噪声污染也是值得汽车工业未来发展所要考虑的因素之一。噪声大是柴油机的显著特性,由于柴油机着火温度高,反映剧烈,使得工作时噪声较大,这一点,汽油机要强于柴油机,但这一问题通过技术改良是可以解决的,福特公司研制并投入生产的 DTATA 柴油机,是采用铝缸体、贯穿螺钉结构的 4 缸 1.2L 直喷柴油机,其升功率高达 46kW/L,升转矩为 128N·m/L,噪声可完全满足欧洲噪声限制 70dB 的要求。可见,柴油机的噪声污染问题不会成为其未来发展的障碍。

四、柴油轿车发展现状

自 20 世纪 70 年代中期,德国大众汽车公司开发生产出大众高尔夫柴油机轿车后,世界许多发达国家和汽车公司纷纷加大了对柴油轿车的开发研究,节能、高效、环保型现代柴油机的问世,拓宽了柴油机的应用领域,并很快得到了普及。现在欧洲大部分国家轿车柴油化已接近 30%。商用车 90% 以上是柴油车;日本柴油轿车约占 10%,柴油商用车占 40%;美国大中型商用车也装上了现代柴油机,重型车早已 100% 的柴油化了。我国由于汽车工业起步较晚,更使得柴油车发展显得不尽人意,导致柴油机长期处于低水平技术状态。现在国外汽车公司在柴油机领域的最新研究成果已基本趋于成熟,我国可以充分利用和借鉴,大力发展和推广柴油机在汽车领域的应用。

据报载:轿车燃烧柴油在国外并不少见,日本有 40% 的轿车是柴油发动机,美国、德国等国家的轿车使用柴油发动机的比例也在 30% 以上,而且这个数字还在不断增长。从能源结构方面分析,我国是一个石油净进口国,石油储量又很有限,因此,推广省油的柴油轿车对中国来说就更有现实意义。不久前国产第一部柴油捷达轿车的出现,结束了我国轿车不喝柴油的历史。柴油捷达有望不久上市,与使用汽油发动机的轿车相比,柴油捷达轿车的动力性更强,而且排放达到了欧Ⅲ标准。柴油发动机的捷达轿车虽然会因为油质太差而对车辆造成损坏,但这也只是暂时的,国家将颁布柴油质量的新标准。

据了解,柴油瑞风高档商务车排放已经达到了欧Ⅱ排放标准,装备有柴油高压中冷发动机。这种技术不仅节油,而且能够达到较高的排放标准,有效地降低了柴油车排放烟度高的问题,是当今世界上普遍使用的成熟柴油机技术,目前国内只有少数企业采用了这种技术。但是仅仅达到欧Ⅱ标准还不能满足北京"绿色奥运"的需要,如今,只有达到欧Ⅲ排放限制水平的柴油车在北京市领取号牌照才不受限制。

五、轿车用柴油机发展适合我国国情

能源的匮乏和生态环境日益恶化将会给子孙后代带来毁灭性的后果,在我国未来10年内,要解决的突出问题就是能源和环境问题。从汽车方面来考虑,迫切需要解决的就是节能和环保。柴油车无论是在节能还是环保方面都要优于汽油车,从这个角度来讲,柴油机比汽油机更符合中国国情。不久的将来,我国个人购车必将成为汽车市场的消费主体,我国居民的低收入水平决定了对汽车消费的重点考虑因素,人们在购车时考虑最多的仍是购买价格和使用费用问题。一般可普及的轿车用柴油机价格同汽油机基本相同,其自身差价比不到整车的10%。而汽车在使用中的消费对个体购车者来说,其重要性绝不亚于汽车购买价格。多年以来,国际市场上柴油的价格始终低于汽油,再加上柴油机良好的燃油经济性,必定会受到购车者的欢迎。再从国家角度来考虑这个问题,对于节约能源来讲,一旦柴油车达到普及,在汽车使用市场占有一定的份额,必定会带来惊人的节能效果。

大力开发研制新一代柴油机,是目前解决能源短缺和环境恶化的最佳措施,尤其是像我国这样一个人均可使用资源少,环境污染严重,城市人口密集的大国,更要加强现代柴油机的发展。要充分利用国外先进的技术,引进成熟的产品,进一步改善燃油品质,加强宣传,让人们真正了解现代柴油轿车,逐步提高柴油车(主要是柴油轿车)的普及率,不断加大柴油轿车的市场份额,以达到节能、环保的最佳效果。未来中国的轿车柴油化发展将势不可挡,会更加强劲地顺应世界轿车工业发展的潮流。

第四节　汽车新技术应用简介

一、发动机新技术

全球气候变暖的趋势威胁着人类的生存和发展,日益严峻的能源和环境问

题,对汽车的燃油经济性和排放性能提出了更高的要求。由于汽油发动机具有良好的动力性能,目前仍是乘用车首选的动力机型。为此,近年来,世界上汽车工业发达的国家,为汽油发动机开发了多种节能减排新技术,其中包括技术上比较成熟、并已经商品化的可变气门正时(VVT)、汽油机缸内直喷(GDI)和正在开发中的均质混合气压缩着火(HCCI)技术,这些技术具有压燃式发动机和点燃式发动机的优点,并具有很好的燃油经济性和很低的 NOx 排放性能,已成为今后汽油发动机发展的一个重要方向。

(一)智能可变气门正时系统

近年生产的丰田轿车大都装配了标注有"VVT-i"字样的发动机,经过商业宣传,很多人已经知道 VVT-i 这一新名词,但它的具体内容却鲜为人知。VVT 是英文缩写,全称是"Variable Valve Timing",中文意思是"可变气门正时"。由于采用电子控制单元 ECU 控制,因此有人起了一个好听的中文名称叫"智慧型可变气门正时系统"。该系统主要控制进气门凸轮轴,又多了一个小尾巴"i",就是英文"Intake"进气的代号。这些就是"VVT-i"的字面含义了。

VVT-i 是一种控制进气凸轮轴气门正时的装置,它通过调整凸轮轴转角对配气正时进行优化,从而提高发动机在所有转速范围内的动力性、燃油经济性、降低尾气的排放。VVT-i 系统由传感器、ECU 和凸轮轴液压控制阀、控制器等部分组成。ECU 储存了最佳气门正时参数值,曲轴位置传感器、进气歧管空气压力传感器、节气门位置传感器、水温传感器和凸轮轴位置传感器等反馈信息汇集到 ECU 并与预定参数值进行对比计算,计算出修正参数并发出指令到控制凸轮轴正时液压控制阀,控制阀根据 ECU 指令控制机油槽阀的位置,也就是改变液压流量,把提前、滞后、保持不变等信号指令选择输送至 VVT-i 控制器的不同油道上。

VVT-i 系统根据控制器的安装部位不同而分成两种,一种是安装在排气凸轮轴上的,称为叶片式 VVT-i。丰田 PREVIA 大霸王安装此款。另一种是安装在进气凸轮轴上的称为螺旋槽式 VVT-i,丰田凌志 400、430 等高级轿车安装此款。两者构造有些不一样,但作用是相同的。

叶片式 VVT-i 控制器由驱动进气凸轮轴的管壳和与排气凸轮轴相耦合的叶轮组成,来自提前或滞后油道的油压传递到排气凸轮轴上,导致 VVT-i 控制器管壳旋转以带动进气凸轮轴,连续改变进气正时。当油压施加在提前侧油腔转动壳体时,沿提前方向转动进气凸轮轴;当油压施加在滞后侧油腔转动壳体时,沿滞后方向转动进气凸轮轴;当发动机停止时,凸轮轴液压控制阀则处于最大的滞后状态。螺旋槽式 VVT-i 控制器包括正时皮带驱动的齿轮、与进气凸轮轴刚性连接的内齿轮,以及一个位于内齿轮与外齿轮之间的可移动活塞,活塞表面有螺旋形花键。活塞沿轴向移动,会改变内、外齿轮的相位,从而产生气门配气相位的连续改变。当机油压力施加在活塞的左侧时,迫使活塞右移,由于活塞上的螺旋形花键的作用,进气凸轮轴会相对于凸轮轴正时皮带轮提前某个角度;当机油压力施加在活塞的右侧时,迫使活塞左移,就会使进气凸轮轴延迟某个角度。当得到理想的配气正时时,凸轮轴正时液压控制阀就会关闭油道使活塞两侧压力平衡,活塞停止移动。

目前先进的发动机都有"发动机控制模块"ECM 统管点火、燃油喷射、排放控制、故障检测等。丰田 VVT-i 发动机的 ECM 在各种行驶工况下自动搜寻一个对应的发动机转速、进气量、节气门位置和冷却水温度的最佳气门正时,并控制凸轮轴正时液压控制阀,通过各个传感器的信号来感知实际气门正时,然后再执行反馈控制,补偿系统误差,达到最佳气门正时的位置,从而能有效地提高汽车的功率与性能,尽量减少耗油量和废气排放。优点:①相位角调节范围宽;②功率可提高 10% ~20%;③油耗可降低 3% ~5%。有"保持"、"提高"、"迟后"等功能,满足了发动机低速、高速、中小负荷、大负荷及对配气正时的要求。其工作原理:①怠速工况:转速低,混合气流速慢,进气提前角应小,使进气门重叠角减小,以防止回火;②中等负荷工况:转速高,混合气流速加快,惯性能量较大,进气门应早开,加大重叠角,可使废气排出量加大,提高容积效率;③大负荷工况:转速相对降低,混合气流速变慢,应使进气门早开程度减小,以防止回火,用增大进气门晚关程度来增大转矩值。VTEC 机构在本田 Accord(协和)发动机上使用,意思是可变气门正时与升程电子控制,其相位转换点为 2300 ~ 2500r/min。Passat-B5-218L-V6 发动机相位转换点是 1300r/min。

(二)可变气门配气相位和气门升程电子控制系统

1989 年,本田汽车公司推出了自行研制的"可变气门配气相位和气门升程电子控制系统",英文全称"Variable Valve Timing and Valve Life Electronic Control System",缩写就是"VTEC",是世界上第一个能同时控制气门开启时间及升程等两种不同情况的气门控制系统。与普通发动机相比,VTEC 发动机同样是每缸4气门(2进2排)、有凸轮轴和摇臂等,不同的是凸轮与摇臂的数目及控制方法。

整个VTEC系统由发动机主电脑(ECU)控制,ECU接收发动机传感器(包括转速、进气压力、车速、水温等)的参数并进行处理,输出相应的控制信号,通过电磁阀调节摇臂活塞液压系统,从而使发动机在不同的转速工况下由不同的凸轮控制,从而影响进气的开度和时间。

VTEC系统已经有十余年的历史,面对日益严格的排放及动力性能要求,已有一点"力不从心"的感觉。例如VTEC系统的气门升程和正时的变换动作明显将发动机的状态划分为两个阶段,它们之间的转换不够平滑,在VTEC系统启动前后发动机的表现截然不同,连发出的声音也不一样。为了改善VTEC系统的性能,近年本田推出了i-VTEC系统。

简单地说,i-VTEC系统是在现有系统的基础上,添加一个称为"可变正时控制"VTC(Variable Timing Control)系统,即一组进气门凸轮轴正时可变控制机构,通过ECU控制程序,控制进气门的开启关闭。它的原理是当发动机低转速时令每缸其中1个进气门关闭,让燃烧室内形成一道稀薄的混合气涡流,集结在火花塞周围点燃混合气作功。发动机高转速时则在原有的基础上提高进气门的开度及时间,以获取最大的充气量。VTC(可变正时控制)令气门重叠时间更加精确,达到最佳的进、排气门重叠时间,并将发动机功率提高了20%。由于发动机一启动后i-VTEC系统就进入状态,不论低转速或者高转速VTC都在工作,也消除了原来VTEC系统存在的缺陷。

(三)可变压缩比

一般发动机的压缩比是不可变动的,因为燃烧室容积及汽缸工作容积都是固定的参数,在设计中已经定好。不过,为了使得现代发动机能在各种变化的工况中发挥更好的效率,以便改善发动机的运行性能。其中气门可变驱动技术早已实现,作为重要参数的压缩比也有人尝试由固定不变改为"随机应变",但由于涉及压缩比必然要涉及整个发动机结构的改变,牵一而动百,难度很大,长期没有进展。现在这一难题已被瑞典绅宝工程师克服。近年绅宝(Saab)开发的SVC发动机用改变压缩比来控制发动机的燃油消耗量。它的核心技术就是在缸体与缸盖之间安装楔型滑块,缸体可沿滑块的斜面运动,使得燃烧室与活塞顶部的相对位置发生变化,改变燃烧室的容积,从而改变压缩比。其压缩比范围可从 8~14 之间变化。在发动机小负荷时采用小压缩比节约燃油;在发动机大负荷时采用大压缩比,并辅以机械增压器以实现大功率和高转矩输出。

(四)电控供油系统

我们知道,操纵节气门开度就能控制可燃混合气的流量,改变发动机的转速和功率,以适应汽车行驶的需要。传统发动机节气门操纵机构是通过拉索(软钢丝)或者拉杆,一端连接加速踏板,另一端连接节气门连动板而工作。但这种传统加速踏板控制供油应用范畴受到限制并缺乏精确性,在日新月异的汽车电子技术发展形势下,一种电控供油系统(EGAS)应运而生。

与传统加速踏板控制比较,电控供油系统明显的一点是可以用线束(导线)来代替拉索或者拉杆,在节气门那边装一只微型电动机,用电动机来驱动节气门开度。即所谓的"导线驾驶",用导线代替了原来的机械传动机构。但这仅仅是电控供油系统表面的东西,它的实质和作用仅仅用连接代替方式来解释是远远不够的。

电控供油系统主要由加速踏板、踏板位移传感器、ECU(电控单元)、数据总线、伺服电动机和节气门执行机构组成。位移传感器安装在加速踏板内部,随时监测加速踏板的位置。当监测到加速踏板高度位置有变化时,会瞬间将此信息送往 ECU(电控单元),ECU 对该信息和其他系统传来的数据信息进行运算处理,计算出一个控制信号,通过线路送到伺服电动机继电器,伺服电动机驱动节气门执行机构,数据总线则负责系统 ECU 与其他 ECU 之间的通信。由于电控供油系统是通过 ECU 来调整节气门的,因此电控供油系统可以设置各种功能来改善驾驶的安全性和舒适性,其中最常见的就是 ASR(牵引力控制系统)和速度控制系统(巡航控制)。

当 ASR(牵引力控制系统)传感到车轮的旋转速度时,ECU(电控单元)就根据加速踏板的位置、车轮速度和转向盘转向角度等之间的不同而求出滑移率,通过减少节气门开度来调整混合气流量,以降低发动机功率来达到控制目的。而 ASR 系统中,电控供油系统起到十分关键的作用,它涉及整个 ASR(牵引力控制系统)系统中对车速控制、怠速控制等功能,使系统能迅速准确地执行指令。即当电控供油系统接收到 ASR(牵引力控制系统)指令时,它对节气门控制指令只来自于 ASR,这样就可以避免驾车者的误操作。

当驾车者使用速度控制系统时,车速传感器将车速信号输入 ECU(电控单元），再由 ECU 输出指令给伺服电动机控制节气门开度。在这样的系统中，根据行驶阻力的变化由控制系统自动调节发动机节气门开度，使行驶车速保持稳定。因此电控供油系统也可以兼有巡航控制功能。在目前的电子燃油喷射发动机上，电控供油系统除了发挥上述功能外，它还可以进一步改善发动机的节油和排放功能。因此，电控供油系统可以发挥的作用是很多的。

（五）缸内直喷技术

缸内直喷式汽油机系统简称 GDI 系统，又因为燃油是分层燃烧，故又称 FSI 系统。而现在 FSI 的知名度已经大大超过了 GDI。我国上海大众和一汽大众所生产的"斯克达—明锐"（SKODA-Octavia-118T-FSI）和"迈腾"（Magotan-118T-FSI）缸内直喷式汽油机乘用车，已经投入市场，实现了"低油耗、低污染、高功率"的梦想。压缩比 12~13；A/F = 30∶1~40∶1；超稀薄分层燃烧；动力性增加 10%；经济性提高 40%；对燃油无质量要求；"3 个涡流"实现超稀薄分层燃烧。

中小负荷工况时的喷油特点：轿车在市内行驶占有的时间约 75%~85%，多在中、小负荷工况下工作，应在压缩行程后期喷油，以经济超稀薄混合气成分为主，为分层燃烧方式；大负荷工况时的喷油特点：为了获得大功率值，应加浓可燃混合气，以动力性为主，采用"两次喷油方式"。第一次是在进气行程，喷入适量燃油，形成均质燃烧混合气，此为"补救功能"。第二次是在压缩行程的后期喷油，形成浓稀不均的层状混合气，再点火燃烧。因此，在大负荷工况时，一个工作循环中，喷油器发生两次脉冲信号。"两次喷射"也可在起动工况、急加速工况出现，以调节空燃比 A/F 的大小，改善使用性能。缸内直喷技术 GDI，其燃油以细微滴状的薄雾方式进入汽缸，而不是以蒸汽的方式。这也就意味着当燃油雾滴吸收热量变为可燃蒸汽时，实际上对发动机的汽缸起到了冷却的作用。这种冷却作用降低了发动机对辛烷值的需要，所以其压缩比可以有所增加。而且正如柴油机一样，采用较高的压缩比可以提高燃料的效率。采用 GDI 技术的另一个优点是它能够加快油气混合气体的燃烧速度，这使得 GDI 发动机和传统的化油器喷射发动机相比，可以很好地适应废气再循环工艺。采用计算机来模拟进出燃烧室的燃料和空气流的情况是一项突破性的技术。燃烧室和活塞的形状、喷油脉冲的能量和方向、活塞和发动机热量及运动情况都会影响油气混合物雾滴的位置。这项技术采用了燃油分层喷射。燃油分层喷射技术是发动机稀燃技术的一种。顾名思义就是发动机混合气中的汽油含量低,汽油与空气之比可达 1：25 以上。大众 FSI 发动机利用一个高压泵,使汽油通过一个分流轨道,共轨到达电磁控制的高压喷射气门。它的特点是在进气道中已经产生可变涡流,使进气流形成最佳的涡流形态进入燃烧室内,以分层填充的方式推动,使混合气体集中在位于燃烧室中央的火花塞周围。如果稀燃技术的混合比达到 25：1 以上,按照常规是无法点燃的,因此必须采用由浓至稀的分层燃烧方式。通过缸内空气的运动在火花塞周围形成易于点火的浓混合气,混合比达到 12：1 左右,外层逐渐稀薄。浓混合气点燃后,燃烧迅速波及外层。FSI 的特点是,能够降低泵气损失,在低负荷时确保低油耗,但需要增加特殊催化转换器以有效净化处理排放气体。

FSI 发动机按照发动机负荷工况,基本上可以自动选择两种运行模式。在低负荷时为分层稀薄燃烧,在高负荷时则为均质理论空燃比 14.6：1～14.7：1 燃烧。在这两种运行模式中,燃料的喷射时间有所不同,真空作动的开关阀进行开启/关闭。在高负荷中所进行的均质理论空燃比燃烧中,燃油则是在进气冲程中喷射。理论空燃比的均质混合气易于燃烧,不必借助涡流作用。因此,由于进气阻力减少,开关阀打开。而在全负荷以外工况进行废气再循环,限制泵气损失。由于直喷,而使压缩比提高到 12.1,即使在均质理论空燃烧比混合气燃烧中,仍能降低燃油消耗。进一步说,在 FSI 发动机中,在低负荷与高负荷之间,作为第三运行模式而设定均质稀薄燃烧。在这种运行模式中,燃油在进气冲程喷射,并且由于产生加速稀薄混合气燃烧的纵涡流,开关阀被关闭。这时,阻碍燃烧的废气再循环 EGR 暂不进行。与均质理论空燃比燃烧不同的是,吸入空气量超过燃油的喷射量。所以实际上 FSI 发动机有 3 种工作模式：分层稀薄燃烧、均质稀薄燃烧、均质理论空燃比燃烧。

(六)涡轮增压技术

涡轮增压的英文名字为 Turbo,一般来说,如果我们在轿车尾部看到 Turbo 或者 T,即表明该车采用的发动机是涡轮增压发动机了。相信大家都在路上看过不少这样的车型,譬如奥迪 A6 的 1.8T,帕萨特 1.8T,宝来 1.8T 等。应用涡轮增压技术来提升发动机的功率,已经有 30 多年的历史了,1998 年以后,国内的汽车制造厂也开始使用 Turbo 技术。尤其是南、北大众公司生产的汽车,如 Audi A6/1.8T、Bora1.8T、Passt B5/1.8T 逐渐多了起来。

1. 涡轮增压的主要作用

涡轮增压的主要作用就是提高发动机进气量,从而提高发动机的功率和转矩。一台发动机装上涡轮增压器后,其最大功率与未装增压器的时候相比可以增加40%甚至更高。这样也就意味着同样一台发动机在经过增压之后能够产生更大的功率。如1.8T涡轮增压发动机经过增压后,动力可以达到2.4L发动机的水平,但是耗油量却比1.8L发动机并不高多少,在另外一个层面上来说就是提高燃油经济性和降低尾气排放。

2. 涡轮增压的工作原理

最早的涡轮增压器用于跑车或方程式赛车上,这样在那些发动机排量受到限制的赛车比赛时,发动机就能够获得更大的功率。发动机是靠燃料在汽缸内燃烧作功来产生功率的,由于输入的燃料量受到吸入汽缸内空气量的限制,因此发动机所产生的功率也会受到限制,如果发动机的运行性能已处于最佳状态,再增加输出功率只能通过压缩更多的空气进入汽缸来增加燃料量,从而提高燃烧作功能力。因此在目前的技术条件下,涡轮增压器是唯一能使发动机在工作效率不变的情况下增加输出功率的机械装置。

涡轮增压装置其实就是一种空气压缩机,通过压缩空气来增加发动机的进气量,一般来说,涡轮增压都是利用发动机排出的废气惯性冲力来推动涡轮室内的涡轮,涡轮又带动同轴的叶轮,叶轮压送由空气滤清器管道送来的空气,使之增压进入汽缸。当发动机转速增加时,废气排出速度与涡轮转速也同步增加,叶轮就压缩更多的空气进入汽缸,使空气的压力和密度增大以便燃烧更多的燃料,相应增加燃料量和调整一下发动机的转速,就可以增加发动机的输出功率了。

3. 涡轮增压的种类

(1)机械增压系统。装置在发动机上并由皮带与发动机曲轴相连接,从发动机输出轴获得动力来驱动增压器的转子旋转,从而将空气增压吹到进气歧管里。优点:转子的速度与发动机转速是相对应的,所以没有滞后或超前,动力输出更为流畅;缺点:由于它要消耗部分发动机动力,会导致增压效率不高。

(2)废气涡轮增压系统。利用发动机排出的废气达到增压目的。增压器与发动机无任何机械联系,压气机由内燃机废气驱动的涡轮来带动。一般增压压力可达180~200kPa,或300kPa左右,需要增设空气中间冷却器来给高温压缩空气进行冷却。国内轿车 1998 年开始在排量 1.8L 的奥迪 200 上运用,以后又有奥迪 A6 的 1.8T、奥迪 A4 的 1.8T,直至帕萨特 1.8T、宝来 1.8T。优点:增压效率高于机械增压;缺点:发动机动力输出略滞后于加速踏板的开启。

(3)复合增压系统。即废气涡轮增压和机械增压并用,大功率柴油机上用得较多。复合增压系统发动机输出功率大、燃油消耗率低、噪声小,但结构过于复杂。

(4)气波增压系统。利用高压废气的脉冲气波迫使空气压缩。这种系统低速增压性能好、加速性好、工况范围大;但尺寸大、笨重、噪声大。

4. 涡轮增压汽车的使用要领

涡轮增压器是利用发动机排出的废气驱动涡轮,它再怎么先进还是一套机械装置,由于它经常处于高速、高温下工作,增压器废气涡轮端的温度在 600℃以上,增压器的转速也非常高,因此为了保证增压器的正常工作,对它的正确使用和维护十分重要。主要应掌握好以下要领:

(1)汽车发动机起动之后,不能急踩加速踏板,应先怠速运转 3min,这是为了使润滑油温度升高,流动性能变好,从而使涡轮增压器得到充分润滑,然后才能提高发动机转速,起步行驶。冬季至少需要热车 5min 以上。

(2)发动机长时间高速运转后,不能立即熄火。原因是发动机工作时,有一部分润滑油供给涡轮增压器转子轴承用于润滑和冷却,正在运行的发动机突然停机后,润滑油压力迅速下降为零,润滑油润滑会中断,涡轮增压器内部的热量也无法被润滑油带走,这时增压器涡轮部分的高温会传到中间,轴承支承壳内的热量不能迅速带走,而同时增压器转子仍在惯性作用下高速旋转。这样就会造成涡轮增压器转轴与轴套之间"咬死"而损坏轴承和轴。此外,发动机突然熄火后,此时排气歧管的温度很高,其热量就会被吸收到涡轮增压器壳体上,将停留在增压器内部的润滑油熬成积炭。当这种积炭越积越多时就会阻塞进油口,导致轴套缺油,加速涡轮转轴与轴套之间的磨损。因此,发动机熄火前应怠速运转 3min 左右,使涡轮增压器转子转速下降。此外值得注意的就是涡轮增压发动机同样不适宜长时间怠速运转,一般应该保持在 10min 之内。

(3)选择润滑油的时候一定要注意。由于涡轮增压器的作用,使进入燃烧室的空气质量与体积有大幅度的提高,技术性能高的发动机结构更紧凑、更合理,具有较高的压缩比,使发动机的工作强度更高,机械加工精度也更高,装配技术要求更严格。所有这些都决定了涡轮增压发动机的高温、高转速、大功率、大转矩、低排放的工作特点。同时也就决定了发动机的内部零部件要承受较高的温度及更大的撞击、挤压和剪切力的工作条件。所以在选用涡轮增压轿车车用润滑油时，就要考虑到它的特殊性，所使用的润滑油必须抗磨性好、耐高温、建立润滑油膜快、油膜强度高和稳定性好。而合成润滑油或半合成润滑油恰好可以满足这一要求，所以，润滑油除了最好使用原厂规定的润滑油外还可以选用合成润滑油、半合成润滑油等高品质润滑油。

（4）发动机润滑油和滤清器必须保持清洁，防止杂质进入。因为涡轮增压器的转轴与轴套之间配合间隙很小，如果润滑油润滑能力下降，就会造成涡轮增压器的过早报废。

（5）需要按时清洁空气滤清器，防止灰尘等杂质进入高速旋转的增压气叶轮，造成转速不稳或轴套和密封件加剧磨损。

（6）需要经常检查涡轮增压器的密封环是否密封。因为如果密封环没有密封住，那么废气会通过密封环进入发动机润滑系统，将润滑油变脏，并使曲轴箱压力迅速升高。此外，发动机低速运转时润滑油也会通过密封环从排气管排出或进入燃烧室燃烧，从而造成润滑油的过度消耗及"烧润滑油"的情况。

（7）涡轮增压器要经常检查有没有异响或者不寻常的振动，润滑油管和接头有没有渗漏。

（8）涡轮增压器转子轴承精密度很高，维修及安装时的工作环境要求很严格，因此当增压器出现故障或损坏时应到指定的维修站进行维修，而不是到普通的修理店。

（七）可变汽缸技术

汽车日常行驶，大多数情况下并不需要大功率的输出，所以大排量多汽缸就显得有点浪费，于是可变汽缸技术应运而生。它可以在不需要大功率的输出时，控制关闭一部分汽缸，以减少燃油的消耗。可变汽缸技术一般适用于多汽缸大排量车型，如V6、V8、V12发动机。

比较典型的是VCM，其全称为Variable Cylinder Management，是本田公司研发的一种可变汽缸管理技术，它可通过关闭个别汽缸的方法，使3.5L V6发动机可在3、4、6缸之间变化，发动机排量也能在1.75～3.5L之间变化，从而大大节省燃油。

车辆起步、加速或爬坡等任何需要大功率输出的情况下,该发动机将会把全部 6 个汽缸投入工作。在中速巡航和低发动机负荷工况下,系统仅运转 1 个汽缸组,即 3 个汽缸。在中等车速、高速巡航和缓坡行驶时,发动机将会用 4 个汽缸来运转。

借助 3 种工作模式,VCM 系统能够细致地确定发动机的工作排量,使其随时与行车要求保持一致。由于系统会自动关闭非工作缸的进气门和排气门,所以可避免与进、排气相关的泵气损失,并进一步提高了燃油经济性。VCM 系统综合实现了最高的动力性能和最高的燃油经济性,这两种特性在常规发动机上通常无法共存。

VCM 通过 VTEC 系统关闭进、排气门,以中止特定汽缸的工作,与此同时,由动力传动系控制模块切断这些汽缸的燃油供给。在 3 个汽缸工作模式下,后排汽缸组被停止工作。在 4 个汽缸工作模式下,前排汽缸组的左侧和中间汽缸正常工作,后排汽缸组的右侧和中间汽缸正常工作。

非工作缸的火花塞会继续点火,以尽量降低火花塞的温度损失,防止汽缸重新投入工作时因不完全燃烧造成火花塞油污。该系统采用电子控制,并采用专用的一体式滑阀,这些滑阀与汽缸盖内的摇臂轴支架一样起着双重作用。根据系统电子控制装置发出的指令,滑阀会有选择地将油压导向特定汽缸的摇臂。然后,该油压会推动同步活塞,实现摇臂的连接和断开。

VCM 系统对节气门开度、车速、发动机转速、自动变速器挡位选择及其他因素进行监测,以针对各种工作状态确定适宜的汽缸启用方案。此外,该系统还会确定发动机润滑油压力是否适合 VCM 进行工作模式的切换,以及催化转化器的温度是否仍会保持在适当范围内。为了使汽缸启用或停用时的过渡能够平稳进行,系统会调整点火正时、线控节气门的开度,并相应地启用或解除变矩器锁定。最终,3 缸、4 缸和 6 缸工作模式间的过渡,会在驾驶员觉察不到的状态下完成。

二、汽车安全新技术

交通安全问题已成为世界性的大问题。据报载,全世界每年因交通事故死亡的人数约 50 万,因此汽车的安全性对人类生命财产的影响是不言而喻的。随着高速公路的发展和汽车性能的提高,汽车行驶速度也相应加快,加之汽车数量增加以及交通运输日益繁忙,汽车事故增多所引起的人员伤亡和财产损失,已成为一个不容忽视的社会问题,汽车的行车安全更显得非常重要。而传统的被动安全已经远远不能避免交通事故的发生,因此,主动安全的概念慢慢地行成并不断地完善。

为预防汽车发生事故,避免人员受到伤害而采取的安全设计,称为主动安全设计,如 ABS、EBD 等都是主动安全设计。它们的特点是提高汽车的行驶稳定性,尽力防止车祸发生。其他像高位制动灯、前后雾灯、后风窗除雾等也是主动安全设计。目前安全技术逐渐在完善,有更多的安全技术将被开发并得到应用。

(一)汽车 ABS 系统

"ABS"(Anti-locked Braking System)中文译为"防抱死制动系统"。它是一种具有防滑、防抱死等优点的汽车安全控制系统。ABS 是在常规制动装置基础上的改进型技术,分为机械式和电子式两种。它既有普通制动系统的制动功能,又能防止车轮抱死,使汽车在制动状态下仍能转向,保证汽车的制动方向稳定性,防止产生侧滑和跑偏,是目前汽车上最先进、制动效果最佳的制动装置。

ABS 防抱制动系统由汽车微电脑控制,当车辆制动时,它能使车轮保持转动,从而帮助驾驶员控制车辆达到安全的停车。这种防抱制动系统是用速度传感器检测车轮速度,然后把车轮速度信号传送到微电脑里,微电脑根据输入的车轮速度,通过重复地减少或增加在车轮上的制动压力来控制车轮的滑移率,保持车轮转动。在制动过程中保持车轮转动,不但可保证控制行驶方向的能力,而且,在大部分路面情况下,与抱死车轮相比,能提供更高的制动能量。

在使用过程中,要做到"四要四不要"。"四要"即:一要始终将脚踩住制动踏板不放松,这样才能保证足够和连续的制动力,使 ABS 有效地发挥作用;二要保持足够的制动距离。当汽车在良好路面上行驶时,至少要保证离前面的车辆有 3s 的制动时间。在不好的路面上行驶,要留给制动更长一些的时间;三要事先练习使用 ABS,这样才能使自己对 ABS 工作时的制动踏板振颤有准备和适应能力;四要事先阅读汽车驾驶员手册,这样才能进一步理解各种操作。"四不要":一不要在驾驶装有 ABS 的汽车时比没有装 ABS 的汽车更随意。有些驾驶员认为汽车装有 ABS 后,安全性加大,因此在驾驶中思想就会放松,为事故埋下隐患;二不要反复踩制动踏板。在驾驶有 ABS 的车时,反复踩制动踏板会使

ABS 的工作时断时续,导致制动效能降低和制动距离增加。实际上,ABS 本身会以更高速率自动增减制动力,并提供有效的方向控制能力;三不要忘记控制转向盘。在制动时,ABS 系统为驾驶员提供了可靠的方向控制能力,但它本身并不能自动完成汽车的转向操作。在出现意外状况时,还得需要驾驶员来完成转向控制;四不要在制动过程中,被 ABS 的正常液压工作噪声和制动踏板振颤吓住。这种声音和振颤都是正常的,且可让驾驶员由此而感知 ABS 在工作。

日常使用过程中应注意:①更换制动器或更换液压制动系部件后,应排净制动管路中的空气,以免影响制动系统的正常工作;②装有 ABS 的汽车,每年应更换一次制动液。否则,制动液吸湿性很强,含水后不仅会降低沸点、产生腐蚀,而且还会造成制动效能衰退;③检查 ABS 防抱死制动系统前应先拔去电源。

(二)汽车 EBD 系统

英文全称是 ElectricBrakeforceDistribu-tion,中文直译就是"电子制动力分配"。汽车制动时,如果 4 个轮胎附着地面的条件不同,4 个轮胎与地面的附着力就不同,汽车在制动时就容易产生打滑、倾斜和侧翻等现象。EBD 的功能就是在汽车制动的瞬间,高速计算出 4 个轮胎由于附着条件不同而各异的附着力数值,然后调整制动装置,使其按照设定的程序在运动中高速调整,达到制动力与附着力的匹配,以保证车辆的平稳和安全。

EBD 在本质上可以说是 ABS 的辅助功能,它可以提高 ABS 的功效。所以在安全指标上,汽车的性能更胜一筹。当重踩制动踏板时,EBD 在 ABS 作用之前,依据车辆的质量和路面条件,自动以前轮为基准去比较后轮轮胎的滑移率,如发觉此差异程度必须被调整时,制动油压系统将会调整传至后轮的油压,以得到更平衡且更接近理想化制动力的分布。所以 EBD + ABS 就是在 ABS 的基础上,平衡每一个车轮的有效地面附着力,改善制动力的平衡,防止出现甩尾和侧滑,并缩短汽车制动距离。

(三)汽车 ASR 系统

ASR 系统即驱动防滑系统,或称牵引力控制系统。汽车的牵引力控制可以通过减少节气门开度来降低发动机功率或者由制动器控制和车轮打滑来实现,装有 ASR 的汽车综合这两种方法来工作,也就是 ABS/ASR。

ASR 的作用是当汽车加速时将滑移率控制在一定的范围内,从而防止驱动轮快速滑动。它的功能:一是提高牵引力;二是保持汽车的行驶稳定性。汽车行驶在易滑的路面上时,没有 ASR 的汽车加速时驱动轮容易打滑。如果是后轮驱动的车辆容易甩尾,如果是前轮驱动的车辆容易方向失控。有 ASR 时,汽车在加速时就不会有或能够减轻这种现象。在转弯时,如果发生驱动轮打滑会导致整个车辆向一侧偏移,当有 ASR 时就会使车辆沿着正确的路线转向。在装有 ASR 的车上,从加速踏板到汽油机节气门(柴油机喷油泵操作杆)之间的机械连接被电控供油装置所代替。当传感器将加速踏板的位置及轮速信号送到控制单元(CPU)时,控制单元就会产生控制电压信号,伺服电机依此信号重新调整节气门的位置(或者柴油机操纵杆的位置),然后将该位置信号反馈至控制单元,以便及时调整制动器。

(四)汽车 ESP 系统

ESP 系统即电控行驶平稳系统,其英文全称是 Electronic Sta-bilty Program。它是 ABS 和 ASR 两种系统功能的延伸。因此,ESP 称得上是当前汽车防滑装置的最高级形式。

ESP 系统由控制单元及转向传感器(监测转向盘的转向角度)、车轮传感器(监测各个车轮的速度)、侧滑传感器(监测车体绕垂直轴线转动的状态)、横向加速度传感器(监测汽车转弯时的离心力)等组成。控制单元通过这些传感器的信号对车辆的运行状态进行判断,进而发出控制指令。有 ESP 与只有 ABS 及 ASR 的汽车,它们之间的差别在于 ABS 及 ASR 只能被动地做出反应,而 ESP 则能够探测和分析车况并纠正驾驶的错误,防患于未然。ESP 对过度转向或不足转向特别敏感,例如汽车在路滑且左转过度转向(转弯太急)时会产生向右侧甩尾,传感器感觉到滑动就会迅速制动右前轮使其恢复附着力,产生一种相反的转矩而使汽车保持在原来的车道上。

(五)汽车 EDS 电子差速锁

EDS 电子差速锁可以防止车轮打滑,英文全称为 Electronic Differential System,又称为 EDL(Electronic Differential Locking Traction Control)。它是 ABS 的一种扩展功能,用于鉴别汽车的轮胎是不是失去了附着力,从而对汽车的加速打滑进行控制。

EDS 的工作原理比较容易理解。在汽车加速过程中,当电子控制单元根据轮速信号判断出某一侧驱动轮打滑时,EDS 就自动开始工作。通过液压控制单元对该车轮进行适当强度的制动,从而提高另一侧驱动轮的附着利用率,提高车辆的通过能力。当车辆的行驶状况恢复正常后,电子差速锁即停止工作。同普通车辆相比,带有 EDS 的车辆可以更好地利用地面附着力来提高车辆的运行性。

当汽车驱动轴的两个车轮分别在不同附着系数的路面起步时,例如一个驱动轮在干燥的柏油路面上,另一个驱动轮在冰面上,EDS 电子差速锁则通过 ABS 系统的传感器会自动探测到左右车轮的转动速度,当由于车轮打滑而产生两侧车轮的转速不同时,EDS 系统就会通过 ABS 系统对打滑一侧的车轮进行制动,从而使驱动力有效地作用到非打滑侧的车轮,保证汽车平稳起步。不过一般情况下 EDS 电子差速锁有速度限制,只能在车速低于 40km/h 启动,例如当车速低于 40km/h 通过湿滑路面时,EDS 也可锁死打滑车轮,提高行车安全。目前,装备有 EDS 电子差速锁的主要是一些中高档车型,例如奥迪 A6、奥迪 A4、帕萨特、宝来以及新近上市的桑塔纳 3000 等车型。

(六)自动驻车系统

自动驻车英文名称为 AUTOHOLD,具有自动驻车功能,启动该功能之后,如在停车或遇红绿灯的时候,就相当于不用拉紧驻车制动手柄了,这个功能特别适用于上下坡以及频繁起步停车的时候。

传统的驻车制动在坡道起步时需要依靠驾驶员通过手动释放驻车制动手柄或者熟练地使用加速踏板、离合器配合来舒畅起步。而 AUTOHOLD 自动驻车功能通过坡度传感器由控制器给出准确的驻车制动力。在起动时,驻车控制单元通过离合器距离传感器、离合器接合速度传感器、加速踏板传感器等提供的信息来计算,当驱动力大于行驶阻力时自动释放驻车制动,从而使汽车能够平稳起步。就算平时在市区行驶的走走停停,只要你启用 AUTOHOLD 功能,便会启动相应的自动驻车功能。聪明的 AUTOHOLD 自动驻车功能可使车辆在等红灯或上下坡停车时自动启动四轮制动,即使在 D 挡或是 N 挡,你也无须用脚踩制动踏板或使用驻车制动,汽车始终处于静止状态。当需要解除静止状态时,也只需轻踩加速踏板即可解除制动。

三、汽车安全驾驶辅助技术

(一)自适应巡航控制系统

自适应巡航控制系统取自英文 Adaptive Cruise Control(简称 ACC),是一种智能化的自动控制系统,它是在早已存在的巡航控制技术的基础上发展而来的。在车辆行驶过程中,安装在车辆前部的车距传感器(雷达)持续扫描车辆前方道路,同时轮速传感器采集车速信号,当与前车之间的距离过小时,ACC控制单元可以通过与制动防抱死系统、发动机控制系统协调动作,使车轮适当制动,并使发动机的输出功率下降,以使车辆与前方车辆始终保持安全距离。自适应巡航控制系统在控制车辆制动时,通常会将制动减速度限制在不影响舒适的程度,当需要更大的减速度时,ACC控制单元会发出声光信号通知驾驶员主动采取制动操作。当与前车之间的距离增加到安全距离时,ACC控制单元控制车辆按照设定的车速行驶。

自动行驶系统属于驾驶员辅助系统,是汽车主动安全系统的一部分。其主要功能是帮助驾驶员保持一定的行车速度和与前面车辆的行车距离。在系统中,汽车前方装有车辆/障碍物探测装置,探测前方车辆/物体的距离和速度。根据与前面车辆间的距离和预先设定的行驶车速,自动行驶系统能使汽车自动加速或减速,从而使汽车保持设定的行驶速度和与前车的行驶距离,并在必要时紧急制动干预。

其主要作用是:①通过车距传感器的反馈信号,ACC控制单元可以根据靠近车辆物体的移动速度判断道路情况,并控制车辆的行驶状态。通过反馈式加速踏板感知的驾驶员施加在踏板上的力,ACC控制单元可以决定是否执行巡航控制,以减轻驾驶员的疲劳;②自适应巡航控制系统一般在车速大于25km/h时才会起作用,而当车速降低到25km/h以下时,就需要驾驶员进行人工控制。通过系统软件的升级,自适应巡航控制系统可以实现"停车/起步"功能,以应对在城市中行驶时频繁的停车和起步情况。自适应巡航控制系统的这种扩展功能,可以使汽车在非常低的车速时也能与前车保持设定的距离。当前方车辆起步后,自适应巡航控制系统会提醒驾驶员,驾驶员通过踩加速踏板或按下按钮发出信号,车辆就可以起步行驶;③自适应巡航控制系统使车辆的编队行驶更加轻松。ACC控制单元可以设定自动跟踪的车辆,当本车跟随前车行驶时,ACC控制单元可以将车速调整为与前车相同,同时保持稳定的车距,而且这个距离可以通过转向盘附近的控制杆上的设置按钮进行选择。

(二)汽车碰撞预警系统

碰撞预警系统是碰撞避免系统的初级阶段,可以预防事故的发生。当该系统探测到有可能与其周围的车辆/物体出现碰撞危险时,它就向驾驶员发出警报,从而使驾驶员有时间作出相应的反应,以避免车祸的发生。报警可以通过声音或图像信号来实现,信号强度随紧急程度而变。

目前在市场上或在开发中的碰撞报警系统有多种形式。在有些系统中,汽车前方装有物体探测装置,测量本身车辆与前方车辆/物体的距离。当该汽车与前面车辆的距离处于危险范围,表示碰撞将有可能发生,系统就向驾驶员发出报警。有些系统在汽车两侧面装有传感器,探测本身车辆与两边邻近行车道上车辆/物体的距离,加强驾驶员换道时的安全性,一般称为盲区探测系统。在换道时,如果邻近的行车道上在危险区域内存在其他车辆/物体,系统就以某种方式向驾驶员发出警告。这种盲区探测系统对在停车场倒车也很有辅助作用。显然,盲区探测系统的作用对重型货车和大客车更有效。有些系统在汽车前方和两边都装有传感装置,探测车辆与前面和两边邻近行车道上车辆/物体的距离。所以,在汽车前行和换道时都能够帮助驾驶员。有些系统也装有摄像机,具有实现图像识别的功能。

(三)汽车碰撞避免系统

碰撞避免系统是目前正在开发的更高一级的主动安全系统,是基于自动行驶系统和碰撞报警系统发展起来的。在必要时,该系统能够主动地辅助驾驶员,达到避免与其他汽车碰撞或偏离行车道的目的。

当系统监测到有可能出现碰撞危险时,它不仅能够像自动行驶系统一样辅助驾驶员控制车速,同时也能够帮助驾驶员改正行车方向,使之避免与前面或两边的汽车/物体发生碰撞。此外,汽车在驾驶员不小心驶离行车道时,该系统也会辅助驾驶员主动防止这种情况的发生。

(四)汽车倒车辅助系统

这种系统可以说是最简单并且是最早得到应用的碰撞报警系统。这种系统只在汽车的后面装有传感器,探测汽车尾部与其他物体之间的距离,仅仅在汽车倒车时工作。报警一般是通过声音来实现,而且声音的频率随着距离的靠近变得愈发急促。

由于报警系统不具备控制车速的功能,也不会主动帮助驾驶员改正行车方向,所以它不需要与别的系统联网交流,因此,不需依赖其他控制系统,往往在售后服务站作为附件安装。

(五) 驾驶员睡眠报警系统

该系统可防止驾驶员在睡眠(意识低下)状态下发生事故。它通过监视转向操作和驾驶员心跳状态感知睡眠(意识低下)特有的现象,以判断驾驶员是否开始瞌睡。若认为是轻度瞌睡,则发声及闪亮警告灯,提醒驾驶员采取措施。如果驾驶员未觉察仍继续瞌睡,则此装置会振动驾驶员的座椅,以唤醒驾驶员采取措施。如果警告后驾驶员继续处于睡眠(意识低下)状态驾车行驶时,电控供油系统和制动系统起作用使汽车自动停车。这对防止驾驶员在瞌睡状态下操作非常有效。

总之,对于行驶过程中疲劳驾驶会出现打瞌睡的现象,很多技术都在试图解决这一问题,只是所用方法不同。但目的只有一个,判断驾驶员是否进入疲劳状态,提示其保持清醒,这是各种驾驶员报警系统的核心。

(六) 自动泊车系统

顾名思义,自动泊车系统就是不用人工干预,自动停车入位的系统。这套系统在国外并不罕见,目前国内有大众途安、帕萨特、大众 cc、丰田皇冠、奔驰、宝马、雷克萨斯 LS 等车型配备。

自动泊车系统可以使汽车自动地以正确的驾驶方法停靠在停车位,该系统包括环境数据采集系统、中央处理器和车辆策略控制系统。环境数据采集系统包括图像采集系统和车载距离探测系统,可采集图像数据及周围物体距车身的距离数据,并通过数据线传输给中央处理器;中央处理器可将采集到的数据分析处理后,得出汽车的当前位置、目标位置以及周围的环境参数,依据上述参数作出自动停车策略,并将其转换成电信号;车辆策略控制系统接受电信号后,依据指令作出汽车的行驶如角度、方向及动力支援方面的操控。

其原理是:遍布车辆周围的雷达探头测量自身与周围物体之间的距离和角度,然后通过车载电脑计算出操作流程来配合车速以调整转向盘的转动,驾驶员只需要控制车速即可。在未来几年,越来越多的高档进口车会将该配置列为标配,甚至出现在国产车上。

(七) 汽车 GPS 系统

GPS 为全球定位系统,是美国继阿波罗飞船和航天飞机之后的第三航天工程。开始它只用于军事方面,但随着电子技术的发展,GPS 也逐渐应用于汽车导航。

装有导航系统的汽车,在驾驶室内有一显示屏。上面显示着某个城市的交通图(称为电子地图),以及当时汽车在图上所处的位置。如果驾驶员输入目的地的地名、在图上的位置,那么图上就会显示一条从汽车所处位置到目的地的最佳路线和行驶方向,引导汽车行驶,起到导航作用。这样,驾驶员可以安心地驾车到达陌生地区以及在夜间安全行车。此外,GPS 还能够随时告诉驾驶员当时的交通状况,指出什么地方交通拥挤,什么地方车流畅通,以及什么地方有空缺位置可以停车。使驾驶员能绕过拥挤路段,较快到达目的地,避免交通阻塞,提高综合行车效率。

整个导航系统由 GPS 导航、自律导航、地图匹配器、信号处理单元、存储器、显示器、传感器等几部分组成。GPS 导航由 GPS 天线和 GPS 接收机组成。GPS 卫星发射出电波发射时刻信息,而接收机可根据电波到达的时刻,算出电波行走的时间。将此时间乘以电波传播速度就可以知道卫星与接收机的距离,即卫星与装有该接收机的汽车的距离。同时,各 GPS 卫星的轨道位置也被发射出去。因此,接收点位置可由以 3 个卫星为中心的 3 个球面交点求出,即可确定该车在电子地图上的位置。

当汽车行驶在地下隧道、密集森林、高层建筑群等接收不到 GPS 信号时,汽车会进行自律导航。行驶开始前先由驾驶员对车辆位置设置一个初始值。在行驶中,检测每经过一定时间的行驶距离和行驶方向,从而确定车辆的位置。其中行驶距离由车速传感器得出,而方向信号由光导纤维传感器测出。GPS 导航和自律导航得到的汽车状态及位置的一些信号要经过地图匹配器处理后才能准确无误地在电子地图上显示出来。电子地图是这样制成的:首先利用城市航空测量拍到的全貌照片,经过实际调查、标记、补充形成一张精确的地形图,它包括各城市道路交通图、公路网及沿线地名。然后将地形图通过数字化仪、扫描仪,送入 PC 机中,并用专门软件进行数据采集和编辑处理,生成数字地形模型。再经叠加、分类、标记形成一张电子地图并制成只读光盘。

汽车导航系统的发展非常迅速,目前已有一些系统上采用了 32 位的 CPU 嵌入实时操作的微处理单元,便于高速行驶的汽车进行快速处理数据。激光技术的应用,产生的大容量数字化视盘可以存储更多的信息。使用薄膜晶体管有源液晶显示器可使图像更加清晰。汽车导航系统能实时提供自身位置和目的位置坐标、全部行驶的直线距离、时间、速度、前进方向等。当遇到道路阻塞、路段施工或走错路等情况,GPS 能够及时进行检索,提供新路线。此外,为了让驾驶员事先了解行驶中的路面情况,GPS 还能进行语音提示。若将汽车导航系统与其他部门进行联网,驾驶员能够随时获得交通状况的最新信息,从而使汽车避开阻塞和拥挤路段,实现自动道路选择和无阻挡行驶。汽车导航的普及使用,将会给 21 世纪的城市交通带来了新的面貌。

(八)智能照明与夜视辅助系统

该系统是一种能根据实际情况进行控制、具有 5 种不同照明功能的前大灯控制系统。其包含有乡间公路照明模式、高速公路照明模式、增强型雾灯模式以及主动弯道照明模式等多种功能,通过复式氙气大灯和可多角度调节的大灯电机,就如同人类的双眼一样,车辆的智能大灯照明能满足驾驶员在任何环境下对于照射角度、亮度的要求。

除此之外,夜视辅助系统则可以让驾驶员在黑暗中更加放心。当车速超过 15km/h,驾驶员就可以启动夜视辅助系统。将前照灯打开,然后只需按下仪表板上的一个按钮,显示速度的显示器就被切换为摄像机图像的状态。这项研发成果能提供更大的视野范围,但不会让逆向的车辆感到晃眼。

四、汽车电子新技术概要

汽车的电子化、智能化、网络化是现代汽车发展的重要标志,随着消费者对汽车功能和性能要求的日益提高,汽车正在逐渐由机械系统向电子系统转换,目前全球汽车电子产业面临着高速增长的机遇。在国外,电子系统已占到一辆普通轿车总成本的 30%,在高级轿车上比例更高,在国内,中高级轿车电子装置的配置已经接近或达到了国外汽车工业发达国家水平。

(一)线控技术 DBW

汽车的各种操纵系统正向电子化、自动化方向发展,在未来的 5~10 年里,传统的汽车机械操纵系统将变成通过高速通信总线与高性能 CPU 相连的电气系统。如汽车将采用电控起动机和电控信号来实现线控驾驶、线控制动控制、线控供油和线控悬架等,采用这些线控系统将完全取代现有系统中的液压和机械控制。

在新一代雅阁 V6 轿车上采用的 DBW 就是新技术之一。DBW 是线控供油的英文缩写,也可称之为电控供油系统,即发动机的节气门是通过电子控制的。

传统的供油系统控制方式是驾驶员通过踩加速踏板,由加速踏板拉索直接控制发动机节气门的开合程度,从而决定加速或减速,驾驶员的动作与加速踏板动作之间是通过拉索的机械作用联系的。而 DBW 将这种机械联系改为电子控制。驾驶员仍然通过踩加速踏板控制拉索。但拉索并不是直接连接到节气门,而是连着一个加速踏板位置传感器,传感器将拉索的位置变化转化为电信号传送至汽车的大脑 ECU(电子控制器),ECU 将收集到的相关传感器信号经过处理后发送命令至节气门动作控制模块,节气门动作控制模块再发送信号给节气门控制器,从而控制节气门的开合程度。也就是说驾驶员的动作与节气门的动作之间是通过电子元件的电信号联系的。

虽然从构造上来看,DBW 比传统节气门控制方式复杂,但节气门的控制却比传统方式精确,发动机能够根据汽车的各种行驶信息,精确调节进入汽缸的燃油、空气混合气,改善发动机的燃烧状况,从而大大提高了汽车的动力性和经济性。使用线控技术的优点很多,比如使用线控制动无须制动液,保护生态,减少维护;质量轻;性能高(制动响应快);制动磨损最小(向轮胎施力更均匀);安装测试更简单快捷(模块结构);更稳固的电子接口;隔板间无机械联系;简单布置就能增加电子控制功能;踏板特性一致;比液压系统的元件更少等。

(二)CAN 总线网络

随着电控单元在汽车中的应用越来越多,车载电子设备间的数据通信变得越来越重要,以分布式控制系统为基础构造汽车车载电子网络系统是很有必要的。大量数据的快速交换、高可靠性及廉价性是对汽车电子网络系统的要求。在该网络系统中,各处理机独立运行,控制改善汽车某一方面的性能,同时在其他处理机需要时提供数据服务。汽车内部网络的构成主要依靠总线传输技术。汽车总线传输是通过某种通信协议将汽车中各种电控单元、智能传感器、智能仪表等连接起来,从而构成的汽车内部网络。其优点有:减少了线束的数量和线束的容积,提高了电子系统的可靠性和可维护性;采用通用传感器,达到数据共享的目的;改善了系统的灵活性,即通过系统的软件可以实现系统功能的变化。CAN 总线是德国博世公司在 20 世纪 80 年代初开发的一种串行数据通信协议。它的短帧数据结构、非破坏性总线仲裁技术以及灵活的通信方式,使 CAN 总线具有很高的可靠性和抗干扰性,满足了汽车对总线的实时性和可靠性的要求。目前,国外的汽车总线技术已经十分成熟,并已在汽车上推广应用。

国内引进技术生产的奥迪 A6 车型已于 2000 年起采用总线替代原有线束，帕萨特 B5、宝来、波罗、菲亚特的派立奥、西耶那、哈飞赛马等车型都不同程度地使用了 CAN 总线技术。此外，部分高档客车、工程机械也都开始应用总线技术。预计到 2005 年 CAN 将会占据整个汽车网络协议市场的 63%。在欧洲，基于 CAN 的网络也占有了大约 88% 的市场份额。目前使用 CAN 总线网络的汽车大多具有两条或两条以上总线，一条是动力 CAN 总线，主要包括发动机、ABS 和自动变速器 3 个节点，通信速率一般为 500kbps；另一条是舒适 CAN 总线，主要包括中央控制器和 4 个门模块，通信速率一般为 62.55kbps 或 100kbps。

(三) 乘员感知系统 OPDS

本田第 7 代雅阁 V6 轿车装备了前排侧安全气囊，因此在前排乘客座相应地配备了乘员感知系统。乘员感知系统的作用是：当前排座椅上坐着小孩或者小孩侧着头打瞌睡时，乘客座椅侧安全气囊将自动关闭，从而减小侧撞事故发生时安全气囊对儿童的伤害。那么安全气囊是怎么知道这一切的呢？原来在看似跟普通座椅一样的乘客座椅内暗藏了 7 个传感器，座椅靠背内的 6 个传感器负责检测乘员的坐姿高度，来判断坐着的是儿童还是大人，或者饮料瓶等其他东西；靠背侧边的一个传感器则专门检查儿童是不是侧着头打瞌睡，判断儿童的头部是不是处于侧气囊展开的范围内。

OPDS 传感器是根据乘员的导电体量来做出这些判断的，座椅在出厂之前已经设定了一个座椅自身的导电体量，座椅安装到车上并坐了人后，OPDS 系统检测出一个总体的导电体量，总导电体量减去座椅的导电体量就是乘员的导电体量，如果乘员导电体量低于系统初始设定的判断临界值，则 OPDS 系统认为坐着的是儿童或儿童的头部处于侧气囊引爆的范围中，从而自动关闭安全气囊，同时仪表板上的"SIDEAIRBAGOFF"黄色指示灯亮起，告诉驾驶员侧安全气囊已经关闭。有了 OPDS 这样一个关怀备至的"看护人"，儿童就可以在旅途中尽情地享受自己的梦乡了。

(四) 移动多媒体系统

运用移动多媒体技术可开发出汽车娱乐系统，这种音响——图像技术包括全彩屏幕、游戏设备、DVD 机、录像机和放唱机等。移动多媒体技术还体现在智能无线产品、远程通信设备和信息处理产品等方面，其中包括提供语音识别系统，支持多种语言，使驾驶员不用手动操作娱乐系统，从而腾出双手控制转向盘。它还能将 Internet 的功能集成到车辆中,使人在车上就可以上网浏览、收发邮件、进行股票交易,同时采用"即插即用"的方式使汽车消费者可以方便快捷地更新他们的多媒体产品,享受更丰富的全新服务。数码影音娱乐媒体方面的配备实际上已开始普遍化,车上的卡拉 OK、VCD 视听功能都属于此种设计。

甚至还能将车室营造成影、音、声、光效果俱佳的 DVD 剧院。数字技术的进步,给汽车 AV 世界带来了巨大变革,全新概念的汽车多媒体已经开始出现。歌乐公司与微软公司合作,利用 windows 操作系统,综合运用汽车音响、计算机技术、导航技术及自动语言识别技术,开发出了世界上第一台拥有车载计算机系统,将车载多媒体技术推向了一个新的阶段。将声音、图像、办公通信融为一体的汽车多媒体不久将成为现实。

(五)电气系统电压升级

目前全球汽车制造商将共同为未来电子系统电压制定一项新标准,即 36V/12V 双电压系统将和 42V 电压系统一起使用。预计第一个运用 42V 电压系统的汽车将在几年后出现,而且在随后的 10 年里国际汽车业将会发生一个长久、彻底的变化。几年前在底特律召开的 SAE 年会上,也有很多关于这方面的讨论,即如何去发展 42V 电压系统、目前面临的困难是什么、如何解决等。

当然汽车电压升级的好处也显而易见。除了能减少线束截面积,减小电机体积外,还能趁机将车上的电器来一场"革命",例如终结目前使用的机械式继电器,进入固态开关模式,采用电子模块代替目前的元件等。如果汽车性能要提高,设置要增多,唯有走电压升级这一条路才能解决问题。可以预见,汽车电气技术的改革,会给汽车发展注入新的活力。

36V/12V 及 42V 电气系统已得到国际汽车工业界的广泛认可,因此,可以相信这一新的汽车电气系统进入实用化的时间已为期不远。由于该电气系统的固有特点,以功率半导体元器件同微电子器件相结合的控制装置,将在新的电气系统中获得大量应用,这将对传统的汽车电器带来较大的冲击,并对汽车电子、电器零部件的产业结构产生深远影响。目前,我国相关行业已对新的汽车电气系统给予了应有的关注,这一汽车新技术正进入研究起步阶段。

(六)无钥匙起动系统

无钥匙起动系统(Keyless Start System),即起动车辆不用掏拧钥匙,把钥匙放在包内或口袋里,按下车内按键或拧动导板即可使发动机点火,更加便捷,也使豪华感、科技感倍增。

该系统采用最先进的无线射频识别(RFID)技术,通过车主随身携带的智能卡里的芯片感应自动开关门锁,也就是说当驾驶员走近车辆一定距离时,门锁会自动打开并解除防盗;当驾驶员离开车辆时,门锁会自动锁上并进入防盗状态。一般装备有无钥匙进入系统的车辆,其车门把手上有感应按钮,同时也有钥匙孔,是以防智能卡损坏或没电时,车主仍可用普通方式开启车门。当车主进入车内时,车内的检测系统会马上识别您的智能卡,经过确认后车内的电脑才会进入工作状态,这时您只需轻轻按动车内的起动按钮(或者是旋钮),就可以正常起动车辆了。也就是说无论在车内还是车外,都可以保证系统在任何情况下都能正确识别驾驶员。

使用该系统要注意:①不要和电子装置放在一起。由于智能钥匙使用低强度无线电波,因此在有磁场干扰的情况下可能无法正常工作。经常将智能车钥匙和手机放在一起会受到手机频率的干扰,会出现失灵现象。如果智能钥匙接收高强度无线电波,可能会过度消耗电量。因此,不要将智能钥匙放在电视或者电脑等附近;②不要乱抛乱扔。对于智能钥匙来说,最害怕的就是由高空摔落在地,因为钥匙内部线路抗冲击力较弱,遇到剧烈碰撞时容易损坏;③智能钥匙进水后会烧坏内部的线路,也会造成失灵。一旦遇到智能钥匙进水,将外壳打开平放,并用吹风机吹干,然后再送到维修店检查。千万不要拿着钥匙使劲地甩,这样最容易使水流到其他重要线路上,也不要立刻用遥控开锁,因为这样可能导致电路板烧坏;④不能将智能钥匙暴露于高温直射环境中,例如,仪表板或者发动机罩上;⑤不要将备用钥匙放在车内。如果汽车钥匙保管不善丢失,就会带来许多麻烦,尤其是智能钥匙,一旦丢失不仅需要重新配制,而且还要和电脑进行重新匹配。与一般机械钥匙不同,智能钥匙由于涉及整车的防盗技术,并不是车钥匙丢失了,简单地配制一个就可以继续使用。据了解,每家制造商对其售后服务部门都制定了严格的无钥匙开启车门和配钥匙的流程,所以提醒车主尽量保护好备用钥匙,不要将备用钥匙和现用钥匙放在一起,也不要将备用钥匙放在车内;⑥不要用错电池。智能钥匙的电池寿命大约在1年左右。由于车钥匙使用的频率不同,钥匙电池的消耗量也就不同;不同距离使用车钥匙,耗费的电量会有所不同。给智能钥匙换电池要很慎重,一旦出现差错,钥匙中的电路板就会烧坏。在更换前,车主要先看清电池更换图解,在拆开钥匙时,要注意各零件原先摆放的位置,尽量选择原装电池。在安装时要仔细辨别电池的正负极,不要放错位置。同时,要注意钥匙底部的密封圈,不要在更换中损坏,否则就会烧坏电路板;⑦不要接触金属物品。不少女性车主都喜欢在车钥匙上坠以沉甸甸的饰物,部分男车主甚至还将一大把其他钥匙也串在一起。殊不知,在汽车行驶时的颠簸跳跃中,钥匙上过多的坠物会通过锁芯对电门开关的限位元件和接触点产生磨损,导致其松弛和过早损坏,久而久之会造成发动机起动不灵或行驶中因断电而熄火。更何况,若与其他钥匙放在一起,钥匙是金属制品,智能钥匙与金属物品相接触或者被金属物品所覆盖有可能出现工作失灵。

第二章　汽车驾驶证

第一节　驾驶证考试内容

一、考试程序及科目

根据《中华人民共和国公安部》2012年第123号令《机动车驾驶证申领和使用规定》，机动车驾驶人考试程序及科目是：

(1) 机动车驾驶人考试内容分为道路交通安全法律、法规和相关知识考试科目(以下简称"科目一")、场地驾驶技能考试科目(以下简称"科目二")、道路驾驶技能和安全文明驾驶常识考试科目(以下简称"科目三")。

(2) 考试顺序按照科目一、科目二、科目三依次进行，前一科目考试合格后，方准参加后一科目的考试。科目三道路驾驶技能考试合格后，方准参加安全文明驾驶常识考试。

(3) 科目一考试内容包括：道路通行、交通信号、交通安全违法行为和交通事故处理、机动车驾驶证申领和使用、机动车登记等规定以及其他道路交通安全法律、法规和规章。

(4) 科目二考试内容包括：大型客车、牵引车、城市公交车、中型客车、大型货车考试的桩考，坡道定点停车和起步、侧方停车、通过单边桥、曲线行驶、直角转弯、通过限宽门、通过连续障碍、起伏路行驶、窄路掉头，以及模拟高速公路、连续急弯山区路、隧道、雨(雾)天、湿滑路、紧急情况处置等。

小型汽车、小型自动挡汽车、残疾人专用小型自动挡载客汽车和低速载货汽车考试的倒车入库、坡道定点停车和起步、侧方停车、曲线行驶、直角转弯等。

三轮汽车、普通三轮摩托车、普通二轮摩托车和轻便摩托车考试的桩考、坡道定点停车和起步、通过单边桥等。

轮式自行机械车、无轨电车、有轨电车的考试内容由省级公安机关交通管理部门确定。

(5)科目三(道路驾驶技能)考试的内容包括：大型客车、牵引车、城市公交车、中型客车、大型货车、小型汽车、小型自动挡汽车、低速载货汽车和残疾人专用小型自动挡载客汽车考试的上车准备、起步、直线行驶、加减挡位操作、变更车道、靠边停车、直行通过路口、路口左转弯、路口右转弯、通过人行横道线、通过学校区域、通过公共汽车站、会车、超车、掉头、夜间行驶等。

大型客车、中型客车考试里程不少于20km,其中白天考试里程不少于10km,夜间考试里程不少于5km;牵引车、城市公交车、大型货车考试里程不少于10km,其中白天考试里程不少于5km,夜间考试里程不少于3km;小型汽车、小型自动挡汽车、低速载货汽车、残疾人专用小型自动挡载客汽车考试里程不少于3km,并抽取不少于20%进行夜间考试,不进行夜间考试的,应当进行模拟夜间灯光使用考试。

(6)科目三(安全文明驾驶常识)考试内容包括：安全文明驾驶操作要求、恶劣气象和复杂道路条件下的安全驾驶知识、爆胎等紧急情况下的临危处置方法以及发生交通事故后的处置知识等。

二、各科目考试的合格标准

(1)科目一考试满分为100分,成绩达到90分的为合格。

(2)科目二考试满分为100分,考试大型客车、牵引车、城市公交车、中型客车、大型货车准驾车型的,成绩达到90分为合格,其他准驾车型的成绩达到80分为合格。

(3)科目三道路驾驶技能和安全文明驾驶常识考试满分分别为100分,成绩分别达到90分为合格。

(4)每个科目考试1次,考试不合格的,可以补考1次。不参加补考或者补考仍不合格的,本次考试终止,申请人应当重新预约考试,但科目二、科目三考试应当在10日后预约。科目三安全文明驾驶常识考试不合格的,已通过的道路驾驶技能考试成绩有效。

在驾驶技能准考证明有效期内,科目二和科目三道路驾驶技能考试预约考试的次数不得超过 5 次。第五次预约考试仍不合格的,已考试合格的其他科目成绩作废。

第二节　驾驶证的日常管理

申请并获得驾驶证后,作为持证人除遵守《道路交通安全法》的有关规定外,还必须遵守公安部门对驾驶证管理的有关制度。

一、驾驶证的记分制度

机动车驾驶证的累积记分周期(即记分周期)为 12 个月,满分为 12 分,从机动车驾驶证初次领取之日起计算。

机动车驾驶人在一个记分周期内累积记分达到 12 分的,公安机关交通管理部门应当扣留其机动车驾驶证。

机动车驾驶人应当在 15 日内到机动车驾驶证核发地或者违法行为地公安机关交通管理部门参加为期 7 日的道路交通安全法律、法规和相关知识学习。机动车驾驶人参加学习后,车辆管理所应当在 20 日内对其进行道路交通安全法律、法规和相关知识考试。考试合格的,记分予以清除,发还机动车驾驶证;考试不合格的,继续参加学习和考试。拒不参加学习,也不接受考试的,由公安机关交通管理部门公告其机动车驾驶证停止使用。

机动车驾驶人在一个记分周期内有两次以上达到 12 分或者累积记分达到 24 分以上的,车辆管理所还应当在道路交通安全法律、法规和相关知识考试合格后 10 日内对其进行道路驾驶技能考试。接受道路驾驶技能考试的,按照本人机动车驾驶证载明的最高准驾车型考试。

机动车驾驶人在一个记分周期内记分未达到 12 分,所处罚款已经缴纳的,记分予以清除;记分虽未达到 12 分,但尚有罚款未缴纳的,记分转入下一记分周期。

二、驾驶证的审验制度

机动车驾驶人换领机动车驾驶证时,应当接受公安机关交通管理部门的审验。

持有大型客车、牵引车、城市公交车、中型客车、大型货车驾驶证的驾驶人，应当在每个记分周期结束后 30 日内到公安机关交通管理部门接受审验。但在一个记分周期内没有记分记录的，免予本记分周期审验。持有其他准驾车型驾驶证的驾驶人，发生交通事故造成人员死亡承担同等以上责任未被吊销机动车驾驶证的，应当在本记分周期结束后 30 日内到公安机关交通管理部门接受审验。

在异地从事营运的机动车驾驶人，向营运地车辆管理所备案登记 1 年后，可以直接在营运地参加审验。

驾驶证审验内容包括：道路交通安全违法行为，交通事故处理情况；身体条件情况；道路交通安全违法行为记分及记满 12 分后参加学习和考试情况。

三、驾驶证的更换制度

机动车驾驶人在机动车驾驶证的 6 年有效期内，每个记分周期均未记满 12 分的，换发 10 年有效期的机动车驾驶证；在机动车驾驶证的 10 年有效期内，每个记分周期均未记满 12 分的，换发长期有效的机动车驾驶证。

机动车驾驶人应当于机动车驾驶证有效期满前 90 日内，向机动车驾驶证核发地车辆管理所申请换证。申请时应当填写申请表，并提交以下证明、凭证：

(1) 机动车驾驶人的身份证明。

(2) 机动车驾驶证。

(3) 县级或者部队团级以上医疗机构出具的有关身体条件的证明。属于申请残疾人专用小型自动挡载客汽车的，应当提交经省级卫生主管部门指定的专门医疗机构出具的有关身体条件的证明。

机动车驾驶人户籍迁出原车辆管理所管辖区的，应当向迁入地车辆管理所申请换证。机动车驾驶人在核发地车辆管理所管辖区以外居住的，可以向居住地车辆管理所申请换证。

四、驾驶证的注销制度

机动车驾驶人具有下列情形之一的，车辆管理所应当注销其机动车驾驶证：

(1) 死亡的。

(2)提出注销申请的。

(3)丧失民事行为能力,监护人提出注销申请的。

(4)身体条件不适合驾驶机动车的。

(5)有器质性心脏病、癫痫病、美尼尔氏症、眩晕症、癔症、震颤麻痹、精神病、痴呆以及影响肢体活动的神经系统疾病等妨碍安全驾驶疾病的。

(6)被查获有吸食、注射毒品后驾驶机动车行为,正在执行社区戒毒、强制隔离戒毒、社区康复措施,或者长期服用依赖性精神药品成瘾尚未戒除的。

(7)超过机动车驾驶证有效期1年以上未换证的。

(8)年龄在60周岁以上,在1个记分周期结束后一年内未提交身体条件证明的;或者持有残疾人专用小型自动挡载客汽车准驾车型,在3个记分周期结束后1年内未提交身体条件证明的。

(9)年龄在60周岁以上,所持机动车驾驶证只具有无轨电车或者有轨电车准驾车型,或者年龄在70周岁以上,所持机动车驾驶证只具有低速载货汽车、三轮汽车、轮式自行机械车准驾车型的。

(10)机动车驾驶证依法被吊销或者驾驶许可依法被撤销的。

五、驾驶证的补发

机动车驾驶证遗失的,机动车驾驶人应当向机动车驾驶证核发地车辆管理所申请补发。申请时应当填写申请表,并提交以下证明、凭证:

(1)机动车驾驶人的身份证明。

(2)机动车驾驶证遗失的书面声明。

符合规定的,车辆管理所应当在一日内补发机动车驾驶证。

机动车驾驶人补领机动车驾驶证后,原机动车驾驶证作废,不得继续使用。

机动车驾驶证被依法扣押、扣留或者暂扣期间,机动车驾驶人不得申请补发。

第三节 违章记分一般规定

一、记分分值12分

机动车驾驶人有下列违法行为之一,一次记12分:

(1)驾驶与准驾车型不符的机动车的。

(2)饮酒后驾驶机动车的。

(3)驾驶营运客车(不包括公共汽车)、校车载人超过核定人数20%以上的。

(4)造成交通事故后逃逸,尚不构成犯罪的。

(5)上道路行驶的机动车未悬挂机动车号牌的,或者故意遮挡、污损、不按规定安装机动车号牌的。

(6)使用伪造、编造的机动车号牌、行驶证、驾驶证、校车标牌或者使用其他机动车号牌、行驶证的。

(7)驾驶机动车在高速公路上倒车、逆行、穿越中央分隔带掉头的。

(8)驾驶营运客车在高速公路车道内停车的。

(9)驾驶中型以上载客载货汽车、校车、危险物品运输车辆在高速公路、城市快速路上行驶超过规定时速20%以上或者在高速公路、城市快速路以外的道路上行驶超过规定时速50%以上,以及驾驶其他机动车行驶超过规定时速50%以上的。

(10)连续驾驶中型以上载客汽车、危险物品运输车辆超过4h未停车休息或者停车休息时间少于20min的。

(11)未取得校车驾驶资格驾驶校车的。

二、记分分值6分

机动车驾驶人有下列违法行为之一,一次记6分:

(1)机动车驾驶证被暂扣期间驾驶机动车的。

(2)驾驶机动车违反道路交通信号灯通行的。

(3)驾驶营运客车(不包括公共汽车)、校车载人超过核定人数未达20%的,或者驾驶其他载客汽车载人超过核定人数20%以上的。

(4)驾驶中型以上载客载货汽车、校车、危险物品运输车辆在高速公路、城市快速路上行驶超过规定时速未达20%的。

(5)驾驶中型以上载客载货汽车、校车、危险物品运输车辆在高速公路、城市快速路以外的道路上行驶或者驾驶其他机动车行驶超过规定时速20%以上未达到50%的。

(6)驾驶货车载物超过核定载质量30%以上或者违反规定载客的。

(7)驾驶营运客车以外的机动车在高速公路车道内停车的。

(8)驾驶机动车在高速公路或者城市快速路上违法占用应急车道行驶的。

(9)低能见度气象条件下,驾驶机动车在高速公路上不按规定行驶的。

(10)驾驶机动车运载超限的不可解体的物品,未按指定的时间、路线、速度行驶或者未悬挂明显标志的。

(11)驾驶机动车载运爆炸物品、易燃易爆化学物品以及剧毒、放射性等危险物品,未按指定的时间、路线、速度行驶或者未悬挂警示标志并采取必要的安全措施的。

(12)以隐瞒、欺骗手段补领机动车驾驶证的。

(13)连续驾驶中型以上载客汽车、危险物品运输车辆以外的机动车超过4h未停车休息或者停车休息时间少于20min的。

(14)驾驶机动车不按照规定避让校车的。

三、记分分值3分

机动车驾驶人有下列违法行为之一,一次记3分:

(1)驾驶营运客车(不包括公共汽车)、校车以外的载客汽车载人超过核定人数未达20%的。

(2)驾驶中型以上载客载货汽车、危险物品运输车辆在高速公路、城市快速路以外的道路上行驶或者驾驶其他机动车行驶超过规定时速未达20%的。

(3)驾驶货车载物超过核定载质量未达30%的。

(4)驾驶机动车在高速公路上行驶低于规定最低时速的。

(5)驾驶禁止驶入高速公路的机动车驶入高速公路的。

(6)驾驶机动车在高速公路或者城市快速路上不按规定车道行驶的。

(7)驾驶机动车行经人行横道,不按规定减速、停车、避让行人的。

(8)驾驶机动车违反禁令标志、禁止标线指示的。

(9)驾驶机动车不按规定超车、让行的,或者逆向行驶的。

(10)驾驶机动车违反规定牵引挂车的。

(11)在道路上车辆发生故障、事故停车后,不按规定使用灯光和设置警告标志的。

(12)上道路行驶的机动车未按规定定期进行安全技术检验的。

四、记分分值 2 分

机动车驾驶人有下列违法行为之一,一次记 2 分:

(1)驾驶机动车行经交叉路口不按规定行车或者停车的。

(2)驾驶机动车有拨打、接听手持电话等妨碍安全驾驶的行为的。

(3)驾驶二轮摩托车,不戴安全头盔的。

(4)驾驶机动车在高速公路或者城市快速路上行驶时,驾驶人未按规定系安全带的。

(5)驾驶机动车遇前方机动车停车排队或者缓慢行驶时,借道超车或者占用对面车道、穿插等候车辆的。

(6)不按照规定为校车配备安全设备,或者不按照规定对校车进行安全维护的。

(7)驾驶校车运载学生,不按照规定放置校车标牌、开启校车标志灯,或者不按照经审核确定的线路行驶的。

(8)校车上下学生,不按照规定在校车停靠站点停靠的。

(9)校车未运载学生上道路行驶,使用校车标牌、校车标志灯和停车指示标志的。

(10)驾驶校车上道路行驶前,未对校车车况是否符合安全技术要求进行检查,或者驾驶存在安全隐患的校车上道路行驶的。

(11)在校车载有学生时给车辆加油,或者在校车发动机熄火前离开驾驶座位的。

五、记分分值 1 分

机动车驾驶人有下列违法行为之一,一次记 1 分:

(1)驾驶机动车不按规定使用灯光的。

(2)驾驶机动车不按规定会车的。

(3)驾驶机动车载货长度、宽度、高度超过规定的。

(4)上道路行驶的机动车未放置检验合格标志、保险标志,未随车携带行驶证、机动车驾驶证的。

第三章　家用汽车购置

第一节　汽车技术性能指标概述

一、汽车主要的技术参数

(一) 汽车主要结构参数

1. 车身长度

车身长度的定义是：从汽车前保险杠最凸出的位置量起，直到后保险杠最凸出的位置，这两点之间的距离，如图3-1所示。

图3-1　车长示意图

2. 车身宽度

汽车的车宽数据是车身左、右最凸出位置的距离，但是不包含左、右后视镜伸出的宽度，即后视镜折叠后的宽度，如图3-2所示。

3. 车身高度

车身高度是从地面算起，一直到车身顶部最高的位置，但不包括天线的长度，如图3-3所示。

图 3-2　车宽示意图　　　　　　　图 3-3　车高示意图

车身长度及宽度较大的车型虽可以获得较为宽敞的车内空间,给乘客提供较好的乘坐舒适性;但是降低了在狭窄巷道中的行驶灵活性。车身高度会影响到座位的头部空间以及乘坐姿态。头部空间大则不易有压迫感,舒适的坐姿较适合长时间的乘坐。近年来 SUV、VAN 这一类高车身的车型大为流行,较高的车内高度有利于乘员在车内的活动;但是过高的车身却不利于车辆进出地下停车场。而强调运动性的跑车,为了提升过弯稳定性,通常把车身高度降低。

4. 轴距

从前轮中心点到后轮中心点之间的距离,也就是前轮轴与后轮轴之间的距离,称为轴距,如图 3-4 所示。

图 3-4　轴距示意图

较长的轴距可以使汽车获得较好的直线行驶稳定性,而短轴距则提供更好的灵活性。对于车内空间来说,轴距代表前轮与后轮之间的距离,轴距越长,车内纵向空间就越大,膝部及脚部空间也因此而较宽敞。然而后轮驱动车因发动机纵向排列的关系,为了达到相同的车内空间,通常轴距会比同级前轮驱动车轴距长。

5. 轮距

左、右车轮中心的距离。较宽的轮距有助于横向的稳定性与较佳的操纵性能。轮距和轴距搭配之后,即显示4个车轮着地的位置。车轮着地位置越宽大的车型,其行驶的稳定性就越好,因此越野车辆的轮距都比一般车型要宽,如图3-5 所示。

图 3-5 轮距示意图

6. 前悬与后悬

前悬是指前轮中心与车前端的水平距离。前悬的长度应足以固定和安装发动机、散热器、转向器等。但也不宜过长,否则汽车的接近角过小,上坡时容易发生触头现象,影响汽车的通过性。

后悬是指汽车最后端至后轴中心的距离,如图3-6 所示。

图 3-6 前悬与后悬示意图

7. 接近角、离去角和通过角

接近角是指在汽车满载静止时,汽车前端突出点向前轮所引切线与地面的夹角。即水平面与切于前轮轮胎外缘(静载)的平面之间的最大夹角,通常单位为度(°),前轴前面任何固定在车辆上的刚性部件不得在此平面的下方,如图3-7所示的40°角。

离去角是指汽车满载静止时,自车身后端突出点向后车轮引切线与路面之间的夹角,即是水平面与切于车辆最后车轮轮胎外缘(静载)的平面之间的最大夹角,通常单位为度(°),位于最后车轮后面的任何固定在车辆上的刚性部件不得在此平面的下方。它表征了汽车离开障碍物(如小丘、沟洼地等)时,不发生碰撞的能力。离去角越大,则汽车的通过性越好,如图3-7所示的37°角。

图3-7 接近角、离去角与通过角示意图

通过角是指汽车空载、静止时,分别通过前、后车轮外缘做切线交于车体下部较低部位所形成的夹角,通常单位为度(°),如图3-7所示的25°角。

8.最小离地间隙

汽车的最小离地间隙,就是在水平面上汽车底盘的最低点与地面的间隙,通常单位为毫米(mm),不同车型其离地间隙也是不同的,离地间隙越大,车辆的通过性就越好。所以通常越野车的离地间隙要比轿车要大,如图3-8所示。

最小离地间隙

图3-8 最小离地间隙示意图

(二)汽车主要质量参数

1. 整车整备质量(kg)

汽车完全装备的质量,包括整车装备完好的空车质量、燃料、润滑油、冷却液、随车工具、备用轮胎及备品等的质量,但不包括货物、驾驶员、乘客及行李的质量。

2. 最大总质量(kg)

汽车在满载时的总质量,即汽车整车整备质量与所承载的货物和人员质量的总和。

3. 最大装载质量(kg)

汽车满载时所能够装载的货物或人员的总质量,即最大总质量与整车整备质量之差。

4. 最大轴载质量(kg)

汽车单轴能够承载的最大总质量。

5. 汽车轴荷分配

汽车空载和满载时的整车质量分配到各个车轴上的百分比。

二、汽车主要的性能指标

(一)汽车的动力性

汽车动力性可用以下三方面指标进行评价。

1. 汽车的最高车速

指汽车满载时在坚硬良好的水平路面上(水泥混凝土路面或者沥青混凝土路面)所能达到的最高行驶速度。用千米/小时(km/h)表示,数值越大,动力性就越好。

2. 汽车的加速能力

指汽车在各种使用条件下迅速增加汽车行驶速度的能力。加速过程中加速用的时间越短、加速度越大和加速距离越短的汽车,加速性能就越好。

3. 汽车的爬坡能力

爬坡能力用汽车满载时以最低挡位在坚硬良好的路面上(水泥混凝土路面或者沥青混凝土路面)等速行驶所能克服的最大坡度来表示,称为最大爬坡度。它表示汽车最大牵引力的大小。

爬坡度用坡度的角度值(以度数表示)或以坡度起止点的高度差与其水平距离的比值(正切值)的百分数来表示,通常用百分比来表示(%),如图3-9所示。

不同类型的汽车对上述三项指标要求各有不同:轿车与客车偏重于最高车速和加速能力,载货汽车和越野汽车对最大爬坡度要求较严。但不论何种汽车,为在公路上能正常行驶,必须具备一定的平均速度和加速能力。

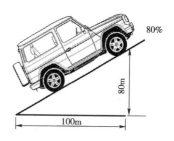

图3-9 汽车爬坡度

(二)汽车的燃油经济性

汽车的燃油经济性,是指在保证动力性的条件下,汽车以尽量少的燃料消耗量经济行驶的能力,是汽车的主要性能指标之一。

我国及欧洲各国一般采用百公里油耗,即升/百公里(L/100km)作为汽车燃油经济性的指标,其数值越小,表示汽车燃油经济性越好。美国、英国等一些国家用英里/加仑作为燃油经济性指标,即:每消耗1加仑燃料,汽车行驶的英里数[1mile(英里)=1.6093km(公里),1USgal(美加仑)=3.785L(升),1UKpt(英加仑)=4.546L(升)],其数值越大,表示汽车燃油经济性就越好,汽车就越省油。

汽车的燃油经济性与很多因素有关,主要有:

1. 行驶速度

当汽车在中等车速行驶时燃油消耗量最低,高速行驶时随车速增加而燃油消耗迅速增加,这是因为在高速行驶时汽车的行驶阻力增加很大,而导致百公里油耗也增加很大。

2. 汽车的维护与调整状况

因为汽车的维护质量影响到发动机的使用性能与汽车的行驶阻力,从而对汽车的百公里油耗有较大的影响。一般驾驶员常用滑行距离来检查汽车底盘的技术状况,以确定维护与调整是否恰当。当汽车的前轮定位正确,制动器摩擦片与制动鼓有正常间隙,轮胎气压正常,各相对运动零部件摩擦表面光洁、间隙恰当并有充分的润滑油时,底盘的行驶阻力减小,滑行距离便大大增加。装载质量为2500kg的汽车,在良好水平道路上以30km/h的车速开始摘挡滑行,滑行距离应达到200～250m,当滑行距离由200m增加到250m时,汽车的油耗可降低7%左右。

(三) 汽车的制动性

汽车的制动性是指汽车行驶时在短距离内停车且维持行驶方向稳定,以及汽车在下长坡时维持一定车速的能力。

汽车具有良好的制动性是安全行驶的保证,也是汽车动力性得以很好发挥的前提。汽车的制动性能是汽车的几个主要性能之一。制动性能直接关系到汽车的行车安全,重大交通事故往往是与制动距离太长、紧急制动时发生侧滑等情况有关,因此汽车的制动性能是汽车行驶的重要保障,也是许多车主关心的重要性能之一。

制动性的三方面评价指标是:

1. 制动效能

制动效能是汽车迅速减低行驶速度直至停车的能力,是汽车制动性能最基本的评价指标。常用制动过程中的制动时间、制动减速度和制动距离来评价。制动效能除与汽车技术状况有关外,还与汽车制动时的速度以及轮胎和路面的情况有关。

制动距离与行车安全有直接的关系,同时也是评价汽车制动性能最直观的指标。通过比较两辆汽车在同一初速度下的制动距离,可以直接分辨出制动效能的高低。例如在初速度为100km/h的情况下,某汽车的制动距离是43.1m,而另一汽车的制动距离是46.8m,反映出前车比后车制动性能好。

2. 制动效能的恒定性

主要是指制动器的抗热衰退性能,一般用一系列连续制动时制动效能保持的程度来衡量。

3. 制动时汽车的方向稳定性

指汽车在制动过程中按指定的路线行驶,不发生跑偏、侧滑和失去转向的能力。常用制动时汽车按给定路径行驶的能力来评价,因为若制动时发生跑偏、侧滑或失去转向能力,汽车将很容易偏离原来的方向,这意味着制动性能不好。

世界各国对汽车的制动性能的要求有所不同,比如,我国对轿车的制动性要求是,在干燥水泥路面上,汽车满载以80km/h的初始速度制动,制动距离不得大于50.7m,而制动的稳定性要求是不允许偏出3.7m通道;美国的要求则是汽车以96.5km/h的初始速度制动时,制动距离不得大于65.8m,制动的稳定性要求是车轮在不抱死状况下,偏出给定路径不超过3.66m。

(四)汽车的操纵性和稳定性

汽车的操纵性是指汽车对驾驶员转向指令的响应能力,直接影响到行车安全。轮胎的气压和弹性、悬架装置的刚度以及汽车重心的位置都对该性能有重要影响。

汽车的稳定性是汽车在受到外界扰动后恢复原来运动状态的能力,以及抵御发生倾覆和侧滑的能力。对于汽车来说,侧向稳定性尤为重要。当汽车在横向坡道上行驶、转弯行驶以及受其他侧向力时,容易发生侧滑或者侧翻,汽车重心的高度越低,稳定性越好。合适的前轮定位角度使汽车具有自动回止和保持直线行驶的能力,提高了汽车直线行驶的稳定性。如果装载超高、超载,转弯时车速过快,横向坡道角过大以及偏载等,容易造成汽车侧滑及侧翻。

(五)汽车的行驶平顺性

汽车行驶时,由于路面不平等因素激起汽车的振动,使乘员处于振动环境之中。振动影响着人的舒适性、工作效率和身体健康。尽量隔绝振动或保持振动环境的舒适性,以保证驾驶员在复杂的行驶和操纵条件下具有良好的心理状态和准确灵敏的反应,对确保安全行驶是非常重要的。舒适的振动环境不仅在行驶过程中很重要,而且可以保证到达目的地后乘员以良好的身体和心理状态投入工作。汽车的行驶平顺性就是保持汽车在行驶过程中乘员所处的振动环境具有一定舒适度的性能,对于货车还包括保持货物完好的性能。它是现代高速、高效率汽车的一个主要性能。

(六)汽车的通过性

汽车在一定的载质量下能以较高的平均速度通过各种坏路及无路地带,比如松软地面、坎坷不平地段以及通过各种障碍物的能力,称之为汽车的通过性。各种汽车的通过能力是不一样的,轿车和客车由于经常在市内行驶,通过能力就差。而越野汽车、军用车辆、自卸汽车和载货汽车,就必须有较强的通过能力。

提高汽车通过性的方法有很多:

(1)采用较宽断面的轮胎可以减小滚动阻力。

(2)采用较深的轮胎花纹可以增加附着系数而不容易打滑。

(3)采用全轮驱动的方式可使汽车的动力性得以充分的发挥。

(4)合理选择汽车的结构参数,可以使汽车具有良好的克服障碍的能力,如较大的最小离地间隙、接近角、离去角、车轮半径和较小的转弯半径,较大的横向通过半径和纵向通过角,都可以提高汽车的通过能力。

(七)汽车的排放污染物

汽车废气主要有3个排放源:尾气、曲轴箱窜气和燃油箱油气蒸发。后两种汽车废气目前已经得到比较好的控制,充分循环利用,污染很小。汽车尾气中含的有害物质主要是:一氧化碳 CO、碳氢化合物 HC、氮氧化物 NOx 以及排放颗粒物 PM。

(八)汽车的噪声

随着汽车保有量的增加,城市交通噪声成为最主要的噪声源。所以,噪声控制是汽车的一项重要性能指标。

汽车噪声源有二类:

(1)与发动机有关的噪声:进气噪声、排气噪声、冷却风扇噪声等。

(2)与车速有关的噪声:传动噪声、轮胎噪声、空气动力噪声等。

第二节　国产汽车的选购

国产汽车在很大程度上是建立在三大车系的基础上,合理地消化吸收进口车的优点,充分考虑到中国国情后发展起来的。国产车也有很多的优点,比如国产车性价比高,售后服务好。

我国的汽车工业经过这么多年的改革、引进、提高、发展,已有了长足的进步。进口车在质量上要明显优于国产车,但进口车与国产车相比价格要高出许多。其中各种税费占了车价的很大比例,而且配件及使用费、折旧费较高。不可否认,国产车的质量与进口车是有差距的,主要是零部件质量和装配质量的差距,这些只能靠售后服务来解决。从汽车的维修费用、配件供应等来看,进口车并不占优势。国产车维修服务网点多,维修费用及配件价格都比较便宜,各方面服务较周到;而进口车出现故障或事故时,修理起来相对麻烦。虽然从整体上来说进口车还优于国产车,但买车要算"秋后账",从使用、修理、维护的角度看,国产车的优势明显要高于进口车。

一、国产车与进口车的差别与对比

(一)价格不同,国产车价格相对便宜

如仅从排量比较,同一排量的轿车,进口车价往往是国产车价的 1~2 倍,而顶级名车如奔驰、宝马的价格则是国产同排量车的数倍。例如宝马 745LI 税后价为 140 万元人民币左右,而广州本田"雅阁"豪华型(国产车中的合资车) 3.0V 仅为 34 万左右。

进口车大多卖的是"名气",并不代表物有所值,虽然进口车关税逐渐下降,即使今后下降为零,在国内销售的同一款车仍比国外市场高 1/4,这高出的费用主要是国家应收的其他费用,以及运费、装卸、进口商的利润等,想以国外的市场价买进口车是不可能的。

(二)进口车车价高,配件价格也相对高

进口车的零配件与整车价格是成正比的。车价高,其零配件价格自然不菲。进口件的价格大致是国产车零配件价格的 3~4 倍。发达国家的消费观与我们不同,车辆更新换代迅速,一旦车型淘汰,其零配件也停止生产。到时候,你关键配件买不到,汽车就要"趴窝",岂不是高价买"古董"!而国产车却无此后顾之忧,起码在车辆报废前不用担心这个问题。

(三)国产车售后服务相对方便

汽车的售后服务如何,是买车必须考虑的一个问题,目前我国几家主要的轿车生产厂家都提供完善的售后服务,将此作为开拓市场的重要部署,并将"三包"的年限、里程数大大地延长。许多厂家还提供"购、用、修、维"一条龙服务,只需电话约请便可。即使过了"三包"期,照样热情服务不推诿,且价格低廉。

而国外一些厂家在我国大城市中只有为数不多的特约维修点,且材料、工时费用昂贵。试想你的进口车有"病",还要奔波千里去找"医院",限于配件、技术工艺等问题还未必能遂愿。同时,有些修理人员技术不全面,面对国外层出不穷的新车,难以很快适应并提供高的质量服务。因此,进口车越旧就越难修,费用也就越贵。

(四)各国汽车适应各国的道路情况

由于国产车的设计都考虑了我国的道路、人的体形、驾驶习惯等特点,在一些配置上更适合国人的特点。如底盘较进口车高几厘米,风窗玻璃则有一定下移,减振器的刚性较强等,其行驶的平顺性反而优于进口车,有人曾在一段"搓板路"上体验驾乘感觉,明显觉得国产车稳当。

而进口车则是依据发达国家的道路及人体特点设计,一些配置都照顾了外国人的需求,而对我们则是多余的。像美国国土辽阔,高速公路四通八达,路面条件好,长途驾车的比较多,那么他们则选用加速性能好的,钢板比较厚实,车身质量大的汽车。因此,除了一些专用或特种车外,就家用轿车而言,国产车更多地考虑到了国人的需要。许多驾驶过进口车的驾驶员都反映,进口车功能较多,外表是显得豪华!

(五)整车制造方面,国产车在不断进步

在整车制造方面从已有近20年生产历史的桑塔纳轿车到都市高尔夫,就足以与"洋车"媲美。都市高尔夫轿车,既有家庭车的特点,又有赛车的风范。它并非华而不实,由于采用先进的电子控制燃油喷射式汽油发动机,配以结构新颖的底盘,使其工作可靠、燃油经济、排放污染低等,优良性能表现得淋漓尽致。采用自调式拉索式离合器还可自动调节离合器主、从动压盘的间隙。从而节省了大量的财力与物力。

说起高档的豪华轿车,很多人首先想到的是诸如林肯、奔驰、雷克萨斯等外国轿车。殊不知我们国产的V6奥迪高级轿车和V8高级豪华型奥迪轿车在档次上绝不亚于它们。它的厂牌同宝马、奔驰等名车一样享誉全球。像我们所熟悉的自动变速系统、ABS防抱死系统及发动机电子控制系统等先进装备它都一应俱全,甚至有些技术在国际汽车技术领域中还处于领先地位。

当然,我们承认,我们的国产汽车与发达国家的汽车相比还有很大差距。我们自己的汽车虽然已有几十年的发展历史,但是真正的大发展也是近十几年才出现的,所以它还处于成长阶段,还不能用过高的标准来衡量。它毕竟是个新生事物,我们应该根据它的发展速度与成长时间客观地去评价它的过去与未来。我们应该热情地支持和关怀我们民族汽车工业的成长和发展。

二、国内主要汽车公司

目前国产车的整体设计、制造水平比欧系车、日系车至少落后10年,突出表现在三大系统设计能力的不足(车身、底盘、发动机),缺乏自主知识产权的优秀产品。所以要想生存,只能拼性价比,依靠低价高配来吸引消费者。

总的来说,国产车的整体设计能力、车的质量都低于欧系车、日系车。但国产车阵营里后起之秀也不少,例如奇瑞、华晨、吉利、一汽红旗,整体实力和制造水平都在进步。

(一)中国第一汽车集团公司

中国第一汽车集团公司(原第一汽车制造厂)简称"中国一汽"或"一汽",中国第一汽车集团公司是国有特大型汽车生产企业,一汽总部位于长春市,前身是第一汽车制造厂,毛泽东主席题写厂名。一汽1953年奠基兴建,1956年建成并投产,制造出新中国第一辆解放牌载货汽车。1958年制造出新中国第一辆东风牌小轿车和第一辆红旗牌高级轿车。一汽的建成,开创了中国汽车工业新的历史。经过50多年的发展,一汽已经成为国内最大的汽车企业集团之一,世界500强企业。一汽车标见图3-10所示。

一汽经过多年的发展建设,培育了以"争第一、创新业、担责任"核心理念和"学习、创新、抗争、自强"企业精神为核心的企业文化。初步建立了适应市场竞争需求的现代企业制度。逐步形成了东北、华北、西南、华南等生产基地,形成了布局合理、辐射全国、面向海外的开放式发展格局。改造并建设了货车、轿车、

图3-10 一汽车标

轻微型车和客车等新工厂,形成了较为先进的生产制造阵地。自主研发与企业核心竞争能力不断提升,形成了货车、轿车、轻微型车、客车多品种、宽系列的产品格局。拥有解放、红旗、奔腾、夏利等自主品牌和大众、奥迪、丰田、马自达等合资合作品牌。

面向未来,一汽提出了"坚持用户第一,尊重员工价值,保障股东利益,促进社会和谐,努力建设具有国际竞争力的'自主一汽、实力一汽、和谐一汽'"的企业愿景和奋斗目标。

(二)东风汽车公司

东风汽车有限公司(简称东风有限)是东风汽车公司与日产汽车公司战略合作携手组建的。东风有限于2003年6月9日创立,同年7月1日正式运营。

东风有限是中国首家拥有全系列商用车、轻型商用车及乘用车产品的汽车

合资企业,其商用车使用"东风"品牌(车标见图3-11),乘用车使用"Nissan"品牌。

图3-11　东风车标

东风有限在广州建立乘用车研发中心,在武汉建立东风汽车股份公司商品研发院,保留和发展了目前中国最重要的商用车研发中心。

公司产品涵盖商用车、轻型商用车、乘用车、零部件和汽车装备,是国内汽车行业第一家全系列产品的合资公司,也是日产公司在海外唯一的一个全系列合作项目;合作业务范围不仅涉及双方的研发、生产和销售,而且日产方还将向合资公司提供包括产品规划、采购、物流、质量控制、品牌管理、市场开拓、销售网络、金融服务等各方面经验,涉及整个价值链的各环节。

2011年7月26日,东风有限在北京发布2011～2015年"新中期事业计划"。该计划在中国投资500亿元人民币,年销售汽车由100万辆扩大到230万辆,销售网络由1400家扩充到2400家。将投入30种新车型,其中,东风日产自主品牌"启辰"新车型将在2012年开始销售,通过投产5款车型,到2015年期望销售约30万辆。在加快培育和发展新能源汽车方面,东风有限将推出"启辰"电动汽车。东风有限突出科学发展主题,加快转变发展方式,通过产品和销售服务质量的不断提升、市场占有率的提高,在满足客户需求的同时,进一步强化竞争优势,以"倍受信赖"的品牌形象,致力成为行业全面领先的企业。

(三)上海汽车工业(集团)总公司

上海汽车工业(集团)总公司简称"上汽集团",是中国四大汽车集团之一(其他3个集团是一汽、东风、长安),主要从事乘用车、商用车和汽车零部件的生产、销售、开发、投资及相关的汽车服务贸易和金融业务。上汽车标见图3-12。

上汽集团所属主要整车企业包括乘用车公司、商用车公司、上海大众、上海通用、上汽通用五菱、南京依维柯、上汽依维柯红岩、上海申沃等。

2011年,上汽集团整车销量超过400万辆,继续保持国内汽车市场领先优势,并以年度542.57亿美元的合并销售收入,第7次入选《财富》杂志世界500

强,排名第 151 位,比 2010 年上升了 72 位。

上汽集团的核心价值观是:满足用户需求、提高创新能力、集成全球资源、崇尚人本管理。面对中国汽车市场快速发展的机遇,上汽集团将致力于成为一家集先进制造业和现代服务业为一体的综合性产业投资和运营公司,上海汽车将努力成为一家具有核心竞争能力和国际经营能力的蓝筹汽车公司。

图 3-12　上汽车标

旗下品牌:

1. 上海通用

MG(通用汽车)品牌诞生至今已近百年历史,一直以生产高性能运动轿车著称于世。"运动、激情"的 MG 品牌精神是其不断进化的推动力。例如:席卷世界跑车市场的 MG TF;创下跑车销量之最的 MG B;被称为"路上最快汽车"的 MGB GTV8 和拥有"速度之王"美誉的 MG EX181,都是在 MG"运动、激情"精神指引下诞生的划时代作品,如今它们都已经成为永恒的车坛经典之作,"MG"八角形标志也早已成为了传奇的标志。如今在上汽集团强大的研发实力支持下,上汽 MG 带着 MG 6 这款具有划时代意义的重量级车型,重新回到了舞台的中央。

2. 荣威

荣威(ROEWE)的命名取意于"创新殊荣,威仪四海",品牌命名中西融汇,开放而不失于内敛,雍容而不失于自信,标识图案充分体现经典、尊贵的气质,整体形象中西合璧,包蕴自信内涵,充分阐释了上海汽车以自主掌控、自主创新的信念,传承世界先进技术,全新塑造中国轿车国际品牌的决心和信心。

3. 双龙

双龙汽车的名声已在众多车展和拉力赛中得到了充分肯定。需要强调的是在现今的欧洲汽车市场雷斯和享御都享有很高的认知度,是欧洲汽车市场的热卖产品。双龙汽车一直致力于制造出世界级的产品,向尖端技术和设计的艺术高峰不断挑战,在中国市场上,也将尽最大的努力成为消费者需要的轿车。

4. 五菱

2002 年 11 月 18 日正式挂牌成立的上汽通用五菱汽车股份有限公司,是由上海汽车集团股份有限公司、通用汽车(中国)公司、柳州五菱汽车有限责任公司三方共同组建的大型中外合资汽车公司,其前身可以追溯到1958年成立的柳州动力机械厂。几十年来,公司的规模不断扩大,产量持续增长,逐渐发展成为一家国际化和现代化的大型本土合资企业。

2007年12月26日下午5时,国家发展和改革委员会、上海市政府、江苏省政府在人民大会堂联合举办"上汽—跃进全面合作签约仪式"。上汽集团以20.95亿元现金和上海汽车3.2亿股股份,约合107.38亿元收购南汽集团控股股东——跃进集团的全部汽车业务。

根据商定的初步规划,上汽集团将建成中国最大、世界一流的汽车企业。未来3年,上汽将投资85亿元人民币,把南汽打造成为年产30万辆汽车的重要生产基地,其规模是现在的3倍。

(四)北京汽车集团有限公司

北京汽车集团有限公司(简称"北汽集团"),是中国五大汽车集团之一,主要从事整车制造、零部件制造、汽车服务贸易、研发、教育和投融资等业务,北汽车标如图3-13所示。2010年9月28日,备受瞩目的北京汽车股份有限公司(下称"北汽股份公司")正式挂牌成立。

北汽股份公司是北京汽车工业的发展规划中心、资本运营中心、产品开发中心和人才中心,拥有整车制造、零部件制造、汽车服务贸易、研发、教育和投融资等企(事)业单位。整车制造企业包括北汽福田汽车股份有限公司、北京现代汽车有限公司、北京奔驰—戴姆勒—克莱斯勒汽车有限公司、北京汽车制造厂有限公司;零部件发展核心企业为北京海纳川汽车部件股份有限公司;服务贸易核心企业为北京鹏龙汽车服务贸易有限公司;还拥有北京汽车研究总院有限公司、北京汽车资产经营管理有限公司、北京汽车投资公司和北京汽车工业高级技工学校。2008年,实现与北京兴东方实业有限责任公司兼并重组。现有员工4.8万人。

图3-13 北汽车标

北汽集团旗下拥有4家整车公司,分别是北京现代、北京奔驰、北汽有限和北汽福田。其中,北汽福田和北汽有限是北汽集团绝对控股。根据国资委批复的资产重组方案,前三者加上北汽乘用车事业部、北京汽车研究总院、北汽新能源事业部、北汽动力总成事业部,以及部分北汽服务贸易和零配件公司等相关资产,将被并入北汽集团股份公司。这个方案基本上囊括了北汽集团乘用车所有优质资产。

北京奔驰是北汽集团与德国戴姆勒集团成立的合资乘用车公司。北汽有限通过整合内部产品平台,生产拥有自主知识产权的越野车、军用车、客货车、轻客、轻货、专用车等产品,北汽集团持有该公司51%股份。

(五)广州汽车工业集团有限公司

广州汽车集团股份有限公司(简称广汽集团)创立于2005年6月28日,由广州汽车集团有限公司整体变更成立,是由广州汽车工业集团有限公司、万向集团公司、中国机械工业集团公司、广州钢铁企业集团有限公司、广州长隆酒店有限公司作为共同发起人,以发起方式设立的大型国有控股股份制企业集团。

广汽集团主要的业务有面向国内外市场的汽车整车及零部件设计与制造,汽车销售与物流,汽车金融、保险及相关服务,具有独立完整的产、供、销及研发体系。广汽车标如图3-14所示。

目前集团旗下拥有广汽乘用车、广汽本田、广汽丰田、广汽长丰、广汽菲亚特、广汽吉奥、本田(中国)、广汽日野、广汽客车、广汽部件、广汽丰田发动机、上海日野发动机、广汽商贸、同方环球、中隆投资、广汽汇理、广爱公司、众诚保险、广汽汽研院等数十家知名企业。

(六)长安汽车(集团)有限责任公司

重庆长安汽车股份有限公司,简称长安汽车或重庆长安,为中国长安汽车集团股份有限公司旗下的核心整车企业,其悠久的历史可追溯到洋务运动时期,起源于1862年的上海洋炮局,曾开创了中国近代工业的先河。伴随中国改革开放大潮,20世纪80年代初长安正式进入汽车领域。

长安汽车始终坚持"科技创新,关爱永恒"的核心价值,以"美誉天下,创造价值"为品牌理念,致力于制造节能环保、安全时尚、经济适用的汽车,为客户提供更优质的产品和更具人性化的亲情服务,不断提升客户的满意度和忠诚度,致力于用科技创新引领汽车文明,努力为客户提供

图3-14 广汽车标

图3-15 长安车标

令人惊喜和感动的产品和服务。经过多年发展和不懈努力,现已形成微车、轿车、客车、货车、SUV、MPV等低中高档、宽系列、多品种的产品谱系,拥有排量从0.8～2.5L的发动机平台。2009年,长安汽车自主品牌排名中国第一,成为中国汽车行业最具价值品牌之一。长安车标如图3-15所示。

下属企业有重庆长安汽车股份有限公司(本部)、长安铃木汽车有限公司、长安福特马自达汽车有限公司、长安福特马自达南京公司、长安福特马自达发动机公司、南京长安汽车有限公司、河北长安汽车有限公司。

（七）奇瑞汽车有限责任公司

奇瑞汽车股份有限公司,是一家从事汽车生产的国有股份制企业,1997年1月8日注册成立,总部位于安徽省芜湖市。公司旗下有奇瑞、瑞麒、威麟、开瑞4个子品牌,产品覆盖乘用车、商用车、微型车等领域,奇瑞汽车连续9年蝉联中国自主品牌销量冠军,成为中国自主品牌中的代表和精品。奇瑞车标如图3-16所示。

2012年3月21日,奇瑞汽车与捷豹路虎联合公开宣布,双方就在华建立合资公司的计划已达成协议,将以50∶50股比对等的形式建立合资公司。虽然双方并未公布首款国产车型的信息,但奇瑞内部人士透露,路虎神行者2和揽胜极光都将国产化。

图3-16 奇瑞车标

"自主创新"是奇瑞发展战略的核心。从创立之初,奇瑞就坚持自主创新,努力成为一个技术型企业。目前,奇瑞已建成了以芜湖的汽车工程研究和研发总院为核心,以北京、上海以及海外的意大利、日本和澳大利亚的研究分院为支撑,形成了从整车、动力总成、关键零部件开发到试制、试验较为完整的产品研发体系。公司通过自主创新,在TGDI涡轮增压缸内直喷技术、DVVT双可变气门正时技术、CVT无级变速器以及新能源等一大批国内尖端核心技术上获得突破,带动了全系产品的全面技术升级。2008年,奇瑞成为我国首批"创新型企业","节能环保汽车技术平台建设"等两个项目分别荣获国家科技进步一等奖、二等奖。截至 2011 年年底,奇瑞公司累计申报各项专利 6626 件,累计获得各项授权专利 4595 件,位居中国汽车企业第一位。

打造"国际名牌"是奇瑞的战略发展目标。近年来,奇瑞积极实施"走出去"战略,成为我国第一个将整车、CKD 散件、发动机以及整车制造技术和装备出口至国外的轿车企业。2006 年奇瑞被国家商务部、发改委联合认定为首批"国家汽车整车出口基地企业";2011 年,奇瑞获得了中国首批汽车出口 AAA 级企业信用评价。目前,奇瑞正全面推进全球化布局,实施从"走出去"向"走进去"扎根发展的转变,逐步通过产品本地化,人员本地化,合作方式本地化等来加深海外市场的深层次合作。

奇瑞凭借富有朝气的创新文化,实现了跨越式发展。未来,奇瑞将秉承"自主创新、世界一流、造福人类"的奋斗目标,继续保持艰苦奋斗的"小作坊"精神,为实现打造国际名牌汽车的发展目标而努力奋斗!

(八)吉利控股有限责任公司

浙江吉利控股集团是中国汽车行业 10 强企业。1997 年进入轿车领域以来,凭借灵活的经营机制和持续的自主创新,取得了快速的发展,现资产总值超过 1000 亿元(含沃尔沃轿车),连续 9 年进入中国企业 500 强,连续 7 年进入中国汽车行业 10 强,被评为首批国家"创新型企业"和"国家汽车整车出口基地企业"。浙江吉利控股集团总部设在杭州,在浙江临海、宁波、路桥、上海、兰州、湘潭、济南、成都和慈溪等地建有汽车整车和动力总成制造基地,在澳大利亚拥有 DSI 自动变速器研发中心和生产厂。现有帝豪、全球鹰、英伦等三大品牌 30 多款整车产品,拥有 1.0~2.4L 全系列发动机及相匹配的手动/自动变速器。吉利车标如图 3-17 所示。

图 3-17 吉利车标

吉利推出的三大子品牌,分别是全球鹰、帝豪、英伦,代表了不同的品牌诉求。其中吉利控股著名汽车品牌沃尔沃轿车。

(1)全球鹰,英文是 Gleagle,传递"活力、突破、精彩"的品牌内涵,已上市车型是熊猫、GX2、新远景和新自由舰。即将上市车型为 GC7 和 GX7v。

(2)帝豪,英文是 Emgrand,传递"卓越、稳健、尊崇"的品牌内涵,已上市车型包括帝豪 EC7 系(帝豪 EC718、EC715),EC7 - RV 系,和 EC8。2011 年新上市车型有 2012 款 EC7。

(3)英伦汽车,英文是 Englon Automobile,传递"底蕴、信赖、关爱"的品牌内涵,已上市车型包括英国经典出租车 TX4 和英伦 SC7 系、SC5 - RV、金鹰 cross、英伦金刚和金刚 2 代。

企业使命:造最安全,最环保、最节能的好车,让吉利汽车走遍全世界。

企业愿景:让世界充满吉利。有两层意喻:一是期望吉利汽车和先进技术享誉世界,走遍全球;二是表达"普天之下皆吉利"的良好祝愿。

吉利精神:也称吉利的六面大旗,包括:团队精神、学习精神、创新精神、拼搏精神、实事求是精神、精益求精精神。

秉承"快乐人生,吉利相伴"的核心价值理念,浙江吉利控股集团将坚持走自主创新的道路,发挥团队智慧,依靠全体员工,为中国汽车工业自主品牌的崛起,为实现"造最安全、最环保、最节能的好车,让吉利汽车走遍全世界"的美丽追求而奋斗!

(九)比亚迪汽车有限责任公司

比亚迪股份有限公司由王传福创立于 1995 年,是一家拥有 IT、汽车和新能源三大产业群的高新技术民营企业。2003 年,比亚迪收购西安秦川汽车有限责任公司(现"比亚迪汽车有限公司"),正式进入汽车制造与销售领域,以"打造民族的世界级汽车品牌"为产业目标,立志振兴民族汽车产业,开始民族自主品牌汽车的发展征程。发展至今,比亚迪已建成西安、北京、深圳、上海四大汽车产业基地,在整车制造、模具研发、车型开发等方面都达到了国际领先水平,产业格局日渐完善并已迅速成长为中国最具创新的新锐品牌。汽车产品包括各种高、中、低端系列燃油轿车,以及汽车模具、汽车零部件、双模电动汽车及纯电动汽车等。代表车型包括 F3、F3R、F6、F0、G3、G3R、L3/G6 等传统高品质燃油汽车,S8 运动型硬顶敞篷跑车、高端 SUV 车型 S6 和 MPV 车型 M6,以及领先全球的 F3DM、F6DM 双模电动汽车和纯电动汽车 E6 等。比亚迪汽车的车标如图 3-18 所示。

(1)研发体系。比亚迪设立汽车工程研究院和电力科学研究院,负责高科技产品和技术的研发,以及产业和市场的研究等;拥有可以从硬件、软件以及测试等方面提供产品设计和项目管理的专业队伍,拥有多种产品的完全自主开发经验与数据积累,逐步形成了自身特色并具有国际水平的技术开发平台。强大的研发实力是比亚迪迅速发展的根本。

图3-18　比亚迪车标

(2)企业文化。比亚迪坚持以人为本的人力资源方针,尊重人,培养人,善待人,为员工建立一个公平、公正、公开的工作和发展环境。公司在持续发展的同时,始终致力于企业文化建设,矢志与员工一起分享公司成长带来的快乐。比亚迪坚持不懈,逐步打造"平等、务实、激情、创新"的企业核心价值观,并始终坚持"技术为王,创新为本"的发展理念,努力做到"事业留人,待遇留人,感情留人"。

(十)华晨汽车集团控股有限公司

华晨中国汽车控股有限公司是中国第一家海外上市公司。目前,华晨中国汽车控股有限公司旗下拥有两个整车品牌、三大整车产品。这两个整车品牌即华晨金杯汽车有限公司生产的"中华"和"金杯"系列;三大整车产品包括拥有自主知识产权的中华轿车、国内同类车型中市场占有率接近60%的金杯海狮轻型客车、引进丰田高端技术生产的金杯阁瑞斯多功能商务车。华晨汽车的车标如图3-19所示。

1. 金杯海狮

金杯海狮是中国轻型客车市场的重要产品。作为国内唯一采用丰田技术、模具和丰田管理方式生产的海狮系列产品,金杯海狮目前已经拥有5大系列、近20个品种,可以满足不同层次的消费需求,产销量连续5年居于全国轻型客车市场占有率榜首。在8~14座商用车领域,金杯海狮的市场占有率接近60%,市场保有量超过40万辆。

图3-19　华晨车标

2. 华晨中华汽车

2000年12月在沈阳下线的中华轿车是一款拥有自主品牌的中高档轿车产品,2002年8月正式投放市场。这款车由世界著名设计大师乔治·亚罗主持设计,整车性能验证由国际权威机构英国 MIRA 公司试验鉴定,冲压、装焊、涂装、总装四大工艺设备由世界著名汽车设备制造公司 SCHULER、KUKA、DURR、SCHENCK 等企业提供,其重要的总成件、配件由国际著名汽车厂商提供。

中华轿车车长 4.88m,优雅的造型是符合中国用户个性的动感车身,这款车风阻系数 0.293。在安全性能、动力性能及驾乘舒适性方面,这款车充分满足了日益增长的国内中高档轿车的消费需求,在性价比方面具有卓越的市场竞争优势。

2003 年 3 月 29 日,中华轿车再推新品,华贵型中华 2.4L 及华贵型中华 2.0L 正式上市。中华 2.4L 沿用了中华气派、典雅的外形,在动力性和内饰方面更上一层楼,并增加了多种新配置。中华 2.4L 的推出标志着中华轿车同一车型产品系列化战略迈出重要一步。

3. 华晨宝马

2002 年 6 月,华晨中国汽车控股有限公司与宝马集团合资生产整车的项目建议书获得政府有关部门批复。2003 年 3 月 14 日,华晨汽车与宝马集团获得通知,双方在中国生产销售宝马产品的可行性研究报告获得政府部门正式批复;同年 3 月 27 日,华晨宝马合资合同签约仪式在北京人民大会堂隆重举行,华晨汽车与宝马集团的成功合作对双方具有深远影响,同时也将为中国汽车的生产与服务带来新的标准,对中国汽车工业发展具有里程碑式的意义。

企业的愿景:为市场提供最适当的产品,以优越的产品质量、悉心的客户服务、极具竞争优势的产品价格,以及良好的品牌形象赢得消费者,在企业成长中不断创造新的发展机遇。

三、消费者对国产、进口车优劣势的看法

网上车市在 2011 年 5 月至 9 月中旬进行了针对国产、进口车优势,以及自主品牌必要性的一次调查,调查通过网上发布问卷,消费者在线回答并提交的方式进行,最终得到有效问卷 1089 份,结果如图 3-20 所示。在调查中,我们发现 42.9% 的消费者认为国产车技术水平与进口车有很大差距,45.4% 的消费者认为有一定差距。这表明国产车在消费者心中质量水平不高,科技含量低。这使得国产车的发展前景不容乐观,国产车的科技改造刻不容缓。

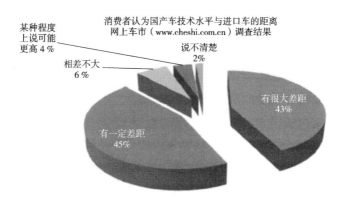

图 3-20　消费者认为国产车技术水平与进口车的距离

国产车与进口车相比有何优势的调查结果如图 3-21 所示。通过调查有 78.4% 的消费者认为价格便宜是其巨大的优势;同时也有 43.9% 的消费者认同维修售后方便。确实由于我国对进口车征收高关税,加上国产车与进口车相比有成本优势,同性能国产车在价格上优于进口车;而且由于进口车售后维修网点少,售后维修服务往往不如国产车方便。

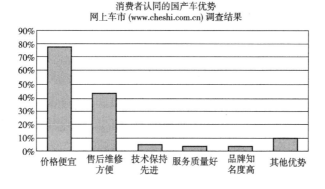

图 3-21　消费者认同的国产车的优势

现在很多进口车为了抢占市场份额,纷纷采取降价策略,国产车的价格优势受到威胁。国产车应该如何应对?在图 3-22 所示的调查中,31.4% 的消费者选择提高品牌形象,54.6% 的消费者选择适当降低价格,68.9% 的消费者选择提高科技含量,44.2% 的消费者选择提高服务水平。这表明消费者已经意识到我们的国产车如果想与进口车竞争,根本途径在于提高科技含量。如果科技水平上不去,在国产车丧失价格优势后,国产车就会陷入困境。同时也表明在当前国产车科技含量不高的情况下,价格仍然可以当作是国产车的有力武器。

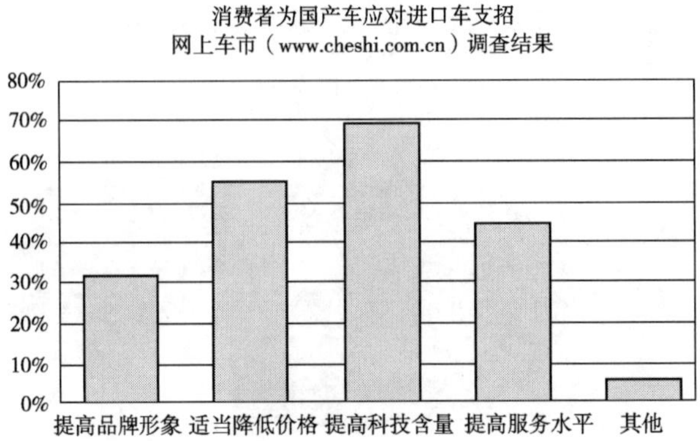

消费者为国产车应对进口车支招
网上车市（www.cheshi.com.cn）调查结果

图 3-22　消费者为国产车应对进口车支招

　　我国许多车厂往往采取与国外厂商合作的方式来进行产品生产，真正的国产品牌汽车比较少，生产国产品牌的汽车有没有必要？调查中，85%的消费者支持建立自主品牌。一个国产品牌的建立往往能够证明这个国家的汽车工业的发展水平如何，同时也有利于增加消费者的民族自豪感，许多国家的民众都以开国产车为荣，我们国家也一样。

第三节　进口汽车的选购

　　一份关于进口车消费者的调查显示，目前消费者对进口车的需求依然比较旺盛。虽然国产车对进口车已经形成前后夹击之势，但并未从根本上影响进口车在消费者心目中的地位。很多消费者表示，进口车的质量优于国产车，这是他们选择购买进口车的主要原因。

一、进口车系特点对比

（一）欧系车

　　欧洲人制造汽车的理念是强调技术上的先进性和高度安全性，设计较为严谨、科学，质量非常可靠，技术非常先进，在汽车设计、零部件的制造和选材方面比较严格，拥有良好的技术性和耐久性。

　　欧洲车系的最大特点是个性张扬，由于阿尔卑斯山脉纵穿欧洲大陆，丘陵地带多，平原少，城镇星罗棋布，因此欧洲轿车的底盘质量好，悬架系统好，特别注重汽车的操纵性能，追求驾驶乐趣。最有名的四大品牌异彩纷呈：奔驰豪华、高贵的品质早已成为尊贵的象征;宝马则带给追求驾驶极限的人们以最高层次的享受;沃尔沃被称为世界最安全的轿车;奥迪的一贯主张是技术领先,同时以其极高的性价比征服了越来越多的成功家庭。此外,法国的标致和雪铁龙是欧洲车系中最贴近普通民众的产品,意大利的法拉利、波尔舍等是世界闻名的跑车。

缺点:过度依赖技术和设计的先进性,选材不计成本,所以车价偏高。

代表厂商:德国大众、戴姆勒—克莱斯勒、法国标致—雪铁龙、雷诺。

(二) 美系车

美国车系技术发达、资金雄厚,无论是通用、福特还是克莱斯勒,都具有功率大动力强劲、加速性能好、极尽豪华、用材奢侈、乘坐舒适、驾驶安全、通过性好等突出优点。美国国土辽阔,高速公路四通八达,路面条件好,长途驾车已是一件很平常的事。因此,一般美国车具有功率大、加速性能非常好、低转速高转矩、高转速高功率的特点。美国的汽车安全标准是全世界最高的,其轿车的钢板比较厚实,车身质量大、造型刚劲。宽敞的车厢是美国车的又一大特色。车厢宽敞空间就大,座位就可以做的宽大一些,乘坐起来没有压抑感,使驾驶者不易疲劳。对于中国百姓而言,它们最大的缺点是油耗高。但近几年美国汽车公司通过兼并吸收了欧洲和日本车系的理念和技术,推出了一些针对中国消费特点的经济实用型轿车。

美系车最大的特点就是强调舒适性和动力性,兼顾安全性。美国车往往车身较为庞大、悬架系统和隔音设计非常出色,发动机强调大排量、大功率,安全性也非常好。

缺点:过分地强调大功率和大车身往往导致美国车给人以油耗大的坏印象。

代表厂商:通用、福特、克莱斯勒。

(三) 日系车

日本车系的特点是轻巧美观、造型新颖、油耗低、使用效率高、注重经济性、装饰做工细腻。无论是丰田、日产、本田还是三菱公司的轿车或越野车,其节能性和性价比都无可匹敌。日本国土狭窄,人口密度大且集中于城市,人们精打细算,讲究效率。日本车灌注了东方人精微细腻的心理特征,在细节这方面特别能体现日本民族做事一丝不苟的特点,无论是漆面的光滑平整度还是车厢的焊接工艺,与同等价格的美国车甚至欧洲车相比,日本车都要更加出色。在发动机方面，日本车的特点是注重经济性，相同排量和欧美车型相比，功率要小一点。在技术方面，日本车往往开风气之先，尤其是电控系统和发动机研制方面的科技十分先进。

日本车的设计理念是两小一大，即油耗最小、使用成本最小，舒适性和使用便利性最大。日本车往往都是小排量的发动机，而且节油技术非常先进，修理和维护成本都比较小，使用成本非常低。在汽车的设计方面，特别是驾驶室的设计方面，选材非常科学，善于营造舒适、温馨的氛围，各种储物格和舒适性电控装备非常多，强调最大的舒适性、便利性。

缺点：成本控制做得很好，导致一些不容易被发现的零部件质量比较低，设计方面对安全性的重视程度不够好。

代表厂商：丰田、本田、铃木、三菱。

（四）韩系车

其实韩系车的设计、制造能力都是源自于日系车，但经过韩国人自己的努力也形成了自己的风格。韩系车除了兼顾日系车的省油、电控装备多、性价比高以外，在成本控制方面比日系车做得更好，但零部件的耐久性不如欧系车，过度强调性价比而牺牲了汽车的耐用程度，另外小毛病比较多。

代表厂商：现代、起亚。

二、进口车的正确选购

进口车无论是外观造型、内在品质、新技术含量，还是性能等方面都比较好，尤其是作为显示身份的标志，尽管有高昂的价格之阻碍，但仍挡不住购车一族，特别是实力派人士将其作为购车的首选。那么怎样选购进口车呢？

（一）应通过正规渠道选购国外各公司正式向中国出口的车型

目前，通过各种渠道流入我国市场的汽车较多，而很多汽车并不适合我国的使用条件，如有些美国标准车（简称美标车）是出口到美国区域的汽车，其性能、配件、燃油标号及使用方式上与我国有所差异，这样会给使用者带来很多不便。

一般外国公司正式向中国出口的车型，都有相配套的性能检测设备、维修资料及员工培训和零部件供应等。这种车辆在任何情况下，都能在其维修中心或特约维修站获得相应的维修服务，同时在零件损坏时能及时更换品质高、价格合理的原厂配件。而非正规渠道进口的车辆,往往很难找到中文版的维修资料,各维修站点也缺乏相关培训技术,因此很难保证得到良好的维修服务和纯正的原厂配件。

(二)应购买品质可靠、价格适宜的汽车

在购车前,应认真了解不同国家、不同品牌汽车的特点,不要只顾价格便宜而购买配置不齐、品质没有保证的进口汽车。特别是进口汽车的渠道不同,价格也相差较大,所以选购时应特别注意,尽量避免购买走私车和来历不明的私售车,以免给日后使用带来不必要的麻烦。若购买非正规渠道的进口汽车,一定要在国家确认的拍卖行购买,并注意其品质。

(三)要购买技术成熟的汽车,不要买试制车和淘汰车

技术成熟的车辆品质越有保证,维修服务也更容易一些。一般来讲,试产车虽然在某些技术性能上可能比较超前,但其可靠性是很难保证的。淘汰车一般是过时的产品,很可能在使用一段时间后再没有这种产品投放市场。这样,配件的供应就是一个很具体的问题,一旦汽车出了故障,换件维修无疑会遇到很多麻烦,甚至无法修复。

(四)选购车时要用挑剔的眼光

进口车一般外观质量和内饰装配都比较精细,但这不能成为放松对其认真挑选的理由。进口车也常会存在这样或那样的缺陷,有的缺陷外行还不一定能看得出来。因此,如果您在选车方面不是内行的话,选进口车一般应邀请有专业技术人员或内行人陪同前往,认真察看汽车外观有无碰伤、划痕、凹凸及损坏部位;汽车各附件和随车工具是否齐全,各部分机构是否密封,有无漏油、漏液、漏气、漏电等现象;检查灯光、喇叭和刮水器工作情况;制动和转向机构是否可靠,发动机有无异常响声及各仪表工作是否正常等。

特别值得注意的是:在选购进口车时还要检验供车单位提供的购车手续和各类证件、随车附件是否齐全,其价格是否包含购置费等;同时应选择零配件供应齐全、有较高水平的汽车代理经销商和维修厂,以保证日后维修品质,降低维修成本。

(五)所选购的进口车必须手续齐全

所选的进口汽车必须配有随车文件(该车的身份证件)和出厂合格证书。有的地区还要求有进口或经销商凭《进口配额证明》、《进口许可证》、《货物进口证明书》《报关单》《海关缴款专用书》等原件到当地工商管理部门备案后，方准车辆上户。

三、购买进口车的几点注意事项

（一）车身式样的选择

车身式样按其用途和个人爱好来选择，从经济角度考虑时，车身越小越经济。

（二）读懂车型标牌

汽车出厂时，把汽车的出厂时间和基本性能用文字和字母缩写后，记录在汽车的某一部位，称为车型标牌。进口汽车的厂家不同，车型标牌固定的位置也不同，但多数都固定在驾驶室或发动机罩的某一个位置上。进口汽车使用、维修和筹措配件时，都要用到车型标牌。

常见的进口汽车车型标牌记录的内容有汽车型号、发动机型号与排量、车架编号、装饰编号、车轴编号、制造厂编号等。不同厂家生产的汽车，标牌内容有所不同。

丰田汽车车型标牌如图3-23所示，内容表示的意义是：①为汽车型号RA63-BLMQG；②为发动机型号18R-G型、排量1968mL；③为车架编号RA63-0001818；④为车身的颜色编号033（油漆型号）；⑤为装饰编号GN81；⑥为车轴编号Y143；⑦为变速器型号T50型；⑧为制造厂编号。汽车的生产时间可以从车架号码或维修手册上查找出来。

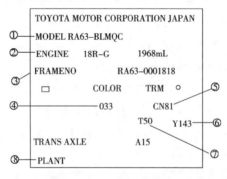

图3-23　丰田汽车车型标牌

（三）认准进口车的年龄

进口汽车车型变化很快，因此购车者自己练就一双能辨别汽车年龄的"法眼",是最保险不过的事。进口汽车的年龄并不难辨别,从外表上看,无论是新引进的车型,或是全新车款及小批量的车型,都可以从外观或配置上看出部分的不同,从而断定车的实际年龄。

如果自己无法判定,可以直接询问代理商;当然,还有一种很稳妥的方法就是查看汽车发动机的出厂日期。

另外,你还可查看随车附给的出厂证明,或者查看相关证明材料,包括任何有关法律文件,如订单、海关证明等,都会注明车辆出厂的年份。

(四)注意手续齐全

虽然现在买车可以享受一条龙服务,但仍要尽可能多地亲自参与买车程序,做到心中有数。要做各种各样的检查工作,比如:检查车牌与铭牌是否相符;检查发动机号、车架号,这些都是标明一辆汽车"合法身份"的特征。购车时,要仔细查验进口货物证明以及关税、增值税等各项应交的税单,否则,买了手续不全的进口车,一是质量无法保证;二是办理牌照时会因进口手续不全而无法领取号牌。

(五)质量检查

认真查看汽车外观有无碰伤、划痕、凹凸及损坏部位;汽车各附件和随车工具是否齐全;各部分机构是否密封,有无漏油、漏气、漏电等现象;检查车灯、喇叭和刮水器工作情况,制动和转向机构是否可靠;发动机有无异常响声及各仪表工作是否正常等。

第四节　二手车购置

一、二手车的概念

二手车是指在公安交通管理机关登记注册,在达到国家规定的报废标准之前或在经济使用寿命期内服役,并仍可继续使用的机动车辆。

二、购买二手车的优势

(一)经济实惠

二手车一般都不是时下车市最新的车型,一般要落后两年及以上,同一品牌同一车型的二手车,晚买一到两年,就可以省掉几千元钱。另外,随着油价的上涨,出行成本不断加大。如果经济不是很宽裕,买车只为了代步,买辆二手车还是很划算的。

(二)折价率低

任何一辆汽车,只要在车管所登记落户后,不管你用还是不用,或者你用多还是用少,它每一年的价值都在不断下降。一般来说,一年后要贬值20%,两年后要贬值35%,三年后贬值达50%。据二手车评估师介绍,越是高档车折价率越大,每年折价率会高达1万多元。如果您要买辆二手车,就相当于别人在给自己的折价率埋单,买一辆新车的钱,可以买两辆不错的二手车,即使你用了几年后,再将车卖掉,也不会赔多少。

(三)剐碰不心疼

现在不少买车的人都是新手,由于驾车经验和驾驶技术不足,在路上难免会剐碰,如果是新车剐碰一下就得喷漆、维护,累加起来这也是不小的一笔费用。而买辆二手车,即使发生剐碰,这种心疼的感觉也会小很多。小剐小碰只要无伤大雅,就能将就着用,等毛病大了,给车做一次大的翻新美容就可以了。

(四)零件好配

买辆新上市的车,一旦出现故障,一般会出现跑了很多地方汽车零配件仍难买到的情况,但如果买辆二手车,就不再用为买汽车零配件难而担心。因为一般的二手车都是两年以前的车型,针对该车的零配、美容、维修等汽车服务行业已经非常健全和成熟,有关汽车的配件也比较充足,车主一般都不用再为买不到汽车配件而四处奔波。

(五)选择余地大

经济不宽裕的顾客如果想买辆新车,仅有的钱未必能买来合自己心意的新车。但如果转为买二手车,不多的钱也可以选择不少好的车型。也就是说,相同的钱,购买二手车的选择空间和余地要比新车的选购空间大不少。

最后,无论购买新车还是购买二手车,一定要根据自己的经济实力,做到理性消费。

三、二手车交易渠道

现在汽车的更新速度是越来越快,下面介绍几个处理二手车的渠道和方法。

(一)二手车市场

如今的二手车市场早已不是当初单一的销售方式,它所涵盖的车上至几百万的超级豪华车下至几千元的停产车,应有尽有,到二手车市场去寻找直接的买方,可以省略中间环节,可以得到更多的利益。但是前提条件是要自己真正了解行情,能给自己的车准确定位。在市场里有些商家,利用你的不懂行情而把价格打压得很低,所以一定要做到自己心中有数。

(二)二手车网站

现在的社会是互联网的时代,全国性和地方性的二手车网站很多,为车主寻找买主提供免费的交易平台。在这些专业的二手车网站上,往往都会有免费评估的版块,车主可以大致判断自己旧车的定价,不会受骗。不过,这些评估结果同市场行情可能有偏差,所以只能做参考。上网前,要为自己的二手车准备好几张照片,这样网上展示的效果才会好。

(三)二手车经纪公司和经营公司

二手车经纪公司是提供中介服务的,收取中介费。二手车经营公司是收购车辆的,赚取车辆差价。通过这种渠道交易比较省心,不需要花你很多的精力,就可以轻轻松松的处理掉自己的旧车。多问几家公司的报价,我们就可以确认市场的准确行情。

(四)4S店以旧换新

旧车再补贴一定数量的钱,就可以开一辆新车回家了。这种方式最安全和省心。缺点是大部分4S店是依靠专业二手车服务商来完成评估和交易的,加上4S店还要收取一定的收益,所以价格上最吃亏。这种方式目前适合购置新车并且追求完美服务的车主。

四、二手车选购策略

只有了解不同车型在各自使用寿命时期中的特点,才能更好地选购心仪的二手车。

(一)1年以内:青春期车况优良,谨慎过户

这种二手车基本上车况没有什么问题,而且还可以继续享受车商的三包使用期。

（二）2～3 年：成熟期性价比较高车况良好

这个车龄的二手车已经度过了磨合期，正处于巅峰期。只要进行常规维护，基本上安全运行不成问题。但如果是属于使用较频繁的车辆，要视情况适当更换配件。

（三）4～6 年：中年时期价格较低需认真检修

这个年龄段的二手车只需要合理、适时的维修，在性能上完全不会逊色于新车。车到中年，通常一些配件会出现松动现象，包括车内的各种橡胶管、密封件和易损部件等，要注意及时维护更换。

（四）7～10 年：垂暮之年车况较差，谨慎购买

大多数二手车到这时已属高龄。即使相对耐用的欧洲车和美国车系，也到了许多总成需要大修的年龄。而且配件购买较困难。

五、二手车的选购

（一）挑选中您应该注意的

1. 瑕疵车辆当新车卖

个别不法整车销售商将运输中受损车辆修理后充当无瑕疵新车销售，或者将某些试验或者试驾用车违规调整里程后充当准新车销售。因此，当遇到某些中介推销某些价格奇低的新车或者大修后的二手车时，一定要注意这款车很可能有瑕疵，你得慎重考虑。

2. 特殊用途车辆当家用车卖

特殊用途其实会涵盖了很多车辆，主要包括长途试驾车、试验车和驾校用教练车等。这些车辆与家用车相比，都有其不同的缺点，准车主在选车的时候要留心一些迹象，以防上当。

3. 事故修复车当无事故车卖

有没有事故其实在交警大队是有案可查的，但国内似乎更喜欢凡事不透明。因此，出过车祸的车辆只要修好了，就没有人会主动提出这辆车曾经出过什么事故。显然，出过事故的车辆再次交易的时候其价格应该更低。因为对于购买维修历史不详的大修后的二手车消费者而言，购买事故车会增大车辆出现故障的可能性。所以，在选购二手车的时候，要想办法摸清这款车的维修记录，或者到机动车检测中心做个全面体检。

4. 黑车当手续齐全车辆卖

有些车辆本身就是盗抢车辆,如果你从盗抢车辆者手中购买车辆,按照法律,要是你不知道这款车是盗抢车辆,那么你需要归还车辆,但不必承担刑事责任。要是你明知道是盗抢车辆,那么还将承担相应的民事甚至刑事责任。其实鉴别黑车最重要的还是看手续,看发动机和车身编号与所附行车证、车辆档案是否一致。

5. 拼装车当正规车卖

并非仅仅是大货车有人拼装,时下有些轿车本身已经被改得面目全非,如果严格来说,其本身已经是拼装车辆,当然,这也有个评价限度的问题。总之,如果一款车的主要部件是拼装而成,即使其性能出众,因为你是购置二手车,还需要涉及过户和领取号牌的问题,此类车辆根本无法通过正当途径获得车牌,使用风险大增,显然得不偿失。有些车辆还算不上拼装车辆,但主要零部件已经不是原装,这样的车辆耐用性就值得怀疑了。

6. 出租车当家用车卖

出租车其实也是特殊用途车辆,但相比其他车辆,它的使用更频繁。而且现在的出租车不仅仅是夏利、富康和桑塔纳,帕萨特、新雅阁、索纳塔及MAZDA6也都可能是出租车,所以买二手车一定要弄清楚自己买的这辆车此前是做什么的。

(二)目标确定仔细核查

1. 手续部分

在买二手车的时候,首先注意检查证件是否齐全、是否有欠费或违章行为,假如证件不全或有一些不良记录,买二手车后在办理相关手续时会有很多麻烦。需要检查的证件包括:

(1)卖主的身份证,确定他是二手车的所有人。

(2)机动车行驶证。让卖方带上行驶本,以便核对发动机号码和车身号码。如果发动机和车身号码有被修改过的痕迹,该车极有可能是曾经失窃的车辆,或是严重的交通事故后"借尸还魂"得来的。如果自己不确定是否被修改过,最好问问行家,或者干脆放弃比较保险。

(3)机动车来历证明。来历证明也就是原始的购车发票,如果车辆本身是二手车,则看是否有二手车的购车发票,以防买到不正当来路的车辆。来路不明的车千万不要购买,一旦购买了赃车,不但要承担经济损失,还要承担法律责任。

(4)机动车牌号。主要看看有无涂抹更改的痕迹,机动车牌号与行驶证上登记的号牌一致才行。

(5)保险单,只有上了保险的车才有可能在车辆发生交通事故的时候将自己损失降到最低。

(6)一些费税的缴费证明。查看购置税和车船使用税完税证明。

2.试车

亲自驾驶来检测车辆状况是买二手车注意事项中绝对必要的。首先检查各种电器,包括转向灯、前照灯、暖气系统、空调系统、收音机等是否都能正常运转。然后起动发动机,令其低速运转,听发动机运转状况是否平稳。要查看离合器的状况,可在起步时把变速器挂在三挡而不是通常的一挡,假如发动机未像正常情况熄火,说明离合器摩擦片已经衰老。

随后要驾车行驶一程,并且等发动机温度上升到适当的温度,继续仔细听发动机的声音。尽可能频繁地转换车速,查看在加速与减速时车辆的反应。如果车速一高车身与转向盘就抖动,那就很糟糕了。

最后,请原车主驾车带你行上一程。看看此人在驾驶座上的驾驶习惯。假如他驾车动作粗暴,该车车况不会很好。

3.价格

了解了车况后,还需要知道这车价格合适不合适。买二手车注意事项的最后一点就是车辆价格。对于买主来说,心里有一个底价是最好的,底价的估计可以试用折旧方法。以一普通价值20万元的汽车、10年使用年限为例,将1至10年累加等于55,则第一年折旧率是10/55,第二年折旧率是9/55,如此类推,第10年折旧率是1/55。如果车辆使用4年,那么计算方法是:

$$现价 = 原价 - (10/55 + 9/55 + 8/55 + 7/55) \times 原价$$

假设车辆原价20万元,按此计算方式现价应是7.64万元。当然,这是指轿车现时的抽象价格,尚不考虑二手车的质量和经销商的收益,具体价格还要看二手车的性能和市场行情。

(三)售后

不少二手车都会承诺免费质保期,几个品牌二手车对售出的二手车一般承诺半年或 1 万 km 的免费质保期,但一些不良二手车经销商可能会承诺更长期限的免费质保期以引诱消费者上当。一旦付款购车,真出现故障,无休止的维修和费用纠纷都令人难以忍受。再次重申一点,一定要到正规的大型二手车交易市场购车,选择信誉好知名度高的品牌二手车经营店,真正做到让您放心购车,平安出行。

六、二手车车况鉴定

二手车又叫旧车,在国外二手车交易已十分普及,在我国近几年来,二手车市场也逐步形成,并开始走红。价格上的优惠当属二手车最具吸引力的地方,对于一些一时拿不出那么多购车款又急于想成为私车一族的人士,买二手车无疑是一条捷径;对于驾车新手或用车频率高的车主,二手车也是他们免于太细致照料的一种省心的选择。但旧车市场的二手车五花八门,使用年限、内在品质更是参差不齐,当然,这其中也不乏优品,但以次充好的情况更比比皆是,特别是"黑车"、"翻新车"、"事故车"、"大修车"、"准报废车"鱼目混珠,损害消费者权益的事时有发生。如何慧眼识珠,少花钱买到货真价实的二手车,其中的学问自然不少。

二手车的车况鉴定,是一个十分复杂的问题,依据一般的经验,可从以下几方面去着手。

(一)检查各种操纵控制装置及车辆行驶性能

手握转向盘上下轻摆,若松动,则转向柱上部轴承磨损;转动转向盘,若自由行程过大,则表明转向盘使用频率相当高。检查转向灯工作是否正常;喇叭声音是否响亮;刮水器片有否磨损,擦拭角度是否正常;座椅调整装置是否正常;燃油供给系统是否正常;制动踏板自由行程是否正常;驻车制动器操纵杆是否有效;换挡是否顺畅,转向系统是否工作正常等。

做完静态的检查,自己亲自驾驶车辆检测车况更是必不可少的:起动发动机,看机油压力表、安全气囊报警灯和充电指示灯是否正常熄灭;检查各种电器,包括转向灯、照明灯、暖气系统、空调系统、收音机等是否都能正常运转;使发动机低速运转,倾听运转状况是否平稳;查验离合器状况的妙法是起步时把变速器挂在三挡而不是通常的一挡,假如发动机未像正常情况熄火,说明离合器已经衰老。随后要驾车行驶一程,并且等发动机温度上升到适当的温度,继续仔细倾听发动机的声音。尽可能频繁的变换车速,察看在加速与减速时车辆的反应。假如车速一高车身与转向盘就抖动,那就很糟糕了。

(二)检查发动机

打开发动机罩,起动发动机后,听是否有异常噪声;踩下加速踏板,观察发动机转速过度是否平稳、迅速;是否有气门敲击声。然后观察排气颜色,假如排出的气体是半透明的淡灰色,说明燃烧状况良好;如果是黑色则说明发动机供油系统没有调校好。蓝色说明发动机间隙已经磨损过大,白色说明汽缸内有漏水现象。另外嗅一嗅排放气体的气味,难闻则表明发动机有渗漏处,有润滑油、防冻液等进入燃烧室。

察看发动机外观,看是否有漏水、漏油的痕迹;看汽缸盖、挺杆室罩等处是否有润滑油泄漏;水管各部夹子处、水泵和散热器等结合处是否漏水;制动油管、制动总泵是否漏制动液。

(三)查看底盘

水平观察车身钣金,看有无补修的起伏痕迹;水箱罩和横梁等是否有拉直或烧焊的痕迹;掀开行李舱地毯,看有否烧焊痕迹;底盘有否锈蚀或漏洞;车身密封件是否有裂损或漏雨;底盘大梁有否曲折或烧焊等。检查过程中,要耐心地围着汽车上下部转几圈,要看仔细些,如掀开内地毯,查找下面车身是否藏有损伤;仔细观察车门,看是否重新油漆过。任何新的油漆都表明掩盖了不想让人知道的缺陷。底盘和车架当然会有焊接点,但原来的焊接点平滑细小,后加的焊接点粗糙、不规则。这样不仅能看出车辆新旧完好程度,还能看出事故的痕迹和隐患。

一些二手车经销商常隐瞒二手车的真实年龄,识别汽车的真实车龄的办法,看一眼汽车底板上的橡胶垫磨损情况,这里最易容反映出车辆的实际年龄。经常有人担心原车主会在里程表上做假,也有办法查验,可索要该车最近的维修发票,那上面应注明车辆的行驶里程。

(四)检查外观

(1)检查车身漆色是否一致,两侧表面弧度是否平滑,以30°至45°角看漆面反光是否合理,如有不同,车辆必然修复过,而且修复水平很差。

(2)将车辆放置在平地上,消费者站在距车3~5m的正前方,观察车的左右两肩部是否一样高,如果不同,就说明车身钢架修复过或悬架、减振器没有修复好。

(3)观察发动机罩和两侧翼子板之间的接缝是否平均;车门边缘的缝隙是否一致,前照灯、后尾部组合灯与金属连接的缝隙是否一样,新旧程度是否一样。

(4)观察每一块玻璃的标识是否是同一品牌。

(5)动手开关所有车门,将车门开启到45°至60°,并以正常力度关门,观察车门是否能够关严,声音大小是否相同,力度是否一致。

(五)检查车内

(1)检查座椅、内饰是否整洁、干净,有没有更换过或拆装过;车内自带的头枕、饰件是否齐全;各个开关操控是否顺手,有无问题。如果经纪公司将座椅、内饰进行过翻新,消费者要特别小心,此车很有可能有重大问题。

(2)起动发动机前先打开钥匙门,观察仪表灯的显示是否正常,有无缺少显示的现象。电喷车大都有故障警告灯提示功能,在打开钥匙门时,各个提示灯都应亮,如果有提示灯没亮,车主很有可能因此项故障没有排除,故意拆掉仪表灯的灯泡,以混淆视听。

(六)试驾车辆

(1)车辆是否容易起动,如起动声音沉重,说明起动机、蓄电池或相关机械有问题。

(2)起动车辆后,检查转向盘(带助力)左右转轮时的力度是否一致,转向角度是否合理,转向盘转置极限位置后,前轮是否有磨轮胎的现象出现,如果有,此车有可能出过交通事故,轮胎经常蹭着轮罩,会对行车安全构成威胁。

(3)对于手动变速器通过行驶公里数和离合器的高低程度来判断离合器片是否需要更换,以及行驶时换挡是否平顺;判断自动变速器的好坏主要通过感觉换挡时自动变速器换挡是否平顺,"闯"的感觉是否强烈。此外,换挡时观察发动机转速和车速是否在厂家规定的范围区间。

(4)行驶时注意车的噪声的发生处和声音大小,判断此车的密封程度和隔音效果,另外还要注意发动机、变速器、差速器和悬架系统是否有异响,如发动机发出"当当当"或"哐哐哐"的声音,变速器、差速器发出"哗啦啦"的声音时,说明此部件该大修了。

(5)制动系统主要看车辆的制动距离和制动时是否跑偏,还要注意ABS是否会出现拖滞的现象,驻车制动要选择在坡道上进行,并且车头向上和车头向下分别测试。

七、二手车过户

(一)办理二手车过户的必要性

办理二手车过户可以从法律上完成车辆所有权的转移,保障车辆来源的合法性,如避免买到走私车和盗抢车等;同时明确了买卖双方与车辆相关的责任划分,如债务纠纷、交通违法责任等,确保了买卖双方的合法权益。

(二)办理二手车过户的条件

有合法来源和手续、无遗留银行质押和法院封存记录、无遗留交通违章和未处理事故记录、无遗留欠费记录、所有证件齐备。

(三)二手车过户所需的资料、证件

原车主身份证,新车主身份证,车辆行驶证正、副本,购置税本,机动车登记证书,机动车刑侦验车单,保险单,发票。以上均需提供原件。

(四)二手车基本过户流程

车管所查档 → 刑侦、工商验车 → 领取行驶证受理回执 → 领取行驶证正本 → 购置税过户→ 保险更名。

第五节　购车注意事项

一、购置汽车的基本原则

(1)经济能力原则——根据家庭的经济实力,量入为出,如果经济能力不是很好的话,可以考滤购买二手车,正确选购汽车的车型档次。经济能力原则是家用汽车选购的基本原则。

(2)用途决定车型原则——在经济能力范围内,根据车辆的主要用途决定车型。如作上下班代步工具,可选经济型车型;如果常用于商务,可选中高档车型;对于喜欢外出旅游的,越野性的车型是这类车主的选定车型。

(3)使用维修方便原则——目前,国产车特别是几大主流国产轿车的维修网点分布较为广泛,同时,国产车大多使用国内通用配件,为车辆维修提供了方

便条件。而进口车则不同,在北京、上海这样的大城市,可能就没有相应专业维修点,特别是进口车的配件多是专业件,不易找到相应的配件与其配伍。因此,如果经常往返于中小城市之间,或生活在中型城市的人士,在选车过程中,要对维修条件作充分考虑。

(4)个人喜好原则——在追求个性化的时代,以个人喜好决定车型也不失为一条基本原则。喜爱浪漫情调,可选择颜色鲜艳、富于浪漫情趣的迷你车型;追求粗犷豪爽人士,可选择一些动力强劲、形式粗狂、格调奔放、个性独特的车型;追求速度,喜爱风驰电掣感觉的年轻人,跑车不失为一种个性张扬的车型。

二、购车考虑的因素

有人说,现在到市场上选车的感觉,就有点像是在选美一样,看起来赏心悦目,可要是真正选出自己称心如意的车却不是那么轻松。

那么,对于一个特定客户来说,怎样去选择一款满意的车型呢?

除了经济方面的考虑以外,产品、品牌、服务等都会对车型的选择产生影响,如何进行选择涉及的因素很多,有技术方面的,有经济方面的,有使用方面的,还有文化和个性方面的等。我们把所有这些因素,归纳成5大要点:造型与美观、动力与操控性、舒适实用性、安全能力、超值能力。

(一)造型与美观

包括车身的形状、车灯的设计和安排等。在造型的选择方面,动感、时尚、具有长久欣赏价值是轿车的大势所趋。如果能够成功地让车型在时尚和经典、运动和优雅之间找到平衡点,车形饱满但不臃肿,线条顺滑却透着强劲,张扬的外形肯定是符合潮流的。汽车的细节部位也要富于新意,凸显时代的风范。时尚车型应当是在未来几年里都不会过时的。

汽车造型还应该最大限度地迎合空气动力学的要求,同时又能够把驾乘空间扩展到最大极限,即所谓"机器所占空间最小,而驾乘者享受的内部空间最大"。

(二)动力与操控性

汽车的动力与操控性能包括发动机的动力、油耗指标、驱动性能、悬架性能设计等。

动力操控性与底盘有很大的关系。底盘部件占据整车部件总数的50%,底盘平台在很大程度上反映汽车生产厂商的开发能力,因为任何一个新平台的建立以及对现有平台的改动都需要大量的试验数据的支持。

考察和评价底盘技术平台主要是看悬架系统、转向系统和制动系统是不是应用了代表汽车未来发展趋势的先进技术。比如,高位安装的双横臂前悬架、E型多连杆后悬架、智能化的感速型齿轮齿条式动力转向系统、具备自动调整能力的后浮动钳盘式制动器等,这些都是代表着较先进的技术趋势。

对于大多数客户来说,选择一辆省油的车非常重要。正常情况下,新车购买支出占车辆使用寿命期间全部费用的 1/3 不到,后期的费用才是开销的"大头",其中燃油费用的支出占相当的比例。一般来讲,日系车在燃油经济性方面有着相对突出的优势。

一部好车总是力求在车辆整体性能与经济性之间寻求最佳平衡点。因此,通过一流科技,使车辆在正常行驶条件下,油耗比同级车型都要低的轿车必然是最佳的选择。

值得一提的是,汽车的油耗指标与安全和舒适性是相关的,过分追求低油耗可能会损失车辆的安全舒适性。

(三)舒适实用性

车内空间过小容易产生压抑感,活动受限制,特别是身体较高大的乘用者会感到别扭。车辆的舒适性还包括动态的感觉,厚实的车身架构行驶起来平稳不容易发飘,让人放心。储物空间大小也是很多客户关心的。此外还有车门开启与进入的方便性等。

(四)安全能力

车辆的安全能力包括主动安全和被动安全两个方面。

主动安全性方面,可以考虑备选车型的电控装备是否齐全,如 ABS、EBA、EBD、TCS、DSC 等,这些电控装置和辅助设备的使用能提高轿车的操控和制动能力。

被动安全方面,安全气囊是必不可少的。目前中高级轿车中双气囊已经是非常普遍,个别拥有 6 个安全气囊的车型自然优势明显。另外还要考察的是车身结构,好的车身结构在吸收冲撞力等方面有出色表现,提高了行车的安全系数。有了这些设备,在行驶以及停放的时候,将给使用者带来足够的安全感。

(五)超值能力

包括产品的品牌、服务体系、空调音响等附加配置。拥有更多、更好的服务,尤其是售后服务,是汽车消费选择的一个条件。让用户体验人性化、标准化的售前、售中和售后服务成为不少汽车厂商的必修课之一。24h 全天候服务电话,为用户提供 24h 咨询和救援服务也被很多公司采用。

总之,在车型的选择上,除了向客户提供技术含量较高的参数外,要注意针对不同客户的要求,以实用为导向,按能力来选择。

如果是为了所有家庭成员所需,正统的"四门三厢轿车"非常合适,因为这种车有足够的车内空间,进出也比较方便。

如果买车既为符合家庭所需,平时还经常外出旅游;或者自己经营有事业,必须经常载运一些货物,那么买辆 5 座或者 7 座旅行车也许会更切合实际需要。

如果是单身贵族或丁克族,平时都是自己驾车(或夫妇二人共乘),偶尔才有朋友搭个顺风车,那么"微型车"、"三门掀背车"这些车,当然再适合不过了。一来这种车便宜,二来用了几年以后,有了孩子换车也方便,而且二手车出手也容易。

如果住在郊区,用车仅为上下班、接送孩子或买菜购物之用,那么买辆车长在 4m 左右、空间适中、好停车也比较省油的"小型车"就够了,尤其是在市区停车方面更显优势。

如果经营贸易公司,所买的车既要供家人乘坐,偶尔也用作公务车,可以考虑车长超过 4.5m 以上的中型轿车,或更气派豪华的商务车,比如说奥迪 A6 或国产宝马系列。

如果在考虑买车时还需要兼顾"身份"和"地位"问题,则可以考虑高价位的进口车,比如进口奔驰、宝马系列。

三、选车的常识

选车过程中,有几个常识性的问题须向读者介绍一下,以便选车更有把握。

(一)所选购车辆的总质量与油耗成正比

目前,国际油价居高不下,国内油价也随之调整,节油的问题越来越摆在车主的面前。从节油观点来看,汽车总质量与油耗成正比关系,即质量越大的汽车越耗油,使用经济性相对较差。小型车质量每增加 40kg 要多耗油 1%。当然,质量大的汽车也确有其优点,急转弯和紧急制动状况下稳定性要好,不易发生"飘车"现象,所以在选车时要加以考虑。

(二)不同驱动方式各有利弊

越野车的前后轮都是驱动轮,其牵引力大,通过性强,稳定性好;车身和传动系的钢板比较厚,安全系数高,适于越野。但这样其自身质量就大,油耗自然要增加。发动机前置后桥驱动的中、高档轿车,其前后车桥承载的负荷基本一样,动力性强,牵引力大,在爬坡、泥泞道路和颠簸道路上行驶时,动力性、防后轮侧滑和稳定性明显优越于发动机前置前桥驱动的汽车。但这种车型的传动轴延长至后桥,导致底板凸起,几个总成分开布置,占据空间较大,很难使汽车小型化。发动机前置的中小型汽车,虽然省了传动轴,底板平坦,传动系紧凑,质量减轻,但底板降低,质心下降后,上坡时质量向后移,前桥负荷减轻,不能产生足够的牵引力,不宜在上下坡较多的山区使用。发动机后置的微型车省去了传动轴,附着力大,牵引力也大,轴距较小,底板下没有排气管,发动机排出的废气、噪声不会污染车厢内部,但后桥负荷大,转弯易侧滑,操纵系统太长,结构复杂,冷却系统复杂,行李舱空间太小。

(三)自动变速器汽车操作省事,但价格和使用费用较高

自动变速器汽车装备有自动控制装置,行车中可根据车速自动调整变速器挡位,无须人工经常操作,省去了许多换挡和踩离合器踏板的工作。其不足之处在于价格高,维修费用高,而且因自动变速器的动力传递是通过液压来完成的,在工作中会造成动力损失,使用起来比手动变速器更费油,在拥挤的城市道路上行驶,油耗将更大。

(四)最好选择装有子午线无内胎轮胎的车辆

基于子午线无内胎轮胎的优势,装有子午线轮胎的汽车比装有普通斜交轮胎的汽车,在耐磨性方面可以提高50%~100%,滚动阻力可降低20%~30%,节油6%~8%。

(五)选用铝合金轮辋

目前购铝合金轮辋的价格是钢轮辋的2~3倍左右,但其使用的效益远高于钢轮辋。前者主要有以下5个方面的优点:①质量轻,省油;②散热性能好,可延长轮胎使用寿命;③动力平衡性能好,可以提高车轮动平衡精度,适合高速行驶;④弹性好,提高了车辆行驶中的平顺性,更易于吸收运动中的振动和噪声;⑤可百分之百的回收,属环保产品。

(六)选车要选零公里汽车

零公里汽车是指车辆出厂后未经行驶,直接销出或经专用运输车送到销售商手中,其行驶里程为零。在购买时,不要选择已经行驶了一定里程的新车(尽管这段里程是送车里程)。考虑到送车驾驶员很少顾及新车磨合期的行驶规定,为赶时间而超速行驶,造成磨合不良,甚至导致发动机早期磨损,买回这种车会后患无穷。

(七)买国产车还是买进口车

目前阶段,大部分进口车在质量上明显优于国产车,但是价格也高于国产车。从综合利弊方面考虑,除了前面的性能价格比之外,在日后的修理费用及配件供应方面,进口车并不占任何优势。国产车修理配件网点较多,而且收费相对便宜。而进口车的性能、构造变化较快,一些修理人员技术不全面,难以提供高质量的服务;同时进口配件价格昂贵,而且还存在许多假冒产品。

最后,在选车的过程中,切不要凭一时冲动或人云亦云,尽量排除感性成分。选定车型前,不妨亲自驾车体验车的各项性能及感觉是否称心如意,为己所需。

四、购买新车注意事项

(一)外观方面

检查目的:检查应在光线较好的地方进行。看是否有露天放置,日晒雨淋的痕迹。看零件是否被偷梁换柱。是否为改造翻新的旧车。

1. 车漆

车身表面是否有划痕、凹陷。查看车漆是否厚薄均匀。如发现某一部分漆色或厚薄与周围不相吻合,或显现出细微的圈状刮痕,多是受过损伤后经重新喷涂美容所致。发动机舱、车底边缘是否有贴补痕迹。

2. 缝隙

检查发动机罩、车门及周围框的间隙是否均匀,有无过大过小处。发动机罩两边缝隙是否对称。

3. 车门

开车门时检查钥匙和锁的配合情况,有中控装置的检查是否到位和反应灵敏。试试车门开启是否灵活,开门锁时不应太吃力,门轴不应有杂音。关门是否能一步到位,好的车关门时听到的声音较沉闷,质量差的用力小了关不严,需用大力撞击方能关严,而且声响尖利,不悦耳。反复推拉车门和翻盖行李舱有无生涩之感,观察关闭后的车门是否关闭安全,并注意阅读灯的显示状况。

4. 车辆配件

认真检查车辆配件,诸如蓄电池、刮水器、轮胎、润滑油等耗材,看看是否老化。

5. 底盘、轮胎、减振器、悬架

查看底盘、轮胎、减振器、悬架等工作情况,可用手大力按动车头和车尾,松开后,察看其弹跳次数,在2~3次弹跳之间为好。

6. 发动机舱、车底边缘

查看发动机舱、车底边缘是否有贴补痕迹,以防买到事故翻修车。检查底盘时,可把车开上地沟,以便于查看。

7. 远观整车外观

在离车稍远的位置观察整车的外观状况,细致地进行观察。例如车身的左右高度是否对称。

8. 玻璃

风窗玻璃是否完好,是否有裂纹。玻璃是不是原配的,玻璃下角是否有标记。

9. 轮胎

轮胎是否完好无磨损等。轮胎有无亏气和破损现象。轮胎等是否老化。

10. 装饰条

装饰条是否有松动或粘贴不牢。

11. 接缝

各钣金件接缝的缝隙是否均匀,有无错位现象。

12. 反光镜

两侧反光镜转动是否有一定阻力(不包括电动和车内控制的)。

13. 备胎

要看好备胎的型号,慎重购买窄备胎车辆。其他备用工具是否齐全。

14. 底盘

趴下身体察看车辆下方地面有没有机油点,底盘上有没有油污。

（二）乘员空间

1. 车门玻璃

车门玻璃应升降自如，上升能到顶，下降能到底，侧滑窗开关应推拉轻松自如，密封良好。

2. 车门锁

需检查每个车门锁是否正常工作。

3. 仪表板

仪表板上各种仪表应齐全有效，不反光，不被任何物体遮挡，象形图案能准确理解，易于识别。插入钥匙拧开起动开关一、二挡，观察各个指示灯是否正常工作，ABS和安全气囊是否有自检显示，并通过里程表记录已行驶里程。

4. 转向盘

用力晃动转向盘，上下不应有间隙，左右自由行程不应过大，表面手感要好。

5. 座椅

座椅表面应清洁完好，无破损和划伤。前排座椅可前后自由移动，并有多个位置可调整。前后移动和靠背后倾是否困难；安全带拉伸是否正常。

6. 踏板高度

坐好后，手放在转向盘上；左脚踏离合器踏板，应感觉轻松自如，并有一小段自由行程。

制动时，右脚踩下制动踏板不放，其应保持一定高度，若其缓慢下移，则表示制动系统有泄漏现象。

加速踏板不应有卡滞、沉重、不复位的现象，脚放在加速踏板上时，应自然舒适，这样才能保证长途驾驶不疲劳。

7. 车厢内清洁

观察车厢内清洁程度，尤其是顶棚和车门内饰板。

（三）机械部分

打开发动机罩，具体检查以下内容：

1. 储液罐及液面高度

先检查冷却液、清洗液、动力转向液、润滑油、制动液液面高度是否正常，若不正常应怀疑有泄漏。液罐外表要干净，无油渍，液面在最高与最低刻度之间可算正常。

2. 润滑油

拉出润滑油尺察看润滑油颜色,看的时候要起动发动车运转3min后熄火,拉出润滑油尺用纸巾擦拭,润滑油过黑时应淘汰该车。

3. 蓄电池

蓄电池的固定桩头与电缆的连线应可靠、良好,用手扳无松动现象。察看接头有否腐蚀,观察窗是否绿色。

4. 插接器连接

要看各个插接器连接情况,是否有晃动等。

(四) 动态情况

1. 远听发动机声音

这个只能凭感觉了。操作方法是,起动两辆车的发动机使其怠速运转,你站在离开两车距离相等的位置,你感觉到声音大的车淘汰(是明显大于别的车),可以转个身再听,以免你两耳听力不同出错觉。

2. 冷车起动后细听发动机声音

尽量在一安静的环境中,不要急于同时起动几辆车。

看发动机起动是否快捷,运转是否轻快、连续、平稳。

用个螺丝刀一端顶在发动机上,另一端顶在耳朵上听声音,比较发动机冷起动后的瞬间,和冷车运转过程当中发动机的运转平稳度和噪声。立刻仔细倾听声音大小和异常,同时观察其运转是否流畅,何谓流畅就是像发动机热了以后运转的样子,倾听发动机起动声音,每种车起动时的声音有一定特性,但是不能出现比较剧烈刺耳的声音。看是否有杂音,比如活塞环撞击声、敲缸声、气门撞击的嘀嘀声等。质量好的发动机不会有其他的杂音。

冷车的噪声的确比热车大,仔细听随着发动机的升温,噪声应逐渐减小,如有特别明显异响,是否也随之减小,我们当然选择安静的,冷车和热车噪声变化最小的发动机,然后缓踩加速踏板,使发动机缓慢的增速,突然的,通过冷车状态下改变发动机的负荷,观察和倾听发动机声音,选择噪声小的发动机。

3. 振动和噪声

着车后不要急于观察车的振动和噪声,让车原地怠速运转5min左右,在等候过程中,检查各种灯光、喇叭、刮水器、喷水器、玻璃升降、空调、音响、点烟器等是否正常工作,车门是否隔音;踩下离合器踏板感觉力度是否合适,原地推拉变速杆换挡是否入位准确清晰,有无生涩之感;观察发动机怠速显示的转速情况,有无不稳定现象;感觉车内的转向盘和变速杆的振动,以及发动机的噪声情况,以轻微抖动为限;轻踩加速踏板是感觉踏板阻力和复位情况,同时注意转速表是否变化准确灵敏并注意转速表线性的变化。

4. 动态渗漏

等发动机温度上来后在着车状态时打开发动机罩,再次观察有无渗漏油液的情况。

5. 热车细听发动机声音

倾听发动机怠速运转的声音是否均匀,有无异响。

6. 电风扇

如果时间够多等一会儿,观察一定温度时电控风扇是否正常起动。

(五)试驾

试驾过程中应从起动、起步到加减挡、加速、转弯、行车制动和驻车制动及全车灯光使用情况等各方面进行查验,了解车辆运行是否顺畅、安静、舒适等。

(1)由于大部分地方受场地限制,不能完全检查全部性能。检查离合器踏板的行程高度和脚踩力度是否合适。以缓踩和急踩制动踏板方式检验车辆制动工作是否可靠,有无跑偏现象。检查转向盘助力转动是否均匀有效和准确。对于驻车制动的检查,如果没条件可以拉紧后以半离合方式起步或溜车检查。

(2)缓踩加速踏板,轻抬离合器踏板,车辆起步应平稳。新车换挡可能不十分平顺,但不应犯卡、挂不上或摘不下挡,或齿轮有响动。低速时轻踩制动踏板,以试验制动力度,制动的反应应良好。还可试一下空挡滑行情况,例如,以20km/h 的车速行驶,平路可滑行 50~80m。如果一摘挡汽车就迅速停下来,就表明行驶运动部件安装调试与润滑不当,如轴承过紧制动拖滞或润滑油黏度过大等。

(3)试车时遇上下立交桥可感觉一下加速和动力情况;通过加、减挡位,轻转转向盘,感觉转向系统是否满意;正常行驶时方向应不跑偏,能自动维持直线行驶,转弯后可以基本自行回正(90%);车辆掉头,左右转动转向盘到极限时车轮应无异响。

(4)先听转速情况,是否轻快、平稳,有没有什么杂声,轻踩加速踏板,看加速是否稳定;然后起步行驶,换挡时不应该有挂不进或退不下来的时候,时速加到30km/h,把挡挂到空挡上面,让汽车自由滑行,如果汽车很快就停了下来,底盘调整就有问题。加速,看转向盘有没有跑偏,再加速,看转向轮有没有摆动,汽车会不会很飘,转向盘有没有抖动;制动,看高速行驶时制动的效果如何。

(5)有可能的话可试验一下高速驾驶情况,感觉高速行驶的稳定性、抓地感,看是否有车轮摆动、转向发飘的现象。道路无其他车辆时,也可试试蛇行,可感觉车辆的操控性能;还可以按不同车速测试紧急制动的感觉,如分别以40km/h、60km/h、80km/h的车速紧急制动,检查制动时方向的稳定性。

(六)查看新车手续

注意各种凭证是否齐全。

1. 购车发票

购车发票是购车时最重要的证明,同时也是汽车上户时的凭证之一,所以在购车时您务必向经销商索要购车发票,并要确认其有效性。

2. 车辆合格证

合格证是汽车另一个重要的凭证,也是汽车上户时必备的证件。只有具有合格证的汽车才符合国家对机动车装备质量及有关标准的要求。

3. 三包服务卡

根据有关规定,汽车在一定时间和行驶里程内,若因制造质量问题导致的故障或损坏,凭三包服务卡可以享受厂家的无偿服务。不过像灯泡、橡胶等汽车易损件不包括在内。

4. 车辆使用说明书

用户必须按照车辆使用说明书的要求合理使用车辆。若不按使用说明书的要求使用而造成的车辆损害,厂家不负责三包。使用说明书同时注明了车辆的主要技术参数和维护调校所必需的技术数据,是修车时的参照文本。

5. 其他文件或附件

有些车辆发动机有单独的使用说明书,有些车辆的某些选装设备有专门的要求或规定,这时消费者都要向经销商索要有关凭证。

6. 检查汽车与其名牌是否相符

检查发动机号、车架号、产品合格证及出厂日期等一系列汽车的唯一合法标识。了解出厂日期,从出厂日期上判别其是否为积压车,了解车辆从产到销的时间。

合格证上的号码要与车上的发动机号、车架号一致。检查车型、功率、座椅数量、发动机型号等均要求说明书与实物一致。

（七）签订购车合同

1. 注意易被经销商"忽略"的细节

比如交车时间、维修等售后服务内容；交车时间违约后，双方责任是否对等；免费三包维护以时间计，还是以里程计；消费者签约时应特别注意以上体现经销商合同责任的细节。

2. 搭售保险不合法

除国家规定的车损险、第三者责任险等强制性保险外，购车族有权选择购买何种保险，及选择保险公司的权利。

3. 购车合同条款要齐全

(1) 应当明确约定汽车的品牌、发动机号码、车架号码等汽车本身应有的要素。

(2) 价款，应列明车辆交易的总价款（购车价或是包含领取号牌价），付款方式和期限。

(3) 车辆的交付方式和期限。

(4) 质量纠纷和异议的处理。

(5) 售后服务条款，应重点列明经销商应承担何种义务（详细内容可参照《产品质量法》和《民法通则》、《消费者权益保护法》的有关条款）。

(6) 关于违约责任。对一方违反合同的约定或不能全面、适当地履行合同义务时该承担何种责任，也需要详细约定。

(7) 争议的解决，应约定解决的方式，如仲裁或诉讼；合同的管辖地，如买车人户籍所在地或经销商登记所在地还是双方指定的其他地点，都可以由双方约定为争议管辖地，如果约定不明，则适用《民事诉讼法》规定的条款。

(8) 应特别注意有关经销商合同责任的细节，这些部分往往被经销商恶意"忽略"掉，购车者应注意保护自己的权利，使双方权利义务对等。

(9) 同时选择实力、信誉较好的经销商也是极其重要的，因为经销商的诚信直接影响合同的履行。在买车时不要忘记询问或查看经销商本身的背景资料，这些资料至少应当包括《企业法人营业执照》和注册资本，并注意经营场地与登记场地是否一致,防止遭遇商业欺诈,以保护自己的合法权益。

(八)购车、领取号牌手续

(1)购车时必须出示本人身份证。

(2)凭购车发票到车管部门办理临时移动证。有不少售车市场提供一条龙购车服务,移动证在购车地即可办理。

(3)到售车单位所在地区的工商部门交验购车发票,并在发票上盖上工商验票章,发票即为有效。

(4)验车。新购置的汽车需经指定的验车场检验,合格后方能领取牌照。验车时需带证件、购车发票、车主身份证、车辆合格证。

(5)缴纳购置附加费。持购车发票到所属地区车辆购置附加费征稽处缴纳车辆购置附加费,其款项为购车款(除去增值税部分)的10%。

①购车发票原件(经工商行政管理机关盖章)及复印件2份;

②车辆合格证及复印件1份;

③个人车辆持本人身份证明;

④个人车辆用现金缴费;

⑤车主到公安车管部门领取车辆牌照后,需持车辆行驶证和车购费凭证返回征费处办理建档手续,征费处工作人员负责填写凭证的车牌号码,并加盖"已建档"戳记。车主用现金缴费可随时建档;

⑥到保险公司缴纳保险金;

⑦领取车辆牌照。到车管部门领取牌照,需带齐以下证件:购车发票、车主身份证、保险单、购置费单、验车合格证明等;

⑧建档。回到附加费征稽处建档,再去属地税务所缴纳车船使用税,领取"税"字牌;

⑨个人车辆,车主有驾驶证的随驾驶证的登记备案一同办理。

第四章　汽车牌照与保险

第一节　汽车领取号牌

汽车号牌,是国家车辆管理法规规定的具有统一格式、统一式样,由车辆管理机关对经过申领牌照的汽车进行审核、检验、登记后,核发的带有注册登记编码的硬质号码牌。一般为两套,分别按规定安装在汽车前后部指定位置上。汽车号牌是准予汽车上道路行驶的法定凭证,是道路交通管理部门、社会治安管理部门及广大人民群众监督汽车行驶情况,识别、记忆与查找的凭证。

行驶证(行车证)是公安交通管理机关核发的,记载车辆初次登记的主要内容,由车主保存,随车携带,供记载变动情况及随时查验的统一格式的登记册。按照《道路交通管理条例》规定,汽车号牌与行驶证是准予汽车上道路行驶的法定证件,因此,购买了汽车必须申领汽车牌证。

一、新车领取号牌需要带的证件

身份证、汽车合格证、汽车参数表、购车发票第二和四联、汽车购置税发票(完税证明)、汽车保单(交强险保单即可)等。

二、新车领取号牌流程

第一步:缴纳车辆购置税;新车上保险;检测(有些车型免检)。

第二步(检测站办证):非免检车过线检测;交款、填表;拓号、照相;资料采集;领取号牌资料。

第三步(车管办证大厅):交资料、车主签名;民警对车辆外部检验及确认;

选号、领回执单；车牌固封、安装拍照；领行驶证、登记证书。

第二节 汽车保险种类与选择

一、保险基础知识

1. 保险的含义

保险是保险人通过收取保险费的形式建立保险基金用于补偿因自然灾害或意外事故所造成的经济损失或在人身保险事故发生时给付保险金的一种经济补偿制度。

保险包括几层含义：一是商业保险行为；二是合同行为；三是权利义务行为；四是经济补偿或保险给付。以合同约定的保险事故发生为条件。

2. 保险标的的含义

保险标的指保险合同中载明的投保对象，可以是人的生命、身体、财产、利益、责任。例如财产保险中，汽车保险的保险标的为汽车，货物运输保险的保险标的为运送的货物；人寿保险和健康保险中，人的生命或身体为保险标的；保险标的可以是无形的，如责任保险的保险标的为被保险人依法应承担的经济赔偿责任。

3. 汽车保险单证的形式

在汽车保险中主要有以下几种单证：

(1) 投保单。是投保人申请投保保险的一种书面凭证。投保单通常由保险公司提供，由投保人填写并签字或盖章后生效。保险公司根据投保人填写好的投保单的内容出具保险单正本。

(2) 保险单。也叫保险单正本。是保险公司与投保人订立保险合同的书面证明。保险单由保险公司出具，主要载明保险公司与被保险人之间的权利、义务关系。它是被保险人向保险公司进行索赔的凭证。

(3) 保险卡。由保险公司签发给保户的、记载保险单正本中的主要内容、供保户随身携带的卡片式的简单凭证。

(4) 批单。是为变更保险合同内容，保险公司出具给被保险人的补充性的书面证明。

(5)保险费发票。是保险费付讫的凭证。为税务局监制的正式发票。

4.保险费的定义

保险费是保险金额与保险费率的乘积。保险费由纯保费和附加保费构成,纯保费是保险人用于赔付给被保险人或受益人的保险金,它是保险费的最低界限;附加保费是由保险人所支配的费用,由营业费用、营业税和营业利润构成。

二、保险的参与者

1.保险人

保险人(又称承保人)是经营保险业务收取保险费和保险事故发生后负责赔偿损失的人。保险人以法人经营为主,通常称为保险公司。

保险人的资格要符合一般保险人的资格条件。通常,保险人必须是机构法人。保险公司的设立必须符合法律法规的规定。在我国,申请设立保险公司必须符合我国《保险法》和《中华人民共和国公司法》(简称《公司法》)的要求。设立全国性保险公司或区域性保险公司,都有实收货币资本金的最低要求,并且,保险公司的高级管理人员必须符合中国保险监督管理委员会(简称"中国保监会")规定的任职资格。并且,保险公司要具有与其业务规模和人员数量相适应的营业场所、办公设备。商业性保险公司的组织形式必须是股份有限公司或者国有独资公司,股份有限公司的股东应为企业法人或国家允许投资的其他组织,并符合中国保监会的有关规定。保险公司可以根据业务发展需要申请设立分支机构。分支机构应采取分公司、支公司、营业部的形式。保险公司及其分支机构从事保险业务必须分别获得《保险机构法人许可证》和《经营保险业务许可证》,并在向工商行政管理部门办理登记注册手续、领取营业执照后才可以对外营业。

2.投保人

投保人是指对于保险标的具有可保利益,并且与保险人订立保险合同,按保险合同负有支付保险费义务的人。自然人和法人都可以成为投保人,只要其具有相应的民事权利能力和行为能力,以及对保险标的具有可保利益。当投保人为自己的利益投保,且保险人接受其投保时,投保人就变成了被保险人。

3.被保险人

被保险人是指其车辆等财产或者人身受保险合同保障,享有保险赔偿请求权的人。被保险人有一定的范围。由于对保险汽车的使用可能是被保险人本人，也可能是被保险人以外的其他人，所以机动车辆第三者责任险中（"机动车辆第三者责任险"在后边章节中介绍）所承保的被保险人，除了被保险人本人（即保险单中所载明的被保险人）外，还包括被保险人允许的合格驾驶人员，如被保险人的配偶及其直系亲属、被保险人的雇员、被保险人雇用的驾驶员、与被保险人之间具有营业性租赁关系的驾驶员等。无论是被保险人本人，还是被保险人以外的其他人在使用保险车辆时，都必须持有有效驾驶执照，并且所驾驶车辆与驾驶执照规定的准驾车型相符；此外，被保险人以外的其他人使用保险车辆的还必须经过被保险人的允许。

如果保险车辆被私自开走或者未经被保险人同意，驾驶人员私自许诺他人将车开走等，均不属于被保险人允许的合格驾驶人员开车。对此种情况下发生的任何损失，保险人不负责赔偿。

4. 受益人

是指人身保险合同中由被保险人或投保人指定的享有保险金请求权的人。由于财产保险合同中领取保险金的多是被保险人本人，一般没有受益人的规定，这就是说，受益人只有在人身保险合同中才会出现。当享有保险金请求权的被保险人死亡，其请求权消失，合同指定的受益人此时便成为保险金请求权人。

5. 保险中介人

保险中介人是指介于各保险人或保险人与投保人之间，专门从事保险业务咨询与招揽、风险管理与安排、价值衡量与评估、损失鉴定与理算等中介服务活动，并从中获取手续费或佣金的单位或个人。

保险中介人的主体形式主要有保险代理人、保险经纪人和保险公估人。

（1）保险代理人。保险代理人是指根据保险人的委托，在保险人授权的范围内代为办理保险业务的单位或者个人。通常，保险代理人可以分为专业保险代理人、兼职保险代理人和个人保险代理人。

（2）保险经纪人。保险经纪人是指基于投保人的利益，为投保人与保险人订立保险合同或与汽车有关的人身保险合同提供中介服务，并依法收取佣金的单位或个人。在我国，保险经纪人的组织形式限于有限责任公司。

（3）保险公估人。保险公估人是指接受保险人、投保人或被保险人的委托，办理保险标的的勘查、鉴定、估损以及赔款的理算,并向委托人收取佣金的单位或个人,一般是指有限责任制的保险公估公司。

保险公估人的存在及其业务运作,有助于保险的赔付趋于公平、合理,有利于调停保险当事人之间关于保险理赔方面的矛盾,避免保险人既是承保人又是理赔人,且直接负责对保险标的进行检验和定损可能带来的不公正、不公平情况的出现,体现保险公估工作所具有的公平、公正、公开和合理的特性,促进保险业的健康发展。

三、保险合同

1. 保险金额

汽车保险的保险金额主要是针对汽车损失险及其附加险而言。汽车损失险保险金额的确定是以保险车辆的价值为依据。其具体方法主要有以下几种:

(1)新车购置价确定。新车购置价是指保险合同签订地购置的与保险车辆同类型的新车(含车辆购置附加费)的价格。

(2)投保时的实际价值确定。实际价值是指同类型车辆市场新车购置价减去该车已使用年限折旧金额后的价格。关于折旧的方法,一般是按年计算,即按每满一年扣除一年计算,不足一年的部分,不计折旧。

折旧率按国家有关规定执行。但最高折旧额不超过新车购置价的80%。

(3)由投保人与保险人协商确定。但保险金额不得超过同类型新车购置价,超过部分无效。保险金额可以按照以上3种方法中的任何一种予以确定,保险人根据保险金额的不同确定方式承担相应的赔偿责任。

2. 赔偿限额

机动车辆保险中的赔偿限额主要针对第三者责任险及其附加险而言。第三者责任险的赔偿限额采用的是每次事故最高赔偿限额的形式,其确定是根据不同车辆种类进行选择。

3. 免赔率

在保险中,针对机动车辆流动性的特点,为了增强被保险人的责任心,一般都规定有免赔率(额),有的称为自负额。且均实行绝对免赔率,即保险事故发生造成保险责任范围内的损失时。被保险人必须先自己承担保险单中约定的免赔率以内的损失。而超过免赔率以上部分的损失由保险人负责赔偿。

4. 无赔款优待

为了鼓励被保险人及其驾驶员严格遵守交通规则,安全行车,避免或减少保险事故,在我国机动车辆保险条款中还规定有无赔款优待条款。

所谓无赔款优待,是指保险车辆在上一年保险期限内未发生赔款情况,在下一年续保时可以享受减收保险费的优惠待遇。

5. 保险合同

保险合同是投保人与保险人约定保险权利和义务关系的协议。

合同是当事人之间确定民事权利义务关系的意思表示一致的法律行为,是调整民事活动范围内财产关系和人事关系的工具。保险合同是指投保人支付保险费给保险人,保险人在保险标的发生保险事故或当约定的期限到达时,给予被保险人经济补偿或给付保险金的协议。因此,保险合同是经济合同的一种,是关于保险人与被保险人接受与转移风险契约行为的结果,所以又称保险契约。由于保险合同的客体不同于一般经济合同,它既具有经济合同的一般特点,也有自身的独特之处。

四、投保方式

我国的保险消费渠道很多,可以由保险代理公司、经纪公司,以及直接到保险公司或网上投保、电话投保等,如图4-1所示。可以说,投保的途径越来越多。

1. 购买汽车保险的途径

(1)专业代理机构。即主营的业务就是代买保险公司的保险产品。通常名称叫"××保险代理公司",其组织形式是公司法人。目前,社会上的专业代理公司较多,专业代理公司一般提供多家保险公司的汽车保险产品,可为客户提供较多的保险产品设计方案。

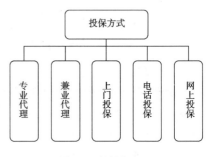

图4-1 投保方式

(2)兼业代理。所谓兼业代理,显然是"副业":指在经营主营业务的同时,代卖保险公司的保险产品。保险市场中汽车保险常见的兼业代理有汽车经销商、汽车修理厂、银行、邮政等。

(3)上门投保(亲自到保险公司投保)。这种上门投保的形式,节约了保险公司的经营成本,可能会得到一些较便宜的价格。但对于一些保险公司,如果没有给您指定"客户经理",今后您索赔时也都要自己办理,客观上存在较多的麻烦。

(4)电话投保。保险公司开通专门的服务电话,保险公司有专门的人员接听电话,解答问题并协助办理投保手续,另外还实行上门送单服务。这种方式的保险费最便宜,一般新车商业险打8.5折,还有礼品等;续保客户上年没出险可以打7折再优惠15%。

(5)网络投保。保险公司设立专门的网站(电子商务平台)。客户可以在网上发送投保申请,保险公司在收到申请后会电话联系客户进行确认。这是目前最方便快捷的投保方式,这种投保方式自主选择性强,对于熟悉保险的客户比较适用。

2. 不同投保途径的优缺点

购买汽车保险既然有那么多途径,那么您该如何选择呢,下面是一些对比信息见表4-1。其实,不同的途径都各有优点和弊端,关键要看是否最方便和适合您自己的需要。

不同投保途径的优缺点 表4-1

途径/渠道	方便性	优 点	缺 点
专业代理	★★★☆	服务积极、上门办理手续、协助理赔	成本比较高、如选择不当有风险
兼业代理(汽修行业)	★★★☆	保险与今后的可能理赔可以在一起办理	在价格上讨价还价费口舌、如选择不当有风险
上门投保	★★☆☆	保费可能会便宜一些	花上一些自己的时间
电话投保	★★★★	足不出户、保单送上门	不太容易和保险公司谈判、不是直接沟通有误导可能
网上投保	★★★★	足不出户、保单送上门	不太容易和保险公司谈判、不是直接沟通有误导可能

注意:代理商为了促成投保人下定决心投保,可能会给一定比例的折扣。各公司打折比例不一,由于各公司的车险价格本身不同,打折多的不一定是最

便宜的;每个代理商只代理几家公司的保险,建议先选合适的保险公司,再决定在哪家代理商处办理;代理商高度推荐的保单,可能是对代理商佣金最高的保单,不一定是最合适的保单。对于车险而言,价格重要,服务更重要。拿到保单后,最好跟保险公司确认一下保单的有效性和有效期。

五、保险方案设计

保险公司或代理人应从投保者的实际角度出发,替有意投保的单位或个人提供科学、完整的保险方案。由于不同的投保人风险特征、风险概率、风险程度不同,因而对保险的需求也各不相同,这就要求保险人员从投保人自身风险保障需要的角度出发,合理地、定位精确地设计出投保方案。

1. 设计保险方案的基本原则

(1)充分保障的原则。在对投保人进行充分风险评估的基础上,设计出一套适合投保人的保险险种,一定要将投保人容易发生的、相对出险率较大的风险包括进去,从而达到充分保障的要求。

(2)经济实用的原则。在制定保险方案时,应充分考虑到险种的必要程度,避免提供不必要的保障,这里所说的经济实用并非取决于保险价格的高低,而是应清楚与价格对应的赔偿标准和免赔额的确定。

(3)诚实守信的原则。是保险人员维护公司声誉和顺利开展业务的根本保证,因此,保险员应对设计的险种中的权利和义务充分准确的进行告知,特别是要将可能会对投保人或被保险人产生不利影响的规定详细告知。

2. 设计保险方案的基本步骤

(1)充分了解投保人投保车辆的数量、种类、用途、行驶区域等有关情况以及投保人的经济承受能力,准确地掌握投保人的投保要求和保险需求。

(2)从专业的角度对投保人可能面临的风险进行识别和评估,并向投保人作合理的解释。

(3)根据投保人的实际情况和风险评估的结果向投保人介绍合理的险种、险种中的有关条款及其含义,设计出让投保人满意的最佳保险方案。

(4)对保险人及其所提供的服务进行介绍。

3. 保险方案的主要内容

(1)保险人情况介绍。

(2)投保标的的风险评估。

(3)保险方案的总体建议。

(4)适用保险条款以及条款解释。

(5)保险金额和赔偿限额的确定。

(6)免赔额以及使用情况。

4.投保注意事项

(1)摸清楚市场价格。车损险保额一般是根据新车购置价确定的,而新车的市场价格目前呈逐年递减趋势,所以,在每年投保的时候查询一下所驾驶车型的市场价格,根据当前市场价格投保是节省保费的合理办法。

(2)上浮第三者责任险的档次。第三者责任险限额共有多个档次,不同档次的赔偿限额差距很大,但相应保费的差距并不大。所以建议,如果需求在两档保额之间的话,可以上浮一个档次投保。

(3)是否重复投保。如果车上一般乘坐的都是您的家人,而且您和家人都已经投保过人寿保险中的意外伤害保险和意外医疗保险,作为私人轿车,就没有必要投保车上责任保险了。因为意外伤害和意外医疗保险所提供的保障范围基本涵盖了车上责任保险在这种情况下所能提供的保障。如果您的情况符合上述条件但没有投保意外伤害和意外医疗保险,建议最好还是选择投保意外保险,因为这样所需交纳的保费远低于车上责任保险,而且还保障交通事故以外发生的其他意外事故对您造成的损失。当然,如果车上经常乘坐朋友,而且经常变化,最好还是投保车上责任保险,用以满足意外交通事故发生时的医疗费用。

(4)旧车怎样投保盗抢险。由于保险公司在赔偿的时候是根据保险车辆的折旧价、购车发票票面价格以及投保金额的最低价确定赔偿金额的,所以盗抢险的保额新车和旧车是不同的。新车的保额要按照新车的购置价投保,而旧车的保额要按照车辆的折旧价和购车发票金额的最低金额确定,如果您的车已经不是新车或者您买的是二手车,而盗抢险按新车价投保,您不但多交了保险费,一旦车被偷、被抢,您只能得到折旧价或发票价中最低的赔偿。

(5)选择不计免赔特约保险。车损险和第三者责任保险中,保险公司都有按照您在事故中的责任,只赔偿您实际损失的80%~95%的约定,这可能使得将来在实际获得赔偿方面产生比较大的损失。通过投保不计免赔特约保险,在这两个险种上方能得到您所应该承担损失的 100% 赔偿。

（6）莫超额投保或不足额投保。有些车主，明明车辆价值 10 万元，却投保了 15 万元的保险，认为多花钱就能多赔付；而有的车价值 20 万元，却投保了 10 万元。这两种投保都不能得到有效的保障。依据《保险法》规定：保险金额不得超过保险价值，超过保险价值的，超过的部分无效。保险金额低于保险价值的，除合同另有约定外，保险人按照保险金额与保险价值的比例承担赔偿责任。所以超额投保、不足额投保都不能获得额外的利益。

（7）注意审核代理人真伪。投保时要选择国家批准的保险公司所属机构投保，而不能只图省事随便找一家保险代理机构投保，更不能被所谓的"高返还"所引诱，只求小利而上"假代理人"的当。

六、保险方案推荐

除交强险是强制性险种，按规定任何车辆都必须投保外，其他的险种则在很大程度上依赖于车主的经济情况，可以根据自己的经济实力与实际需求有选择地进行投保。以下是我们推荐的 5 个机动车辆保险方案。

1. 最低保障方案

（1）险种组合：交强险。

（2）保障范围：只对第三者的损失负赔偿责任。

（3）适用对象：急于领取号牌或通过年检的个人。

（4）特点：适用于那些怀有侥幸心理，认为上保险没用的人或急于拿保险单去领取号牌或验车的人。

（5）优点：可以用来应付领取号牌或验车。

（6）缺点：一旦撞车或撞人，对方的损失能得到保险公司的一些赔偿，但是自己车的损失只有自己负担。

2. 基本保障方案

（1）险种组合：车辆损失险 + 交强险。

（2）保障范围：只投保基本险，不含任何附加险。

（3）适用对象：有一定经济压力的个人或单位。

（4）特点：适用于一部分认为事故后修车费用很高的车主，他们认为意外事故发生率比较高，为自己的车和第三者的人身伤亡和财产损毁寻求保障，此组合为很多车主青睐。

(5)优点:必要性最高。

(6)缺点:不是最佳组合,最好加入不计免赔特约险。

3.经济保险方案

(1)险种组合:车辆损失险+交强险+不计免赔特约险+全车盗抢险+划痕险。

(2)适用对象:个人,是精打细算的最佳选择。

(3)特点:投保4个最必要、最有价值的险种。

(4)优点:投保最有价值的险种,保险性价比最高;人们最关心的车辆丢失和100%赔付等大风险都有保障,保费不高但包含了比较实用的不计免赔特约险。当然,这仍不是最完善的保险方案。

4.最佳保障方案

(1)险种组合:车辆损失险+交强险+第三者责任险+车上责任险+风窗玻璃险+不计免赔特约险+全车盗抢险+划痕险。

(2)适用对象:一般公司或个人。

(3)特点:在经济投保方案的基础上,加入了车上责任险+风窗玻璃险,使乘客及车辆易损部分得到安全保障。

(4)优点:投保价值大的险种,不花冤枉钱,物有所值。

5.完全保障方案

(1)险种组合:车辆损失险+交强险+第三者责任险+车上责任险+风窗玻璃险+不计免赔特约险+新增加设备损失险+自燃损失险+全车盗抢险。

(2)适用对象:机关、事业单位、大公司。

(3)特点:保全险,居安思危方才有备无患。能保的险种全部投保,从容上路,不必担心交通所带来的种种风险。

(4)优点:几乎与汽车有关的全部事故损失都能得到赔偿。投保的人员不必为少保某一个险种而得不到赔偿,承担投保决策失误的损失。

(5)缺点:保全险保费较高,某些险种出险的概率非常小。

七、保险方案设计实例

就任务目标中李女士的实际情况,通过充分评估分析她自身的风险、车辆

的状况,根据实际情况选择需要的保险保障。为适合李女士设计的保险方案如下:

1. 交强险

这是我国第一部以立法的形式规定的强制性保险,不买领不了号牌,谁也推不掉。交强险保额12.2万元,6座以下家庭自用车的保费为950元。

2. 商业第三者责任保险(责任限额为20万元)

对于投保了交强险之后,商业第三者险还需不需要投保要具体情况具体分析,交强险保额毕竟只有12.2万元,所以为了尽可能做到充分保障,选择商业第三者责任保险还是有必要的。但第三者险的保额并不是越高越好,适宜即可。对于李女士而言,用车的主要用途为上下班和上街购物,偶尔外出旅游,作为女性相对而言开车又比较细心,由此看造成他人伤亡及财物损失的出险概率较低,所以可以不买商业第三者责任保险。但因为李女士是新手,有时可能出现遇事紧张、情况判断不够准确等有可能肇事。建议李女士选择一个合适的限额,比如10~20万元。这样总体的第三者险赔偿的额度就在20万~30万元左右,应该能基本满足风险保障要求。

3. 车辆损失保险

车损险负责赔偿由于自然灾害和意外事故造成的车辆自身的损失。汽车对一般家庭而言都是大件物品,如果损毁而没有保险赔偿则损失巨大。所以为自己的爱车买上车辆损失保险是几乎所有车主的不二选择。

4. 车上人员责任险(按核定载客座位数投保,10000元/每次事故责任限额)

这个险种主要是承保的因交通事故造成的驾驶员、乘客伤亡。选择这个险种主要还是因为李女士行车经验不足,有时可能出现遇事紧张、情况判断不够准确。当然,如果李女士和家人都购买了寿险中的意外伤害险,则可考虑不再购买车上人员责任险。

5. 车身划痕损失险(保险金额为5000元)

购买新车后大家都会爱惜备至,而用车过程中很难避免出现这样或那样大大小小的车身划痕,对驾车技术还不够老练的李女士更是如此。而车辆损失保险对没有明显碰撞痕迹的车身划痕又不赔偿。所以车身划痕险对绝大多数车主来说都是最好能够选择的险种。

6. 盗抢险

新车购买盗抢险是非常有必要的,而且李女士使用的车辆平时停放在小区而没有私家车库,更没有专人看管,所以建议投保盗抢险。

7. 玻璃单独破碎险

玻璃单独破碎险保险责任中规定:"保险车辆在使用过程中,发生本车风窗玻璃单独破碎,保险人按实际损失赔偿",车损险对玻璃单独破碎是免陪的。这个险种可以承担因路上石子飞溅而击裂风窗玻璃的责任。因为李女士偶尔会驾车郊外旅游,有可能在道路行驶条件较差的地区行驶,投保一份玻璃单独破碎险还是非常有必要的。

8. 不计免赔率特约条款

一般情况下,车损险、商业第三者险等险种都会有15%～20%不等的免赔率,也就是说,当保险公司给予损失赔偿时,被保险人按照保险条款规定将自行承担15%～20%的赔偿,保险公司只负责赔偿剩余部分。但投保了"不计免赔特约险条款",则本应由被保险人自行承担的部分,也将由这个险种来承担,实际上将这部分责任也转嫁给了保险公司。这个险种也是很适合车技不很成熟的驾驶员投保。

以上只是针对车辆的风险状况、李女士的经济能力,为其设计、推荐的汽车保险组合方案。

第三节 汽车保险公司

一、保险公司概述

保险公司(insurance company)是销售保险合约、提供风险保障的公司。保险公司分为两大类型——人寿保险公司、财产保险公司。保险公司(insurance company)是指经营保险业的经济组织。是指经中国保险监督管理机构批准设立,并依法登记注册的商业保险公司,包括直接保险公司和再保险公司。保险公司是采用公司组织形式的保险人,经营保险业务。保险关系中的保险人,享有收取保险费、建立保险费基金的权利。同时,当保险事故发生时,有义务赔偿被保险人的经济损失。

目前开展汽车保险业务的公司有人保财险、太保财险、平安财险、中华联合、大地财产、天安、永安、国寿财产、阳光财产、安邦、太平保险、都邦、出口信用、永诚、华泰、安华农业、阳光农业、中银保、渤海、大众、天平车险、民安、美亚、华安、安诚、安信农业、东京海上、长安责任、三井住友、三星、国元农业、安联、太阳联合、华农、鼎和财产、日本财产利宝互助、丘博保险、苏黎世、现代财产、中意财产、爱和谊、安盟、英大财产、国泰财产、中煤财产等。

二、中国市场的保险公司

现在可供投保人选择的保险公司是越来越多,保险市场也已基本上是一个竞争比较充分的市场,各家保险公司为了争取客户,都纷纷树立自己的服务个性,进行差异化服务,这对消费者来说,是个利好消息。

当前,我国主要的保险公司包括:中国人民保险公司,中国太平洋保险(集团)股份有限公司,中国平安保险(集团)股份有限公司等。

1. 中国人民财产保险股份有限公司

中国人民财产保险股份有限公司(PICC P&C,简称"中国人保财险")是经国务院同意、中国保监会批准,于2003年7月由中国人民保险集团公司发起设立的、目前中国内地最大的非寿险公司,注册资本111.418亿元。其前身是1949年10月20日经中国人民银行报政务院财经委员会批准成立的中国人民保险公司。

中国人保财险是中国人民保险集团公司(PICC)旗下的标志性主业。2003年11月6日,公司在香港联交所成功挂牌上市,成为中国内地大型国有金融企业海外上市"第一股"。凭借综合实力,公司相继成为北京2008年奥运会、2010年上海世博会保险合作伙伴,为北京奥运会和上海世博会提供全面的保险保障服务。2008年6月26日,国际权威评级机构穆迪公司授予公司中国内地企业最高信用评级A1级。2008年,公司保费突破1000亿元,实现了历史性跨越,在全球上市保险公司非寿险业务排名第10位。

2. 中国太平洋保险公司

中国太平洋保险公司成立于1991年4月26日。中国太平洋财产保险股份有限公司是中国太平洋保险(集团)股份有限公司旗下的一家专业子公司,为客户提供全面的财产保险产品和服务。公司总部设在上海,注册资本为54.61亿元。2011年荣登世界财富500强。

公司承保人民币和外币的各种财产保险、短期健康保险和意外伤害保险业务。公司承保业务涉及电力、汽车、机械、化工、电子、水利、建筑、桥梁、公路、航天航空、船舶以及高科技产业等各行各业、各个领域。公司在130多个国家和地区的350多个主要港口城市聘请了保险检验、理赔和追偿代理人,并与国内外多家保险公司、再保险公司及有关机构建立了代理关系和业务往来关系。公司在全国拥有40家分公司,2200余家中心支公司、支公司、营业部和营销服务部,以及包括万余名销售代表在内的直销团队。公司以"诚信天下、稳健一生、追求卓越"为核心价值观,开拓进取,锐意创新,积极为客户提供风险保障服务。2009年,公司总资产和净资产分别为453.42亿元和121.26亿元,实现保费收入342.28亿元(不含中国太平洋保险(香港)有限公司),同比增长23.0%,市场份额11.4%,实现净利润14.22亿元,主要经营指标在国内财产险市场上继续保持领先地位。

中国太平洋保险于2007年12月25日和2009年12月23日分别在上海证交所和香港联交所成功上市。展望未来,公司将继续专注保险主业,价值持续增长,成为具有国际竞争力的一流保险金融服务集团。全国客户服务电话:95500

3. 中国平安保险(集团)股份有限公司

中国平安保险(集团)股份有限公司(以下简称"中国平安")于1988年诞生于深圳蛇口,是中国第一家股份制保险企业,至今已发展成为融保险、银行、投资等金融业务为一体的整合、紧密、多元的综合金融服务集团。公司为香港联合交易所主板及上海证券交易所两地上市公司。

中国平安的企业使命是:对股东负责,稳定回报,资产增值;对客户负责,服务至上,诚信保障;对员工负责,生涯规划,安居乐业;对社会负责,回馈社会,建设国家。中国平安倡导以价值最大化为导向,以追求卓越为过程,做品德高尚和有价值的人,形成了"诚实、信任、进取、成就"的个人价值观和"团结、活力、学习、创新"的团队价值观。集团贯彻"竞争、激励、淘汰"三大机制,执行"差异、专业、领先、长远"的经营理念。

中国平安的愿景是以保险、银行、投资三大业务为支柱,谋求企业的长期、稳定、健康发展,为企业各相关利益主体创造持续增长的价值,成为国际领先的综合金融服务集团和百年老店。

中国平安设有旗下各专业子公司及事业部,即保险系列的中国平安人寿保险股份有限公司(平安人寿)、中国平安财产保险股份有限公司(平安产险)、平安养老保险股份有限公司(平安养老险)、平安健康保险股份有限公司(平安健康险),银行系列的平安银行股份有限公司(平安银行)、平安产险信用保证保险事业部(平安小额消费信贷),投资系列的平安信托投资有限责任公司(平安信托)、平安证券有限责任公司(平安证券)及中国平安证券(香港)有限公司(平安证券(香港))、平安资产管理有限责任公司(平安资产管理)及中国平安资产管理(香港)有限公司(平安资产管理(香港))、平安期货有限公司(平安期货)等,通过多渠道分销网络,以统一的品牌向超过5100万名个人客户和200万名公司客户提供保险、银行、投资等全方位、个性化的金融产品和服务。

从整个车险市场上看,截止到2010年底,人保、太保、平保占有80%以上的市场份额,形成"三足鼎立"的局面。

除以上三家以外,经营车险的我国保险公司还有总部设在北京的中国保险(控股)股份有限公司,总部设在新疆乌鲁木齐的中华联合财产保险公司,总部设在北京的华泰财产保险股份有限公司,总部设在上海的天安保险股份有限公司,总部设在上海的大众保险股份有限公司,总部设在深圳的华安财产保险股份有限公司,总部设在西安的永安财产保险股份有限公司,总部设在深圳的太平保险有限公司等。

自2001年12月11日中国正式加入WTO以来,我国保险市场对外开放步入了一个新的历史发展阶段。中国保险业积极有序地开放保险市场,不断加大开放的广度和深度,进一步促进了我国保险业的发展。

自入世以来,多家外国保险公司进入我国市场。比如AIA美亚保险公司、日本东京海上火灾保险公司、瑞士丰泰保险公司等。

目前,各中资保险公司都统一调整使用了由行业协会统一公布的A、B、C三套行业条款,各家财产保险公司基本上是从A、B、C三套条款中选择其中的一套经营,由于A、B、C三套行业条款基本同质化、价格上目前也相差不大。而汽车保险的差异将来会更多集中在保险公司的理赔服务和综合服务上,所以选择信誉好、服务质量优的保险公司应是您投保时的首要考虑因素。

应如何识别保险公司的实力呢?

对保险公司实力的考查一般是要考虑该企业经营的稳健性和对客户服务

的稳定性。对于普通汽车保险的消费者而言,一般不用太担心保险公司会发生破产倒闭的情况,因为一方面保险公司按要求会提取相应的"保险保障基金";另一方面汽车保险是短期保单,消费者并没有长期风险,所以衡量一个保险公司实力的好坏,不仅要看其资本实力是否雄厚,更要看其服务水平的品质。

一般来说,主要从服务角度考查保险公司的两个方面:

第一,市场信誉度及服务能力。由于保障和价格已经基本一致,消费者购买车险产品的价值就主要体现在服务方面,服务对消费者而言更加重要,因此,购买车险产品时首要考虑的因素就是服务,包括购买的便利性和出险后的理赔服务。

第二,服务网络是否全国化。服务网络是考核保险公司实力的一个重要因素,因为汽车是流动性风险,像人保、大地、平安等公司都在全国各地建立服务网络,这样异地出险时,可就地理赔(全国通赔),可以省去客户的不少麻烦。

第四节 汽车保险续保

一、汽车保险续保概述

续保的意义:有些车主第一年买了车险后没有出险,就不愿意再续保了,或者因为不记得也没有续保。专家提醒,汽车保险续保非常重要,稍有不慎,就会给车主带来不小的损失。

吴女士就是这类车主,她一年前买了一辆轿车后在4S店上了车险。现如今,她驾车发生了事故,当她拨通保险公司保安电话才得知,自己的汽车保险过期了,保险公司不承担事故赔偿责任。因此,这次的损失只能由吴女士自己掏腰包买单。

其实现在车险市场上这种车险脱保的现象很多,不少车主的车险马上要到期了甚至汽车保险过期很久了,可就是迟迟不办理续保手续。车主们对"脱保"背后隐藏的风险知之甚少,或是采取视而不见的态度。这种侥幸心理实在不可取,如果在脱保期出险,一切损失都得车主自己担负。为何汽车保险过期了,车主迟迟不续保?

　　车险已经到期,车主不予理会的主要原因有3个:①车主投保时没有留意保单到期时间,忘记了投保的具体日期,结果错过了规定的续保期限;②车主事务比较繁忙,觉得抽不出时间去续保,再加上贪小便宜的心理作祟,认为晚交一天就可以省一天的钱;③有部分车主存在侥幸心理,一些在上一年度没出过险的车主,认为自身驾驶技术不错,拖几天没有事,便没有及时续保。汽车保险过期后出险,后悔莫及。

　　不少车主续保不及时,使得在汽车保险过期后处于"裸奔"状态。"脱保"超过一定期限后再续保可能会面临费率上浮,而提前续保则一般会有一定优惠。许多车险在"脱保"1个月内续保,保险费率不会上浮;但超过1个月,由于可能带来事后投保的道德风险,因此费率会上浮。而且像交强险这个险种,车主如果不及时投保,公安机关交通管理部门一旦查出还会扣留车辆至依法规定投保后,并处依照投保最低责任限额应缴纳的保险费的2倍罚款。此外,"脱保"后再续保还须重新验车,增加了投保手续。

　　除了面临费率上浮和重新验车等繁琐事宜,"脱保"更大的风险在于汽车完全没保障,一旦出险,有可能会为此付出沉重的代价。所以车主不要存在侥幸心理,觉得没有那么巧,一年都没出险怎么会刚好在"脱保期"发生重大事故。天有不测风云,意外往往是你无法设想和预知的,只有提前做好防范和转嫁风险的准备,才能无后顾之忧。

　　除了预防风险外,如果汽车前一年没有出险,那么次年的费用都有所减免,在得到同样的保障的同时还能够享受优惠,因此车险续保是非常必要且实惠的。

二、续保方法及步骤

　　1. 直接找保险公司续保

　　目前,保险公司为争夺市场,大幅提高车险代理渠道费率,甚至一度提高到20%、30%左右,因此,许多车主倾向于通过中介投保。而随着监管部门对车险中介市场整顿力度的加大,车险中介给予车主的折扣也大大减少。

　　因此,还是提倡车主直接向保险公司或通过电销方式提请续保,避免不良中介的误导,或车辆出险后在黑心中介处遭扩大损失或二次事故;而电话销售则可节约时间成本,同时可比其他渠道投保费率优惠15%。

在续保时最好向保险公司查询自己车辆出险情况,避免中介机构隐瞒车主,通过二次事故骗赔。

2. 按车龄长短选择险种

对于新车车主来说,首次投保往往由4S店全权代理,车主对车险险种缺乏了解。在此提醒车主,买车险应考虑保障和经济两方面,对于新车,受损概率相对较高,对车龄1年的新车来说,建议尽量选择保障较全面的主险和附加险,至少应包括车辆损失险、第三者责任险、盗抢险、车上人员险、玻璃单独破碎险和划痕险,并最好按车辆购买价格足额投保。而在车龄较长的情况下,投保时建议倾向于第三者责任险和车上人员险。

3. 多次出险保费或上浮

车辆有出险记录时续保有两种情况,一种是交强险续保,由于各家保险公司交强险已形成数据共享平台,因此不可以避免保费上浮;另一种情况是商业保险续保,有可能转投其他公司保费不会上浮,但从诚信原则考虑,车主须向保险公司履行如实告知义务。

据交强险费率浮动办法,上一年度如果未出险,车主可享受一定程度的保费优惠,出险次数较多保费可能上浮。如上一年度发生两次及以上有责任的交通事故,保费将上浮10%。

4. "脱保"或增加保费

不少车主续保不及时,使得汽车在一段时间处于"裸奔"状态。对此"脱保"超过一定期限后再续保可能会面临费率上浮,而提前续保则一般会有一定优惠。如保险公司车险在"脱保"一个月内续保,保险费率不会上浮;但超过一个月,由于可能带来事后投保的道德风险,因此费率会上浮。此外,"脱保"后再续保还须重新验车,增加了投保手续。

在对汽车保险进行续保之前,需要对汽车保险相关知识进行大致了解,防止出现续保不合理现象。

三、汽车保险续保注意事项

1. "续保"不能拖

车主要留意每年车险到期的日期,否则车辆在保险过期时出险,那车辆就没有了保障。此外,车主拿到保险单后,一定要格外留心一下保险的起保日期,到期及时续保,免得给理赔埋下隐患。车主不要因为事务繁忙,或是存侥幸心理就不进行续保。如果这一期间车辆发生事故,将由车主自行承担全部损失。理赔多少关乎优惠幅度。

2. 挑选适宜的续保方案

方案一:如果爱车已经"步入退休年龄",临近报废,那么投保险种太多显得不划算,但这并不代表就不要进行投保,像交强险和第三者责任险还是有必要续保的,以避免意外事故。

方案二:如果你认为自己是个驾驶技术很不错,平时也很注重车辆的维护和安全防护,能够保持保险期内不发生交通事故的好车主,而且车辆的价值不高,经济也不富裕,就可以选择续保相对基本的险种。例如:交强险＋车损险＋第三者责任险＋不计免赔险等。当然,花钱少了,保障也是相当有限的。

方案三:如果你的驾驶技术还不是很过硬,在行车过程中时常发生些小事故,而且根据汽车的具体车况不同,以及停车场或小区的治安情况,就可以有针对性地在投保基本险种的基础上增减附加险来保障。投保时,要尽量"货比三家",综合比较各家公司的保险项目和保费。

3. 保费最好足额购买

目前,当车主续保时,保险公司一般会提供两种续保保额:一种是按照新车的购置价格续保;另一种是通过除掉汽车的折旧费用,按照汽车现在的实际价值续保。

车主如果以汽车实际价值为保额续保车险,其实就是等同于车主认可所有汽车零部件的保额都以它们的折旧价为理赔标准。当汽车出险受损时,保险公司只能按实际价值与新车价格之比,给予相应比例赔偿,不足的部分要由车主自行承担。为了保障自身的理赔权益最大化,建议大家在续保时应当以新车购置价为保额购买车险。多缴点保费,却换来足额的车损理赔,还是值得的。

4. 续保优惠

汽车保险除了预防风险外,如果汽车前一年没有出现,那么次年的费用都有所减免,在得到同样的保障的同时还能够享受优惠,因此车险续保是非常必要且实惠的。

第五节 汽车保险理赔

一、汽车保险理赔的意义

理赔是在现实生活中使用非常广泛的词语,从广义上而言,理赔是指当事人的一方按一定的依据(法律、政策、规章和习惯等)对另一方提出的赔偿要求进行处理的行为和过程。

汽车保险理赔,除了具有一般经济补偿的特性外,还有自己的特定内涵。汽车保险理赔是指汽车保险合同所规定的事故,即车祸发生后,当保险人接到被保险人在规定的时间内提交的报案索赔报告时,按保险合同履行损失补偿或保险金给付的义务。汽车保险理赔是保险经营的最后一道环节。做好汽车保险理赔工作,对于维护投保人的利益,加强汽车保险经营与管理,提高保险企业的信誉和经营效益,具有重要意义。

(1)通过汽车保险理赔,被保险人所享受的保险利益得到实现。汽车保险的基本职能是损失补偿和保险金给付。正是基于这种职能,被保险人通过与保险人签订汽车保险合同来转移自己可能遇到的风险:如交通事故带来的风险,即通过签订保险合同的方式,在缴纳一定的保险费后,一旦车祸发生造成车辆损失、人员伤亡时即可享有损失补偿和保险金给付的权利。汽车保险理赔,是保险补偿功能的具体体现,是保险人依约履行保险责任和被保险人或受益人享受保险权益的实现形式。

(2)通过汽车保险理赔,使人民生活安定,社会再生产过程得到保障。汽车保险企业的经营方针就是通过收取保险费,积累保险基金并将其用于支援经济建设,稳定人民的生活。保险理赔正是实现这一经营方针的中心环节。汽车保险理赔使车祸的伤亡者得到保险金给付,使他们本人或家属得到心灵上的慰藉;使车祸的受损车辆得到损失补偿,使他们本人、家庭能够重建家园,安定生活,树立或增强生活的信心,对社会的稳定发挥积极作用;汽车保险理赔使企业的经济损失得到补偿,从而保证了再生产过程的持续进行,为社会创造出更多的物质财富。所以,汽车保险的作用能否得到充分发挥,汽车保险经营方针能否得到贯彻,在保险理赔方面体现得最明显、最突出。

(3)通过汽车保险理赔,使汽车保险承保的质量得到检验。汽车保险企业的承保手续是否齐全、保险费率是否合理、保险金额是否恰当,平时不易觉察。一旦发生赔偿案件,上述问题就清楚地暴露出来了。从这个意义上讲,汽车保险理赔过程是对承保质量的检验。因此,保险经营企业对汽车保险理赔过程中暴露出来的问题必须认真研究,及时处理,才有利于承保工作的改进和业务质量的提高。

(4)通过汽车保险理赔,汽车保险的经济效益得到充分反应。汽车保险经济效益的高低,在很大程度上取决于保险经营成本的大小,而在汽车保险经营成本中最大的成本项目就是赔款支出。因此,赔款支出成本对保险经济效益具有决定性影响。一般来说,一定时期内,保险赔款支出少,在其他条件不变的情况下,保险经济效益就好。反之,保险赔款支出多,经济效益就差,或者无效益可言。

二、汽车保险理赔的原则

汽车保险理赔工作涉及面广,情况比较复杂。为更好地贯彻保险经营方针,提高汽车保险理赔工作质量,汽车保险理赔必须遵循如下原则:

1. 重合同、守信用的原则

保险人同被保险人之间的保险关系,是通过保险合同建立起来的。保险人和被保险人的权利和义务,在保险合同中均有原则规定。在理赔时要认真按照合同中的规定处理好每一笔赔案。

2. 实事求是的原则

在汽车保险合同中,虽然对车祸发生后的经济赔偿责任做了明确规定,但是,实际生活中出现的索赔案要比人们事先预料的复杂得多。加之人们对保险认识的不同,被保险人向保险人提出的索赔要求也有合理与否之别。这就要求保险人在评估交通事故的损失时,既不夸大,也不缩小;在补偿车祸的经济损失时既不惜赔,也不滥赔。

3. "主动、迅速、准确、合理"的原则

这一原则是衡量和检查汽车保险理赔工作质量的标准,是保险企业信誉的集中表现,它是根据我国保险企业多年来的理赔工作实践总结出来的指导原则。所谓"主动",就是要求理赔人员办理出险索赔案件时要满腔热情,积极主动受理,不推诿;"迅速"就是办理索赔案要快,不拖延时间,赔付及时;"准确"就是要求理赔人员对损失案件查勘、定责定损以至赔款计算等,力求准确无误,不发生错赔或滥赔现象;"合理"是指理赔人员根据保险合同规定和实事求是的原则,分清责任,合理定损,合情合理地处理索赔案。

八字准则是辩证统一的,既不能单纯追求速度而使工作简单粗糙,又不能因讲求"准确"、"合理"而使工作无限期拖延,影响保户利益。所以,处理索赔案一方面要求"主动"、"迅速";另一方面,又要做到"准确"、"合理",绝不能顾此失彼。

三、汽车保险理赔业务流程

汽车保险理赔业务流程对于不同的保险公司有一些细微差别,对于不同的实际业务类型又不是千篇一律的。但从总体而言,都要经过接受报案、现场查勘、确定保险责任并立案、定损核损、赔款理算、编制赔款计算书、结案归档这样几个步骤。本部分将重点以我国最大的汽车保险经营公司——中国人民保险公司为主介绍汽车保险的理赔业务。

受理报案的操作流程如图4-2所示。一般索赔案件的理赔业务流程如图4-3所示。

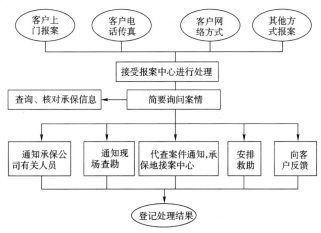

图4-2 受理报案的操作流程

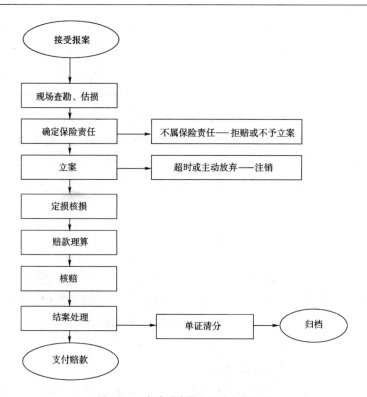

图4-3 一般索赔案件的理赔业务流程

四、接受报案的主要工作内容

(一)接到报案后应做的主要工作

(1)问询并记录相关信息。如驾驶员姓名、事故原因、类别、经过、车辆受损情况、保单号码、被保险人名称、车型、牌照号码、出险时间、地点等。

(2)查询并核对相关信息。接受报案后,应尽快查抄出险车辆的保险单和批单。查询是否重复报案,查验出险时间是否在保险期限以内、核对驾驶员是否为保单中约定的驾驶员、初步审核报案人所述事故原因与经过是否属于保险责任等情况。

(3)调度查勘定损人员进行现场查勘。依据出险报案信息,迅速通知、调度查勘定损人员进行现场查勘。对于需要提供现场救援的案件,应立即安排救援工作。

(4)代查勘、代定损报案的处理。按照"异地出险、就地理赔"的原则将由出险地代查勘,代定损,并通知承保地公司。

(5)实施救助报案的处理。对于投保《机动车辆救助特约条款》的,接到保险车辆出险的信息后,应立即进行调度以实施救助。

(二)接听报案话术要求

在接听报案过程中客服人员对不同案件类型应有不同的话术要求:

1.单方事故

此处的单方事故指不涉及与第三方有关的损害赔偿的事故,但不包括因自然灾害引起的事故。

1)异常出险时间

(1)出险时间距保单起保日期7天之内。

①操作要求:仔细聆听报案人表述及吐字是否清晰。

②话术要求:询问客户上一年度在哪家公司投保,投保险种。

③话术示例:请问您的车险去年在哪一家公司投保的? 投保了哪些险种?

④备注记录:上年在×××公司投保,保单号……,投保险种为……

(2)出险时间为餐后时间、需特别关注时间(21:00~3:00)。

①操作要求:仔细聆听报案人表述及吐字是否清晰。

②话术要求:询问报案人是否在现场,提示报案人保险公司理赔人员需查勘或复勘现场;须提供给交警事故证明。

③话术示例:请问您现在是否在现场;请您根据查勘人员需要,配合查勘或复勘现场;请您向交警报案,并提供给交警事故证明,这将对于您的案件处理有所帮助。

④备注记录:现场报案,报案人在现场等待;已要去提供给交警事故证明;报案人表述清晰(或不清晰)。

2)异常出险地点

在郊外、山区、农村等较为偏僻地点出险。

(1)话术要求:确认出险地点;请客户在现场等待,公司理赔人员将尽快与您联系。

(2)话术示例:请问您现在的出险地点是什么地方,是否属郊区(或山区或农村)。

(3)备注记录:客户出险地点为郊区或山区农村等,提示现场待查勘联系。

3) 异常报案人

(1) 报案人非驾驶员、驾驶员非被保险人的以及报案人对驾驶员及出险情况不清楚的。

①操作要求：如果非案件当事人报案，需获取联系方式后再联系驾驶员了解出险经过。

②话术要求：询问报案人与被保险人的关系；询问驾驶员，向驾驶员或其他知情人了解事故经过。

③话术示例：请问您和被保险人是什么关系；请问驾驶员现在在哪儿；请详细说明一下出险经过（如对方不清楚，为更清楚地了解出险经过，请他接一下电话或请提供一下他的联系方式）。

④备注记录：报案人与被保险人的关系。

(2) 报案电话在系统内不同保单项下出险次数累计 3 次及以上的案件。

①操作要求：核对报案电话，在系统中查询是否为需关注电话，如果是，记录、提示、调度、通知、查勘。

②话术要求：询问报案人与被保险人的关系。

③话术示例：请问您和被保险人是什么关系；请问驾驶员是谁，与被保险人是什么关系。

④备注记录：报案号码累计出现过×次；报案人、驾驶员和被保险人的关系。

4) 异常出险频度

(1) 话术要求：提示并与客户确认已多次出险，请被保险人亲自索赔并记录。

(2) 话术示例：您好，由于您此次是第×次出险，为维护您的利益，请您之后亲自来我公司办理理赔手续。

(3) 备注记录：此为客户第×次出险，已提醒申请办理索赔；记录报案人是否了解出险次数。

5) 高空坠物

(1) 话术要求：询问坠落的具体物体；询问出险的具体地点，是否小区、停车场（是否收费，如是则保留相关凭据）；提示报案人查找可能的责任方，并向责任方索赔；要求报警。

(2)话术示例:请问您的车是被什么砸到的;请问您的车是停放在什么地方的,是否收费(如是请保留相关凭据);请尽快报警,并尽快、尽可能查找相关责任方进行赔偿;请保护好现场,如果查勘员看过车后需要您补交相关证明,麻烦您配合。

(3)备注记录:坠落物体为何物,有(或没有)人看管(如果有人看管已提示保留相关凭据);已提示报警查找责任方;已提示保护现场。

2. 多方事故

1)话术要点

询问客户驾驶过程中是否有车辆较劲、逆行、变道超车、未按规定让行、开关车门、操作不慎等原因引起事故;询问事故中受损车辆数量,标的车在事故中的具体位置;询问其他事故车车辆的号牌、车辆型号;提示客户:如果没有其他事故车辆的信息,可能会影响到被保险人今后的索赔,所以建议尽快落实其他事故方。

2)话术示例

请您简单描述一下事故经过;请问事故中有几辆车受损,您的车在事故中处于什么位置;请问此次事故是由什么原因造成的;请问是否报交警处理还是使用快速撤离;请问事故车的号牌、车辆型号;提示客户:如果没有其他事故车辆的信息,可能会影响到被保险人今后的索赔,所以建议尽快落实其他事故方。

3)备注记录

记录出险描述,出险原因;报交警处理或快撤;车辆所在位置;车辆在事故中的位置,记录规则为:最后一辆(车型或者号牌);中间一辆(车型或者号牌);第一辆(车型或者号牌),如:丰田,奥迪,本田,宝马等。

3. 倾覆

倾覆是指意外事故导致保险车辆翻倒(两轮以上离地、车体触地),处于失去正常状态和行驶能力、不经施救不能恢复行驶的状态。

1)话术要求

询问路况,如道路是否弯道、下坡等;天气是否雨后湿滑等;倾覆的地点,如沟渠、农田、路边洼地等;提示客户保留现场,理赔人员会尽快联系客户;询问人员受伤情况,如有,则按有人受伤规则进行询问;并提示报交警处理。

2)话术示例

请您详细描述一下当时发生事故的过程,地点;请问事发路段的路况怎么样;请问事发时的天气怎么样;请您在现场不要离开,保持好现场,立即报警,我们的查勘人员会尽快与您取得联系;请问您的车辆哪个部位受损,情况如何;请问此次事故中有没有人员受伤,伤者现在情况如何,伤到哪里,几个人受伤,伤者姓名、性别、年龄、受伤是否严重,能否行走等情况。

3)备注记录

出险过程中的特殊信息;特殊地点,如道路是否拐弯、下坡等;是否雨后湿滑等;已提醒保护现场,配合勘察,已提示建议报警;车辆现在所在位置;如本车有人受伤,应记录人伤相关信息。

4. 盗抢

1)操作要求

需说明是被盗还是被抢,如被盗,需询问车辆停放地点是收费性质还是免费的。

2)话术要点

仔细聆听报案人叙述的事故经过并记录;如报案人述说与他人有债务纠纷,或者车辆曾经过户等情况,作记录,不要答复是否赔偿等敏感话题(对于本条情况,如报案人未提及,不可主动询问);询问行驶证等相关证件是否在标的车上;被盗时,询问车钥匙情况,客户手里有几把钥匙;被抢时,询问车上是否还有其他人员;提示客户尽快报警。

3)话术示例

请问当时的事发经过是怎样的,是否为整车被盗;请问当时您的行驶证等证件是否在被盗车上;请问您现在手上还留有几把钥匙;被盗地点是否有人看管车辆;请问您的车是否有装载货物,是否有偿运输;请您尽快拨打110或公安刑侦部门;车主是否有债务情况或车辆有过户的情况(根据客户表达信息涉及谨慎询问)。

4)备注记录

出险描述;证件丢失情况;留存钥匙数量;有(或没有)看管;有(或没有)装载货物,是(或不是)有偿运输;已提醒客户报警;车主有债务纠纷。

5. 玻璃单独破碎

定义:保险车辆发生风窗玻璃、天窗玻璃单独破碎的,按附加险条款负责赔偿。

1) 话术要点

询问车辆的使用情况,玻璃爆破的原因,有无肇事方。

2) 话术示例

请问是什么原因造成玻璃受损,当时车辆状态;请问是否有肇事方;损坏玻璃部位是哪儿;请问车辆目前所在位置。

3) 备注记录

出险原因及当时车辆状态;有(或无)责任方;受损××部位;车辆现在所在位置。

6. 划痕

定义:无明显碰撞痕迹的车身表面单独损伤。

1) 操作要求

询问车身痕迹发现的时间,被何物划伤;提示要对车辆进行估损,必要时必须查勘或复勘现场或提供相关证明。

2) 话术要点

询问发现痕迹的时间、被何种物体划伤。

3) 话术示例

请问您大概什么时间发现车子被划了;请问您的车辆受损部位是哪里;请问您知道是被什么物体划伤的。

4) 备注记录

发现车辆被划时间;受损部位是××(地方);客户推测是被什么物体划伤;已提示报警或告知客户如需报警需配合。

7. 火灾、自燃

定义:火灾是指在时间或空间上失去控制的燃烧所造成的灾害;自燃是指符合条款规定由车辆本身起火的燃烧。

1) 话术要点

询问起火原因、起火点(从何处起的),如果是货车询问是否载货,装载的具体货物;提示客户提供消防证明。

2) 话术示例

请问大概是因为什么原因起火的,起火点在什么位置;请问当时是否装载货物,请问装载的是什么货物(货车);此类事故索赔时要求提供起火原因证明,即消防证明,所以麻烦您报警后取得相关证明便于索赔。

3)备注记录

出险描述,从何处起火的,货车装载货物情况,已提醒客户开具相关证明。

8.自然灾害

1)话术要点

询问具体的灾害类型,车辆受损的具体情况。

2)话术示例

请您简单描述事故经过;请问是由于什么原因造成此次事故的;如果查勘员看车后需要您提供相关部门的证明麻烦您配合(如报纸等媒体有相关报道的也可以);请问车辆目前所在位置。

3)备注记录

出险描述,已告知客户如需出具相关证明请配合,车辆现在所在位置或者已经推荐到哪个定损点。

9.水淹、涉水

1)操作要求

告知客户不要起动车辆,等待救援。

2)话术要点

告知客户不要起动车辆,等待救援;询问目前水淹到车身的位置,涉水的具体情形。

3)话术示例

请您不要起动车辆,把车辆推到地势较高的地方,或等待救援车救援;请问是什么原因造成车辆被水淹到的(主要区分是否是由于洪水、暴雨等自然原因还是非自然因素的地面积水所造成的);请问您的车目前被水淹到车身的什么位置。

4)备注记录

出险描述,水深位置,已提醒客户相关施救要求。

10.第三者逃逸

1)话术要点

了解具体经过,记录客户能想起的相关信息;提示客户尽快报警,并提供相关证明。

2）话术示例

请问您的车是在什么地方发生的事故；请问您是什么时间发现车辆受损的；当时有其他的目击证人吗？可否提供相关信息及联系方式；请尽快报警，并提供事故证明。

3）备注记录

出险描述，可提供目击证人的联系信息，已提醒客户开具相关证明。

11. 车上货物

1）话术要点

询问车上运载的具体货物，装货时间，运输路线；提示客户保留货物相关凭证，如装载清单、运单等。

2）话术示例

请问您车上运载的是什么货物，什么时候装载货物的，请问您是打算从哪里运输到哪里的；请问当时车上有几个人；请您保留好货物相关凭证，例如装载清单等。

3）备注记录

车上货物及运载时间、起止地点、车身人员情况；已经提示告知客户保留相关凭证。

12. 第三者物损

1）话术要点

询问碰撞的具体物体，大概损坏情况；询问车辆的碰撞部位；提示客户尽快报警；提示客户配合查勘或复勘现场。

2）话术示例

请问您是撞到什么物体；具体有哪些损坏，估计损失金额大概多少；请问您的车辆哪些部位受损；请您立刻报告交警。

3）备注记录

第三者货物损失情况，已提醒报警。

第六节　贷款购车

随着人们收入的提高，越来越多的人想贷款买车，个人汽车消费贷款日渐

引人关注。那么申请车贷需要什么条件,要经过怎样的程序?有关专家作了如下提示:

一、个人汽车贷款的对象

年龄在 18 周岁以上,具有完全民事行为能力的公民;具有合法身份证件,有当地常住户口或有效居住证件。

二、申请个人汽车贷款必备的条件

贷款的个人要具有稳定的职业和经济收入或易于变现的资产,足以按期偿还贷款本息;贷款人自有资金足以支付银行规定的购车首付款;贷款人必须提供银行认可的担保;贷款人愿意接受银行认为必要的其他条件。

三、个人汽车贷款期限及利率

根据客户资信情况和所购车辆的用途,个人汽车贷款期限长短不同。其中,所购车辆用于出租营运、汽车租赁、交通运输经营的,最长期限为 5 年,用于货运的最长为 3 年。贷款利率按照银行规定的同期贷款利率执行,并允许按照银行规定实行上浮或下浮。

四、个人汽车贷款限额

按银行的个人信用评定办法达到 A 级以上的客户,可以用所购车辆作抵押申请汽车贷款,贷款额度最高为所购车辆销售款项的 80%。借款人以银行认可的国债、金融债券、国家重点建设债券、银行出具的个人存单进行质押的,贷款额度最高为质押凭证价值的 90%。借款人以房屋、其他地上定着物或依法取得的国有土地使用权作抵押的,贷款额度最高为抵押物评估价值的 70%。保险公司提供分期还款保证保险的,贷款额最高为汽车销售款项的 80%;购买再交易车辆的贷款额度最高为其评估价值的 70%。提供第三方连带责任保证方式(银行、保险公司除外)的,按照银行的个人信用评定办法为借款人(或保证人)设定贷款额度,且贷款额度最高为汽车销售款项的 80%;购买再交易车辆的,贷款额度最高为其评估价值的 70%。

五、办理汽车消费贷款的程序

客户可以选择两种模式,一是在银行的特约经销商处选定拟购汽车,与经销商签订购车合同或协议,然后通过经销商提出贷款申请;二是客户直接向银行网点提出贷款申请,在落实了担保手续后客户可以选择经销商选购自己满意的车辆。

六、申请贷款必备的资料

贷款申请书,有效身份证件,职业和收入证明以及家庭基本情况,担保所需的证明或文件,通过经销商申请贷款时还需提供购车合同或协议,贷款人要求提供的其他条件。

借款人以所购车辆作抵押的,其保险单、购车发票等凭证在贷款期间由银行保管。在合同期内,银行有权对借款人的收入状况、抵押物状况进行监督,对保证人的信誉和代偿能力进行监督,借款人和保证人应提供协助。

七、在汽车4S店办理贷款购车的一般步骤

(1)先订车。
(2)在4S店办理贷款手续,包括提供资料、签署贷款明细条目。
(3)等待银行回复金融公司给予4S店本次放款的贷款同意书。
(4)拿到同意书后一般4S店会通知客户去付首付款。
(5)客户办理保险、提车、领取号牌。
(6)领取号牌后的资料抵押给银行。
(7)抵押后数日银行会打款给4S店。

第七节　汽车保险理赔典型案例

案例一:盗抢车辆找回案

赵某于2008年8月花费25万元购买了一辆奥迪轿车,附加费为3.5万元。他为该车办理了保险期限为1年的全车盗抢保险,双方确认保险金额为28万元。在2008年11月12日,该车被盗,赵某立即向公安机关和保险公司报了案。

到了2009年1月12日,汽车仍未找到。赵某持公安机关的证明向保险公司索赔。

2009年8月初,赵某被盗的汽车被公安机关查获,保险公司将车取回后通知赵某来认领,但这时赵某不愿收回自己丢失的汽车,而要求保险公司按照保险合同支付28万元的保险金及其利息。而保险公司则认为,既然被盗汽车已经被找回,因汽车被盗而引起的保险赔偿金的问题已不存在,因此赵某应领回自己的汽车,并承担保险公司为索赔该车所花费的开支。经过协商未果,赵某便上诉至法院。

案例分析如下:

这是一起投保全车盗抢保险引发的案例。车辆被盗2个月后,保险公司应该赔付保险金还是应当还车呢?一般而言,如果被保险人感到被盗车辆追回后不值被盗前的价格,大多不愿意要车而是要保险公司给付保险金。

根据全车盗抢险条款规定:保险人赔偿后,如被盗抢的保险车辆找回,应将该车辆归还被保险人,同时收回相应的赔款。如果被保险人不愿意收回原车,则车辆的所有权益归保险人。由此可知,被保险人具备要车或者要保险金的优先选择权。因此,赵某要求保险公司按照保险合同支付保险金是合理的。

法院审理后认为,赵某与保险公司订立的保险合同符合法律规定,双方理应遵守。本案中的失窃汽车虽为公安机关查获,但已属于保险合同中约定的"失窃60天以上"的责任范围。被保险人所要保险金的优先权益应当得到尊重。故判决赵某的汽车归保险公司所有,保险公司在判决生效后10日之内向赵某赔偿保险金:$28 \times (1 - 20\%) = 20.4$万元,并承担本案的诉讼费用。

案例二:残车转让案

2007年7月12日,薛先生按照保险金额5万元为其解放牌载货汽车向保险公司投保了足额车辆损失险和第三者责任险,保险期为1年。同年11月8日,薛先生所雇佣的驾驶员李某在采购货物的途中驾驶该车发生严重的交通事故:在盘山公路上途经一险要处时坠入悬崖下一条湍急的河流中,李某死亡。事故发生后,薛先生向保险公司报案索赔。保险公司经过现场查勘,认为地形险要,无法打捞,按推定全损处理,当即赔付薛先生人民币5万元;同时告之按照保险条款车内尸体及善后工作保险公司不负责任,由车主自理。到11月30日,薛先生想到李某尸体及采购货物的5000元现金均在车内,就将残车以3000

元的价格转让给白先生,双方约定:由白先生负责打捞,车内尸体及现金归薛先生,残车归白先生。8月20日,残车被打捞起来,薛先生和白先生均按约行事。保险公司知悉后,认为薛先生未经保险公司允许擅自处理实际所有权已转让的残车是违法的,于是将薛先生告上法庭。

案例分析如下:

首先,原车主薛先生未经保险公司同意转让残车是非法的。因为在出险之后,保险公司推定该车全损,已经给予了车主薛先生全额赔偿,所以保险公司已取得了残车的实际所有权。

其次,薛先生所获总收入大于总损失,不符合财产保险中的损失补偿原则。出险之后保险公司对车主薛先生进行了全额赔偿,而薛先生又通过转让残车获得3000元的收入,其所获总收入大于总损失,显然不符合财产保险中的损失补偿原则,即俗话说的:"买保险不能赚钱。"因此保险公司应追回薛先生所得额外收入3000元。

第三,白先生获得残车是有偿的善意取得。虽然白先生获得的是薛先生非法转让的残车,但由于他是受薛先生之托打捞尸体及现金,付出了艰辛的劳动,且获得该车是有偿的,可视为善意取得,保险公司不得请求其归还残车。

最后法院依据机动车辆保险条款和相关民法判定认为:保险公司推定全损后,薛先生已经获得了全额赔偿,残车的实际所有权已经转移给保险公司。薛先生打捞并转让残车,未经保险公司同意为非法,判令薛先生交回保险公司其所获额外收入3000元,白先生的行为视为善意取得,残车归其所有,不追究其民事责任。

案例三:报废车重新上路案

北京市某厂一辆载货汽车到了报废年限,且不符合延期报废的条件,在有关部门批准后予以报废,但该厂在车辆报废后并未按规定交给专门的报废车辆回收部门作为废车处理,而是以3500元价格卖给个体户孙先生。孙先生认为有利可图,便使用其他旧车机件加以拼装,并通过一定的关系经当地交通监督管理部门年审合格后,又以1.2万元的价格卖给运输专业户刘先生。刘先生明知该车性能低劣,但由于贪图便宜将其买下,并向保险公司投保了机动车辆基本险,保额为5万元。不久,该车出险,保险公司派人查勘后决定以1万元将其修复,但刘先生拒不同意,要求保险公司全额赔付。

案例分析如下:

本案中刘先生明知车辆性能低劣,属于报废车辆,但仍以低价购进,并超额投保了机动车辆基本险。刘先生隐瞒了保险标的的有关事实,通过欺骗手段订立保险合同,违背了保险活动的公平、诚信原则,违反了被保险人义务。《机动车辆保险条款》明确规定:"被保险人及其驾驶员应当做好机动车辆的维修、维护工作,保险车辆装载必须符合规定,使其保持安全行驶技术状态。"因此,虽然该车通过了车检部门年审,但实际上并不符合投保车辆的技术、质量标准,且刘先生投保金额远远高于其购入车价,出险后又拒绝保险人修复受损车辆的建议,其意图在于骗取高额保险赔款,根据《中华人民共和国民法通则》的规定:"一方以欺诈、胁迫的手段或者乘人之危,使对方在违背真实情况下所为的民事行为无效;以合法形式掩盖非法目的的民事行为无效。"因此,该保险合同从一订立起就没有法律约束力,而且根据《保险法》的规定,保险公司可以不退还刘先生保险费。

案例四:保单变黑名单

2009 年 6 月 12 日,李先生花 18 万元从某家汽车 4S 店购买了一辆中型小轿车。买车的同时,也在这家店购买了 5000 多元的车险。

2010 年 6 月 8 日,李先生到保险公司续保时被告知:"车辆出险次数太多,上了保险公司黑名单,不能续保!"李先生说,"黑名单"三个字让自己着实吃了一惊。掰指算算,"过去一年只向保险公司报了两次索赔案,且都是小剐碰,怎么会进黑名单?"李先生再了解,发现车辆确实进了"黑名单"——过去一年,他的轿车 8 次出险,且都是单方事故,以致保险公司认为李先生蓄意骗保。

李先生说,查看保险公司索赔案记录,再核对自己的报险记录,竟然发现 8 次赔案中,有 6 次是被"做了手脚","要么是虚假事故,要么是将原有事故扩大损失。"

李先生说,查看索赔案记录,虚假索赔案都发生在前往 4S 店正常维护和自费维修之际。"4S 店利用车辆在店内维护或自费维修的机会,在维修车间内特意将车辆进行大幅度划损并自行报险,在车主提车后,在维修单的空格栏中填补报损事项,再利用车主证件复印件进行报险申报款项业务,最终按其内部有关规程自行领取保险费。"此外,"车主报损时,定损可能只有 600 元,但 4S 店将车辆开出去二次碰撞后,定损变成 1900 元。一来一往,4S 店就有了 1300 元的利润空间。"

而最近一次索赔案更让李先生发现,保险公司也有"内鬼"接应。

李先生说,6月4日下午5时左右,他因车辆刚起步时不小心碰上铁柱,向保险公司报了案。李先生随后在6月5日下午3时左右将车开往4S店维修。然而,查看保险公司索赔案记录,李先生惊讶地发现,4S店竟然在6月5日下午4时30分又私自将他的车开出进行了第二次撞击,使车辆损伤严重。

不禁令人质疑的是:在4S店制造的这次事故中,报案人、报案电话、身份证和行驶证件等都不是李先生本人的,为什么保险公司勘查人员没有把关?

南京一家大型财产保险公司车险部相关负责人说:"自从江苏省23家车险公司信息联网后,就暴露出不少修理厂骗保的事件。","因为出险次数超过3次,保费就要上浮,所以很多车主在这次信息联网后才发现,理赔事故被人为增加了。"。这位负责人称,很多车主为省事,经常把车辆、自己的身份证丢给修理厂去代办保险,而修理厂在掌握了这些信息之后,一般在当天报了案之后,第二天再搞个碰擦事故来骗保。

业内人士称,车辆出险后的修理环节是不法分子利用骗赔的主要环节。特别是"直赔"协议(指被保险人不向修理单位直接支付修理费,而委托修理单位直接向保险公司索赔,索赔所得赔款冲减被保险人应交的修车款)的出现更加剧了这种骗赔案的发生。

为打击修理厂骗赔案的发生,要求保险公司要加强事故车赔付前的查勘定损。保险公司不能将车险核损、核赔权授予本公司以外的各类机构和人员,尤其是修理单位。对修理单位提供的被保险人授权书、维修清单及发票支付保险赔款等都要详细审核。

案例五:当宝来撞上奔驰

2006年9月11日,一辆奔驰车正常行驶在成都一立交桥上时,一辆逆向行驶的宝来车将它撞了个正着,两辆车都有一定受损。事发后,交管局认定宝来车主何先生违反道路法,对此次事故应承担全部责任。车辆受损,自然得赶紧维修。没想到,这一修车,麻烦事就来了。宝来车所投保的保险公司要求奔驰车不能到4S店维修,必须到该公司指定的修理厂修车,但修理厂却不会修奔驰车。没办法,奔驰车驾驶员谢先生只好将车提至4S店维修,总共支付了维修费7万元。

奔驰车是修好了,但修车的钱却成了问题。保险公司认为根据当时的定损,公司最多承担3000~4000元的维修费,简单维修就要7万元是漫天要价。为了解决事情,奔驰车主谢先生找四川省物价局价格认证中心做了一个鉴定,确认维修的价格是5万元。可是,保险公司坚持只愿意赔偿几千元,其他的一概不管。无奈之下,谢先生只好找上了肇事车车主何先生。

面对高达5万元的维修费,何先生觉得很纳闷。同样是两车相撞,宝来车只花了3000元维修费,可奔驰车修理一次就要5万元,难道就因为是奔驰,就比其他车金贵吗?就这样,两人关于维修费的事情反复争论,却始终没有结果。后来,何先生换了手机号码,谢先生更不知该去找谁要这维修费。名贵的爱车被撞了,车主觉得够倒霉了。好不容易将车维修好,却没人承担维修费,这让车主更是生气。一个偶然的机会,奔驰车主罗先生了解到两车相撞,被撞的一方觉得自己的车辆没以前那么值钱,可以要求肇事方赔偿车辆的贬值损失费。于是,他决定将何先生和保险公司诉诸法庭,索赔维修费和贬值费。

为了让索赔有理有据,罗先生找了具有鉴定资格的旧车评估公司进行评估。报告结果显示,该奔驰车在事故前的理论价值为99万元,事故后实际价值79.89万元。根据这份报告,罗先生算出了奔驰车贬值的具体数额为19.11万元。由于何先生对肇事车宝来投保了第三者综合损害责任险,因此,罗先生将车主何先生起诉到法院,将保险公司列为第三人,要求两者赔偿汽车的修理费用5万元、贬值费约20万元以及评估鉴定费8000元。

在庭审中,双方代理律师将争论的焦点集中在贬值费是否该索赔,该由谁来埋单这两个问题上。原告罗先生的代理律师认为,原告的车辆由于交通事故受到损害。虽然已得到修理,但很难完全恢复到事故前此车具有的性能、规格、安全性等要求。而且,在汽车交易市场上,对于发生过交通事故的车辆,显然估价比无事故车辆要低。在法律上,这一价值的差额是车辆的直接损失,受害人要求赔偿车辆贬值损失的请求是合理、合法的。

对此,被告何先生的代理律师则提出质疑。车辆贬值损失应该在车辆发生买卖或交易过程中才能体现。被撞的奔驰车没有拿到市场上去卖,不能确定它会贬值。就算车辆在被撞后会发生贬值,它也是一种待定损失,不能立即就损失。而且,被撞奔驰车并没有严重毁损,只是右前方受损,发动机、车架以及车身都没有损害,经修复后不影响正常使用,也不影响性能和使用寿命,所以此车并不会发生贬值。

而罗先生的代理律师则坚持,无论奔驰车是否存在交易,车辆都会因为修理而无法恢复到原有状态而贬值。在任何一个维修店,汽车是否进行过修理都有相关的纪录。不管奔驰车是到旧车市场交易,还是作为融资渠道被评估,汽车的真实价值都会因交通事故而有所损失,这个损失是实实在在的。

经过几番争论,双方将焦点慢慢转移到贬值费该由谁来支付的问题上。被告何先生的代理律师认为即便奔驰车存在贬值费,也应由保险公司赔偿。事故发生前,肇事车在保险公司购买了最高限额为10万元的第三者责任险,投保车辆给第三人造成的一切经济损失,都应当由保险公司赔偿。

但是,保险公司的负责人却指出,保险的基本原则是补偿,它保护车辆的合理修复和正常使用,而不是赔偿汽车发生的所有损失。贬值损失属于保险公司责任免责部分。而且,各保险公司于2003年初对保险条款做了调整,在第三者责任险和车损险条款里都相应增加了车辆贬值损失属于免赔条款的新规定。所以,贬值费不属于保险公司理赔的范畴。车辆贬值,只能向肇事者提出。

经过审理,法院认为汽车交易市场对于发生过交通事故的车辆,估价比无事故车辆要低。在法律上,这一价值的差额应该是车辆的直接损失,属于民法的损失范畴,受害人的权益应该得到保护。依据相关评估报告,被撞车辆在事故前的理论价值为99万元,事故后维修完毕,评估现有价值只为79.89万元,贬值19.11万元。因此,法院做出一审判决:被告何先生赔偿原告车辆贬值损失及评估费用19.91万元,保险公司赔偿汽车维修费51305元。

一审宣判后,被告何先生和保险公司均不服判,上诉至成都市中院。2007年7月19日,该案在市中院二审开庭。庭审最后,法院主持双方当事人调解,但两方都拒绝调解。因此,法院将择日对此案做出判决。

宝来车撞上奔驰车,这本是一桩简单又复杂的道路交通事故。因为它既没有人员伤亡、车辆损坏也不是很严重;但是,因为车辆贬值费的纠纷,两辆车的主人至今仍纠缠在一起,没完没了地交涉,还没个结局。其实,关于车辆贬值费的纠纷,这并不是第一起。早在2004年,北京就有了成功的先例。法院最后判决:根据民事赔偿制度公平公正的原则,应当由肇事方赔偿受损方的车辆贬值费用。自那时起,在北京、杭州、上海、成都等城市都发生过关于车辆贬值费的索赔案。综观这些案件,法院最终的判决都是保护受害方关于贬值费的索赔,都是由肇事车主来承担这笔费用。

碰到交通事故,只能自认倒霉。如果自己的车辆被撞,能修好就万幸了,根本就没想过索赔车辆贬值费。这是很多车主的心态。因此,交通事故中车辆减值损失索赔的案例很少,大多数车主只是修完车就各奔东西,脑中少有车辆贬值损失这个概念。而事实上,车辆由于交通事故受到损害,虽然已得到修理,但有一些部件的功能性损失和隐蔽性损害,在客观上并不能通过修理来恢复其正常形态,其贬值损失是客观存在的。因此,当车辆被撞受损导致价值缩水时,车主别忘了索赔贬值费。

据本案一审的法官介绍,由于车辆贬值损失的纠纷案件在近两年才出现,在法律上还没有相关的赔偿规定。但是,民法中的赔偿实际上是具有填补损害的功能,也就是将损害恢复到物件原有的功能、价值等,无法恢复的则应对相关损失依法给予折价赔偿、补偿等。因此,对于经修理仍无法达到原装车性能的被撞车辆,其贬值损失是应该得到赔偿的。但是,并非所有的损坏都可以要求赔偿贬值费。就像人身损害赔偿一样,只有达到一定的伤残等级才可以要求赔偿残疾赔偿金。而被撞车辆的损坏到何种程度才算贬值,具体贬值了多少,目前还没有明确标准,这是实际操作中的难题。

从法律和受害人的经济损失角度看,车辆贬值费是应该获得支持的。但是,该由谁来为这笔费用埋单却是一个难题。目前,保险行业还没有把贬值费纳入第三者责任险的赔偿范围。因此,当前的车辆贬值费,只能由肇事车主来承担。对此,车主们普遍认为,碰到交通事故只能自认倒霉,车辆能修好就行了。但如果涉及贬值费的问题,希望由保险公司来承担。因为交通事故造成的车辆贬值属于车损范畴,由车主承担有很大的风险。最好的方式是在财产保险中,增加车辆贬值损失这类险种,让整个社会来分摊这种风险。这样,即便是提高保费,也是可以接受的。然而,中国人民财产保险股份有限公司北京市分公司理赔中心的法学博士张先生指出,在保险行业,能投保的东西都是可以用经济价值来衡量的。但目前来说,车辆贬值费的标准很模糊,各地评估的差异也很大。在实际操作中,对确定车辆贬值数额方面也很难把握尺度,容易产生争议。

案例六:车险理赔时方知保费被人"吃"

2006年4月13日,刘先生在保险公司为刚买的一辆吉利美日轿车投保了全险,保险费2500余元。车虽然不贵,但刘先生每次出门都特别小心地驾驶,一年里连小的剐蹭都没有。

但百密仍有一疏,2007年4月6日,也就是保险即将到期的前一周,刘先生在自家小区门口发生了交通事故。刘先生既郁闷又庆幸,郁闷的是爱车受损,而庆幸的是他当初上了保险。

刘先生花了1947元将爱车修好后就向保险公司提出了理赔申请,但保险公司却告知刘先生,"您早在半年前就退保了"。

但纳闷地他多次前往保险公司也没有查到自己退保的记录,无奈,刘先生将保险公司告上了法院。

保险公司收到起诉状后,坚持认为刘先生曾于2006年9月就提出了退保申请,而且领走了半年的保险费1200余元。但按照保险公司的规定,投保人退保后保险单是要收回公司的,而刘先生却在法庭中拿出了自己的保险单——也就是说,有充分的证据证明,刘先生并没有办理退保手续。

于是,刘先生是否曾经退保就成了案件的争议焦点。根据法官的要求,保险公司提供了刘先生退保的原始记录,当刘先生看到签有自己名字的退保申请时,当即否认上面的名字是自己亲笔所签。

通过比对,办理退保的所谓"刘先生"使用的身份证除了和原告刘先生的姓名一样外,所有情况都是虚假的。而且当初办理退保的那位所谓的"刘先生"还登报声明保险单在退保前就丢失了,在此情况下,保险公司就办理了退保手续,而真正的保单还原封不动地留在投保人刘先生手中。

法院专门从事保险案件审理的法官凭借多年办理保险案件的经验,意识到这其中可能有掌握刘先生信息的人用虚假的身份证替刘先生申请了退保,又骗取了保险公司的保险费。

随即法官询问保险公司的诉讼代理人:"你们公司的核保部门在办理退保时是否核对了刘先生的身份证?",保险公司的代理人表示,核保部门是按照规定进行审查的,但可能确有掌握刘先生信息的保险代理人用这种方法骗取了保险公司的保险费。

此案在法官的主持下,保险公司同意了刘先生的赔偿要求,双方当庭签署了调解协议。

保险代理人骗保过程:

(1)保险代理人利用客户相关资料,为投保人代办车辆保险。

(2)过了一段时间,掌握投保人信息的保险代理人用虚假的身份证去退保。

(3)保险公司审查不严,投保人剩下的保费就被退保并进入代理人的腰包。

(4)投保期满车辆未出险,投保人以为保费归保险公司了,保险公司则认为是客户退保了,出现骗保车辆出险仍由保险公司理赔的现象。

主审该案的法官表示,一旦出现投保车主开车将人撞死这种重大的交通事故,而恰好又遇到保险代理人骗保的情况,那么在审理案件时,法官会根据保险公司对投保手续的审查核实程度来判断保险公司是否需要承担责任。

如果保险公司不能出具有效的证据证明,投保车主曾经委托过他人办理过退保手续,或者退保手续上的签字无法得到车主认可,那么一般来讲保险公司都要承担责任。

法官说,如果发生重大事故,此类事件对投保车主并不会造成过大的损害,遭受损害的是保险公司,因为保险公司可能会面临被要求对退保审查不严负责。

第五章 汽车驾驶

第一节 行车准备

通常在汽车行车前,首先要有具体的行驶计划,根据自己到达目的地的距离、时间,详细了解公路沿途的有关情况,如出口地点、弯道、坡度、气象条件以及加油站、维修站及其他服务设施的位置等。另外还要做好以下工作:

一、检查车辆

汽车在高速行驶时,发动机、轮胎、制动系统及其他各部件都在高负荷条件下工作,燃料消耗也显著增加,如果进入公路前未认真检查和维护车辆,那么途中发生故障的可能性要大。何况在公路上发生机械类故障是非常危险的,极有可能诱发重大交通事故。

1. 检查轮胎气压

行车前,首先要检查轮胎气压,气压过低会使轮胎接地处变形加大,加剧磨损,易发生驻波现象,所以在高速行驶时,轮胎气压要适当比标准值高 294~392kPa 左右。

检查胎面,如果轮胎磨损严重,胎面层变薄,在高速行驶时会由于附着系数的降低,影响高速时的轮胎特性,可能会发生侧滑、翻车等危险。通常车速超过 80km/h 以上时,轮胎胎面的沟槽深度为:轿车不应小于 1.6mm,小型载货车不应小于 2.4mm,大客车及大型载货车不应小于 3.2mm。

2. 检查冷却水

检查水箱、副水箱及洗车窗的储水罐、散热器内的水量是否充足。因为在路上发动机高速运转发热严重,要耗去大量的冷却液,而在路上一时又难以找到水源。所以上路前备足冷却液是十分重要的,另外还要认真检查散热器、水箱及各接头处有无泄漏现象,在行李舱里最好准备一些冷却液以备临时之需。

3. 检查各种油料

行车前要根据到达目的地的行驶里程,认真检查燃料箱中的燃油是否充足;另外由于高速行驶时发动机负荷增加,为了保证充分润滑,还要检查润滑油油面的高度,应在规定的标志附近,同时要注意润滑油是否变质,必要时予以更换;其次是检查制动液、离合器总泵液压油、动力转向液压油的油面高度,各油液液面高度应在规定的标准范围。

4. 检查制动及转向机构

行车前应测试制动性能是否良好,制动踏板的自由行程是否合适,制动管路有无损伤,液压制动机构中的制动液是否充足、变质,气压制动机构中的空气压力是否达到标准。对于转向机构应检查转向盘的自由行程、各连接件有无松动,转向是否平稳、灵活。

二、检查车载安全装置

由于在公路上行车速度较高,各运动机件所受到的负荷明显增加,如果发生事故,其后果一般都是较为严重的,所以,行车前一定要检查各安全装置的性能是否良好,如安全气囊、安全带、制动防抱死系统以及各种警告信号等。

三、注意身体状况

驾驶员的身心状态对行车安全有重要影响。进入公路时应保持身体健康、精力充沛,如果感到心态不佳,身体疲劳等,最好不要勉强上路行驶,应待恢复正常后再上路,以免发生事故。

第二节 不同路况条件下的车辆驾驶

一、一般道路驾驶

1. 行驶路线

行车中,应根据路面及道路上的各种动态、障碍物等情况,合理地选择行驶路线,尽可能地保持直线匀速行驶,以减少车辆机件磨损和燃料消耗,减轻驾驶员的疲劳,确保行车安全。

行驶路线选择的基本原则是:在路面宽阔且平坦的路段,车辆应靠右侧行驶;在路面狭窄、拱度较大的路段,在无会车和超车的情况下,应选择在道路中间行驶;在有分道线道路上,车辆应按规定各行其道;当路面条件不良时,应选择较好路面行驶,尽量避开道路上的障碍物。在弯道行驶时,应选择路面右侧行驶,汽车左转弯时,在视线良好、前方确无来车的情况下,为减小离心力,可选择路面左侧、采用大半径转弯。

2. 行驶速度

车辆的行驶速度可分为最高车速和经济车速,最高车速又可分为车辆设计最高车速和法定最高车速。车辆设计最高车速,即车辆技术性能说明书上载明的最高车速,指车辆在道路平直、宽阔、视线良好的情况下,所能达到的最高行驶车速;法定最高车速指交通法规上规定的最高限定车速,机动车行驶时不允许超过此车速。经济车速即车辆技术性能说明书上载明的经济车速,车辆以经济车速行驶,发动机功率利用较好,耗油量较低,机件磨损较小,有利于节油、节胎和延长车辆寿命。

汽车在平坦道路上行驶,要在交通法规规定的限速范围内,以经济车速行驶为宜。不同车型的经济车速有所不同,大吨位载货汽车的经济车速一般是40~45km/h。在行驶车速方面首要的是无条件遵守交通法规的有关规定,其次是密切注意交通情况,正确判断、及时调整车速,避免不必要的加速和制动。

3. 行驶间距

"行驶间距"即行驶中车辆之间的距离,包括纵向间距和横向间距。纵向间距是指车辆在行驶过程中前车车尾与后车车头间距离;横向间距是指两辆车在并行或交会时车身外侧的距离,如图5-1所示。

同向行驶的车辆必须保持安全距离,交通法规对此没有具体规定。根据一般的经验,安全距离米数大约等于行车时速的千米数,如行车时速为40km/h,安全距离应不小

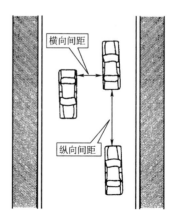

图5-1 车辆行驶间距

于40m,如图5-2所示。如遇风沙、雨、雪、雾天或弯路、坡路、冰雪路、泥泞路等,安全距离一般要加大1.5~2倍。在坡路上行驶的车辆间距,要保持在75~100m左右;在下坡路上行驶的车辆间距还要适当加大,以确保行车安全。在会车、让车或超车过程中,驾驶员必须根据车辆的位置、车速、道路、地形等变化,照顾到前后及两侧的情况,调整自己的车速和两车外侧间的横向距离。

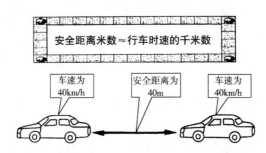

图5-2 安全距离米数大约等于行车时速的千米数

4. 会车

在会车时必须遵守交通法规,自觉做到礼让"三先",即"先让、先慢、先停"。千万不要争道抢行,遇到难行之处,要"宁停三分、不抢一秒"。

会车前要仔细观察道路及交通情况,尽量选择道路较宽、视线良好、无障碍物的路段会车;会车中应根据道路、气候和车型等条件适当控制车速,保持足够的横向间距;会车后,确认对方车后视线盲区内无横行的非机动车和行人、前方无连续交会的车辆时,向左变更行车路线。

在一般道路上会车时,掌握下列让车原则:路前有障碍车让无障碍车先行;低速车让高速车先行;大型车让小型车先行;空车让重车先行;距离桥梁和障碍物远的车辆让距离近的车辆先行;前方路面宽的车辆让路面窄的车辆先行。

在较窄的路面上会车,应先判明来车的车型、装载和拖挂情况,然后降低车速,选择路面稍宽地段,靠右慢行或停车会车。

在自己车前方有障碍物时会车,应根据各车与障碍物的距离、速度及道路情况来决定是加速通过还是减速等待,以错开越过障碍物的时间。

5. 超车

超车的操作方法是:

(1)超车前,驾驶员要正确判断前车车速,选择平直宽阔、视线良好、左右均无障碍且前方路段150m范围内没有来车的路段超车。

(2)超车时,先提高车速,向前车左侧接近,打开左转向灯。在距离前车20~30m处鸣喇叭(如在不准鸣喇叭的城市和夜间可断续开闭前照灯示意)通知前车。在确认前车让超后,与被超车保持一定侧向安全距离,从左边超越。

(3)超越前车后,应继续沿快车道行驶,不能过早地驶入原来的行驶路线,在超过被超车20~30m后,打开右转向灯,驶回原车道,关闭转向灯。

6. 让车

行车中,驾驶员要随时注意观察后面有无准备超越的车辆,当发现有尾随车发出超车信号时,应根据道路、交通等情况,在确保本车安全的前提下,及时让车。

让车时应主动减速、靠右行驶,并打开右转向灯,示意后车超越。让超车后,确认无其他车辆连续超车时,再驶入正常行驶路线。

7. 跟车

跟车时,前后车之间必须保持一定的安全距离,在前车减速或制动时,后车有足够的时间供驾驶员做出反应,采取制动措施,不致发生追尾事故。跟车距离应根据车速、道路、气候和交通等情况确定。

二、复杂道路驾驶

1. 城市道路驾驶

城市和集镇是人口高度集中的地方,机动车、非机动车和行人的交通量都比较大,交通情况比较复杂,行车中一定要集中精力,谨慎驾驶。

1)驾驶方法

(1)要严格按照规定的道路行驶。在划有机动车道与非机动车道的道路上行驶,各种车辆必须在规定的车道内行驶;在未设分道线的街道上,如果对面无来车,可保持在路的中间行驶。

(2)集镇街道,一般不设分道线,各种车辆和行人混在一起,行车时要主动减速礼让,尽量避免超车。行至拥挤街道时,行车比较困难,要多鸣喇叭,减速行驶。

(3)城市的交叉路口是事故多发地段,必须谨慎驾驶。车辆行至交叉路口遇有停止信号,应停在停车线以外;没有停车线的,应停在人行横道线以外;停车线、人行横道线都没有的,应停在距路口5m以外处。左转弯的车辆,在不影响来车通行的前提下,尽量靠中心线行车,为后来车辆提供方便。右转弯的车辆,要注意右侧非机动车动态,防止交叉相撞。通过无指挥信号的路口及交通高度集中的路口,要做到"一慢、二看、三通过",遵守有关让车的规定,及早停车或加速通过。车辆行经环形交叉路口时,一律绕环岛作逆时针的单向行驶,行至所要出去的路口时,开右转向灯离岛驶出。大多数环形路有两条或两条以上的车道,内侧一般为快车道。当车辆由内侧车道离开环形路前,要先安全驶入外侧车道,不能从内侧车道直接右转弯驶出环形交叉口,以免与在外侧车道行驶的车辆相撞。在转向改变车道时,要特别注意安全,并及时发出转向信号。

(4)车辆需要倒车或掉头时,必须遵守倒车和掉头的规定,选择合适的地点进行。操作中要小心谨慎,必要时要有人指挥。确需停车时,必须遵守有关停车的规定。在城市道路(或停车场)停车时,应紧靠道路两旁或规定车位依次停放。

2)注意事项

(1)要严格遵守交通法规。车辆进入城市前,要熟悉当地城市的交通管理规则和交通线路图,进入城市后,要密切注意路旁设立的各种交通标志,听从交通管理人员的指挥。

(2)要仔细观察道路标线。城市道路上的标线很多,这些标线有的是可以越线的,而有的是不可以越线的。道路中心的单实线、双实线(白色或黄色)是不能越线的。道路中心的虚线,在超车和转弯时可以短时间越线。

(3)要控制车速和车距。由于城市道路交通条件复杂,突发、意外情况显著增多,所以车辆在通过繁华交叉路口、行人稠密地区及铁路和街道交叉路段时要遵守限速规定,减速行驶,并与前车保持安全距离,确保交通安全。

(4)城镇街道行人较多,驾驶员要特别注意,尤其是通过学校、公园、体育场馆、影剧院、集市或农贸市场等场所时,应密切注意行人动态,低速缓行,慎防行人突然横穿,不得用汽车去挤开人群。

2. 山区道路驾驶

山区道路坡多路窄,弯急路险,行车难度大,驾驶员必须掌握山区道路的特点,采取恰当的驾驶操作方法,正确处理各种情况,谨慎驾驶。

1)驾驶方法

(1)汽车上陡坡时,应提前将汽车换入中、低速挡,使发动机保持足够的动力,平稳上坡,如图5-3所示。当动力不足时,应迅速减挡,不可强撑,以防拖挡熄火。如错过换挡时机,可越级减挡。若遇换不进挡或发动机熄火时,应立即同时使用行车制动器与驻车制动器强行停车,然后重新起步。汽车下坡时,由于汽车的重心前移,其惯性力也随之增大,应注意检查制动器的工作情况,要严格控制车速,不能过快,运用发动机和低速挡位的牵阻作用控制车速。要合理使用制动器稳定车速,严禁熄火、空挡或踩下离合器踏板滑行。

图5-3 汽车上陡坡

(2)汽车上长坡时,车速慢,时间长,要求驾驶员要有耐心,使发动机平稳地工作。不应操之过急,若狠踩加速踏板使发动机高速运转,会使发动机过热开锅、油路气阻造成供油不良。下长坡时,主要是利用发动机制动控制车速,辅助以间歇行车制动。要防止长时间连续使用行车制动,会使制动蹄片过热以及气压过低,使制动效能降低。

(3)通过傍山险路,要注意交通标志,遵守标志规定。行车中要重点观察靠山一边的路面,尽量选择道路中间或靠山的一侧谨慎驾驶,不要窥视崖下深涧,以免精力分散和产生不必要的紧张心理。在弯道上,转弯前应减速、鸣喇叭、靠右行,特别是下坡车应在转弯前平稳降低车速,随时做好停车准备,以防转弯中遇到来车交会或转弯后遇到路障。边转弯边上陡坡时,应提前减挡,使车辆有足够的动力,避免转弯时换挡。与车辆交会,应提前处理情况,做到"一让、二慢、三停",观察好前方道路和右侧路面情况,选择好会车地点,主动做好停让车的准备。如会车时靠近山崖边或河崖一侧,应停下来观察路基情况,在确保安全的情况下才能通过。特别是在山区公路的雨季,由于公路狭窄,交会时不能太靠边,应选择适当地点,提前让车。不盲目交会,安全礼让,做到"宁停三分,不抢一秒"。

(4)汽车在易出现塌方、滑坡和泥石流的危险地段行驶,应提前了解有关道路的情况,以便心中有数,采取相应对策,做到有备无患。进入危险地段应认真观察,若前方路面有散乱的大小石块、泥块或土堆时,应考虑是否会有塌方、滑坡和泥石流出现,并选择安全位置停车,细心观察,待确认可以安全通过时再通过,切忌犹豫不定或在可疑地段停车。若车前突然遇到坍塌,应立即停车后倒避让,如果险情发生在车后,或有碎石落在车上或车旁时,切勿停车察看,应加速前进一段路程,选择安全地点停车处理。遇到塌方严重短时无法排除时,应及时掉头迂回或找安全场地停车等待。

2)注意事项

(1)车辆在山区道路行驶应保持良好的技术状况。出车前应对车辆进行认真检查,尤其对影响安全的关键部位要仔细检查,发现隐患要及时排除,以防机械故障导致行车事故。

(2)在山区道路行驶,驾驶员要注意观察道路及山体情况。尤其是在多雨季节更要仔细观察,以防道路坍塌、山体滑坡及泥石流造成车辆受损或人员伤亡。

(3)在视线不良山区道路行驶应及时鸣喇叭(夜间用断续灯光),以使对面来车提前知道有车临近,并注意倾听对方是否有鸣喇叭的声音,以便提前采取相应措施,避免事故发生。

3. 泥泞与翻浆道路驾驶

1)驾驶方法

(1)在泥泞、翻浆道路上起步时,应选择比一般道路起步高一级的挡位,轻踩加速踏板,放松离合器踏板要比一般道路起步快点儿,使汽车向前猛窜一下,但要掌握好尺度,不能前冲太猛,使用次数不宜过多,以免损坏传动机件。

(2)在泥泞道路上行驶,应注意观察路面情况,选择质地坚实、地势较高、泥泞较浅的路面行驶,有拱度的路面,尽可能在路中行驶,保持左右车轮高低一致。如有车辙,可循车辙前进,如图5-4所示。

(3)通过泥泞、翻浆路段前,应及早换入所需挡位,保持足够的动力,中途尽量避免换挡或停车。在泥泞较浅的道路上,应选用低速挡平稳行驶;在泥泞较深、距离短而又无危险的地段,可用中速挡加速通过;在不宜冲过的地段,可用低速挡以保持足够的动力一次通过,尽量避免中途变挡、制动、转向和停车。如中途必须换挡,时机要比平路正常情况提前,动作要敏捷,联动要平稳。

(4)在泥泞、翻浆道路上应尽量保持直线行驶,需要转向时,转向盘的操作要均匀缓和,瞬时转动角度要小,以避免惯性离心力的作用。需要靠边时,应先在路中减速或换入低挡,逐步驶向路边。转弯时必须提前减速,缓慢地操作转向盘,防止车辆发生侧滑。

2)注意事项

(1)汽车在泥泞道路上需要减速时,无论是平路、下坡、直线或弯道,都应以发动机的牵阻制动为主,必要时辅以间歇性的驻车制动,尽量避免使用行车制动,禁止使用紧急制动。

图5-4　汽车在泥泞道路行驶

(2)汽车在泥泞道路上发生侧滑时,应立即减速。如是前轮侧滑,车辆有自行停止侧滑的作用;如是后轮侧滑,车尾向一边甩(俗称"甩尾"),应放松加速踏板,转向盘向车尾甩动的方向转动,这样可以控制车体的运动方向,防止侧滑继续下去,待修正好行驶方向后,再逐渐驶入正道。当汽车发生侧滑时,不可紧急制动,猛转转向盘,以免发生更大的侧滑,甚至造成翻车事故。

(3)当车轮陷入泥中并空转时,应立即倒车,另选路线通过。如倒车也空转,应立即停车,以免越陷越深。停车后,挖去泥浆,加以铺垫,必要时卸下货物,以利汽车驶出。

4. 冰雪道路驾驶

汽车在冰雪路面上行驶,由于路面光滑,附着力小,车轮易产生空转和滑溜,方向的稳定性差。所以,驾驶方法与一般路面有所不同。

1)驾驶方法

(1)起步时,应选择比平常起步高一级挡位,缓慢放松离合器踏板,在半联动状态稍多加停留,轻踩加速踏板,以适应较小的路面附着力,避免汽车猛烈前冲或牵引力过大而使车轮空转或出现侧滑。如果车轮空转难以起步,应清除车轮下的冰雪,并在驱动轮下铺垫砂土、炉渣、柴草等防滑材料,再重新起步。

(2)行驶中应保持中、低速并匀速行驶,需要减速时,应利用发动机牵阻作用,尽量避免使用行车制动器减速,必须使用行车制动时,只能间歇轻踩,并辅以驻车制动。

(3)转弯时要控制车速,提前缓抬加速踏板,平稳降速。在道路和交通情况允许下,适当加大转弯半径,操作转向盘要缓慢,做到早转或少转,不要急打急回,以防车轮侧滑。

(4)尾随行驶应与前车保持较大的纵向距离,一般为正常道路条件的1.5~3倍(安全距离一般在50m以上)。会车、超车要选好适当路段,注意加大横向间距。超车时,待前车让车后,方可超车。

(5)上坡时,应根据坡度使用稍低一级的挡位,需要减挡时,时间应较平时稍提前一些,避免发生脱挡现象,以保证有足够的动力不使汽车向后滑溜。下坡主要是控制车速,要提前挂入低速挡,依靠发动机牵阻制动,需要用行车制动来控制车速时,应采用间歇制动。

2)注意事项

(1)出车前应做好各项准备工作,随车携带防滑链、喷灯、三角木、钢丝绳、锹镐及其他必要防寒保温用品。安装防滑链要左右对称,松紧适度,冰雪路段通过后,立即拆除。

(2)在积雪过深地区行驶,应根据行道树、电线杆、交通标志和路边栏杆等相互位置来判断道路,判明行车路线,沿着道路中心或积雪较浅处通过。

(3)在冰雪路面不要长时间停车,以防轮胎与地面冻结在一起,损伤轮胎和传动零部件。如果必须长时间停车时,应在车轮下铺垫沙石、柴草物。

(4)由于冰雪路面对阳光的反射,驾驶员易出现双目畏光、流泪、疼痛、看不清等现象。为此,行车中,驾驶员应佩戴有色防护眼镜,以利交通安全。

三、高速公路驾驶

高速公路具有全封闭、车道分明、路面条件好等特点,在高速公路行车,驾驶员应掌握高速公路车辆驾驶技术,确保高速公路的行车安全。

1. 驶入高速公路

1)驶入高速公路的操作方法

(1)高速公路如设有收费站,汽车在进入收费站前,应密切注视通道上方的灯光信号和控制入口前的情报标志板,了解哪个通道可以通行以及前方道路的通行情况,以确定是否进入高速公路。当驶近收费站时,要减速缓行,依次排队,按次序交费通过,切勿急于通过而争道抢行。进入收费入口处,车辆尽量靠近收费亭,使驾驶室门窗对齐收费口,便于收费人员和驾驶员交接现金、票证或通行卡。在入口处领到通行卡或票证后,要妥善收存好,以备出口时交卡或验票。

(2)车辆从入口进入匝道后,应尽快将车速提高到 50km/h 以上驶入加速车道。在匝道上不准超车、停车、倒车和掉头。

(3)车辆进入加速车道后,应迅速提高车速,并开启左转向灯,行驶到一半以上路程时,在不妨碍正在车道上行驶的车辆的情况下,平滑汇入车道。

(4)从加速车道驶入车道时,应从车外及车内后视镜仔细观察后面车道上的车辆,正确估计车流速度,调整和控制好车速,适时驶入行车道。

2)注意事项

(1)高速公路的入口大多采用立体交叉形式,有两条不同方向的匝道,车辆驶入匝道前,应注意指路标志,确认车辆行驶路线,防止驶错方向。

(2)在具有弯道和坡道的匝道应注意警告标志,限制车速。在喇叭形、环形立交桥上行驶时,应注意相对方向准备驶向出口的车辆,避免相撞、剐擦。

(3)不允许未在加速车道加速而直接驶入车道。当前车加速性能较差或停车时,要与前车保持一个能够在加速车道上充分加速的距离,避免在加速车道前端停车。汇入车道时,操纵转向盘不应过急过猛。

(4)汽车在进入加速车道时应打开左转向灯,使车道上的车辆驾驶员知道有车辆准备驶入车道。

2. 高速公路行驶

1)行驶方法

(1)在高速公路上必须严格遵守分道行驶原则,所有车辆都应按照各种类型车辆所应行驶的车道各行其道,不准随意穿行越线,不准骑、压分界线行驶。除因停车驶入或者驶出紧急停车带和路肩外,不准在紧急停车带和路肩上行车。

(2)在高速公路上行车要正确操纵转向盘。进行车道变换或修正行车方向时,转动转向盘的转角要尽量小,以免车身偏移过多,导致驶出车道,或造成不必要的频繁修正方向,车辙呈"S"形。通过弯道操纵转向盘的速度应尽量小,要避免猛转、猛回转向盘,否则会使汽车失稳、侧滑,甚至翻车。

(3)在高速公路上行驶,由于车速高,不宜过于频繁使用行车制动器,特别是紧急制动。需要制动时,可先挂上低速挡,用发动机牵阻作用制动,减缓车速,到了接近需要制动的地点时,再缓慢制动,以使车辆平缓停车或减速。

(4)在高速公路超车应谨慎操作,超车前首先观察前车是否在超车或有无超车的意图,并通过后视镜观察左侧车道上有无后续车辆或来车超越,在确认前后方安全的情况下,打开左转向灯,夜间还须变换使用远、近光灯,在距前车 50~70m 时平稳地向左转动转向盘,以较大的行车轨迹加速驶向左侧车道,与前车尽量保持较大的横向间距,加速超越,超车后,在距离被超车辆 50~70m 时,打开右转向灯,平稳驶回行车道,并关闭转向灯。

(5)在高速公路弯道行驶,应适当降低车速,并将注视点从远处移到近处,移到弯道外侧。车辆应沿车道内侧曲线的切线方向行驶,不得在弯道上变更车道线。严禁在弯度小的弯道上超车。在左转弯道行驶时,驾驶员直视距离变短,最好不要超车。

(6)在高速公路坡道行驶,可通过观察"坡道"和"坡度%"等标志得知坡道的情况,然后根据道路实际情况控制车速,尤其要控制下坡的车速。行驶车速的快慢不能只凭估计,要通过观察车速表的显示,确认车速在安全范围内。在下坡转弯路段上不允许变更车道、超车。在设有爬坡车道的上坡路段,大型客车、载货汽车应在爬坡车道上行驶,速度较快的小型客车不可随意驶入爬坡车道。

(7)在通过高速公路上隧道时,进入隧道前,应降低车速,开启前照灯和示宽灯、尾灯。进入隧道后,应两眼远视前方,不要看两侧隧道壁,避免强烈的速度感;不要鸣喇叭,以防噪声影响其他车辆行驶;隧道内严禁变更车道和超车。驶出隧道,在出口处要握稳转向盘,以防隧道口处的横向风引起车辆偏离行驶路线。

2)注意事项

(1)车辆在高速公路上行驶,要注意控制车速。车速并非是越高越好,超高速行驶极易造成交通事故;但车速也不是越慢越安全,车速过低则与其他车辆的速度差增大,经常处于被超车状态,反而不安全。为此,在高速公路上行驶应严格遵守交通法规中最高车速和最低车速的规定。

(2)车辆在高速公路上行驶,应保持合适的行车间距。因高速公路上行驶的车辆速度很快,如果行车间距过小,很容易发生首尾相撞或刮擦事故,有时甚至会连撞几辆车;如果行车间距过大,容易被后车插入,也不安全。

(3)在高速公路上行驶,无特殊情况,不准随意停车。如因故障需要临时停车检修时,必须提前开启右转向灯驶离行车道,停在紧急停车带内或者右侧路肩上。如果汽车不能离开行车道,应立即开启危险报警闪光灯,并在行车方向的后方 100m 处设置故障车警告标志。

(4)在高速公路下坡时车速会在不知不觉中增大,从而导致车速过快,引发车祸。为此,在高速公路下坡道行驶时,不能依赖感觉判断车速,一定要密切注视道路旁的警告牌,从车速表上确认车辆行驶速度有无违反规定(标志牌上一般对下坡有限速控制)。

3. 驶离高速公路

1)驶离高速公路的操作方法

高速公路在出口的前方 4 个不同距离上分别设有 2km、1km、500m 及出口处预告标志,驶离高速公路时,要根据这些预告标志的指示距离,决定相应的行驶方法。

(1)在高速公路行车中,当见到 2km 预告标志牌后,如果准备在这一出口驶出高速公路,就应开始作驶出准备,尽可能不再进行超车,已经行驶在左侧车道上的车辆要尽快返回右侧车道。

(2)当见到 1km 标志牌后,绝不可再进行超车。如果见到这块预告标志后还要进行超车,则有可能到达出口处时来不及返回主车道,因而无法驶向出口。

(3)当见到 500m 标志牌后,应打开右转向灯,表示即将驶出高速公路的意图,作好进入减速车道的准备。

(4)在减速车道起点上设有出口标志牌,上面没有距离数字,但有一指向箭头。见到此标志牌后,可平稳地向右转动转向盘进入减速车道。

(5)进入减速车道后,应关闭转向指示灯,利用制动器并配合以发动机制动使车辆减速。在到达减速车道与出口匝道分流点的三角地带端部之前,将车速降低到 40km/h 左右,然后进入出口匝道。

2)注意事项

(1)要注意出口不要弄错。进入高速公路之前就应熟悉沿途各出口的位置、名称和编号,并记住自己准备驶出的出口名称和编号。进入高速公路后,留意驶过的各出口名称。在接近自己准备驶出的出口时,要特别注意各出口预告标志。

(2)要注意速度错觉。驾驶员在高速公路上经过长时间的高速行驶后,对高速感会逐渐减弱,出现速度错觉,把实际上已经很高的速度主观判断成较低速度。所以,驶离高速公路后,仍须按照车速表来控制车速,不要过分信赖自己的主观感觉。

4. 特殊路段安全行车注意事项

(1) 转弯时,应在距弯道前 30~50m 的地方减速、鸣喇叭靠道路右侧通行。

(2) 在距离公共汽车站、急救站、加油站、消防栓 30m 以内路段,不准停车。

(3) 车辆通过桥梁时,要在距桥头 30~50m 的地方注意桥头规定的载重量和宽度、高度、速度等标志,减速慢行。

(4) 通过铁路道口时,应在距道口 30~50m 的地方换入低速挡或中速挡缓慢行驶。

(5) 夜间通过交叉路口时,在距路口 30~100m 的地方,将远光灯改为近光灯。

(6) 夜间行车,前后车需保持 30m 以上的安全距离。

(7) 夜间在路上转弯时,应在 30~50m 的地方变远光灯为近光灯。

(8) 在城镇街道上行驶,车辆行驶距路口 30~100m 时,应减速,变更行驶路线,须用转向灯示意行进方向。

第三节 交通法规

道路交通管理法规是有关人们在道路上行车、走路的法律规范的总称。随着社会主义现代化建设事业的不断发展,交通运输业日益繁忙。为搞好交通管理,必须加强交通法制建设,通过立法、执法、守法和法律监督等环节,实现道路交通法制化,切实做到依法行路,依法治路。

道路交通管理法规包括车辆的使用管理和保险、驾驶员的考试和考核管理、全民的安全宣传教育、道路的占用和管理,以及交通违章处罚和交通事故的处理等具体规定,其目的在于维护交通秩序,保障交通安全畅通。

一、我国的行车基本原则

1. 车辆右侧通行的原则

我国是执行右侧通行规则的国家之一,这是依据我国历史上形成的习惯来确定的。在我国道路上,驾驶车辆必须遵守右侧通行的原则。

2. 低速置右原则

我国根据道路的宽度划分出人行道和车行道,在车行道中有的又划分出非机动车道和机动车道,在机动车道中再划分出高速车道和低速车道,行进速度最高的在左边,速度由高到低依次向右排列,各行其道。行人速度最低在最右侧。

3. 各行其道原则

各行其道原则就是车辆、行人按道路的划分,在自己法定的道路上通行;借道通过时,应当让在其本道内行驶的车辆或行人优先通行。

4. 确保安全原则

在没有规定的情况下,车辆、行人必须在确保安全的原则下通行。

二、车辆行驶的有关规定

1. 最高车速规定

汽车遇到道路宽阔、空闲、视线良好,在保证交通安全的原则下最高车速规定见表5-1。

最高车速规定(km/h) 表5-1

车 型	城 市 街 道		公 路	
	有中心双实线、中心分隔带、机动车与非机动车分隔设施的道路	其他	有中心双实线、中心分隔带、机动车与非机动车分隔设施的道路	其他
小型客车	70	60	80	70
大型客车、载货汽车	60	50	70	60
二轮、侧三轮摩托车	50		60	
铰接式客车、电车、载人货车、带挂车的汽车、后三轮摩托车	40		50	
拖拉机、轻便摩托车	30			
电瓶车、小型拖拉机、轮式专用机械	15			

注:当路边有限速标志低于上表数字时,则按限速标志所示车速行驶。

2. 不利条件下的速度规定

汽车遇有下列情形之一,最高车速不准超过20km/h:

(1)通过胡同(里巷)、铁路道口、急弯路、窄路、窄桥、隧道时。

(2)掉头、转弯、下陡坡时。

(3)遇风、雨、雪、雾天能见度在30m以内时。

(4)在冰雪、泥泞的道路上行驶时。

(5)喇叭、刮水器发生故障时。

(6)牵引发生故障的机动车时。

(7)进出非机动车道时。

3. 会车管理规定

(1)在没有中心线的道路和窄路、窄桥上会车行驶时,须减速靠右通过,并注意非机动车和行人的安全。会车有困难时,有让路条件的一方让对方先行。

(2)在有障碍的路段,有障碍的一方让对方先行。

(3)有狭窄的坡路,下坡车让上坡车先行;但下坡车已行至中途而上坡车未上坡时,让下坡车先行。

(4)夜间在没有路灯或照明不良的道路上,须距对面来车150m以外互闭远光灯,改用近光灯;在窄路、窄桥与非机动车会车时,不准持续使用远光灯。

4. 超车管理规定

(1)超车前,须开左转向灯,鸣喇叭(禁止鸣喇叭的地区、路段除外,夜间改用变换远近光灯),确认安全后,从被超车的左边超越;在同被超车保持必需的安全距离后,开右转向灯,驶回原车道。

(2)被超车示意左转弯、掉头时,不准超车。

(3)在超车过程中与对面来车有会车可能时,不准超车。

(4)不准超越正在超车的车辆。

(5)行经交叉路口、人行横道、漫水路、漫水桥或不利条件下,不准超车。

5. 让超车须遵守的规定

机动车行驶中,遇后车发出超车信号时,在条件许可的情况下,必须靠右让路,并开右转向灯,不准故意不让或加速行驶。

6. 汽车掉头须遵守的规定

汽车在铁路道口、人行横道、弯路、窄路、桥梁、陡坡、隧道或容易发生危险的路段,不准掉头。

7. 车辆倒车须遵守的规定

汽车倒车时,须察明车后情况,确认安全后,方准倒车。在铁路道口、交叉路口、单行路、弯路、窄路、桥梁、陡坡、隧道或交通繁华的路段,不准倒车。

8. 车辆停放须遵守的规定

必须在停车或准许停放车辆的地点依次停放,不准在车行道、人行道和其他妨碍交通的地点任意停放。停放时须关闭电路,拉紧驻车制动器,锁好车门。

9. 临时停车须遵守的规定

(1)按顺行方向靠道路右边停留,驾驶员不准离开车辆;妨碍交通时须迅速驶离。

(2)车辆没有停稳前,不准开车门和上下人,开车门时不准妨碍其他车辆和行人通行。

(3)在设有人行道护栏(绿篱)的路段、人行横道、施工地段(施工车辆除外)、障碍物对面,不准停车。

(4)交叉路口、铁道路口、弯路、窄路、桥梁、陡坡、隧道及距离上述地点20m以内的路段,不准停车。

(5)公共汽车站、电车站、急救站、加油站、消防栓或消防队(站)门前及距离上述地点30m以内的路段,除使用上述设施的车辆外,其他车辆不准停车。

(6)大型公共汽车、电车除特殊情况外,不准在站点以外的地点停车。

(7)机动车在夜间或遇风、雨、雪、雾天时,须开示宽灯、尾灯。

10. 进出非机动车道须遵守的规定

汽车在进出非机动车道时,须注意避让非机动车;非机动车因受阻不能正常行驶时,准许在受阻的路段内驶入机动车道,后面驶来的机动车须减速让行。

11. 分道行驶的规定

(1)在划分机动车道和非机动车道的道路上,机动车在机动车道上行驶,轻便摩托车在机动车道内靠右行驶,非机动车、残疾人专用车在非机动车道行驶。

(2)在没有划分中心线和机动车道与非机动车道的道路上,机动车在中间行驶,非机动车靠右边行驶。

(3)在划分小型机动车道和大型机动车道的道路上,小型客车在小型机动车道行驶,其他机动车在大型机动车道行驶。

(4)大型机动车道的车辆,在不妨碍小型机动车道的车辆正常行驶时,可以借道超车;小型机动车道的车辆低速行驶或遇后车超越时,须改在大型机动车道行驶。

(5)在道路上划有超车道的,机动车超车时可驶入超车道,超车后须驶回原车道。

12.保持与前车距离的规定

同车道行驶的机动车,后车必须根据行驶速度、天气和路面情况,同前车保持必要的安全距离。

13.转向灯使用规定

(1)向右转弯、向右变更车道或靠路边停车时,须开右转向灯。

(2)向左转弯、向左变更车道、驶离停车地点或掉头时,须开左转向灯。

14.故障停车时灯光使用规定

机动车行驶中发生故障不能行驶时,须将故障车移至不妨碍交通的地点,并须在车身后设警告标志或开危险信号灯,夜间还须开示宽灯、尾灯或设明显标志。

15.喇叭的使用规定

机动车非禁鸣的区域和路段使用喇叭时,音量必须控制在105dB(A)以内,每次按鸣不准超过0.5s,连续按鸣不准超过3次;不准用喇叭代唤人。

16.通过人行横道的规定

车辆行经人行横道,遇有交通信号放行行人通过时,必须停车或减速让行;通过没有信号控制的人行横道时,须注意避让来往行人。

17.通过有交通信号或交通标志控制的交叉路口的规定

(1)机动车须在距路口100m至30m的地方减速慢行,转弯的车辆须同开转向灯,夜间须将远光灯改用近光灯。

(2)在划有导向车道的路口,须按行进方向分道行驶。

(3)遇放行信号时,须让先被放行的车辆行驶。

(4)向左转弯时,机动车须紧靠路口中心点小转弯。

(5)向右转弯遇有同车道前车正在等候放行信号时,机动车须依次停车等候。

(6)遇有行进方向的路口交通阻塞时,不准进入路口。

(7)遇有停止信号时,须依次停在停止线以外;没有停止线的,停在路口以外。

18.通过没有交通信号或交通标志控制的交叉路口

(1)支路车让干路车先行。

(2)支、干不分的,非机动车让机动车先行,非公共汽车、电车让公共汽车、电车先行,同类车让右边没有来车的车先行。

(3)相对方向同类车相遇,左转弯的车让直行或右转弯的车先行。

(4)进入环形路口的车让已在路口内的车先行。

(5)让行车辆须停车或减速瞭望,确认安全后方准通行。

19.通过铁路道口的规定

(1)遇有道口栏标(栏门)关闭、音响器发出报警、红灯亮时或看守人员示意停止行进时,停在距最外股铁轨5m以外。

(2)通过无人看守道口时,须停车瞭望,确认安全后,方准通过。

(3)遇有道口信号两个红灯交替闪烁或红灯亮时,不准通过;白灯亮时,准许通过;红灯和白灯同时熄灭时,按通过无人看守道口的规定通过。

(4)载运百吨以上大型设备构件时,须按当地铁路部门指定的道口、时间通过。

20.通过渡口的规定

车辆行经渡口,必须服从渡口管理人员指挥,按规定地点依次待渡。机动车上下渡船时,须低速慢行。

21.通过漫水路的规定

车辆行经漫水路或漫水桥时,必须停车察明水情,确认安全后,低速通过。

22.对故障车辆的规定

(1)供油系统发生故障时,不准人工直接供油。

(2)行驶中发生故障不能行驶时,须立即报告附近的交通警察,或自行将车移开。

(3)制动器、转向器、灯光等发生故障时,须修复后方准行驶。

(4)故障车须移至不妨碍交通的地点,并须在车身后设警告标志或开危险信号灯,夜间还须开示宽灯、尾灯或设明显标志。

23.下陡坡时的规定

下陡坡时不准熄火或空挡滑行。

三、对驾驶员的有关规定

1. 关于驾驶员的规定

(1)驾驶车辆时,须携带驾驶证和行驶证。

(2)不准转借、涂改伪造驾驶证。

(3)不准将车辆交给没有驾驶证的人驾驶。

(4)不准驾驶与驾驶证准驾车型不相符合的车辆。

(5)未按规定审验或审验不合格的,不准继续驾驶车辆。

(6)饮酒后不准驾驶车辆。

(7)不准驾驶安全设备不全或机件失灵的车辆。

(8)不准驾驶不符合装载规定的车辆。

(9)在患有妨碍安全行车的疾病或过度疲劳时,不准驾驶车辆。

(10)驾驶和乘坐二轮摩托车须戴安全头盔。

(11)车门、车厢没有关好时,不准行车。

(12)不准穿拖鞋驾驶车辆。

(13)不准在驾驶车辆时吸烟、饮食、闲谈或有其他妨碍安全行车的行为。

2. 关于学习驾驶员和教练员的规定

对学习驾驶员和教练员除遵守对驾驶员的规定外,还须遵守下列规定:

(1)学习驾驶员和教练员,分别持有车辆管理机关核发的学习驾驶证和教练员证。

(2)在教练员随车指导下,按指定时间、路线学习驾驶,车上不准乘坐与教练无关的人员。

3. 关于实习驾驶员的规定

机动车实习驾驶员可以按考试车型单独驾驶车辆,但驾驶大型客车、电子、起重车和带挂车的汽车时,须有正式驾驶员并坐,以监督指导。实习驾驶员不准驾驶执行任务的警车、消防车、工程救险车、救护车和载运危险物品的车辆。

实习驾驶员不准驾驶车辆进入高速公路。

四、对车辆载物载客的有关规定

1. 车辆载物的规定

(1)不准超过行驶证上核定的载质量。

(2)装载须均衡平稳,捆扎牢固。装载容易散落、飞扬、流漏的物品,须封盖严密。

(3)大型货运汽车载物,高度从地面起不准超过4m,宽度不准超出车厢,长度前端不准超出车身,后端不准超出车厢2m,超出部分不准触地。

(4)大型货运汽车挂车和大型拖拉机挂车载物,高度从地面起不准超过3m,宽度不准超出车厢,长度前端不准超出车厢,后端不准超出车厢1m。

(5)载质量在1000kg以上的小型货运汽车载物,高度从地面起,不准超过2.5m,宽度不准超出车厢,长度前端不准超出车厢,后端不准超出车厢1m。

(6)载质量小于1000kg的小型货运汽车、小型拖拉机挂车、后三轮摩托车载物,高度从地面起不准超过2m,宽度不准超出车厢,长度前端不准超出车厢,后端不准超出车厢50cm。

(7)二轮摩托车、轻便摩托车载物,高度从地面起不准超过1.5m,宽度左右各不准超出车把15cm,长度不准超出车身20cm。

(8)载物长度未超出车厢后栏板时,不准将栏板平放或放下;超出时,货物栏板不准遮挡号牌、转向灯、制动灯、尾灯。

2. 车辆载人规定

(1)不准超过行驶证上核定的载人数。

(2)货运机动车不准人、货混载。但大型货运汽车在短途运输时,车厢内可附载押运或装卸人员1~5人,并须留有安全乘坐位置。载物高度超过车厢栏板时,货物上不准载人。

(3)货运汽车挂车、拖拉机挂车、半挂车、平板车、起重车、自动倾卸车、罐车不准载人。但拖拉机挂车和设有安全保险或乘车装置的半挂车、平板车、起重车、自动倾卸车,经车辆管理机关核准,可以附载押运或装卸人员1~5人。

(4)货运汽车车厢内载人超过6人时,车辆和驾驶员须经车辆管理机关核准,方准行驶。

(5)机动车除驾驶室和车厢外,其他任何部位都不准载人。

(6)二轮、侧三轮摩托车后座不准附载不满12岁的儿童。轻便摩托车不准载人。

第四节　交通信号与标志标线

一、交通信号灯

1. 交通信号灯的种类

交通信号灯是指交通管理部门在道路上设置的、不同颜色和形状的灯光,用于指挥车辆、行人、疏导交通的信号。

交通信号灯分为红、黄、绿3种颜色。红灯表示禁止通行;绿灯表示准许通行;黄灯表示警示。

交通信号灯从功能上区分为机动车信号灯、非机动车信号灯、人行横道信号灯、车道信号灯、方向指示信号灯、闪光警告信号灯、道路与铁路平面交叉道口信号灯和机动车掉头信号灯共8种,如图5-5所示。

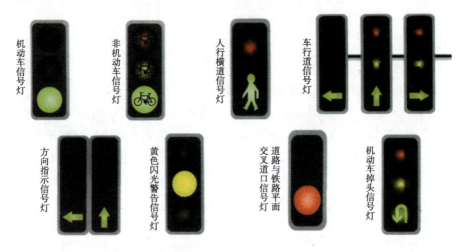

图5-5　交通信号灯的分类

此外,也有的城市设置了信号结束前的预告显示。如机动车信号灯绿灯闪烁时,表示绿灯即将结束变为黄灯;人行道信号灯绿灯闪烁时,表示绿灯即将结束变为红灯;倒计时数码显示器用于显示当前灯色的剩余时间,如图5-6所示。

还有的城市设置了有轨电车信号灯(见图5-7)、快速公交车(BRT)信号灯(见图5-8)。

第五章　汽车驾驶

图 5-6　倒计时数码显示剩余时间　　图 5-7　有轨电车信号灯　　图 5-8　快速公交车（BRT）信号灯

2. 各种交通信号灯的含义

1）机动车信号灯

机动车信号灯由红、黄、绿 3 种颜色的圆形灯组成。通常设在重要路口或路段上，通过红、黄、绿灯的交替变化，指挥车辆的行驶或等待，如图 5-9 所示。

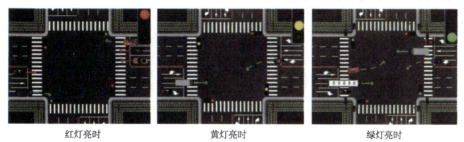

图 5-9　机动车信号灯

（1）红灯亮时，禁止车辆通行。车辆应当停在停止线以外，右转弯的车辆在不妨碍被放行的车辆、行人通行的情况下，可以通行。

（2）黄灯亮时，已越过停止线的车辆可以继续通行。未越过停止线的车辆应将车停在停车线以外。

（3）绿灯亮时，准许车辆通行，但转弯的车辆不得妨碍被放行的直行车辆、行人通行。

绿灯闪烁时，表示绿灯将变为黄灯，驾驶员确认在黄灯显示时间内能将车辆驶离路口的可以进入路口，不能驶离路口的不能进入路口。

2）非机动车信号灯

非机动车信号灯为红、黄、绿 3 种颜色的自行车图案，分别表示禁止通行、警示和准许通行。一般设在路口对应非机动车道的适当位置。在未设置非机动车信号灯的路口,非机动车应该按照机动车信号灯的表示通行,如图5-10所示。

图5-10 非机动车信号灯

3)人行横道信号灯

人行横道信号灯由红灯和绿灯组成,红灯镜面上有一个站立的人形象;绿灯镜面上有一个行走的人形象。一般设在人流较多的重要交叉路口的人行横道两端,如图5-11所示。

图5-11 人行横道信号灯

绿灯亮时,准许行人通过人行横道;绿灯闪烁时,表示绿灯将变为红灯,行人不可进入人行横道,已经进入的可以继续通行;红灯亮时,禁止行人进入人行横道,但是已进入人行横道的,可以继续通过或者在道路中心线处停留等候。

图5-12 红色箭头信号灯亮时

4)车道信号灯

车道信号灯是由箭头或叉形灯组成,通常设在需要单独指挥的对应车道上方,各灯只对在该车道行驶的车辆起指挥作用。

绿色箭头灯亮时,准许本车道车辆按照指示方向通行;红色箭头灯(或红色叉形灯)亮时,禁止本车道车辆通行,如图5-12所示。

5)方向指示信号灯

方向指示信号灯是指挥机动车行驶方向的专

用指挥信号。由红、黄、绿3种颜色的箭头灯组成,通常设在交通繁忙、需要引导交通流的不规则交叉路口上。

方向指示信号灯(见图5-13)的箭头方向分为向左、向上和向右,分别表示左转、直行和右转。

绿色箭头灯亮时,允许车辆按箭头指示的方向行驶(见图5-14);黄色箭头灯亮时,按原方向行驶的车辆已进入路口的继续通行,没越过停止线的应停在停止线或路口以外(见图5-15);红色箭头灯亮时,禁止车辆向箭头指示方向行驶(见图5-16)。

图5-13 方向指示信号灯组成

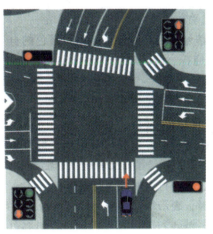

图5-14 向上绿色箭头灯亮时

图5-15 向上黄色箭头灯亮时

图5-16 向上红色箭头灯亮时

6) 闪光警告信号灯

闪光警告信号灯为持续闪烁的黄灯,一般设在危险的路口或路段,也在夜间其他指挥灯停止指挥时使用。它警示车辆、行人通行时注意瞭望,确认安全后通行,如图5-17所示。

7) 道路与铁道平面交叉路口信号灯

道路与铁道平面交叉路口两个红灯交替闪烁或者一个红灯亮时,表示禁止车辆、行人通行;红灯熄灭时,表示允许车辆、行人通行,如图5-18所示。

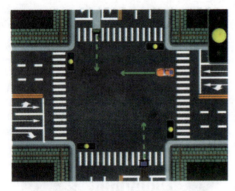

图5-17 闪光警告信号灯亮时

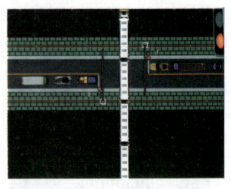

图5-18 道路与铁路交叉路口信号灯

8) 机动车掉头信号灯

机动车掉头信号灯由红、黄、绿3种颜色的"⌒"形箭头灯组成(见图5-19)。绿灯亮时,允许车辆掉头;黄灯亮时,正在掉头的车辆继续完成掉头,未进入掉头的车辆禁止掉头;红灯亮时,禁止车辆掉头。

图5-19 机动车掉头信号灯

3. 交通信号灯例外情况

交通信号灯的一般规则是红灯表示禁止通行;绿灯表示准许通行;黄灯表示警示。但也有例外情况:

(1)绿灯亮时,如交叉路口遇堵塞时车辆不准进入,应依次停在停止线以外等候(见图5-20)。

(2)红灯亮时,如右转弯车辆妨碍被放行的车辆、行人通行,不得右转弯,应依次停在停止线以外等候(图5-21)。

图5-20　绿灯亮时遇交叉路口堵塞时应依次等候

图5-21　红灯亮右转弯车辆不得妨碍被放行的车辆、行人通行

(3)绿灯亮时,转弯的机动车让直行的车辆、行人先行(见图5-22)。

(4)绿灯亮时,相对方向行驶的车辆右转弯机动车让左转弯车辆先行(见图5-23)。

图5-22　绿灯亮时转弯车让直行车先行

图5-23　绿灯亮时右转弯车让左转弯车先行

二、交通标志

1. 交通标志的种类

道路交通标志是用图形、符号颜色和文字向交通参与者传递特定信息,引导道路使用者有序使用道路,用以促进道路交通安全,提高道路运行效率的基础设施,告知道路使用者道路通行权利,明示道路交通禁止、限制、通行状况,公布道路状况和交通状况等信息。

根据2009年5月25日发布的《道路交通标志和标线》(GB 5768.2-2009)标准,将交通标志按其作用可分为主标志和辅助标志两大类,主标志包括警告标志、禁令标志、指示标志、指路标志、旅游区标志、作业区标志和告示标志等7种;辅助标志包括表示时间、表示车辆种类、表示方向、表示区域或距离、表示警告和禁令理由、组合辅助标志等6种,如图5-24所示。

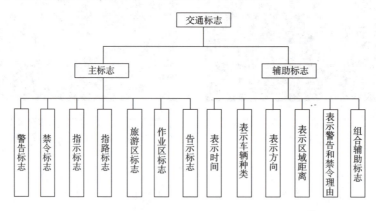

图5-24 交通标志的分类

2.各种交通标志的含义

1)警告标志

警告标志是警告车辆、行人前方有危险的标志,道路使用者需谨慎行动。警告标志的颜色多数为黄底、黑边、黑图案;其形状为等边三角形或矩形,三角形顶角朝上。警告标志共47种。示例如下(见图5-25)。

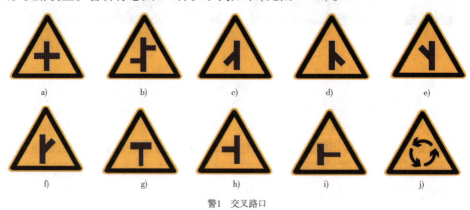

警1 交叉路口

图5-25 警告标志示例(一)

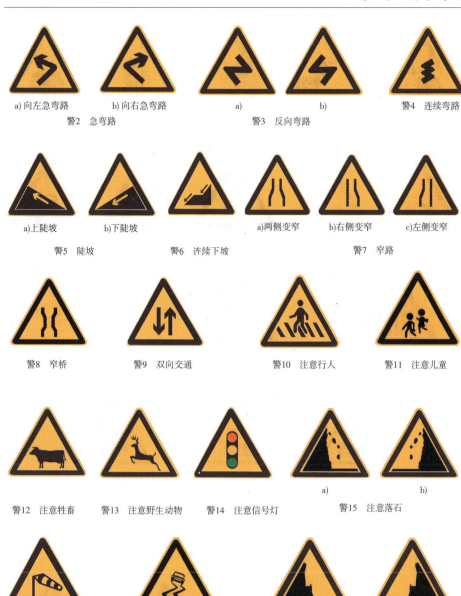

图 5-25 警告标志示例(二)

图 5-25　警告标志示例(三)

a)左右绕行　　b)左侧绕行　　c)右侧绕行　　　　警37　注意危险　　　警38　施工
警36　注意障碍物

警39　建议速度　　警40　隧道开车灯　　警41　注意潮汐车道　　警42　注意保持车距

a)十字平面交叉　　b)丁字平面交叉　　　　警44　注意合流
警43　注意分离式道路

a)　　　　　　　　　　b)　　　　　　　　　c)
警45　避险车道

a)注意路面结冰　　b)注意雨(雪)天　　c)注意雾天　　d)注意不利气象条件　　警47　注意前方车辆排队
警46　注意路面结冰、注意雨(雪)天、注意雾天、注意不利气象条件

图5-25　警告标志示例(四)

2)禁令标志

183

禁令标志表示禁止、限制及相应解除的含义,道路使用者应严格遵守。禁令标志的颜色,除个别标志外,为白底、红圈、红杠、黑图形,图形压杠。禁令标志的形状为圆形,但"停车让行标志"为八角形、"减速让行标志"为顶角向下的倒等边三角形。禁令标志共48种,示例如下(见图5-26)。

图5-26　禁令标志示例(一)

禁26　禁止直行和向左转弯 　　禁27　禁止直行和向右转弯 　　禁28　禁止掉头 　　禁29　禁止超车 　　禁30　解除禁止超车

禁31　禁止停车 　　禁32　禁止长时停车 　　禁33　禁止鸣喇叭 　　禁34　限制宽度 　　禁35　限制高度

禁36　限制质量 　　禁37　限制轴重 　　禁38　限制速度 　　禁39　解除限制速度 　　禁40　停车检查

禁41　禁止运输危险物品车辆驶入 　　禁42　海关 　　禁43　区域限制速度 　　禁44　区域限制速度解除

禁45　区域禁止长时间停车 　　禁46　区域禁止长时间停车解除 　　禁47　区域禁止停车 　　禁48　区域禁止停车解除

图 5-26　禁令标志示例(二)

3) 指示标志

指示标志表示车辆、行人行进的含义，道路使用者应遵循。指示标志的颜色，除个别标志外，为蓝底白图形。指示标志的形状分圆形、长方形和正方形。指示标志共 36 种，示例如下(见图 5-27)。

示1 直行	示2 向左转弯	示3 向右转弯	示4 直行和向左转弯	示5 直行和向右转弯
示6 向左和向右转弯	示7 靠右侧道路行驶	示8 靠左侧道路行驶	示9 立体交叉直行和左转弯行驶	示10 立体交叉直行和右转弯行驶
示11 环岛行驶	示12 单行路(向左或向右)	示13 单行路(直行)	示14 步行	示15 鸣喇叭
示16 最低限速	示17 路口优先通行	示18 会车先行	示19 人行横道	示20 右转车道
示21 左转车道	示22 直行车道	示23 直行和右转合用车道	示24 直行和左转合用车道	示25 掉头车道

示26 掉头和左转合用车道	示27 分向行驶车道	示28 公交线路专用车道		

图 5-27 指示标志示例(一)

示29　机动车行驶　示30　机动车车道　示31　非机动车行驶　示32　非机动车车道　示33　快速公交系统专用车道

a)　b)　c)　d)

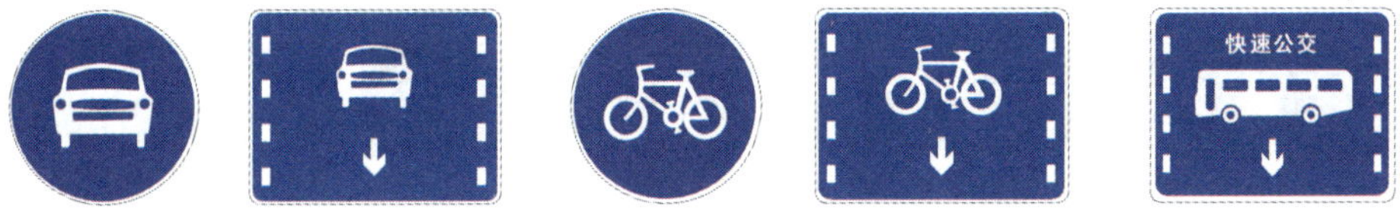

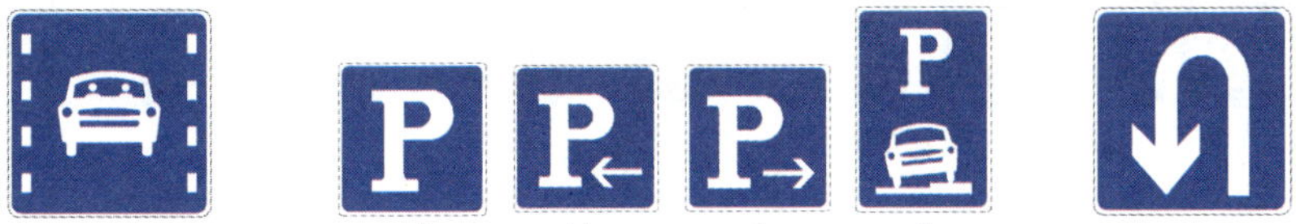

示34　多乘员车辆专用车道　示35　停车位　示36　允许掉头

图 5-27　指示标志示例(二)

4)指路标志

指路标志表示道路的指引,为驾驶员提供去目的地所经过的道路、沿途相关城镇、重要公共设施、服务地点、距离和行车方向等信息。指路标志的颜色,除特殊说明外,一般道路为蓝底、白图形、白边框、蓝色衬边;高速公路和城市快速路为绿底、白图形、白边框、绿色衬边。指路标志共 79 种,示例如下(见图 5-28)。

a)　b)　a)　b)

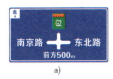

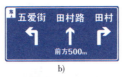

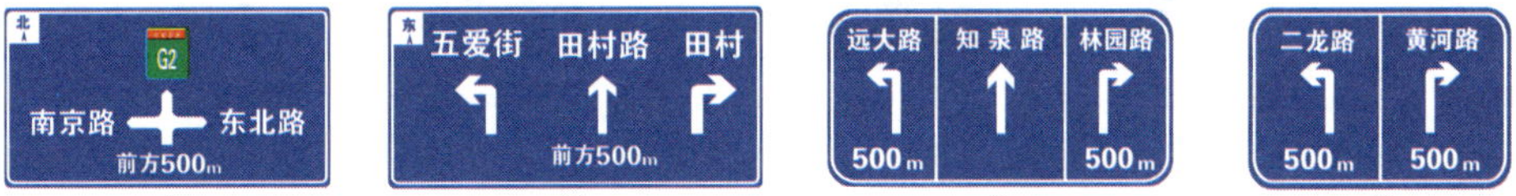

路1　四车道及以上公路交叉路口预告　路2　大交通量的四车道以上公路交叉路口预告

a)　b)

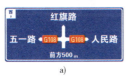

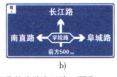

路3　箭头杆上标识公路编号、道路名称的公路交叉路口预告

a)　b)　c)　d)

路4　十字交叉路口

图 5-28　指路标志示例(一)

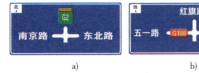

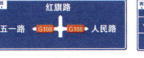

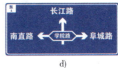

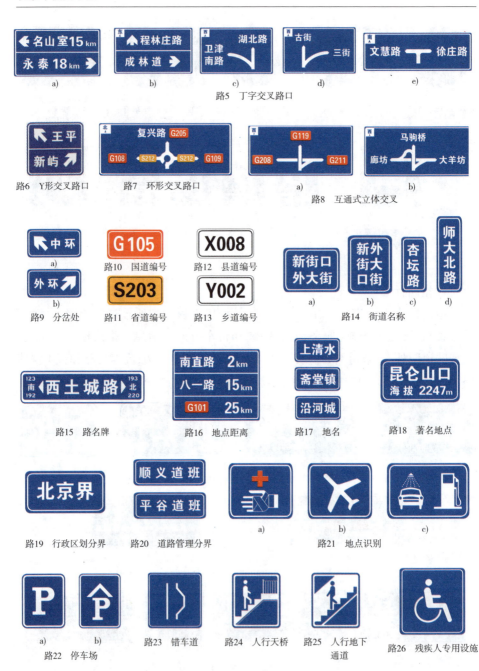

图 5-28 指路标志示例(二)

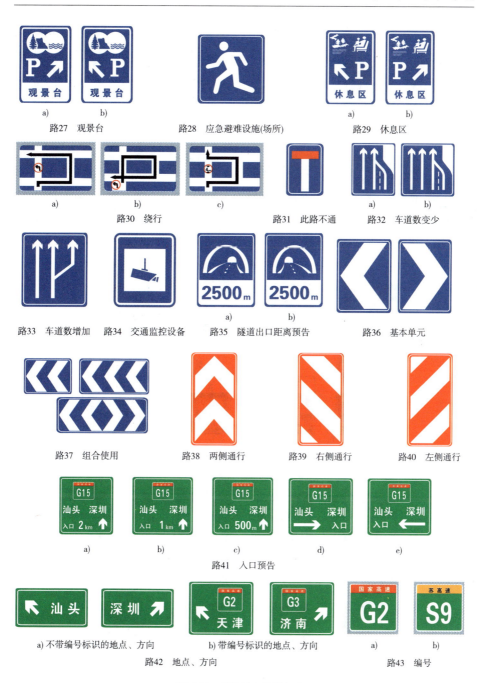

图5-28 指路标志示例(三)

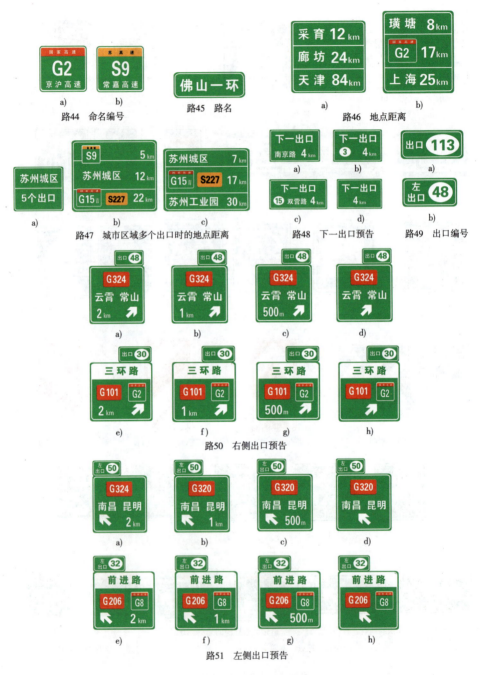

图 5-28 指路标志示例(四)

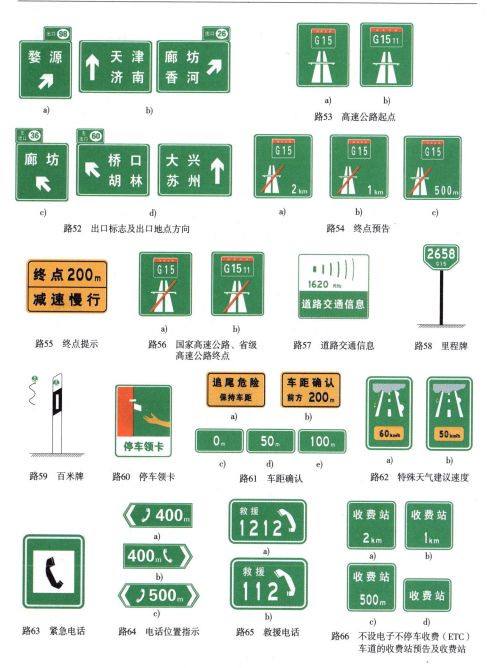

图 5-28　指路标志示例（五）

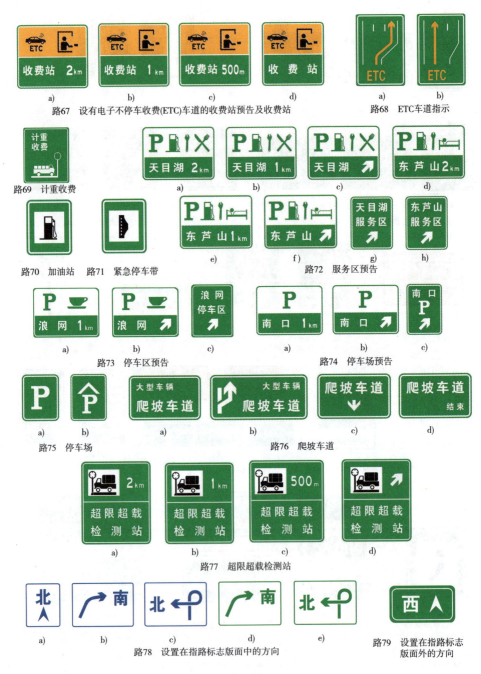

图 5-28 指路标志示例(六)

5）旅游区标志

旅游区标志是为吸引和指引人们前往临近的旅游区，在通往旅游景点的路口设置的标志。旅游区标志颜色为棕色、白色（图形）、白边框、棕色衬边。旅游区标志的形状为矩形。旅游区标志共17种，示例如下（见图5-29）。

图5-29　旅游区标志示例

6）作业区标志

作业区标志用以通告交通阻断、绕行等情况。设在道路施工、养护等路段前适当位置。新的交通标志标准中没有专门的作业区标志，应根据实际情况选择其他标志进行修改或组合，使用时要注意两点：第一，选用其他标志作为作业区标志应进行部分修改调整；第二，必须和其他交通安全设施配合使用。示例见图5-30所示。

图5-30　作业区标志示例（一）

图 5-30 作业区标志示例(二)

7)告示标志

用于解释、指引道路设施、路外设施,或者告示有关道路交通安全法及实施条例的内容。告示标志一般为白底、黑字、黑图案、黑边框,图形可用彩色。设在有助于道路设施、路外设施的使用和指引的位置。告示标志共 9 种,示例如图 5-31 所示。

图 5-31 告示标志示例

8）辅助标志

对主标志起辅助作用。辅助标示的颜色为白底、黑字（图形）、黑边框、白色衬边。辅助标志的形状为矩形。辅助标志必须与主标志配合使用。辅助标志共22种，示例如图5-32所示。

图5-32 组合辅助标志示例

3. 2009年修订的交通标志

2009年7月1日，全国开始实施新修订的《道路交通标志和标线》标准（GB

5768.2—2009）。凡新设（改设）的交通标志有较大的变化,新修订的标准部分在使用期限内逐步更换。

新修订的交通标志标准是强制性标准,较修订前的道路交通标志有较大的变化,新修订的标准部分内容如下：

1）新增加的交通标志

（1）新增加的交通标志的基本图形如图 5-33 所示。

图 5-33　新增交通标志的基本图形

（2）新增加的警告标志如图 5-34 所示。

图 5-34　新增加的警告标志（一）

注意分离式道路　　　　　　　　注意合流

避险车道

注意路面结冰　　注意雨雪天　　注意雾天　　注意不利气象条件　　注意前方车辆排队

图 5-34　新增加的警告标志（二）

(3) 新增加的禁止标志如图 5-35 所示。

禁止电动三轮车驶入　禁止三轮低速货车驶入　　　表示在限定的范围禁止停车

区域限　　区域限制　　区域禁止　　区域禁止长　　区域禁　　区域禁止
制速度　　速度解除　　长时停车　　时停车解除　　止停车　　停车解除

图 5-35　新增加的禁止标志

(4) 新增的指示标志如图 5-36 所示。

快速公交系统专用车道　　　　　　多乘员车辆专用车道

图 5-36　新增的指示标志

(5) 新增加的指路标志如图 5-37 所示。

图 5-37 新增加的指路标志

(6) 新增加的告示标志如图 5-38 所示。

图 5-38 新增加的告示标志

2)修改的交通标志

(1)种类修改。种类修改共有两种情况(见图5-39)。

①原指路标志中的合流诱导标志改为警告标志中的注意合流标志。

②原指路标志中的连续下坡改为警告标志中的连续下坡。

原合流诱导标志　　　注意合流标志　　　原连续下坡标志　　　新连续下坡标志

图5-39　交通标志种类修改示例

(2)内容修改。内容修改是指新老标志图案不变,但表示的内容发生了变化(见图5-40)。标志一:老标准表示禁止汽车拖、挂车驶入,新标准表示禁止挂车、半挂车驶入;标志二:老标准表示禁止三轮机动车驶入,新标准表示禁止三轮汽车、低速货车驶入;标志三:老标准表示禁止二轮摩托车驶入,新标准表示禁止摩托车驶入。

标志一　　　　　　　标志二　　　　　　　标志三

图5-40　交通标志内容修改示例

(3)图案修改。新标准修改了禁止小型客车通告标志图案(见图5-41a)、图5-41b)。

原禁止小型客车驶入　新禁止小型客车驶入　　原分向行驶车道　　　新分向行驶车道

a)通告标志图案修改　　　　　　　　　b)分向行驶标志图案修改

图5-41　交通标志图案修改示例

新标准还修改了分向行驶标志图案。

（4）名称修改。原禁止车辆临时或长时间停放标志改为禁止停车标志（见图5-42）。

原禁止车辆临时或长时停放　　　　新禁止车辆停放

图5-42　交通标志名称修改示例

3）删除的交通标志

删除的交通标志如图5-43所示。

a)分流诱导标志　　　b)禁止农用运输车驶入标志　　　c)大型车靠右

图5-43　删除的交通标志示例

4）细化的交通标志

（1）细化的交叉路口标志如图5-44所示。

图5-44　细化的交叉路口标志

（2）细化的停车场和停车位标志如图5-45所示。

图 5-45　细化的停车场和停车位标志

三、交通标线

1. 交通标线的种类

道路交通标线是引导道路使用者有序使用道路,以促进道路交通安全,提高道路运行效率的基础设施,用于告知道路使用者道路通行权利,明示道路交通禁止、限制、遵行状况,告示道路状况和交通状况等信息。

交通标线是由标画或安装于路面上的各种线条、箭头、文字、图案及立面标记、实体标记、突起路标和轮廓标构成的交通设施。它的作用是向道路使用者传递有关道路交通的规则、警告、指引等信息。

交通标线可以单独使用,也可以与其他标志配合使用。交通标线按功能分为指示标线、禁止标线和警告标线三类。交通标线共 75 种。

2. 各种交通标线的含义

1）指示标线

指示标线是指示车行道、行车方向、路面边缘线、人行道、停车位、停靠站及减速丘等的标线。

2）禁止标线

禁止标线是告示道路交通的通行、禁止、限制等特殊规定,机动车驾驶员和行人需严格遵守的标线。

3）警告标线

警告标线是促使机动车驾驶员和行人了解道路变化的情况,提高警觉、准确防范、及时采取应变措施的标线。

3. 新修订的交通标线

2009年7月1日,全国开始实施新修订的《道路交通标志和标线》标准(GB 5768.2—2009)。凡新设(改设)的交通标线按新标准实施,已按老标准设置的交通标线应在使用期限内逐步更换。

新修订的交通标线是强制性标准,较修订前的道路交通标线有较大的变化,新修订的标准部分内容如下:

1）交通标线形式和颜色的含义

（1）白色虚线:画于路段中时,用以分隔同向行驶的交通流;画于路口时,用以引导车辆行进(见图5-46a)。

（2）白色实线:画于路段中时,用以分隔同向行驶的机动车、机动车和非机动车,或指示车行道的边缘;画于路口时,用作导向车道线或停止线,或用以引导车辆行驶轨迹;划为停车位标线时,指示收费停车位(见图5-46b)。

a) 白色虚线　　　　　　　　　　b) 白色实线

图5-46　白色标线

（3）黄色虚线:画于路段中时,用以分隔对向行驶的交通流或作为公交专用车道;划于交叉口时,用以告示非机动车禁止驶入的范围或用于连接相邻道路中心线的路口导向线;画于路侧或缘石上,表示禁止路边长时间停放车辆(见图5-47a)。

（4）黄色实线:画于路段中时,用以分隔对向行驶的交通流或作为公交车、校车专用停靠站标线;画于路侧或缘石上时,表示禁止路边停放车辆;画为网格线时,表示禁止停车的区域;画为停车位标线时,表示专属停车位(见图5-47b)。

图 5-47 黄色标线

（5）双白虚线：画于路口，作为减速让行线（见图 5-48）。

（6）双白实线：画于路口，作为停车让行线（见图 5-49）。

图 5-48 双白虚线　　　　　图 5-49 双白实线

（7）白色实线：用于指示车辆可临时跨线行驶的车道边缘线，虚线侧允许车辆临时跨越，实线侧禁止车辆跨越（见图 5-50）。

（8）双黄实线：画于路段中，用以分隔对向行驶的交通线（见图 5-51）。

图 5-50 白色虚实线　　　　　图 5-51 双黄实线

（9）双黄虚线：画于城市道路路段中，用于指示潮汐车道（见图 5-52）。

（10）双黄虚实线：画于路段中时，用以分隔对向行驶的交通线，实线侧禁止车辆越线，虚线侧准许车辆临时越线（见图 5-53）。

图 5-52 双黄虚线　　　　　图 5-53 双黄色虚实线

（11）橙色虚实线：用于作业区标线（见图 5-54）。

（12）蓝色虚实线：作为非机动车专用道标线，画为停车位标线时，指示免费停车位（见图 5-55）。

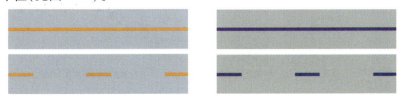

图 5-54 橙色虚实线　　　　　图 5-55 蓝色虚实线

2）新增加的标线示意如图 5-56 所示

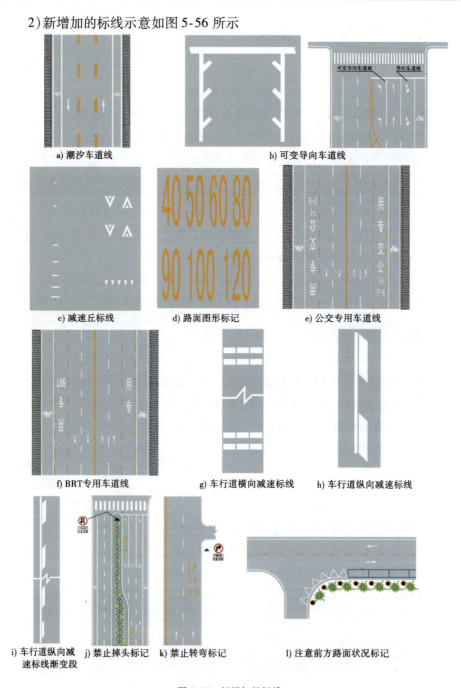

图 5-56 新增加的标线

3) 改变名称的标线

(1) 原禁止超车线改为禁止跨越对向车行道分界线,明确禁止跨越对向车道分界线一般在道路中线上,但不限于一定设置在道路几何中心线上,并增加了图 5-57 示例。

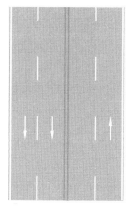  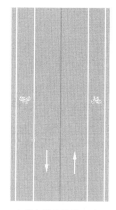

a) 双黄实线禁止跨越对向车行道分界线　　b) 黄色虚线禁止跨越对向车行道分界线　　c) 黄色单实线禁止跨越对向车行道分界线

图 5-57　原禁止超车线改为禁止跨越线

(2) 原禁止路边临时或长时间停放车辆线改为禁止停车线,如图 5-58 所示。

a) 原禁止路边临时或长时间停放车辆线　　b) 禁止停车线

图 5-58　原禁止路边临时或长时间停放车辆线改为禁止停车线

(3) 原高速公路车距确认线改为车距确认线,并确定了新的车距确认线(见图 5-59)。

(4) 原港湾式停靠站标线改名为停靠站标线,停靠站标线包括港湾式停靠站标线和路边式停靠站标线,并增加了公交车专用停靠站标线(见图 5-60)。

4) 改变图案的标线

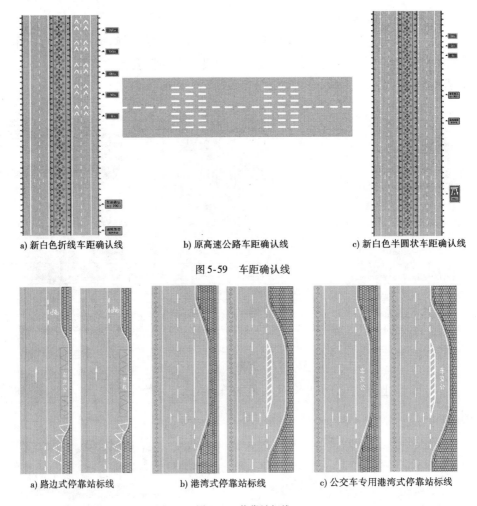

图 5-59 车距确认线

图 5-60 停靠站标线

取消原左转弯待转区线中的路面文字,用左转弯箭头代替(见图 5-61)。

5) 细化的标线

(1) 细化的停车位标线(见图 5-62)。新标准不仅细化了停车位标线,而且用不同颜色表示停车位属性,停车位标线颜色为蓝色表示免费停车位;为白色时表示收费停车位;为黄色时为专属停车位。

(2) 细分的人行横道线(见图 5-63)。人行横道线为白色平行粗实线(又称斑马线),既表示一定条件下准许行人横过道路的路径,又警示机动车驾驶员注意行人和非机动车过街。

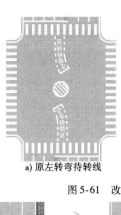

a) 原左转弯待转线　　　　　b) 新左转弯待转线

图 5-61　改变图案的标线示例

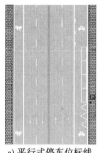 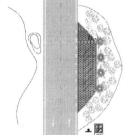 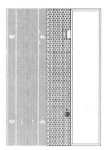

a) 平行式停车位标线　　b) 倾斜式停车位标线　　c) 垂直式停车位标线

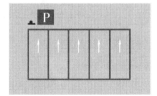 

d) 固定停车方向停车位标线　　　　e) 残疾人专用停车位标线

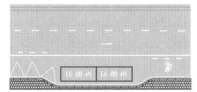 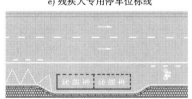

f) 出租车专用待客停车位标线　　　g) 出租车专用上下客停车位标线

 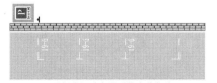

h) 非机动车停车位标线　　　　i) 平行式机动车限时停车位标线

图　5-62

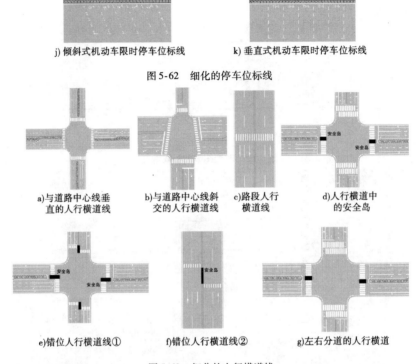

图5-62 细化的停车位标线

图5-63 细分的人行横道线

4.交通警察的指挥

交通警察的指挥最具有权威性,所有车辆和行人必须按警察发出的信号行驶。交通警察的指挥分为手势信号和使用器具的交通指挥信号。

1)交通指挥手势信号

(1)直行信号(见图5-64a)。左臂向左平伸,掌心向前,右臂向右平伸,掌心向前,向左摆动,准许右方直行的车辆通行。

(2)停止信号(见图5-64b)。左臂向前上方直伸,掌心向前,不准前方车辆通行。

(3)左转弯信号(见图5-64c)。右臂向前平伸,掌心向前,左臂与手掌平直向右前方摆动,掌心向右。准许车辆左转弯,在不妨碍被放行车辆通行的情况下可以掉头。

(4)变道信号(见图5-64d)。右臂向前平伸,掌心向左,右臂向左水平摆动。车辆应当腾空指定的车道,减速慢行。

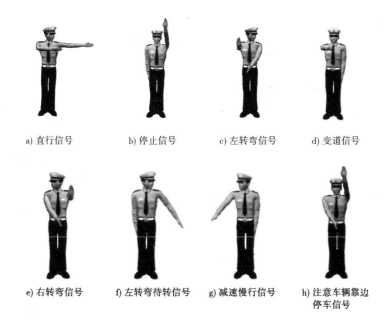

图 5-64 交通警察指挥的手势信号

（5）右转弯信号（见图 5-64e）。左臂向前平伸，掌心向前；右臂与手掌平直向左前方摆动，掌心向左。准许右方的车辆右转弯。

（6）左转弯待转信号（见图 5-64f）。左臂向左下方平伸，掌心向下，左臂与手掌平直向下方摆动：准许左方左转弯的车辆进入路口，沿左转弯行驶方向靠近路口中心，等候左转弯信号。

（7）减速慢行信号（见图 5-64g）。右臂向右前方平伸，掌心向下；右臂与手掌平直向下方摆动。车辆应当减速慢行。

（8）示意车辆靠边停车信号（见图 5-64h）。左臂向前上方平伸，掌心向前，右臂向前下方平伸，掌心向左，右臂向左水平摆动。车辆应当靠边停车。

2）使用器具的交通指挥信号

交通警察在夜间及雨、雪、雾等光线较暗或照明条件差的天气条件下执勤时，可以用右手持发光指挥棒指挥交通。要求是，右手持发光指挥棒始终与右臂处于同一条直线，动作与以上 8 种手势信号一致。指挥棒具有交通警察指挥交通的同等法律效能。

第五节　安全驾驶策略

安全驾驶策略高于安全驾驶技巧,且具有创新性和前瞻性。当前较倡导的安全理念、意识、技术措施等有以下几点。

一、交通安全意识的养成

交通安全意识主要包括社会责任意识和遵章守法意识。交通安全意识应该自始至终贯穿于安全驾驶活动中,它包含人的心理素质、伦理道德观念以及人的认知方式和行为习惯等。

1. 安全意识的三种境界

安全意识与个人的社会责任感、驾驶道德、操作技能、对道路交通法规的遵守以及道路安全知识的掌握与运用程度有关。其中,社会责任感是决定驾驶员安全意识的重要因素。安全意识的三种境界的特点,见表5-2。

安全意识的三种境界　　　　　表5-2

境　界	特　点	原　因
初级境界	在参与交通的过程中,以不发生交通事故作为行为准则,常会出现一些违规的行为	社会责任感不强; 不具备良好的驾驶道德; 对道路交通法规的理解不足; 对交通情况的把握能力不够
中级境界	不仅注意安全行车,尽量避免交通事故的发生,而且能控制自己的行为,不影响道路交通的安全性	有一定的社会责任感; 基本具有礼让他人的文明行车意识; 对道路交通法规有一定的理解; 对交通情况有一定的把握能力; 具有高度的社会责任感; 具有良好的驾驶习惯和礼让他人的文明行车意识
高级境界	不仅能自觉地保证道路交通的安全性和畅通性,而且能时刻从交通的全局考虑问题	对道路交通法规有非常深刻的理解和运用能力; 对交通情况有很好的把握能力

2. 三条安全驾驶的黄金原则

(1) 集中注意力。是指在各种交通情况和外界干扰条件下,驾驶员始终能集中注意力观察车辆周边的交通情况的能力。行车过程中时刻伴随着各种风险,驾驶员瞬间的粗心大意都有可能酿成交通事故,因此,驾驶员的注意力是否集中对于安全驾驶至关重要。

(2) 仔细观察。是指驾驶员集中注意力对周边的交通情况先进行观察,是安全驾驶的前提和基础。要求驾驶员善于从最佳角度纵观全局,合理分配和转移注意力,准确及时地洞察来自各方的交通风险。

(3) 提前预防。是指驾驶员在驾驶过程中,及时预测潜在的危险,并提前采取合适的应对措施。提前预防首先要求驾驶员必须能够觉察和正确判断潜在的危险,其次是对可能出现的危险及时做出正确的反应,采取预见性驾驶措施。

3. 五个安全驾驶理念

驾驶员安全行车不仅要有娴熟的驾驶技能,更要有强烈的安全意识和崇高的安全驾驶理念。驾驶员安全驾驶理念包括:安全第一、安全礼让、安全同化、安全控制和安全防撞的理念,见表5-3。

安全驾驶理念的含义　　　　　　　　表5-3

理念	含义
安全第一	指驾驶员具有强烈的社会责任,把国家和他人的生命财产牢记心头,放在至高无上的位置
安全礼让	指驾驶员在驾驶中遇到影响道路通行的行为或受到其他车辆和行人干扰时,为防止交通堵塞和交通事故而主动采取的避让措施。其核心是有理也让人
安全同化	指以自己的安全行为影响、带动、引导其他人的交通行为,使其树立安全意识,自觉遵守道路交通安全法规
安全控制	指驾驶员在行车中控制自己和控制车辆的意识和能力,简称"两个控制"
安全防撞	指驾驶员在行车中不仅不碰撞其他车辆和行人,而且要严防被其他车辆碰撞

4. 安全意识的培养途径

人的道路交通安全意识不是从天上掉下来的,也不是头脑中固有的,而是在道路交通参与中经过长期培养逐渐形成的。

(1) 要增强社会责任感,时刻把国家财产和人民生命安全放在首位。
(2) 要加强安全知识学习,熟悉道路交通安全法律、法规和安全知识。
(3) 要运用事故进行警示,认清交通事故的严重危害。
(4) 要注意加强自我控制,保持安全意识持续稳定。

5. 确立"事故是可以预防的"安全观念

世界著名的"海因里希法则"告诉我们:每一起严重的事故的背后,必然有29次轻微事故和300起未遂先兆,以及1000起事故隐患。这说明任何一起事故都是有原因的,有先兆的,也说明了安全行车是可以控制的,安全事故是完全可以避免的。

无数事实反复告诫我们,将安全管理的重心从事后处理转变到事前预防和过程监督上来,是安全管理的关键点。为此,我们倡导和灌输"事故是可以预防的"安全观念。真正做到及时排查并消除隐患,及时并控制征兆,及时避免并减少轻微事故,从而杜绝重大事故,切实保障安全驾驶。

二、车辆主、被动安全技术的运用

在汽车100多年的发展史中,有关汽车安全性能的研究和新技术的应用也发生了日新月异的变化。从最初的保险杠减振系统、乘客安全带系统、安全气囊、汽车碰撞试验、车轮防抱制动系统(ABS)、驱动防滑系统(ASR)到无盲点无视差后视镜及儿童座椅系统的研究,汽车的行车安全性能正日趋完善。一批批有关汽车安全的前沿技术、新产品陆续投入使用。毫无疑问,这也是安全驾驶策略之一。

1. 主动安全技术

车辆主动安全技术是避免发生交通事故的各种车辆技术措施的统称,目的是为"防止事故"。

主要的技术系统有:防抱死制动系统(ABS)、驱动防滑控制装置(ASR)、电子稳定系统(ESP)、巡航控制系统(CCS)、间距检测系统、缓速器、车道偏离系统(LDWS)、胎压检测系统、前碰撞预警系统、疲劳检测系统、汽车规避系统、驾驶员瞌睡预警系统、发动机火警预报系统、前照灯自动调整系统、盲区监控系统(BSD)、道路交通信息引导系统(ACC)、自动制动系统、紧急呼叫(SOS)停车系统等。

2.被动安全技术

车辆被动安全技术是在交通事故发生后,避免或减轻对人员及车辆损害程度的各种车辆技术措施的统称,目的是为了"减轻事故后果"。车辆被动安全技术主要包括安全带、安全气囊、吸能式转向柱及安全车身等。

三、《行车安全学》的创立与研究

安全驾驶就是安全行车,"安全行车"没有专门学科。查遍百度搜索网,有关安全学科的论述,尤以企业、工程的安全学科应有尽有,唯独没有《安全行车学》。

可现实是我国交通安全形势十分严峻。汽车保有量逐年快速递增,汽车驾驶员人数逐年快速递增。交通事故的绝对数居世界之最,相对指标明显高于世界平均水平。所有人都在想,为什么流血之后还要流血?为什么前车之覆不能被后车借鉴?为什么血的教训还要用血来验证?总之,为什么不能最有效地避免和减少事故的发生,达到安全行车的目的?这是摆在我们面前的全局性、现实性及迫切性很强的研究课题。

唯物主义认为,人类发展的历史过程,就是制造和使用工具的过程。人类必须用自己的智慧,在使用交通工具上下功夫,去研究和发掘科学的、现代的和安全的使用交通工具的科学理论知识和技术手段方法,指导人们,为人类造福。从而消除在使用交通工具过程中的失误带来的危害,实现行车安全。

再从内外因观点分析,驾驶员行车安全素质问题,是道路交通这个事物发展的内因,交通管理和法规是外因,庞大的公安交通警察队伍,像"猫和老鼠"的关系一样,死死地管理着驾驶员怎样行车,而尚未解决驾驶员们自己要怎么做?这便是"要我做"和"我要做"的内外因的辩证关系。实际上,"要我做"和"我要做"都是实现安全行车不可缺少的决定性因素,但更重要的是驾驶员自身的安全行车的内部决定性,即没有逆反心理的、自负自愿的、主动积极地自我控制的安全行车。

现实中,要驾驶员怎么做的问题已基本得到解决,"史上最严交规",处罚条款已经到了无以复加的程度。例如,前几年的机动车强装防雾灯,2013年出台的闯黄灯处罚条款缺乏可执行性等事例就是证据。但尚未解决的是驾驶员队伍中每位成员自己要怎么做的问题。这就需要设立专门的、实用的、系统的研究学科和研究课题。

《安全行车学》的创立和研究，必将极大限度地调动广大驾驶员的内部积极性，对维护行车安全负起社会责任，自觉集中注意力，提前预防，谨慎驾驶，文明行车。最大可能地避免行车事故，造福道路参与者，保障交通安全，稳定社会，推动祖国经济建设。

第六节　常见行车故障与排除

汽车常见故障诊断方法包括现代诊断及直观诊断两种方法。

1. 现代诊断法

现代诊断法是利用测试仪表和检验设备等手段来检测汽车或各总成的技术状态，如发动机故障电脑显示仪、各种解码器，由电子计算机进行数据处理，以及由室内模拟道路条件的试验机等对故障进行科学诊断。它可以在总成不解体的情况下，通过仪表准确地测出有关技术数据，从而较快地判断出故障所在。

采用现代诊断法还能发现故障隐患，并能预测出总成或部件的使用寿命，但设备过于庞大，成本昂贵。我国汽车特别是家庭轿车技术含量已逐步和国际接轨，随着国家环保政策的实施，电子喷射装置及其他电子系统的应用已非常普遍，对其故障的检查诊断与排除必须通过现代诊断技术和设备来进行。这是维修技术发展的必然，也是维修技术水平进步的标志。

2. 直观诊断法

人工直观诊断法概括起来主要是用看、嗅、听、摸的方法进行判断。

一"看"，就是了解发生故障的情况，须了解故障发生前后车辆的状况（征兆）。

二"嗅"，就是起动车辆后，用鼻子嗅车辆故障部位散发出的异味，以此来判断分析故障的原因。

三"听"，即用耳朵听车辆故障部位发生的异响大小和特征，以此来判断故障原因及损失部件。

四"摸"，即用手摸或感觉某些传动部件的温度来判断故障原因或损坏情况。

直观诊断具有快速、直接的优点，对维修车辆实施作业前，应该先由有经验的维修工人实施该诊断方法,从而大致确定故障种类和部位,但该种诊断方法对维修工人经验要求较高,对高档车辆具体故障部位和原因的确认还须实施现代诊断方法。

(一)汽车故障应急排除的基本方法

汽车行驶途中,故障急救的基本方式为修、代、堵、补、绑、断、短、减、换。在具体应用时,可采用其中的一种方法或几种方法,以达到急救的目的。当排除一个故障可采用几种方法时,应择优选用以最快、最省、最保险的方法。具体分述如下:

(1)"修"——对于故障零件,在条件允许的情况下,且保证修复后能可靠应急行驶的前提下,应采用此法。例如汽车油底壳碰擦地面后破裂,可清理破裂处后用易拉罐皮和万能胶粘接堵漏,这就属于修。

(2)"代"——某一部件损坏导致不能正常行驶时,可用车上不影响行驶的部件代替,或就地取材自制零件来代替。如用皮带、背包带编制自制风扇皮带来代替损坏的风扇皮带等。

(3)"堵"——即对漏油、漏水、漏气采用堵塞法。如油箱渗漏可用环氧树脂胶粘补或是涂抹;有穿孔,可用木塞堵住,必要时用铁丝或绳等捆牢。

(4)"补"——就是增补法,在机件损坏一部分时,或配合间隙过大时,可考虑增补一部分其他件,如油管破损而又无法堵住时,可将损坏的部分剪下,用橡皮管等套在油管两端使其导通。

(5)"绑"——就是包扎或捆绑法。当出现需要紧固和复原处理的故障时,可考虑用绳索、铁丝、木棒等贴敷绑扎。如转向横拉杆断裂,可用木棒贴敷后用铁丝捆绑,再将两端拉紧后维持使用。

(6)"断"——即将损坏的电路或是气路断开。如某处导线搭铁放电,一时又难以排除,可将其火线悬空断电,只给点火系供电;又如双管路气压制动系中漏气且影响制动系工作时,可将此气路断开而保证另一气路的制动有效等。

(7)"短"——一般是对电路零件而言。如电路中某个元件损坏,既不能修复又无零件可换,则在允许的前提下,将其短路相接,即为短路法。如点火线圈中热敏电阻损坏,便可以采用短路法,保证发动机的正常工作。

(8)"减"——即对其损坏的机件,在不影响行驶的前提下拆除。如发电机损坏,可将其拆下,将调节器与电源间的通路切断,只以蓄电池向点火系供电。

再如气门折断,可将该缸的气门调节螺钉拆下,保持气门关闭,这相当于减去一缸工作。

(9)"换"——就是换备件。长途出车时可多带一些易损备件,以便应急更换。此法固然简单,但毕竟受到限制。

值得注意的是,上述措施一般应在保证安全的情况下应急采用,应急后的驾驶更要谨慎。对于可以找到救援维修的地方,应首先考虑呼救,请专业维修人员维修,对没有经验的驾驶员更应如此。

(10)发动机不能起动或起动困难的诊断与排除。发动机不能起动(或起动困难)其原因不外乎起动系统、点火系统、燃料供给系和发动机本体四大部分存在故障。通常,应按照先检查电路后检查油路的原则来进行,这样可收到事半功倍的功效。发动机不能起动(或起动困难)故障诊断、排除的程序如图5-65所示。

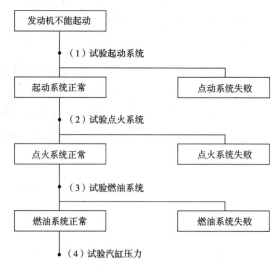

图5-65 发动机不能起动时故障诊断排除程序

(二)汽车故障诊断与排除

1.起动系统故障诊断及排除

起动系统主要包括蓄电池、蓄电池接线、起动机和点火开关等部件。检查时,首先打开点火开关,使起动机带动发动机转动,假如能够很顺利地使发动机转速达到起动转速,则说明起动系统处于良好技术状态,这时可依程序所列继续做点火系统的测试;如果发动机不能转动或转速不正常,则必须对起动机系统做细致的检查,其检查程序和项目如图 5-66 所示。

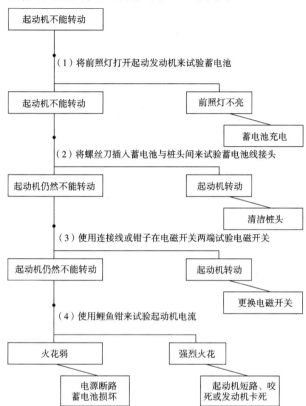

图 5-66　起动系统故障排除程序

(1)蓄电池测试。蓄电池的功用是供给起动机、灯光、点火系统和其他附属电器所需的电源。如果起动机无法带动发动机旋转至起动转速,其故障原因可能是蓄电池无电或已经损坏。其次还可以将前照灯打开,然后用起动机带动发动机旋转,察看前照灯亮还是不亮;如果不亮,则表示蓄电池容量不足。另外,判断蓄电池失效的方法是:通常无法使起动机带动发动机转动的蓄电池,即使是刚刚经过充电,带动发动机旋转的时间也相当短。

(2)蓄电池接线与桩头测试。有时候蓄电池接线与蓄电池桩头之间连接松动导致接触不良,也会形成电阻过大,致使无法使发动机旋转。此时,可使用一字螺丝刀插入蓄电池接线与桩头之间做紧密接触,然后尝试使用起动机带动发动机转动。如果发动机转动正常,说明是接触不良造成的,此时将蓄电池线接头从蓄电池桩头上拆下,并彻底地清洁后紧固好即可。

(3)点火开关测试。在检查点火开关是否失效时,可找一根适当长的电线,跨接于起动机 B 线与 S 线头之间,如果起动机转动,则表示点火开关 S 线头无电流,可能是点火开关 St 线头与起动机 S 线头电线断路。

另外,也可用这根电线跨接于点火开关 B 线头与 St 线头之间来测试,如果起动机转动,则表示点火开关有故障。

使用粗的电线或螺丝刀,将起动机 B 线头与 M 线头连接起来,如果起动机转动,则表示电磁开关损坏;如果起动机不转,则表示起动机内部损坏。

(4)起动机测试。使用粗的电线或螺丝刀,将起动机 B 线头与 M 线头连接起来,察看所产生的火花状况:如果产生的火花很大而起动机又没有转动,则故障原因可能是起动机小齿轮与飞轮环齿轮卡住、内部短路或者是发动机本体有卡滞现象,如果产生的火花很小或没有火花,则故障原因可能是起动机内部断路或是没有电流(或电流太弱),则故障原因可能是蓄电池损坏或蓄电池接线与桩头接触不良及起动机内部换向器有油污。

2. 点火系统故障诊断及排除

点火系统的作用是定时点燃汽缸中的可燃混合气;没有火花或火花微弱都将造成发动机无法起动。

点火系统主要分低压电路和高压电路两部分,主要包括火花塞、高压线、点火线圈、电容器和分电器等部件。

检查故障时,先将任何一缸火花塞高压线拔下,使插头端距缸体 1cm 左右,打开点火开关,起动发动机。如有火花产生,则表示点火系统良好,这样可依程序所列继续做燃料系统的测试;如果无火花产生或火花微弱,则表示点火系统有故障,必须进行检查,其检查程序如图 5-67 所示。

(1)低压电路测试。打开分电器盖,取下分火头,转动风扇皮带或用起动机带动发动机转动,使分电器中的断电触点闭合。然后打开点火开关,拔下分电器盖中央高压线,用手握持使其距缸体 1cm 左右。然后再用螺丝刀或手指来扳动断电臂使断电触点作张开、闭合动作。此时如果有强烈火花从高压线末端跳动,则表示点火系统低压电路作用正常;如果没有火花或火花微弱,则表示低压电路有故障。

(2)断电触点测试。转动发动机,使断电触点张开来测试断电触点的状态。

测试低压电路:滑动螺丝刀,使断电臂与断电底板接触。此时,如果在高压线末端有强烈火花跳过,则表示断电触点不良;如果没有火花或火花微弱,则表示低压电路有故障。

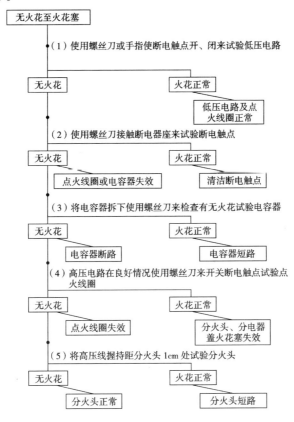

图5-67 点火系统故障诊断排除程序

(3)电容器测试。可以使用断电触点的测试方法来检查电容器短路。即当使用螺丝刀将断电臂与断电底板接触时,如螺丝刀尖端没有火花,则说明电容器短路或断路。为了更进一步判断,可以将电容器拆下来使其悬空(不与分电器外壳等金属接触),然后使断电触点张开,再使用螺丝刀重复在断电臂与断电底板之间接触。如果在螺丝刀尖端有火花产生,则表示电容器短路;如果没有火花产生,则表示低压电路中有断路,此时必须检查低压电路中各零件接头的连接状况。

(4)高压电路测试。高压电路的测试必须在低压电路处于技术状态良好

（或已修好）情况下进行。测试时，转动发动机使断电触点闭合，然后打开点火开关，用手握持点火线圈至分电器盖的高压线，使其末端距缸体1cm左右，然后用手或螺丝刀扳动断电触点使其开、闭。如果在高压线末端没有火花跳过或火花微弱，则表示高压线圈或高压线本身不良；如果有火花，则表示故障出在分电器盖、分火头或火花塞。

从火花塞上拆下另外一根高压线来更换，重新按照上述方法测试，就可确定是高压线损坏还是点火线圈损坏了。

（5）分火头测试。将分火头装回分电器凸轮轴上，用手握持点火线圈之高压线，使其距离分火头1cm左右，然后按高压电路的测试方法使断电触点张开、闭合，察看有无火花从高压线末端跳过。如果有火花跳过，则表示分火头漏电；如果没有火花跳过，则表示分电器盖损坏（查看有无裂痕等现象）。

分电器断电触点因烧蚀而产生的火花微弱，可造成起动困难。此时应打磨断电触点，或更换新件。

3. 燃料系统故障诊断及排除

汽油机燃料系统的作用是：把汽油和空气按一定比例混合成可燃混合气并送入汽缸，以备燃烧。它主要包括燃料箱、汽油泵和燃油电控喷油系统等部件。其故障原因可分为不供油和电控喷油系统两类。

4. 发动机异响故障的诊断与排除

它主要是由机件磨损松旷、配合间隙过大、装配不当、润滑不良或使用不合理所致，应及时检修。

发动机异响的诊断，须依靠平时对车辆特性的熟悉程度，以及较长时间的实际锻炼，方能达到较为准确的判断。常见的发动机异响及判断方法如下：

1）活塞敲缸响（俗称敲缸）

它是一种清脆有节奏的金属敲击声。产生的主要原因是汽缸与活塞间隙过大，使活塞在汽缸内摆动产生撞击声。冷车时响声大，热车较轻或消失。这种敲击声如仅发生在冷车时，尚可继续行驶；如在走热后连续发生敲击声，则不能继续使用，而应进厂检修。

检查方法是：把发动机转速控制在声响最明显的范围内，用螺丝刀将火花塞逐缸搭铁断火或在该缸内加入少量黏度大的润滑油，若该缸响声减弱或消失；说明该缸异响。

2) 气门响

它是一种清脆而有节奏的连续声响,是气门与挺杆间隙过大所致。利用"断火"的方法不能使之消除,响声在气门室一侧较为明显。

检查时,拆下气门室盖,发动机怠速运转时察听气门响声和观察润滑油飞溅情况,判断是哪一缸响;用厚薄规插入气门间隙,当响声减弱或消失,就是该气门脚有异响。

3) 曲轴主轴承响(俗称大瓦响)

它是一种粗重发闷的金属敲击声,其产生的原因是曲轴主轴颈及轴承磨损过多或轴承烧蚀使间隙增大。发动机转速越快,响声越大;在突然加速时,声音更为突出,甚至出现发动机机体振抖。发动机出现这种故障后,应立即停止使用,并进厂进行修理。

检查时,可反复改变发动机转速或突然加速,并从加润滑油口处察听,凭经验判断是否是曲轴主轴承响;要判断是哪一道轴承响,可将可疑轴承前后相邻的两缸"断火",若响声明显减小,则说明该道轴承响。

4) 连杆轴承响(俗称小瓦响)

连杆轴承响声是缓和而又短促的金属敲击声,比主轴承的响声轻,主要是由轴承与连杆轴颈间隙过大引起的。突然加速或在有负荷状态下(如载重爬坡),响声明显加剧;"断火"后响声明显减弱或消失;发动机温度升高后,响声无明显变化。发生这种故障的发动机,不应再继续使用,否则将产生严重的机件损伤事故。

检查时,可利用"断火"的方法,确定是哪一缸有异响,即该缸"断火"后,响声减弱或消失;在"复火"的瞬间,明显恢复响声并发出"当"的一声。

5) 活塞销响

它是一种较尖锐、清脆、有节奏的金属敲击声。产生的原因是活塞销与销孔或连杆衬套的配合松旷。怠速运转时响声比较明显、清晰;发动机温度升高后,响声减弱或消失;利用"断火"法试验时,响声明显减弱或消失。此种故障虽不如轴承响故障严重,但亦应适时地检修排除。

检查时,利用"断火"的方法,确定是哪一缸有异响。

6) 正时齿轮响

正时齿轮啮合间隙过大时,发动机怠速运转时会发出轻微的"嘎啦、嘎啦"

的响声,中速时较为明显,高速时响声杂乱;齿轮啮合间隙过小时会发出"噉—"的呼啸声,转速越高,响声越大。若齿轮个别齿牙损坏,则会发出"哽、哽"有节奏的撞击声,转速提高,响声加大。正时齿轮响不受"断火"和发动机温度的影响。

检查方法:用螺丝刀抵触在正时齿轮盖上时,会听到明显的响声。

7)爆震声

产生的主要原因有:点火时间过早;使用低辛烷值汽油;发动机温度过高;燃烧室内积炭太多;发动机负荷过大时仍不减挡而勉强行驶等。发生此故障时,应及时排除,以免发动机各机件损坏。

5. 离合器故障诊断与排除

1)离合器打滑

其故障现象是:在离合器处于接合状态下,车辆不能起步或汽车车速不能随发动机加速而提高,严重时可嗅到从离合器内发生的焦糊气味。为了能证实是否打滑,可拉紧驻车制动器,用二挡起步;如发动机继续运转,而汽车不能起步,则证明离合器已打滑。离合器打滑的主要原因是:

(1)离合器踏板没有自由行程。

(2)压板弹簧弹力衰退。

(3)摩擦片磨损过大、硬化或沾有油垢。

排除故障时,应根据上述原因,逐项检查、调整。对于沾有油污的摩擦片,除拆下来清洗并烘干外,还应查找油污的来源(如变速器油面是否过高;变速器第一轴轴承有否松旷、回油螺纹有否损坏;前轴承加注油脂是否过多等)并排除之。

2)离合器分离不开

该故障现象是:即使将离合器踏板踩到底离合器也分离不开,挂挡困难或挂不进挡,并从变速器发出齿轮撞击声;若强行挂上挡后,未抬起离合器踏板,汽车就向前冲或迫使发动机熄火。离合器分离不开的主要原因有:

(1)踏板自由行程过大。

(2)分离杠杆调整过低。

(3)离合器钢片变形。

(4)新摩擦片过厚。

(5)离合器花键槽与变速器输入轴花键齿锈蚀或有油污。

排除故障时,应按上述原因逐项检查、调整。对于过厚的摩擦片,在没有适合的摩擦片更换时,可在离合器壳与飞轮之间,增加适当厚度的平垫圈并固定在螺栓上,进行调整。

3)汽车起步时发抖

故障现象是:汽车起步时,由于离合器不能平稳结合,发生断续的冲撞,引起车身抖动。产生发抖的主要原因有:

(1)分离杠杆高低不一致。

(2)压盘弹簧弹力不均,或个别弹簧折断。

(3)摩擦片破损、表面硬化、铆钉外露或松动。

(4)离合器轴承在导管上因沾有油污而拖滞。

除上述属于离合器的原因外,若发动机支架螺栓和变速器固定螺栓松动,也会使车辆在起步时发抖。

排除故障时,首先检查发动机支架和变速器固定螺栓有无松动,然后再按上述原因逐项检查、调整。

6.变速器故障诊断与排除

1)跳挡

故障现象是:汽车在行驶中,变速杆自动跳回空挡。跳挡一般出现在中、高速负荷突然发生变化或车辆剧烈振动时。跳挡的主要原因是:

(1)变速滑轨槽、锁销和定位球磨损松旷,定位球弹簧过软或折断,导致定位装置失效。

(2)变速叉弯曲或工作面磨损、固定螺钉松动,使齿轮不能正常啮合。

(3)变速轴、轴承磨损松旷,轴固定螺母松动,使轴转动时发生跳动或窜动。

(4)齿轮牙齿磨损(尤其是内啮合牙齿磨损)、键槽磨损松旷等。

排除故障时,先检查齿轮啮合情况。若不能完全啮合,则应检查变速叉有无弯曲及工作表面是否磨损过多;如齿轮能够完全啮合,则检查齿轮啮合部分是否出现锥形的磨损,变速滑轨槽、锁销和定位球磨损及弹簧的弹力如何。检查变速器接合盘,若发现可察觉的径向间隙和超过0.5mm的轴向间隙,说明轴承已磨损。

2）乱挡

故障现象是：变速杆不能挂入所需的挡位或挂上后不能退挡。乱挡的原因有：

（1）变速杆定位销磨损松旷或折断，不能控制换挡叉按正确方向移动。

（2）变速叉导块槽口、变速杆下端面、换挡叉导块磨损过大，使变速杆下端不能正确的进入挂挡的凹槽中。

（3）变速叉轴的互锁销磨损过大，互锁装置失去作用，变速时两根叉轴同时移动。

排除故障时，应根据上述原因，逐项进行检查、更换或修理。

3）发响

变速器发响，可分为有规律撞击声和均匀的噪声两种。前者多因变速器齿轮有个别牙齿破碎而引起的，应立即拆开检修，并更换新齿轮油；后者主要是由于齿隙增大或齿轮损坏、轴承磨损、润滑油不足。可根据不同的故障原因，进行调整、修理。

4）漏油

变速器主轴油封或变速器盖与箱体之间漏油，可能是由于润滑油面过高或油封、衬垫损坏造成的，应根据不同的故障原因进行检查处理。

7. 制动装置的故障诊断与排除

1）制动不灵

汽车在行驶中将制动踏板踩到底时，却不能按要求减速或停车。制动不灵主要是因制动蹄片与制动鼓（或制动盘）之间的压力下降或摩擦系数减小而引起制动摩擦力偏小所致。故障产生的原因有：

（1）制动踏板的自由行程量过大。

（2）制动蹄片与制动鼓（或制动盘）之间的间隙过大。

（3）制动摩擦片表面粘有油污。

（4）摩擦片铆钉外露。

（5）制动助力器有故障。

（6）制动鼓（盘）磨损后失圆或不平。

（7）制动控制系统故障。

对于液压制动装置来说，故障产生的原因还有：制动主缸或轮缸皮碗损坏；

液压管路中有空气;制动液选用不当或质量差,在炎热夏季,管路中产生"气阻";油管接头漏油等。

2)制动拖滞

故障现象是:汽车制动停车后,再抬起制动踏板,汽车不能起步或起步沉重;汽车行驶中,放松加速踏板,急剧减速;行驶一段路程后,能闻到制动摩擦片的烧焦气味,并且制动鼓发热。引起制动拖滞的原因有:

(1)制动踏板自由行程量太小或复位弹簧太软。

(2)制动间隙过小。

(3)制动蹄复位弹簧过软或折断。

(4)制动蹄支撑销变位或锈住,使制动蹄转动困难。

对于液压制动装置来说,产生故障的原因还有:主缸皮碗、皮圈发胀,或复位弹簧太软,致使皮碗堵住平衡孔不能回油;轮缸皮碗发胀或轮缸体内锈蚀,使活塞移动困难等。

对于气压制动装置来说,产生故障的原因还有:制动阀臂调整不当或排气阀弹簧折断,使排气阀开度不足;制动气室推杆过长或因弯曲变形而卡住,制动凸轮轴转动困难,制动室积水(结冰)而卡住制动室的膜片使之不能复位等。

故障排除时,应根据上述原因,逐项检查、排除。

3)单边制动跑偏

若汽车同一轴上的左右车轮制动效果不一致,使汽车制动出现跑偏现象;

汽车直线行驶时,踩下制动踏板,如汽车向左跑偏,则是右轮制动不灵;若向右跑偏,则是左轮制动不灵。

车轮制动不灵故障原因与排除方法,与上述整车制动不灵基本相同。

8.电器系统故障诊断与排除

由于汽车电器部分涉及部件较多,如音响、空调等部件是必须找专业维修单位维修的,因此,这里仅介绍几个影响到车辆运行安全的电器故障。

1)转向灯

(1)转向灯不亮。造成转向灯不亮的可能原因是电源及线路有故障、开关有故障、闪光器有故障、灯泡有故障。可按检修电源及线路、更换开关、更换闪光器或灯泡的办法排除。

(2)转向灯常亮并不闪烁。可能原因是闪光器有故障,可更换闪光器。

(3)转向灯闪烁速度不正常。可能原因是灯泡功率不合适,搭铁不良,有灯泡损坏。可更换灯泡和检修搭铁线排除。

(4)转向灯有一边不亮。可能原因是开关有故障、线路有故障、灯泡有故障。排除方法是更换开关,检修线路,更换灯泡。

(5)后转向灯不能自动关闭。可能原因是开关四位凸轮过度磨损。排除方法是更换开关。

2)刮水器

(1)刮水器不能工作。可能原因是电源及开关有故障、线路有故障、电动机有故障、电控单元有故障。排除方法则是检修电源及开关,检修线路,检修电动机,更换电控单元。

(2)刮水器无间歇挡。可能原因是开关有故障、电控单元有故障。排除方法是更换开关,更换电控单元。

(3)刮水片不能返回到初始位置。可能原因是开关有故障、连接装置调整不当或松动、定位触点有故障。排除方法是更换开关,调整连接装置,更换刮水器。

(4)刮水器使用过程噪声太大。可能原因是连接装置松动、电动机过度磨损。可采用调整或更换的办法予以排除。

(5)喷水装置不能喷水。可能原因是开关及线路有故障、喷水电动机损坏、喷嘴堵塞、连接管脱落。排除方法是更换开关,维修线路,更换喷水电动机或喷嘴。

3)喇叭

(1)喇叭不响。可能原因是电源及线路有故障、继电器有故障、锁簧或活动触点有故障、按钮有故障、喇叭有故障。排除方法是检修线路,更换继电器,更换锁簧或触点,更换按钮,更换喇叭。

(2)喇叭常响。可能原因是继电器有故障、按钮有故障。排除方法是更换继电器,更换按钮。

(3)喇叭声音沙哑。可能原因是喇叭有故障、调整不当或进水。排除方法是更换喇叭。

第七节　汽车节油驾驶技巧

燃油税是按照燃油使用量来征收,用油越多则交税越多。所以节油问题已刻不容缓地摆在了车主的面前,因此掌握节油驾驶方法就很有必要。

降低汽车燃油消耗量的途径有许多,提高驾驶员的技术水平是重要途径之一。据测定,驾驶技术高的驾驶员比一般水平的驾驶员平均节油8%~10%。节油有以下几个途径。

一、正确合理使用车辆

(1)保持合理的行车速度。每种汽车都有自己的经济车速,在此车速下行驶耗油量最低。轿车的经济车速较高,一般在80~90km/h。在条件好的道路上行驶时,控制在此车速以内,可以取得节油的效果。

装有发动机转速表及部分装有真空表的车辆,可指示出发动机工作状态。驾驶员可在行车中注意观察仪表,尽可能使发动机在经济转速下工作。在一些装有巡航控制器装置的进口汽车上,可尽量利用巡航控制系统使车速稳定在经济车速,使节油效果最佳。

(2)冷车起动时应尽量避免延长发动机升温时间。一些高级汽车上装有快怠速装置,因此在冷车起动时不应人为地延长发动机的升温时间。

(3)避免不必要的怠速运转。一般小型汽车怠速运转1min以上所消耗的燃油要比重新起动所消耗的燃油多,所以,如停车时间较长时,应将发动机熄火。

(4)行驶中应尽量避免突然加速和减速。因为突然加速时出油量较平缓加速耗油多不少。另外,一些进口汽车装有减速滑行加油阀和节气门缓冲器,在减速的瞬间还要继续或多供燃油,这都会造成燃油的浪费,所以行车中应力求保持车速平稳。

(5)正确掌握变速时机。换挡要及时、准确,过早过迟都会增加油耗。现在一些进口车发动机转速较高,使用低速挡同样也可达到高车速,但这种行驶状态应当尽量加以避免。低挡跑高速是最费油的一种操作方法。

(6)正确使用空调制冷系统。空调系统工作时要消耗发动机一部分功率。有的驾驶员为了节油,采取高速时关闭空调而打开车窗通风的办法。实际上,当车速高于85km/h时,开窗后因空气阻力(风阻)所消耗的燃油要比空调系统消耗的燃油更多。

二、合理使用轮胎

要节油还应该在汽车轮胎的选择和使用上做文章。

(1)确保轮胎气压正确。气压过高或过低,都会增加耗油量,因此应该定时检查轮胎气压。根据美国能源部的调查,只要每一辆车的轮胎气压比标准气压少了7kPa,美国每天就得多消耗1500万L的汽油。

(2)换成省油轮胎。例如高品质的子午线轮胎可减少大约15%的滚动阻力,因此就能帮你省下大约3.75%的燃油。

(3)不要随意更换轮胎的大小。选择更宽的轮胎或许让汽车看来有"档次",但轮胎越宽,车轮阻力越大,所以除非真的很需要那额外的附着力,否则只是在白白浪费燃油。

(4)定期检查汽车转向系和轮胎是否调整适当。汽车旧了,轮胎和转向系往往会失准,这也会耗油。

三、注意车辆的合理维护

进行良好的维护也有利于节油,因此在维护过程中应注意:

(1)用黏度最低的润滑油。汽车使用手册里有汽车所能用的最低黏度润滑油的说明。润滑油黏度越低,发动机就越"省力",也就越省油。

(2)及时维护发动机,有问题立刻送修。因为不论问题大小,它们都会减低发动机的效率,浪费燃油。

(3)认真维护车身。车身出现凹陷就会增加汽车行驶时所遇到的气流阻力。另外,那些华而不实的装饰品,也同样会增加行驶阻力。

当然,及时清理车上不必要的物品、行李舱的行李,清除底盘上的泥土,以保持车身整洁是减轻自重的有效手段,同样是一种节油的方法。

第六章 自 驾 游

第一节 自驾游常识

一、自驾游术语

(一) 自驾车旅游

自驾车旅游是指旅游者按照一定的线路自行驾车的旅游方式,兴起于20世纪中期的美国,流行于西方发达国家。最初,人们把周末开车出游叫"Sunday Drive",后来发展为"Drive Travel",如今自驾车旅游(见图6-1)已逐步成为风靡全球的旅游方式。

图6-1　自驾游

(二) 自驾车旅游的界定

自驾车旅游属于自助旅游的一种类型,是有别于传统的集体参团旅游的一种新的旅游业态。自驾车旅游在选择对象、参与程序和体验自由方面给予了旅游者更大的伸缩空间,具有自由化与个性化、灵活性与舒适性、选择性与季节性等特点。

自驾游在我国目前尚处于初级阶段。这一判断的依据:一是自驾游的规模与比重;二是围绕自驾游尚未形成完善的服务体系和强大的产业链。经济型酒店大行其道,汽车旅馆 Motel 却很鲜见。而国外,如新西兰,其自驾游体系很完善,汽车旅馆外形优美、功能完善,赫兹等汽车租赁公司遍布南北两岛,很容易让人产生自驾游的冲动。

(三) 自驾游与自助游、组团旅游的区别

自驾车旅游与自助游、组团旅游的区别主要体现在交通工具的特征、驾乘人员的统一以及旅游行程安排的自主方面。

在交通方面,自驾车旅游者驾驶或乘坐的交通工具属于非营运性质的载客机动车,包括私人车辆、单位非营运车辆、租赁车辆等;从驾乘人员角度看,自驾车旅游活动的驾乘人员同时兼具旅游者的身份,其驾车外出的目的是为了参与旅游活动。在旅游行程的安排上,自驾车旅游者因为自己掌握着交通工具,因此在旅游目的地的选择、旅游时间的安排以及中途停靠等方面都具有明显的自主性和随机性。也正是自驾游的这种自主和随机性,给各个景区拓展这一客源市场提供了更大的空间和更好的契机。

自助游与自驾游是两个交集概念,重合部分比较多,但并不是等同的。在研究与开拓自驾游市场的时候,要避免混淆自驾游和自助游的概念。

(四) 自驾游车辆的选择

自驾游车辆的选择(见图 6-2)以高级越野轿车为首选;大众化家用轿车驾驶舒适性更高一些,但不够皮实,路况不好时对机器的损害较大,而且在不发达地区的维修点很少;高级一些的家用轿车,驾驶的舒适性和机器性能无可挑剔,但因维修不方便而仅适于在发达地区旅行;微型轿车,包括微型面包车,其时速慢、底盘低、乘驾舒适性差,只适合于短途旅行。

(五) 自驾游路线设计

随着科技的日新月异已使得快速寻找最优的路线成为可能。目前,专业的 GPS(全球定位系统) 已经开始被普通大众接受和使用。有了它,你可以在没有地图的情况下迅速锁定目标,找到去目的地的路。实用的车载 GPS 会提供目的地的景点介绍、食宿、加油站等许多相关信息,使你的旅行内容更加轻松、更加丰富多彩,如图 6-3 所示。

图 6-2　自驾游车辆

图 6-3　自驾游线路

(六) 自驾游人员组成

短途旅行,可以不考虑人数以及同行车辆的多少;长途旅行,为避免疲劳驾驶和降低旅行费用,每辆轿车(限乘 5 人)以乘坐 3~4 人为佳,其中驾驶员至少为 2 人,采用每驾驶 100km 轮换一次的方式,这样可以保证一人集中精力驾驶,一人在副座上查看地图,而换下来的驾驶员可以在后座充分休息。同行的人中最好有一人略通医道,一人(或同一人)略通修车。

二、自驾游出发前的准备工作

车辆出发前,要对车辆进行全面维护和彻底检修,排除一切可能的隐患。三滤是必换的,发动机润滑油也最好更换,底盘的所有螺栓都要紧固,检查轮胎、制动、蓄电池等。前胎尤为重要,当然不要忘记检查一下备胎。另外,长途旅行的车辆最好具有完备的防盗系统,以防患于未然。

自驾游必备的物品如图6-4所示。主要包括以下种类的物品:

图6-4　自驾游的必备物品

1. 文本类

包括身份证、驾驶证、行驶证、养路费及购置税、车辆使用税、路线地图、信用卡、保险费单、笔记本及笔等。

(1) 证件。身份证、驾驶证、行驶证等一系列与车及车主有关的证明材料对于出省自驾游来说至关重要,有关车辆的"合法证明"是顺利出行的必要前提,应在出发前认真查点清楚,以避免出行路上发生影响出游心情的纠纷。在出行前还应尽早了解所去地区途中是否需要办理通行证,以免影响行程计划。

(2) 路线地图。可不要小看地图的作用,虽说鼻子底下有张嘴,可在关键时候往往还是地图才是指路明灯,尤其是去不太熟悉的地方,事先准备一张地图是非常有效和很有必要的。

2. 日用品类

包括适时衣物、遮阳帽、太阳镜、手套、适宜驾驶的软底鞋、雨具、照明用具、保温水壶及餐具、照相器材、洗涮用具等。

（1）照相器材（见图6-5）。应在出游前检查电池电量是否充足，是否有备用电池及相应的充放电设备。

（2）随车所带的一切行李用品切忌用硬壳的旅行箱来装运，防止发生不必要的损坏。

（3）照明用具。除了必要的充电式露营灯（见图6-6）、汽化灯等基本照明，建议您还可以多带些萤光圈、蜡烛等营造气氛的小道具，为旅行增添情趣。

图6-5　照相器材

图6-6　露营灯

3. 药品类

包括绷带、创可贴、消毒药水、消炎药、防暑药、防晕车药、驱蚊虫药水等。

（1）所带药品都应注意使用期限，切勿使用已过期的药品。

（2）消毒药水和驱蚊虫药水等液态药物，应妥善放置。

4. 车辆备件类

包括整套随车工具、备用轮胎、火花塞、电线、绝缘胶布、铁丝、牵引绳、备用油桶、水桶、工兵铲等。

（1）检查备胎气压是否充足，最好配以便携式打气筒及胎压表。

（2）检查随车所带的车用牵引绳是否结实，如发现有起毛和局部裂纹，最好及时更换新的，以免需要牵引时发生危险。

（3）车载DVD可令旅途增添乐趣。

5. 其他

包括过关零钱、应急装置、多功能手表、指南针、通信装置、组合刀具、野营装备、望远镜、山地车、移动DVD等。

（1）过关零钱。外出自驾车旅游，应多准备零钱，以备交纳路费、停车费等杂费之需。

（2）应急装置。驾车出游可能会遇到一些意想不到的情况，最好携带上应急灯、指南针（见图6-7）、警示牌等。有汽车救援卡的要随身携带。

（3）通信装置。对于自驾出游来说，手机等通信设备至关重要。手机一定要充足电，最好再准备块备用电池。

（4）野营装备。自驾车出游的朋友能准备一些野营装备肯定会增添不少出游的乐趣，如防潮垫（可在野餐时铺坐）、保温水瓶、折叠桌椅、烧烤炉（见图6-9）、大遮阳伞等，去较艰苦的地方还可带帐篷（见图6-8）。当然还可以带上一

图6-7 指南针

个小巧实用的车载冷热箱，冰镇饮料或是加热些食品。盛放食物的容器最好选用有盖的塑料筐或藤编竹编筐，这样做是为了更好地通风，防止食物因天气变化而发生变质又不用担心器皿破碎。

图6-8 帐篷　　　　　　　　　图6-9 烧烤炉

（5）望远镜。大自然的风景如诗如画，望远镜能让远处的大部分景致尽收眼底，会提高出游兴致。

(6)山地自行车。如果行李舱空间够大,可以考虑带辆山地自行车。那种驰骋于绿野草香之间的感觉,是每一个渴望真正自由的人都梦寐以求的。

(7)移动DVD。长途自驾游并非您所想象的一路风景,千篇一律的高速公路让旅途缺乏了点生气。在高级车辆上大多装备了DVD等视频系统,让单调的旅途得到调节,可以让车厢像家里的客厅。

第二节 线路选择及准备

一、自驾游准备及注意事项

一家人或亲朋好友自驾汽车出外旅游,观赏各地名胜古迹别有一番情趣。如果是自驾一般汽车外出远程旅游,需要做好以下事项:

1. 出发前的准备

(1)出发前请务必检查好随车证件(带上购置税证)和个人证件。买一本最新出版的交通图,在图上标明自己将要走的路线。标出路过的城市,选好休息和加油的地方。

(2)向老驾驶员或者在网上询问沿途的路况,做到胸中有数。

(3)准备好路上的应急食物,尤其是要多买些巧克力,因为巧克力是高热量食物。水是必备的,特别是纯净水,不但人喝,汽车有时候也要使用,如发动机冷却水缺乏时,纯净水可以应急。长距离下坡制动器易过热,可以使用纯净水降温等。

(4)准备个小药箱(见图6-10),把退烧、痢疾、感冒的药准备些。最好有个急救包,预防意外伤害。

(5)准备帐篷等野营需要的东西,预备一些自己喜欢的光盘,路上听自己喜欢的乐曲可以消除旅途寂寞和疲劳。准备好照相机和足量的胶卷,不要在景区购买胶卷,数码相机和手机不要忘带充电器。相机、手机等贵重物品最好自备可密封的胶袋、防潮袋以防万一。

图6-10 必备小药箱

(6)如果是车队最好购买对讲机,不但可以节约很多手机费用,而且到了手机没有信号的地方对讲机就显得特别重要。如果车队的车超过6辆,就把车队分组。每3辆1组。这样即可以方便驾驶,还可以有效地防止追尾。

(7)最好随身携带好钱和身份证、驾驶证、行车证等证件。手袋、行包等行李及贵重物品在离车时切勿放在车外可观察到的地方,以免引贼。

(8)带上一个笔记本,坐在副驾驶位置的人负责记录一路上油耗、路况以及发生的有趣事情。如果在高速路驾驶,记录出口处和服务区的公里数,以便下次行走和帮助朋友和网友。

(9)最重要的是把自己的车彻底的检测一下(见图6-11),常规检查发动机润滑油、冷却液、助力油、玻璃水,重点检查轮胎、备胎胎压和轮胎磨损是不是正常,轮胎上有没有扎钉子。看看千斤顶和更换轮胎的工具是不是在车上,带一个轮胎充气泵也许有用处。有可能的话去4S店使用计算机检查一下发动机、制动器、ABS和电路情况。

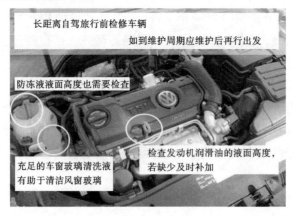

图6-11　出发前对车辆检测

(10)注意安全行驶。由于节假日各单位大都放假,因此路面车辆比较少,在宽阔的路面上很容易刺激血气方刚的中青年人开快车,将车开到很高速度,在我国当前的道路状况下这样做是很不安全的,尤其是行驶自己不熟悉的路面更是危险。因此要注意掌握行驶速度,与前车要保持一定距离,停车或缓行一定要靠右边,注意观察周围路面动态,不可忘乎所以。

(11)备足零钱。到外地自驾汽车旅游,需支付过路费、过桥费、停车费等杂费最好备足10元以下的零钱,这样做既为自己方便也为他人方便。

2. 车队行走

（1）出发前对车队进行编号，在行车途中基本按编号顺序行驶。

（2）在通过收费站或红灯路口，各车辆分散排队以节省通过时间，通过收费站后车队慢驶或靠边暂停以便整理队形。

（3）加油要特别注意，必须在正规加油站加油，不要贪图便宜在小城镇的加油站加油。

（4）车队行驶中注意保持适当距离，切勿跟车太近。在车队超越慢车时，已通过的车辆负责为自己的后车报告前方路况并引导后车超越，在未明确前方路况时，切勿强行超车。

（5）车队根据行驶情况在途中选择适当地点临时休息，各车主负责照顾本车乘员的情况。如遇塞车、问路等临时停车，各乘员尽量不要离车。

（6）在外地如发生碰擦等意外情况，务必保持克制、冷静，避免激化。如行车中伤及路面的家禽家畜，一般情况下车队应保持全速通过，不要立即下车查看。

3. 通信设备

自驾游出发前要准备好必要的通信设备（见图6-12）。

（1）车队行驶中通过手机保持联络，请勿使用手机播放音乐或长时间按发射键聊天。

（2）行驶途中如发现异常情况或有需要临时停车请立即通过手机通报。

（3）到达住宿地点请注意及时充电。

图6-12 通信设备

二、车辆驾驶注意事项

自驾游要玩得安全、开心，人的因素比车更重要。应注意以下几个方面：

（1）每天出发前检查车辆。每天出发前，要对车辆进行一次全面的检查，包括有无漏油漏水情况（看看车底地面有无油污水痕）；测量胎压，看看轮胎的气压是否合适；检查润滑油状况（抽出润滑油尺，看看上面润滑油的颜色是否正常，润滑油面高度是否合适）；别忘了检查备胎是否完好等，起步之后，先挂二挡低速行驶,踩制动踏板检查一下制动器是否正常工作,确认一切正常才可以转入正常行驶。

(2)及时加油。跑长途前要将车加满油,途中当油量少于一半时就该到途经的加油站加油了,不要等燃油灯亮了再找加油站,这样会很被动。

(3)严防疲劳驾驶。长途驾驶,首先应该避免疲劳驾驶。疲劳驾驶是造成意外的主要原因之一。有副驾驶员的,每2h轮换一次为佳,如果感到倦困之时,应该停车小歇片刻,千万不要勉强赶路。

(4)高速行驶爆胎所造成的交通事故是最频繁、危险性也是最高的,所以,在出行前,一定要检查轮胎表面的磨损情况,检视胎面是否有鼓包裂口,是否有钝器造成的硬伤,如果存在这类情况,就要在出行前进行修补、维护。有条件的话,最好能够拆下轮胎检查轮胎内侧有无伤口,因为藏在内侧的伤口常常是事故的罪魁祸首。如果实在没有时间进行细致的轮胎检测更换,至少要把有问题的轮胎换到后轮,最大限度地降低事故的发生。

(5)注意使用安全带。安全带在汽车发生猛烈撞击的时候,带给乘员的保护作用有时候不亚于安全气囊。不要疲劳驾驶,每2h要休息一会。

(6)儿童尽量坐后座。长途驾驶时,儿童不要被单独安排坐在前座上。因为许多车在副驾驶位置都设置了安全气囊,气囊弹出时的冲击力极大,它虽可以保障成人安全,但却会给儿童带来意外伤害。

(7)香水瓶及各种玻璃、金属质地的摆件不要粘放在副驾驶前方仪表板上,建议您将它们安置在正副驾驶中间的仪表板位置上,做到既美观又安全。

遵守交通规则。特别是在高速公路上,不要超速行驶,因为我国高速公路是按照一定车速标准设计的,超速不但可能被交警处罚,更重要的是不安全,统计数据表明,如果在车速150km/h以上发生爆胎事故时,发生死亡事故的概率相当高!

(8)不可紧急制动。冬季行车,有可能遇到结冰湿滑路面,此时要靠挂低挡位和发动机制动来减缓车速,不可紧急制动,如是四轮驱动车,则应挂上四轮驱动挡,这样可以大大减少因车轮打滑而造成车辆失控的危险。

特别提示:如遇积雪结冰路面,驱动轮上安装防滑链是有效的安全防范措施。

(9)注意急弯。山路驾驶,往往弯多且急,此时切不可在弯道超车或在不清楚前方有无来车的情况下占道转弯,转弯前要减速鸣喇叭。要注意的是,有些车友在转弯时喜欢切线转弯,但在山路行驶时,千万不要切到对面的来车道,如图6-13所示!

特别提示:在北方山区,往往出现山阴面的路面长期积雪结冰的情况,也就是山阳面路面情况良好,但转弯后路面突然变坏的情况,这时如果高速驶入就很容易发生车轮打滑失控的危险,所以一定要控制车速。

(10)靠边行驶。在狭窄崖边山路行驶时,切忌靠山边行驶,因为崖路边沿

图6-13 注意山道行驶

随时有坍塌的可能,比较危险。而如果是车队通过落石区时,应该拉开30~40m的距离通行,期间尽量不要按喇叭和猛踩加速踏板,以免引发落石。

(11)不要挂空挡滑行。去西南、西北地区的车友,常常会遇到上下长坡的情况。上长坡时,应注意及时降挡以避免发动机输出转矩不足;在下长坡时要注意避免发生制动器因长时间使用导致过热失效,所以应尽可能用挡位来限制车速。手动挡车可以用挂入低挡、利用发动机制动来避免车速过高,绝对不要挂空挡滑行;自动挡车则可通过挂入D2、D1挡起到相同作用,如仍需长时间踩制动踏板,则应行驶一段距离后停车让制动系统冷却后再前进。

(12)不要开斗气车。任何时刻都不开英雄车和斗气车,特别是避免和当地车辆斗气,礼让行车,心平气和地驾驶车辆,可以减少意外发生的机会。

(13)尽量避免夜间行车(见图6-14)。如确需夜间行车,要特别注意以下几点:

①首选高速公路。如果可以选择的话,夜间行车的首选还是高速公路。因为黑夜带来的最大麻烦就是视觉上的障碍,全封闭的高速公路无疑是夜间行车的首选,它不仅免去了路况不熟的后顾之忧,而且路中间的隔离带还能有效地阻止对面车辆射来的灯光;如果只能选择国道或者省道,那么就要严格控制车速,并增加跟车距离,准备随时停车。在不封闭的道路上,夜间超车相当危险,不是迫不得已最好不要超车。即便是必须超车,也切记要准确判明前方情况,确认条件成熟,再跟进前车并连续变换远近灯光,必要时以喇叭配合,预告前车

避让，在判定前车确已让路允许超越时，方可超车。

图6-14 夜间驾驶

夜间行驶，还应留神道路障碍以及道路施工指示信号灯等。在阴暗地段，路况不易辨清时，必须减速。遇险要地段，应停车查看，弄清情况后再行进。夜间行车视线不良、路界不清，常使车辆偏离正常行驶轨迹，驾驶员应降低行车速度，以增加观察、决策和做出反应的时间。

②留意路况变化。黑夜中路况是非常难以判断的，所以要时时注意。视觉在黑暗中受阻，驾驶员还可以根据声音判断：一般来说，如果感到发动机声音变得沉闷、同时车速变缓，说明行驶阻力增加，汽车可能正行驶在上坡或松软路面上；如果感觉发动机声音变得轻快、车速自动加快，说明行驶中阻力减小，汽车可能正行驶于一段下坡路中。在黄昏时分，可以在确保安全的前提下，只开示宽灯，让眼睛适应一下光线不足的情况，而到了夜晚，有了近光灯的辅助，视线也会更好一些。

有经验的驾驶员还总结出了夜间行车"走灰色路面不走黑色路面"的原则。在没有月光的夜晚，路面一般为灰黑色，路面以外一片黑色；有水坑的地方会显得更亮，而坑洼处则会更暗黑。另外还要积累根据前照灯光柱变化情况来判断地形的经验。如光柱变短可能是遇上弯道或上坡路；光柱变长也可能是下坡路；光柱有缺口可能是路上有坑洼等。

③学会使用灯光。夜间行车，车灯是必不可少的辅助工具。使用时，不仅要注意不要把雾灯和前照灯一并打开，还要了解如何使用和变换灯光。

在夜间行驶中，如果车速在30km/h以下时应使用近光灯，正常状况下灯光可照出30m以外。在通过交叉路口时，应在距路口50~100m处减速，并将远光灯变为近光灯,同时开启转向灯示意行进方向。

④会车时别直视对面来车灯光。在没有隔离带的道路上,夜间行车还有一个非常棘手的问题就是对面来车的灯光。正常来讲,在对向车相距150m时,应将远光灯变为近光灯,这是为了避免妨碍对面驾驶员的视线,如果对方不改为近光灯,应立即减速并连续使用变换远、近光的办法来示意,对方如仍不改变,则应减速靠右停车避让,切勿斗气以强光对射,以免损害双方视觉而酿成车祸。

有的时候,外部灯光对驾驶员有干扰,因此,我们还应该采取一些预防措施。当后车长时间开远光灯时,为避免光线的刺激,可变换后视镜的角度,即可减小炫目感。在会车时驾驶员由于受对面车灯光照射,视觉会瞬时下降,可见度低,这时驾驶员的眼睛可避开照射灯光轴方向、用遮光板遮挡或戴防眩镜,会有一定防眩效果。

⑤岔路口需留神。夜间行车常遇到交叉路口,可根据侧向路来车灯光的照射,预测对方车行驶情况。如路口有对方车远光灯照射的散射光,可判断车距交叉路口尚远;如前照灯光有光束或在路口拐角处树梢上有明亮的光线(多见于T字形路口),做好让行的措施。所以,夜间行车要注意观察,还是有很多可供参照的"路标"的。

同时,根据远方车灯光照射的光线还可帮助我们判断前方路况。在天气好的情况下,如对方是远光灯直射光线,且距离既远又清楚,可判断前方道路平坦;如远光灯光线突然消失不再出现,可判断前方有路口或弯道;如远光灯光线左右大幅度摆动,可判断前方是弯曲道路;如远光灯光线上下浮动可判断前方是坡路。

(14)小心涉水(见图6-15)。如遇道路遭水浸情况时,要了解水深情况和水底路况后,看是否超出车辆的通行能力,一般地,对轿车来说,水深超过汽车轮胎高度一半时,不宜冒险涉水。涉水时,应挂低速挡,使车从岸上平稳地驶入水中,以免水花溅起。在行驶中要保持发动机有足够的动力,避免中途停车、换挡或急转转向盘。上岸后,低速行驶一段路程,并轻踏几次制动踏板,让制动蹄片与制动鼓发生摩擦,使附着的水分受热蒸发,待制动效能恢复后,再转入正常行驶。

(15)小心意外陷车。如果开车到河滩和海滩时,要小心出现陷车意外,特别是在开车上海滩时,要了解当地潮汐情况,否则水淹事故就可能发生。

图6-15　小心涉水的部位

三、自驾游的驾驶技巧

驾车出游(见图6-16)是一件开心的事情,但自驾途中会经历各种不同的路况,遭遇各种不同的天气环境,如何处理如何应对,显然十分重要。

图6-16　驾车出游

1. 高速公路行车驾驶技巧

在高速公路行车,其实最重要的一点就是不能超速驾驶。虽然国内绝大多数的高速公路都将最高时速限制在120km/h,但在许多高速公路上,以160km/h甚至超过此速度行驶的大有车在。超高速驾车需要驾驶员的注意力高度集中,无须多久,驾驶员就会产生疲劳的感觉,再加上高速公路不需要驾驶员对车速进行过多的调整,很快,驾驶员就会进入一种精神并不太集中的状态,这导致驾驶员的注意力涣散,处理紧急情况的反应能力也随之下降。

在高速公路上驾驶,保持安全的关键重点在整个行程中适当地调整好驾驶节奏。驾驶员完全可以通过和旅伴进行一些适当的交谈、听音乐或者嚼口香糖来让自己不要很快进入疲劳状态;另一个不错的方法是在杯架上始终放一瓶打开的矿泉水,在疲劳的时候喝上一小口,非常管用。对于那些需要赶远路的自驾者而言,利用高速公路途中的休息站做一下调整,一般每驾驶 1~1.5h 就应该去休息一下,这样有利于舒缓神经,减少人的疲劳感。

在高速公路上驾驶的另一个恶习是长时间占用超车道,这是超速行驶所带来的副产品之一。其实,对驾驶员来说,在行车道上驾驶汽车才是明智的做法,由于行车道位于整条高速公路的中间位置,所以对驾驶员来说,位于行车道时,驾驶视野是最为开阔的,而且一旦在高速公路上碰到紧急情况,驾驶员也可以自由地选择向左或者向右进行避让。

2. 普通省道行车驾驶技巧

除了高速公路,普通的国道和省际公路是自驾游中最多碰到的路面环境。各地的国道和省际公路路况差异极大,在这类道路上的车速控制绝对不能向高速公路看齐。在这类公路上驾驶,必须时刻注意公路上的交通标志。并按照提示适当驾驶。需要特别说明的是,由于国道、省道多为开放式的公路环境,所以各类突发情况出现的概率远较高速公路来得高,在每次通过一些路口和岔口时,驾驶员最好把脚放在制动踏板上以防万一。

另外,在这类公路上行驶应该尽力避免跟在大货车或者大客车的后方,这类汽车身形巨大,对后方驾驶员的视野会造成巨大的阻碍,跟车太近往往会造成对突发情况的反应不及。还有一点必须指出的是国道和省道沿途会穿过许多城镇和乡村,穿越这些地区时,要特别注意行人以及牲畜,能躲则躲之,如果已来不及躲闪,那么宁可握紧转向盘直直的撞过去,切忌猛转转向盘企图躲闪,结果往往是造成车辆立刻失控或侧翻,酿成大祸。

3. 山路行车驾驶技巧

说到山路,有很多驾驶员倒是颇为向往,总是觉得山路是一展示自己驾驶技巧的场所。也许从趣味上来说,山路的确是最值得驾驶员留恋的道路环境,不过山路其实也是最危险、最难以驾驶的道路环境(见图 6-17)。

图6-17 山路行车

在山路上行车,最为关键的是把握好自己的驾驶节奏和行车路线,与公路环境不同,驾驶员可以不必完全遵守靠右侧行驶的原则。特别是在山路狭窄的情况下,在对面无来车的前提下,将车的位置固定在道路的中间才是上策。一旦遇到对面来车,只需稍微减速,并同时驾车往右侧回位,让对方来车通过即可。这里还有一个实际操作中的小窍门,驾驶员在遇到来车后,无须立刻回到自己一侧的车道,凡是开车,就必须时刻给自己留有一点余地,当对方临近面前时,只需要向右让出足以让对方通过的距离就好,不要早早地就贴在路的最右侧。

在山路上开车,最最紧要的问题就是要学会如何安全通过每一个弯道。对于那些可以完全看清的弯道,如果对面没有来车,事实上驾驶员可以在转弯时稍微借一点对方的车道,并在通过弯道之后回到自己这方道路。但如果是盲弯,驾驶员在通过时必须完全行驶在自己的车道内。如果山路上没有反光镜等辅助装置帮助驾驶员了解盲弯的情况,那么在进入弯道之前,驾驶员可以鸣喇叭示意,提醒盲弯后的车辆或者行人自己正准备通过。上山容易下山难,其实驾车翻过一座山麓,往往也是这样的道理。汽车受惯性的影响,在下坡时容易发生车速过快的问题。这时驾驶员应该学会依靠使用合理的挡位来用发动机制动牵制车速,过分频繁的制动很容易导致制动系统过热,甚至完全失灵。如果是驾驶手动挡汽车,在下山时应控制以3挡行车,而驾驶自动挡车的驾驶员则可以根据实际情况选择以D3甚至2挡行车。

4.雨天行车驾驶技巧

在雨中驾驶,最为要紧的就是应当懂得避开积水以及路面上的各类油漆线。有很多驾驶员喜欢压着车道的中央线行驶,也许在干燥的环境下这并不会带来任何实际的危险,但在潮湿的环境下,路面上的车道分隔线会变得尤其光滑,如果碰到紧急情况需要紧急制动,车辆一旦碰到这类油漆线很容易发生打滑。所以在雨中行驶,驾驶员最好躲开路面上所有的油漆线。

雨天行车的另一大问题就是突然遭遇积水,由于轮胎的排水性能都是有限的,当车速达到一定程度时,当轮胎突然接触到大量的积水时,轮胎就会发生水膜现象。这时驾驶员会感觉转向盘突然失去重量,有的时候,当只有单边轮胎接触积水的时候,驾驶员甚至会感觉到转向盘突然发生不听使唤的扭动。如果碰到这类情况,正确的处理方式是握紧转向盘,尽最大努力保持转向盘的稳定。同时松开加速踏板,让车速自然降低,此时切忌踩制动踏板减速,如果不这样做,很容易造成车辆突然完全失控。

最后,需要提醒各位驾驶员的是由于雨天路滑,车辆的制动能力都会减弱,碰到情况不明朗的时候应当及时尽早减速,尽量避免使用紧急制动是保障安全的根本。

5. 夜间行车驾驶技巧

夜间赶路,特别是在一些照明条件不好的道路环境下行驶,驾驶员很不容易辨别道路上的情况。此时,不如找一辆同向前进的车辆尾随前进,根据前方车辆的灯光信号行驶会省力很多。不过由于自驾游相当消耗体力,如果不是万不得已,夜间赶路并不可取。驾驶员应该趁夜里充分休息,这样白天才会有足够的体力游玩和驾车。

6. 涉水行车驾驶技巧

所谓的涉水,就是指驾车趟过一些深度至多淹没半只轮胎的小溪小河。要渡过这样的浅水,驾驶员必须事先观察好行进路线,在确认过河时车辆不会陷入水中无法起步才能实施涉水。在实际驾驶中,必须控制好车速和加速踏板,切忌猛踩加速踏板、高速试图一举闯过小溪。由于河底的石头表面附着力相当的低,高速通过很容易造成轮胎的打滑,结果有可能导致驾驶员失去对车辆的控制,进而造成事故。正确的做法是握紧转向盘,以缓慢的车速,轻踩加速踏板慢慢通过河流。

7. 坡路行车驾驶技巧

爬坡是自驾游过程中经常碰到的一种情况。碰到陡坡,驾驶员必须先目测车头在驶上坡道时是否会被坡道卡住,如果无法通过,就必须寻找木板以及石头进行铺垫。为了顺利地冲上坡顶,在开始爬坡前驾驶员应将车加速到一定的速度,利用车辆的惯性提高爬坡动能,然后稳踩加速踏板并不停地左右缓转转向盘,以保证车轮行驶之字形路线,有最大的附着力,直至车辆到达坡顶。需要注意的是车辆在进入坡道之前的车速不能过快,不然的话只能是适得其反,甚至有可能令车头和车尾遭受不必要的撞击。为了减少车辆在爬坡时的负荷,在爬坡前驾驶员可以让车内乘员下车以减轻车重。

8. 落坑自救

如果在驾驶途中不小心陷落大坑,驾驶员不必过分惊慌,试着用木板以及石头垫高陷落的车轮,然后以中等加速踏板高度开始试着让车辆脱险,如果还是不行,就只能求助其他车辆进行牵引。所以进行长途自驾游,在车内备一条拖车牵引绳是相当必要的。关键时刻,救人和自救,这样一条绳子是相当管用的。

四、自驾游安全注意事项

1. 高速路行车忌超速

长途自驾旅行车会遇到各种路况,在高速路上行驶时,最忌讳超速驾驶,超高速驾车需要驾驶员注意力高度集中,极易产生疲劳感,加上高速路上景色单一,时间长了,驾驶员容易注意力分散,应急能力也随之下降。一旦出现突发事件,很难应付。越是平顺的大道,越有可能发生意想不到的事故。所以在高速公路上,最好不要长时间在超车道上行驶。

2. 驾驶员犯困最危险

不要长时间驾驶是老生常谈的问题,尽管如此,还是有不少交通事故都是因为疲劳驾驶引起的。疲劳驾驶后,即使安全抵达目的地,恐怕也没有多余的精力和体力再游玩了,在精彩的自驾游中只充当了驾驶员的角色。在长途旅行中,在高速公路上行驶可以节省体力和时间,但在省道上行驶可以观赏沿途风景,体验当地风土人情。因此可以适当双重选择。既然是自驾游,没必要拼命赶路,行车速度可以稍慢,一为安全,同时也可以尽情欣赏沿途风光。

同行中至少有 2 人会开车,每人轮流驾驶 2h,保持体力和最佳行驶状态才是安全驾驶的上策。如果实在没人替换,不妨在感觉累时靠边停车,下车伸个懒腰、散散步,哪怕在车里打个盹,待缓过疲劳后再抖擞精神重新上路。

3. 突发事件应对

有些省道上没有中间隔离带,行车时,要注意对面开来的车,把好转向盘减速前行。有经验的驾驶员都知道,省道上经常会出现拉着满车石头、钢筋的大货车,驾车时一定要避开这些大型货车,尤其不能尾随其后。一来大货车车厢容易阻碍后车驾驶员视野;二来一旦前车出现事故,后车躲避都来不及,只能无辜被殃及。

  赶上雨天行车,最好开启车灯,以增加能见度。雨天路滑,视线也不好,应避免超车、频繁并线等危险动作。遇到路面积水,由于对路面不熟,尽可能绕行,实在避不开就减速,试探着通过。

  计划没有变化快,也许你设计好的线路段正在封闭维修,也许地图上标注的路段已经改道,即使是最先进的全球导航仪也有不灵的时候。这时你要做的是下车问路,问路选择也有技巧,养路工、警察、当地驾驶员对路线最了解,先找他们询问,最好多问几个人,以求最准确的信息。宁可边走边问,也别等开出几公里发现路不对再返回。

  选在白天行车,尽量不开夜车,尤其是在不熟悉路况的陌生环境。每天在开车前都要检查车况,例如轮胎、冷却液罐、润滑油、蓄电池和制动液,不够的加满,漏油漏液的及时补充,以免行车到前不着村、后不着店时出故障,让人措手不及。

4. 假期旅游导航好伙伴

  出门在外,难免人生地不熟,所以,需要带上帮你指路领航的 GPS(导航仪),对于自驾游一族来说,这绝对是不可或缺的。那么究竟应该为自己配备一款什么样的导航仪呢? 最好要"三品":品牌、品质、品位俱佳,一个都不能少。目前市场上 GPS 品牌鱼龙混杂,质量也良莠不齐,要选放心的,如 Garmin、华硕、神达等品牌或 3G 以上手机导航。三剑客 A686、S102 和 A639,它们定位准确,功能各有侧重。三款产品可谓各有千秋,A686 特点是超薄的设计和尊贵的外观;A639 则以大容量、强悍齐全的功能而见长,属于导航商务两不误的 GPS/PDA;而 S102 则是集合了时尚外观和卓越导航表现为一体的专业型导航仪,满足细分需求。无论你有怎样的需求,总可以轻松挑选最适合的一款。

5. 提前预订酒店

  只有充足的睡眠才能保证第二天精神抖擞的上路,选择酒店不能马虎。住在规模较大的酒店可以享受到优质的服务,而且住宿停车都安全。"十一"黄金周期间,著名旅游景点城市酒店都爆满,有了提前预订,就不用为花时间四处寻找酒店问题犯愁了。通过网站预定比直接到酒店前台订房肯定会便宜很多,而且通过网站预订整个过程都不需要预付款(只有个别生意特别好的酒店才需要用信用卡担保），只要届时到达酒店前台用免费注册的卡号或订单号再付款就行了，既实惠又安全。

6. 品尝当地小吃

到了一个城市，不品尝当地的小吃就太遗憾了，去当地特色的小吃店，才能品尝到地道的当地风味，更加深对风土人情的了解。如果去了海边，一定别错过新鲜的海鲜大餐。海边有很多路边大排档，还是建议到市中心的海鲜饭馆就餐，以免吃坏肚子就得不偿失了。旅途劳累，身体抵抗力下降，行程中更要注意饮食卫生，如果病倒在路上就麻烦了。

7. 选购些地方特产

全国各个城市的商场都差不多，可自由市场就不一样了，它代表了一个城市的形象。逛逛当地的市场，能更深切感受到这个城市，这是跟团旅游享受不到的特权，选购些地方特产，是送给朋友不错的礼物。

8. 回程安全更重要

经过了几天的游玩，回城时更显疲惫，而且出游的兴奋劲已过，车内人也不会在你耳边叽叽喳喳，没准已经在车内呼呼大睡了。这时是出交通事故的高危时段，驾驶员一定要在回城前保障充足的睡眠，这样才有精神应付长途驾车。更重要的是，一定别忘了系安全带，哪怕你的车有最保险的安全气囊。不到目的地，就一直得绷着"安全"这根弦。

9. 回程车辆维护别忘记

自驾游归来别忘了进行车辆维护，游玩过程中的小磕碰若不及时修补，就有可能变成大麻烦，成为安全隐患。此外，经过这一场"大动作"，车辆的损耗也不小，自驾游结束后应检查汽车底盘是否有碰撞、变形等。制动系统是否磨损严重，清洁空调滤芯，清理夹带轮间的异物等。建议把车送到4S店或专业的汽车维修中心进行检测和维修。

第三节　汽车自救措施

对于一些热衷自驾游的车友来说，在做准备工作的时候，大家对驾车遇险的自救方法是否已经有所了解？俗话说，不怕一万，就怕万一。车辆在行驶过程中万一遇上爆胎、失火、翻车等突如其来的危险，怎样处置能化险为夷？

一、高速爆胎——稳住方向点踩制动踏板

爆胎容易导致严重的车祸,尤其在高速公路上,爆胎十分危险。而高速公路通常是自驾游不可缺少的一部分,因此对高速公路上的爆胎要有所提防。

相比之下,前轮的爆胎所引起的后果要比后轮爆胎大得多,对前轮爆胎要更加小心。如果右前轮爆胎,车辆会严重向右跑偏,这时,猛踩制动踏板会造成车辆更严重的右偏、右倾,车辆很可能会自行转向冲向路基,甚至造成翻车。

当然,无论遇到哪个轮胎爆胎,都要保持镇定,绝不能猛踩制动踏板,而要紧紧握住转向盘,使车辆保持直线行驶。同时,轻点踩制动踏板,逐渐减慢车速,慢慢向道路右侧靠边停车。

二、意外失火——破窗逃生打滚灭火

行车途中汽车突然起火,驾驶员应立即使发动机熄火、切断油和电源,关闭百叶窗和点火开关后,立即设法组织车内人员离开车体。若因车辆碰撞变形、车门无法打开时,可从前后风窗玻璃或车窗处逃生。

当人身已经着火时,应采取向水源处滚动的姿势,边滚动边脱去身上的衣服,注意保护好露在外面的皮肤和头发。不要张嘴深呼吸或高声呼喊,以免烟火灼伤上呼吸道。离开汽车后,不要着急脱掉粘在烧伤皮肤上的衣服,大面积的烧伤可用干净的布单或毛巾包扎,如有可能尽量多喝水或饮料。与此同时,没受伤的人员要尽快用灭火器、沙土、衣物或篷布蒙盖,使车辆灭火,但切忌用水扑救。

三、汽车翻车——用脚钩住踏板随车翻转

当驾驶员感到车辆不可避免地要倾翻时,应紧紧抓住转向盘,两脚钩住踏板,使身体固定,随车体翻转。如果车辆侧翻在路沟、山崖边上的时候,应判断车辆是否还会继续往下翻滚。在不能判明的情况下,应维持车内秩序,让靠近悬崖外侧的人先下,从外到里依次离开。否则,车辆产生重心偏离,会造成继续往下翻滚。

如果车辆向深沟翻滚,所有人员应迅速趴到座椅上,抓住车内的固定物,稳住身体,避免身体在车内滚动而受伤。翻车时,不可顺着翻车的方向跳出车外,

防止跳车时被车体压伤,而应向车辆翻转的相反方向跳跃。若在车中感到将被抛出车外时,应在被抛出车外的瞬间,猛蹬双腿,增加向外抛出的力量,以增大离开危险区的距离。落地时,应双手抱头顺势向惯性的方向滚动或跑开一段距离,避免遭受二次损伤。

车辆在行驶中一旦制动失灵,乘客绝不能盲目跳车。因为驾驶员会减挡降低车速,如减挡失败,驾驶员应将车辆开到靠近山体的一边去,必要时用车体侧面与山体剐撞,所以,乘客应该抓紧车内的固定物,以减轻对人体的伤害。

四、车辆落水——先深呼吸再开车门

当汽车翻进河里,若水较浅、不能淹没全车时,应待汽车稳定以后,再设法从安全的出处离开车辆;若水较深时,先不要急于打开车门和车窗玻璃,因为这时车门是难以打开的。此时,车厢内的氧气可供驾驶员和乘客维持 5~10min,先将头部保持在水面上,同时深吸一口气,再迅速用力推开车门或打碎玻璃逃生。若车辆没有完全下沉,有天窗的话可以先敲碎天窗,再从天窗逃出来。

如果岸边无人救护,掉到水里的人应尽量采用仰卧位、身体挺直、头部向后,这样可使口、鼻露出水面,继续呼吸,如果是公共汽车或载有儿童的车辆,可手牵着手、牵着衣服、牵着脚形成人链,一起脱离汽车逃出水面。

五、迎面碰撞——两腿蹬直身体后倾

交通事故中的迎面碰撞,受到致命危险的主要是驾驶员。一旦遇有事故发生,当迎面碰撞的主要方位不在驾驶员一侧时,驾驶员应用手臂紧握转向盘,两腿向前蹬直,身体后倾,保持身体平衡,以免在车辆撞击的一瞬间,头撞到风窗玻璃上而受伤;如果迎面碰撞的主要方位在临近驾驶员座位或者撞击力度大时,驾驶员应迅速躲离转向盘,将两脚抬起,以免受到挤压而受伤。

第七章 私家车安全行驶法律及案例

第一节 私家车出行涉及的法律问题

一、交通事故中"好意同乘"的责任承担

"好意同乘"就是机动车一方无偿允许他人搭乘,也称"搭便车"。"好意同乘"是一种善意施惠行为,其实质就是助人为乐。"好意同乘"是一种常见的社会现象,通常发生在同事、亲友或者邻居之间,或者是途中偶遇顺带,或者是共同外出游玩。

我们应当肯定车主这种行为的初衷,并运用法律的手段在全社会树立起"诚信友爱"的社会风气,但绝不是简单地减免车主的责任。如果搭乘车辆在行驶过程中发生交通事故,并且导致搭乘人受伤害的,则搭乘人能否要求本车主一方承担赔偿责任,这就需要我们熟悉法律对此问题的规定加以分析。

(一)法律地位分析

《道路交通安全法》第76条规定:机动车发生交通事故造成人身伤亡、财产损失的,由保险公司在机动车第三者责任强制保险责任限额范围内予以赔偿;不足部分,按照规定承担赔偿责任。

《侵权责任法》第6条规定:行为人因过错侵害他人民事权益,应当承担侵权责任。根据法律规定推定行为人有过错,行为人不能证明自己没有过错的,应当承担侵权责任。同时该法第26条规定:被侵权人对损害的发生也有过错的,可以减轻侵权人的责任。

《民法通则》第106条规定:公民、法人由于过错侵害国家的、集体的财产,

侵害他人财产、人身的应当承担民事责任。同时第131条规定:受害人对于损害的发生也有过错的,可以减轻侵害人的民事责任。

最高人民法院《关于审理道路交通事故损害赔偿案件适用法律若干问题的解释》第8条规定:机动车试乘过程中发生交通事故造成试乘人损害,当事人请求试乘服务者承担赔偿责任的,人民法院应予以支持。试乘人有过错的,应当减轻提供试乘服务者的赔偿责任。

(二)法院处理方式

"好意同乘"者责任是道路交通事故赔偿责任的处理规则之一。有过错的驾驶员对"好意同乘"者造成人身损害的,应适用侵权法的规定,在符合侵权损害赔偿责任构成要件时,应承担侵权的损害赔偿责任,具体而言,应承担道路交通事故的损害赔偿责任,驾驶员不因乘车人是无偿乘车而免责。但是,考虑无偿乘车的特殊性和驾驶员的无偿服务,驾驶员承担责任的赔偿范围应有所限制,与一般的人身损害赔偿范围有区别,赔偿项目不应包括精神损害抚慰金。

(三)相关案例

1. 案例一

(1)案情简介:2001年11月,卢某与林某系单位同事并且家住同一小区,长期以来一直无偿搭乘林某私家车,某天卢某无偿搭乘林某私家车下班途中,与徐某驾驶的小客车相撞,致林某、卢某受伤伤残,交警认定林某负全责。之后卢某诉请至法院,要求林某赔偿其受伤期间的医疗费、误工费、护理费、住院伙食费及残疾者生活补助费、精神损失费等损失,共计5万元。

(2)争议焦点:①林某是否承担赔偿责任?②卢某有无责任?

(3)争议处理:①林某应当承担赔偿。因林某过失行为致卢某受到损害,卢某要求林某赔偿医疗费、误工费、护理费、住院伙食补助费及残疾者生活补助费等依法有据,但精神损失费法院不予支持;②卢某自身也有过错。卢某长期无偿搭乘林某的车辆上下班,将自身安全无条件地交与林某,对此次事故的发生亦负有一定责任,其要求林某全额赔偿的理由不符合风险与利益共存的原则,也应承担相应的责任。故法院只对卢某赔偿请求作部分支持,即医疗费、误工费、护理费、住院伙食费及残疾者生活补助费,对于精神损失费部分不予支持。

(4)法律依据:《民法通则》第119条规定,侵害公民身体造成伤害的,应当赔偿医疗费、因务工减少的收入、伤残者生活补助费等费用;造成死亡的,应当支付丧葬费、死者生前扶养的人必要的生活费等费用。驾驶员应当对"好意同乘"者承担责任。"好意同乘"者无偿搭乘的行为并不意味着甘愿冒一切风险。驾驶员对于"好意同乘"者的注意义务并不因为有偿与无偿而加以区分。但对于驾驶员同样适用无过错责任。搭乘者有过错的，应减轻驾驶员的民事责任；搭乘者无过错的，可以适当酌情减轻驾驶员的民事责任。但对于精神损害赔偿法院不予支持。

2. 案例二

（1）案情简介：2009年，张某与秦某等10人饮酒后，搭乘秦某驾驶的轿车回家，路上秦某与王某驾驶的机动车相撞肇事，导致张某死亡，交警认定秦某全责，张某的家属诉至法院要求秦某对张某的死亡承担责任。

（2）争议焦点：秦某应否赔偿？责任如何划分？

（3）争议处理：法院认为张某作为完全民事行为能力人，在与秦某一同饮酒后，明知秦某酒后驾驶超载车辆，在乘车极具风险的情况下，既未进行劝阻，更未拒乘，对可能出现的风险采取放任态度，故张某存在重大过错。尽管秦某被交警部门认定应负全责，但因张某存在重大过失，结合秦某驾车是友人同行、并未谋利的实际情况，故应适当减轻秦某责任。事故责任与损害赔偿责任既有紧密联系，也有区别。对事故发生虽无责任，但对损害有过错的，同样适用过失相抵原则，减轻侵权人责任。根据本案情况，应由侵权人承担事故损失80%的责任，张某承担事故损失20%为宜。

（4）法律依据：《民法通则》第119条规定，"好意同乘"者无偿搭乘的行为并不意味着甘愿冒一切风险。驾驶员对于"好意同乘"者的注意义务并不因为有偿与无偿而加以区分，造成死亡的，驾驶员应当对"好意同乘"者承担责任。应当支付丧葬费、死者生前扶养人必要的生活费等费用。

3. 案例三

（1）案情简介：2007年4月，张某将机动车交给无驾驶证的李某驾驶时与吕某驾驶的机动车碰撞，造成李某及李某车上乘客王某死亡，交警认定李某与吕某负同等责任。王某的亲属起诉吕某、李某妻、张某的同时，将同时搭乘李某车的车某、赵某作共同被告。

（2）争议焦点：责任如何分担？

（3）争议处理：法院认为吕某、李某违反道路交通法规导致事故发生，并负同等责任,应承担事故赔偿责任。李某系为大家利益,同时亦为完成车主利益,应减轻其赔偿责任。张某作为车主应自行完成任务,其将机动车交给无驾驶资格的李某驾驶,主观上有一定过错,故应承担相应的民事赔偿责任。因其过错与本案交通事故的发生无直接因果关系,故张某与吕某不构成共同侵权,二者不应承担连带责任。搭乘人车某、赵某作为受益人亦应承担补充赔偿责任。其他由吕某承担事故损失50%,张某赔偿事故损失20%,李某妻在遗产范围内赔偿事故损失10%,所有搭乘人各赔偿事故损失5%。

4. 案例四

(1)案情简介:2006年,车主黄某所雇驾驶员周某驾车出行,路上碰到朋友郑某,故郑某免费搭乘该车,驾驶员周某因违章导致车辆侧翻,致郑某受伤。交警认定周某全责。郑某诉至法院要求周某与车主黄某承担损害赔偿责任。

(2)争议处理:法院认为郑某在周某允许下免费搭乘,双方形成"好意同乘"关系。"好意同乘"不能成为驾驶员或车主免责或减轻责任的根据,即使是"好意同乘",机动车驾驶员仍负有高度安全注意义务,不能因为免费搭载而致"好意同乘"者生命于不顾。本事故系周某违章造成,与免费搭乘并无因果关系,故不能减免责任。周某从事雇佣活动中致人损害,故雇主黄某应依法承担赔偿责任。周某违章致事故发生,存在重大过失,应与雇主承担连带赔偿责任。

(四)律师建议

"好意同乘"造成损害的侵权行为有以下几个特点:第一,该同乘行为必须是无偿,不向同乘者收取任何费用,只要是有偿允许他人搭车,哪怕是只收了包香烟,都是违法的;第二,同乘者与车主必须出于两个完全不同目的。车主为了实现自己的目的而行驶,同乘者出于某种便利搭乘车主的车辆。车主与同乘者的目的可以相似,但不必一致。这也是"好意同乘"区别于"专程运送"之所在;第三,同乘者需经车主同意。只有经过车主同意才能构成"好意同乘"。因为车主一经同意捎带同乘者,即负有将同乘者安全带至目的地的义务。如果途中因为车主的过错造成同乘者损失,车主应承担相应的民事责任。同乘者的同乘行为倘若未经车主的同意,或者未让车主知晓,则车主与同乘者不具备同乘意思表示,不产生民事权利义务关系。因此,"好意同乘"者搭乘他人车辆,绝不意味着乘车人甘愿自担风险,不能认为"好意同乘"者放弃遭受交通事故损害的索赔权利,驾驶员(车主)也不能因为"好意同乘"者是无偿让人搭车而随意置"好意同乘"者的生命、财产于不顾,"好意同乘"不能作为驾驶员和车主免责的根据。但既然"好意同乘"是无偿搭车,是"顺风"而已,并非一般商业性质的运送行为,其中含有较重的亲情、友情和互帮互助等道德因素和民族习俗,如果发生交通事故造成损害,要车主与客运合同一样承担损害赔偿责任,也是不公平的。应平衡"好意同乘"者和车主的利益冲突,具体情况具体分析,根据过错大小确定要承担的责任,如此才能通过个案处理真正实现法律公正,从而充分发挥法律调整社会和谐稳定之功效。

二、私家车搭客出行涉及的相关法律问题

近年来,随着私家车的大量出现,特别是油价的不断上涨,出行成本渐高,而公共交通又没有同步跟进,使不少市民上班难问题日益突出,拼车出行现象在不少城市自发行成。私家车搭客出行,也叫拼车,俗称搭顺风车,这在西方发达国家早已司空见惯,许多国家都采取一定措施,鼓励少开车,鼓励多捎客。在我国却是近几年才开始的一种出行方式。"开车太累,公交受罪,打车嫌贵,养车很费,只有拼车最实惠"。这一在城市拼车族中流行的顺口溜,既反映了拼车是一种社会需求,也体现了拼车所具有的现实合理性。不过,随着拼车现象在全国不断升温,拼车的合法性问题也日益受到社会各界的关注。拼车分为有偿和无偿,有偿拼车是指需车方向供车方支付一定费用的拼车形式,其中支付的费用可以是金钱、油卡,也可以是其他财物。不过,随着拼车出行的增加,一些隐患也暴露了出来。其中最让车主和拼车人头疼的,莫过于出现交通事故后,拼车人的安全通过什么途径来保障。

(一)法律地位分析

根据2004年7月1日起实施的《中华人民共和国道路运输条例》的规定,经营性的客运行为,如果没有按规定办理车辆营运手续就属于非法营运。至于搭有车族的顺风车,车主收取搭乘人费用是否合法,目前尚无定论。正是由于缺乏对有偿拼车行为的具体法律规定,在现实生活中,许多拼车人和相关管理部门均会因此遭遇法律尴尬。按照我国现有道路运输管理的有关规定,利用私家车从事有偿拼车是一种无证经营行为,应该按照非法营运车来处理。根据规定,非法营运行为一经查实将对车主处以暂扣车辆、高额罚款等严厉的行政处罚措施。运管部门认为,只要是收费的拼车,无论是支付加油费、还是给包香

烟,都是违法的,属于客运管理执法部门打击的对象。他们认为,拼车现象破坏了城市出租车行业的正常秩序,损害了出租车驾驶员的利益,必须严厉打击。按照规定,驾驶员直接收取乘客车费;顺路送人并收取油费或过桥过路费;以其他方式(如计入货物、服务价格的)间接结算车费都视为营运行为。以此参照,私家车既没有向国家交纳相关税费,也没有办理任何营运手续,拼车造成了事实上的无证营运行为。

(二)法院处理方式

无论是在有偿拼车还是无偿拼车的情况下,对于乘车人因为交通事故而受到伤害和财产损害,驾驶员均应承担赔偿责任。但是,有偿拼车与无偿拼车,驾驶员承担的责任大小会有所区别。一般情况下,对于有偿拼车,驾驶员与搭乘人之间实际上就形成了客运合同关系,在这种情况下,驾驶员负有将搭乘者安全送到目的地的义务,并在运输过程中对乘车人的损害承担全部赔偿责任;而在无偿拼车的情况下,出于公平的考虑,司法实践中一般会酌情适当减轻驾驶员的赔偿责任。

(三)相关案例

1. 案例一

(1)案情简介:朱先生是安徽颍上县人,一次在浙江省杭州市开车时,经过杭州市下沙区智格小区,两名自称急着上班的男子拦住了他的汽车,焦急地要求搭他们一程。见两人很着急,朱先生一心软就让他们上了车,并顺便说了一句"给6元油钱算了"。没想到车才开出约100m,就被巡逻的执法人员拦下,以朱先生涉嫌非法营运为由罚款2万元。朱先生不服此行政处罚,起诉至法院。此案在下城区法院公开审理后,引起社会广泛争议,特别是一些城市"拼车族"。

(2)争议焦点:只收6元油费的行为是否构成非法营运?

(3)争议处理:朱先生认为自己根本没有盈利还帮了别人的忙,双方都有好处,现在油费那么贵,拼车也是节约资源。但执法部门否认朱先生所说的"6元钱属于油费,并非盈利"的说法。认为有关法律中没有"拼车"的说法,法无明文禁止,但执法部门也不提倡"拼车"。"拼车"者之间也是相互熟悉的同事朋友或其他有关系的人,不会像朱先生那样在大街上拉人后上车再谈价钱,认定朱先生的非法营运行为与拼车完全是两回事。

(4)法律要点:客运部门认定收费拼车为非法营运显属牵强,从本质上说,拼车行为是一种分担成本的补偿行为,其搭乘对象相对固定,多具有一次性、临时性或短期性的特征,并非长期以此为业。因此,只要收取的数额不是过分高于车辆运营成本,就不能认定为是"用作营运用途",这是必须与长期营利为目的搭载不固定乘客的"非法营运"区别开来的。

一般而言,拼车行为多发生在邻居、同事和朋友等数人范围内,车主基本不以营利为目的,而搭乘人也并非因为支付了一定的金钱而理所当然地要求车主任意按照自己的意愿(不限时间地点)提供运送服务。这种拼车行为显然不应界定为非法运营,而对这种没有社会危害性的行为,依据行政合理性原则,管理部门自然也不应当予以处罚。但有的地方为避免有偿顺风车给非法营运出租车形成保护和冲击出租车市场,对拼车一律持否定态度。

2. 案例二

(1)案情简介:自驾车车主郝先生为了工作需要买了一辆车,然而新鲜劲还没过,高额的养车费用却让他犯了愁。为了能节约一些费用,他就利用上下班的时间,接送小区内的与自己同路的人。他们小区里3个顺路的邻居跟他一起拼车上下班,每人每月付给他100元。一天下班回家途中,郝先生开车与另外一辆小轿车相撞,交通部门进行交通事故认定后,认定该次事故车主郝先生负事故次要责任。车上几人均有不同程度的受伤,因事先没有约定,几人就交通事故遭受的财产和人身损害赔偿发生争议,最后起诉至法院。

(2)争议焦点:有偿拼车发生交通事故后,责任由谁承担?

(3)争议处理:我国目前尚没有专门针对"拼车"这一行为的相关法规,此案经过法院审理,最后判决车主郝先生在其过错范围内承担损害赔偿责任。法院的理由是:一旦共同拼车出行,搭乘人的人身安全在很大程度上就要依赖于驾驶员,驾驶员有把搭乘人安全送达目的地的义务,并在运输过程中对乘车人的损害承担全部赔偿责任。交强险只对本车人员以外的人身和财产进行赔偿,而拼车人员或搭车人员显然属于"本车人员"的范畴,无法获得其所乘车辆所投保的交强险的保障。郝先生没有投保与搭乘人员损害赔偿直接相关的"车上人员责任险"(或称"乘客险")以及相应的赔偿限额,所以最后承担了赔偿责任。

(4)法律要点:2006年7月施行的《机动车交通事故责任强制保险条例》规定的机动车交通事故责任强制保险即交强险,属于法定强制保险,但它保障的是车外人员的利益,而原告作为客车乘客并非车外人员,不属于交强险的保障对象,这意味着原告不能从保险公司直接获赔。针对本案情形,驾驶人员该如何更好地防范自己所可能承担的责任,搭乘人员又该如何更好地保障自己的权益,就成为我们不得不慎重对待的一个问题,"乘客险"于是进入我们的视野。所谓"乘客险",又称车上人员责任险,负责赔偿保险车辆交通意外造成的本车人员伤亡,包括驾驶人员和其他乘客。因此,参与到拼车或搭车活动的车主可以为自己的车辆投保"乘客险",同时,其他搭乘人员也可以通过签订拼车协议等类似措施将车主投保"乘客险"作为车主的一项义务纳入法律范围,以便更好地保障自己的权益。

3. 案例三

(1)案情简介:2006年12月14日,张某与王某一同约各自女友黄某、晓玉,共乘轿车出去游玩。张某载乘着王某、晓玉、黄某沿大道由南往北行驶,车辆越过道路中心双实线撞向对面人行道上的街道大树,晓玉被抛出车外,当场死亡,王某受重伤,抢救无效死亡。经深圳市交管局宝安大队依法认定,被告张某承担事故的全部责任。

交通肇事5个月后,晓玉父母将张某和车辆投保的保险公司告到宝安法院,请求法院判令:被告张某赔偿晓玉人身损害死亡赔偿金57.3万余元,丧葬费1.6万元,处理事故的差旅费、住宿费0.5万元,鉴定费0.2万元,精神损害赔偿金10万元,合计69.65万元;被告保险公司在保险责任范围内承担连带赔偿责任。

保险公司辩称,本次事故是车辆自撞大树的单方事故,原告是肇事车辆上的乘客,不属机动车强制保险条例规定的第三者范畴,原告直接起诉保险公司没有法律依据;本案涉及的保险是商业保险,不是强制保险条例规定的强制保险,保险公司对原告不承担直接赔偿责任,请求法庭驳回原告的诉讼请求。

(2)争议焦点:乘客是否是"第三者"。

(3)争议处理:2008年6月25日,宝安法院开庭审理此案认为,经过现场勘查和调查取证,张某承担此事故的全部责任,伤者黄某及死亡人王某、晓玉不承担此事故的责任。另查明,被告张某为汽车车主,被告保险公司为该车承保了交通事故第三者责任险。机动车车上人员责任保险条款对车上人员(乘客)有明确约定,死亡者在车上,因此不是第三者。原告属于该车车上人员,也不属于该车辆第三者责任险中"第三者"范围。原告无权依据道路交通安全法第76条直接起诉保险公司,法院裁定驳回原告对保险公司的诉讼请求。因晓玉父母在法庭审理该案过程中,撤销了其"精神损害赔偿金10万元"的要求。综上,法院判决张某在该起交通事故中负有赔偿责任,应赔偿原告59.65万元。

(4)法律要点:车辆保险分很多品种,其中交强险为强制险,而其他的车损险和乘客险可选择购买。目前在投保车险时,多数有车族较少投保车上人员责任险即乘客险,一旦发生交通事故导致驾驶员或车上人员受伤,将无法得到保险公司赔偿。"乘客险"就是造成车内乘坐人伤残、死亡的,保险公司会赔偿治疗费或人身损害死亡赔偿金。此外,在交强险中,交强险的赔付只管"车外",乘客不算"第三者"。如果是第三者受伤害,而保险公司不主动赔偿,第三者就此享有诉请保险公司直接赔偿的权利。但乘客,即车上人员,就不能依据这个条款直接向保险公司索赔,而只能告车主,然后车主支付赔偿后,再由车主向保险公司索赔。

4.案例四

(1)案情简介:在私家车不断增多的今天,搭朋友的车一同外出办事、游玩已经司空见惯,但万一出现事故该如何处理,则是很多人都没有想过的。

绍兴的宋先生计划去南昌自驾游,可是夫妻俩一合计,来回高速公路通行费和燃油费就接近1000元,而一辆车可以坐5个人,也就是说还可以搭3个人,于是开始寻找"拼车"人一起出游,并在网站上发帖称"黄金周本人将自驾去江西,寻找同游者拼车,分担过路费和燃油费",最终找到了2个拼车者黄某和张某。

为了避免拼车造成事故后还要对乘车人进行赔偿,宋先生与乘车人黄某和张某以签订"拼车合同"的方式对双方的责任在事前予以明确。即在合同中明确约定对于"拼车"出行过程中,造成的对于乘车人的人身伤害、财产损害,驾驶员一律不承担赔偿责任。在去往南昌的自驾游途中,宋先生驾驶的自驾车为躲避车辆发生侧翻,搭乘者黄某和张某均受伤,二人要求宋先生对其损害进行赔偿,而宋先生以拼车合同上的免责条款为由予以拒绝,后黄某和张某诉及法院。

(2)争议焦点:这种免责条款在法律上是否有效呢?

(3)争议处理:关于拼车出行可能会遇到的交通事故伤害以及受到伤害后人身和财产损害的赔偿问题,法官指出,法律出于对生命权、健康权的保护,《合同法》第53条规定:合同中约定了造成他人人身损害免责条款及因故意或者重大过失造成对方财产损失免责的条款无效的规定,这就赋予了驾驶员更高的安全义务和更大的责任,驾驶员在驾驶过程中一定要遵守各种交通法规,谨慎驾驶。对于搭乘人的人身损害,只要搭乘人自身不存在过错,无论是有偿拼车还是无偿拼车,也无论是否签订了免责条款,驾驶员均要在其过错范围内承担损害赔偿责任。

(4)法律要点:民法尊重当事人之间的意思自治,一般情况下,只要当事人之间关于责任分担的约定不违反法律、法规的强制性规定,都会得到法律的认可。尽管本案这种免责协议是需车方与供车方自愿达成的协议,但是并不一定能够得到法律的认可。对于免责协议,应区分其免除责任的范围,对于财产损害赔偿责任的约定,因不违反法律的强制性规定,法院一般会遵从当事人之间的意思自治,认可协议的效力;然而,对于人身伤害的免责条款,因违反了公序良俗,将不会得到法律的认可。所以说,人身伤害免责条款,签了等于白签。

为了预防拼车中可能会遇到的一些问题,律师建议,除了谨慎选择拼车对象外,事前最好能签订相关的合同,提前规划好日程安排,并以书面形式写清楚如何分摊费用。特别要注明的是,自驾游万一在路上发生交通意外,涉及赔偿责任的问题,如果没有事先约定,车主将成为赔偿的主要责任人。

5. 案例五

(1)案情简介:刘女士家住浑南,在三好街附近上班。每天上下班最令她感到头疼的事就是挤公交车,可是自己刚买的房还有贷款要还,现在没有钱去买车,"要是有顺路的车搭着上下班就好了",一次偶然的机会,刘女士在网站上看到一个本小区的车主叶某发布的一则寻找拼车的帖子,于是找到车主叶某商谈"拼车"事宜,在得知叶某尚未取得驾驶执照的情况下依然与其签订了拼车协议。每个月支付300元的油钱,比打车省钱,比挤公交车省时省心,刘女士觉得拼车上下班很方便。不过,就在前段时间发生的一件事儿,让刘女士突然觉得拼车的风险也不小。有一天下班回家,叶某因喝了酒,驾驶时没有躲避开前方急停的车,实施了紧急制动,刘女士的头部因撞到玻璃上而受伤。作为拼车人,刘女士向法院提起了诉讼。

(2)争议焦点:拼车者应该向谁寻求赔偿?

(3)争议处理:法院判决刘女士的损害后果由其自行承担。理由是刘女士是在明知车主无驾驶执照的情形下与车主签订拼车协议的,根据民法的意思自治原则,刘女士是完全民事行为能力人,应为其行为承担后果。

(4)法律要点:在"拼车"过程中,驾驶员、搭乘人、发生交通事故的对方驾驶员及车内乘客等多方当事人之间会产生较为复杂的法律关系,但是过错责任原则始终是确定各方责任以及责任比例的关键原则,即是否担责,主要看其是否存在过错,而责任的大小,则取决于过错的程度。如果出现乘车人明知驾驶员存在醉酒、无驾驶执照、车辆不符合上路标准等非法行驶行为,仍执意搭乘的,一旦发生交通事故,驾驶员对于乘车人的赔偿责任将相应减轻,乘车人将面临自行承担相应损害后果的风险。

(四)律师建议

在拼车过程中发生的交通事故,无外乎3种情况:一是车主疏忽,导致交通事故,车主应该负全责;二是由于第三方车辆引发交通事故,由交警部门认定双方责任;三是因拼车人的突发状况,致使车主注意力不能集中,从而引发交通事故。如果是第3种情况,拼车人自然要负责。怎样能让拼车双方都放心地"合作"呢?律师建议,除了车主投了各种保险外,乘车人为更好地保障自己的利益,购买一些商业保险是必需的。如果是有长期的拼车行为,可以通过人身险来获得相应保障;如果是短期出行,可以购买短期意外险。这个险种的保险期限灵活,拼车人可以自行选择较为合适的期限。

拼车双方由于在法律上的关系不明确,一旦有意外发生,车主所要承担的责任将是无法估量的。而对乘车人来说,该由谁来承担其事故的赔偿责任,也无法律依据。因此,建议拼车双方"先小人、后君子",签一份拼车协议,明确车主和拼车人的权利义务关系,并对车辆行驶过程中可能出现的问题做出约定,避免发生纠纷。

在目前油价很高的情况下,一人开一辆车,座位的空置率很高,这是对资源的极大浪费,不以盈利为目的的拼车行为最大限度地节省了资源,又满足了人们的需要,有关管理部门不应以违法为由禁止,而是应该修改相关规定,并合理地引导和规范,达到既节省能源,又避免扰乱社会秩序的效果。对渐成气候的拼车现象,显然宜疏不宜堵,应该在规范的前提下予以鼓励和提倡。如何管理拼车行为,有关部门应该广泛听取民意,拿出切实可行的办法,推动拼车合法化。

三、借用私家车出行涉及的法律问题

借用私家车分有偿无偿之分,如朋友之间同事之间的借用都是无偿的,对于无偿的出借只有出借人对交通事故的发生存在过错(例如出借车辆存在安全隐患、未审核借用人的资格及是否适合驾驶车辆等),才应根据其过错程度及与交通事故发生的因果关联程度适当承担赔偿责任。

(一)法律地位分析

我国的《侵权责任法》(2010年7月1日)第49条规定:因租赁、借用等情行机动车所有人与使用人不是同一人时,发生交通事故后属于该机动车一方责任的,由保险公司在机动车强制保险责任限额内予以赔偿。不足部分由机动车使用人承担赔偿责任;机动车所有人对损害的发生有过错的,承担相应的赔偿责任。

最高人民法院《关于审理道路交通事故损害赔偿案件适用法律若干问题的解释》第一条:机动车发生交通事故造成损害,机动车所有人和管理人有下列情形之一,人民法院应当认定其对损害的发生有过错,并适用侵权责任法第49条的规定确定其相应的赔偿责任:①知道或应当知道机动车存在缺陷,且该缺陷是发生交通事故原因之一的;②知道或应当知道驾驶员无驾驶资格或者未取得相应驾驶资格的;③知道或者应当知道驾驶员因饮酒、服用国家管制的精神药品或者麻醉药品,或者患有妨碍安全驾驶机动车的疾病等依法不能驾驶机动车的;④其他应当认定机动车所有人或管理人有过错的。

上海市高级人民法院《关于处理道路交通事故纠纷若干问题的解答》规定:借用、租用他人非机动车发生交通事故赔偿责任主体的确定:非机动车发生交通事故时,当事人应当根据各自过错大小承担相应的责任。借用、租用他人非机动车发生交通事故,由事故责任人自己承担。非机动车肇事者逃逸后,非机动车车主无法证明另有肇事者或者未提出其他免责事由的,应对损害承担相应的赔偿责任。"

借用别人的车辆而发生交通事故致人伤、车损、车辆的维修费应由谁主张?最高人民法院民一庭《民事审判实务问答》编写组:"对由谁来主张受损车辆的维修费用的问题,应当持宽松态度,只要不是车主对由借车人主张持反对异议态度的,则由作为事故一方的借车人或作为受损车辆所有权人的车主两者之一

来主张均可"。

(二)相关案例

1. 案例一

（1）案情简介：2009年1月李某驾驶借用颜某的车辆驾车出游,与张某驾驶王某的车辆相撞,造成刘某受伤。交警认定张某、李某分负主、次责任。

（2）争议焦点：责任应该由车辆所有人还是借用人承担?

（3）争议处理：法官认为：出借机动车的,机动车所有人对损害的发生有过错的,应当承担相应的赔偿责任。机动车的所有人承担的是与其过错相适应的责任,是赔偿责任而非连带责任。根据法律规定,机动车投保交强险是法定义务,其目的是保障受害人的损失能及时得到填补。王某作为肇事车辆的车主应在交强险赔偿限额范围内先行承担赔偿责任,对超出赔偿限额以外的损失,再按照责任比例由车辆使用人张某予以赔偿。

2. 案例二

（1）案情简介：2009年12月,蔡某驾驶朋友雷某未续保交强险的车辆与王某驾驶的机动车肇事,致行人李某死亡,交警认定蔡某全责。李某家属要求蔡某和雷某承担赔偿责任。

（2）争议焦点：借用未续保交强险的车辆责任分配问题?

（3）争议处理：侵权责任法规定：因租赁、借用等情形机动车所有人与使用人不是同一人时,发生交通事故后属于该机动车一方责任的,由保险公司在机动车强制保险责任限额内予以赔偿。不足部分由机动车使用人承担赔偿责任；机动车所有人对损害的发生有过错的,承担相应的赔偿责任。故法院认为,雷某作为车主,未依法履行车主投保交强险的法定义务,出借车辆给蔡某并造成事故发生,使第三人依法享有的交强险保险权益落空,故雷某应在交强险的限额内先行承担。

3. 案例三

（1）案情简介：2007年11月,陆某将车借给胡某,胡某又借给无驾驶资格的张某驾车并随车同行,因该车肇事致无偿搭乘该车的黄某死亡,交警认定张某负全责。

（2）争议焦点：将车借给无驾驶资格的人的责任承担问题?

（3）争议处理：张某违反交通运输法规,无证驾驶机动车,对交通事故的发生具有重大过错,且驾车时未确保安全,其违法犯罪行为是造成损害后果的直接原因,其也是造成交通事故的唯一的责任人,故应当承担相应的赔偿责任。陆某是肇事车辆的车主,其将不存在影响安全运行方面的质量瑕疵或隐患的肇事车辆出借给具有机动车驾驶资格的胡某,该行为不具有违法性,且其出借行为与发生交通事故之间不存在因果关系,亦未从出借行为中取得利益,故无须承担赔偿责任。胡某与张某系多年朋友,知道或应当知道张某没有驾驶证。其借用肇事车辆后未经车主同意,擅自将车辆交给张某驾驶,故可认定胡某对于张某无证驾驶行为的发生具有一定的过错,应对此承担相应的赔偿责任。但鉴于胡某、张某对损害后果的发生没有共同的故意或过失,胡某的行为与张某的行为是在间接结合下发生了损害后果,故胡某仅对自己的行为承担责任,而无须承担连带赔偿责任。受害人黄某对损害后果的发生无过错,不应负责任,故张某、胡某应承担赔偿责任。

(三)律师观点

通过以上3个案例不难看出,对于机动车出借人的责任均按其在具有过错时方承担责任,即肯定了机动车出借人承担过错责任这一前提。所以车主在对外出借机动车时一定要尽到合理的审查注意义务,注意到各种安全隐患问题。

四、租用汽车租赁公司车辆涉及的法律问题

机动车出租是一种交易活动,会收取一定的费用,在出租期间机动车发生道路交通事故,应从以下方面来考虑确定出租人的赔偿责任:首先,出租人通过机动车虽然获取收益,但这是其正常的合同价格,而且是通过自由交易形成的,其对承租人没有实际的运营控制权,而且交通事故的受害人有强制保险的赔偿保障,也不必出租人提供赔偿保障;其次,如果简单的让出租人一概对道路交通事故损害承担赔偿责任,将会妨碍机动车市场的正常发展,从而阻碍经济流转,影响社会进步。所以,如果出租人对道路交通事故的发生没有过错,则不应承担责任。虽然如此,但考虑到出租人通过机动车交易获取经济利益,而且也因此增加了机动车的风险范围,此情形与《民法通则》第132条规定的公平责任受益人的责任基本符合;再次,如果出租人对道路交通事故的发生具有过错,也可以根据《民法通则》第106的规定,在其过错程度及与事故发生的因果关联程度所确定的范围内承担赔偿责任。

第七章 私家车安全行驶法律及案例

(一)法律地位分析

我国《侵权责任法》(2010年7月1日)第49条规定:因租赁、借用等情行机动车所有人与使用人不是同一人时,发生交通事故后属于该机动车一方责任的,由保险公司在机动车强制保险责任限额内予以赔偿。不足部分由机动车使用人承担赔偿责任;机动车所有人对损害的发生有过错的,承担相应的赔偿责任。

最高人民法院《关于审理道路交通事故损害赔偿案件适用法律若干问题的解释》第一条:机动车发生交通事故造成损害,机动车所有人和管理人有下列情形之一,人民法院应当认定其对损害的发生有过错,并适用侵权责任法第49条的规定确定其相应的赔偿责任:①知道或应当知道机动车存在缺陷,且该缺陷是发生交通事故原因之一的;②知道或应当知道驾驶人无驾驶资格或者未取得相应驾驶资格的;③知道或者应当知道驾驶人因饮酒、服用国家管制的精神药品或者麻醉药品,或者患有妨碍安全驾驶机动车的疾病等依法不能驾驶机动车的;④其他应当认定机动车所有人或管理人有过错的。

(二)相关案例

1. 案例一

(1)案情简介:2009年12月,李某酒后驾驶承租于汽车租赁公司但登记在高某名下的车辆与顾某车辆相撞,致顾某10级伤残,交警认定同等责任。

(2)争议焦点:租赁车发生事故,责任承担问题?

(3)争议处理:法院认为:事故车辆在事发当时由高某出租给汽车出租公司,该公司又租赁给李某使用,高某及汽车租赁公司仅收取租赁费的行为不能简单认定对该事故车辆具有运行支配权及享有运行利益,租赁公司在交付被租赁机动车时审查了承租人的驾驶资格、提供了合格车辆并为车辆办理了相关保险,尽到了应尽义务,对事故发生没有过错,故不应承担事故损害赔偿责任。

2. 案例二

(1)案情简介:2005年7月,韩某驾驶从汽车租赁公司租来的车辆在执行公务时肇事,造成他人车辆受损及其他车辆上的驾驶员、乘员受伤,交警认定韩某全责。

(2)争议焦点:雇员执行公务发生的交通事故责任承担问题?

(3)争议处理:法院认为,韩某系执行公务时肇事,故其民事赔偿责任应由其雇主广告公司承担。运输公司作为汽车出租人在签订合同时,已尽到审慎审查承租主体、保障车辆正常运行的义务,并为车辆办理了相应保险,事故责任认定,并非出租车辆本身瑕疵或缺陷引起事故,故运输公司对事故发生既无过错,也无法律上的因果关系,不应就事故承担连带责任。运输公司收取的租赁费,非直接驾驶车辆获取运行而带来的收益,而是一种经营行为,其收取的租金收益不属于运行利益,故其不承担民事赔偿责任。

3. 案例三

(1) 案件简介:1998 年,罗某将从运输公司所租轿车交给醉酒的李某代为送客并还车,后因与彭某所骑三轮车相撞导致事故,交警认定李某负主要责任,彭某负次要责任。

(2) 争议焦点:事故责任如何分担?

(3) 争议处理:法官认为:罗某与运输公司租车协议合法有效。罗某在车辆租用期间,委托李某送客并还车,李某受托后酒后驾车肇事,造成车辆受损事实清楚。运输公司以罗某未妥善保管好租赁物,造成车辆损坏,有权要求罗某承担全部的赔偿责任。汽车受损,虽与第三人李某及彭某的交通违法行为有关,但因运输公司选择依照汽车租赁关系,要求罗某承担损害赔偿责任,而运输公司与第三人之间并不存在合同关系,故运输公司不能主张要求第三人对罗某承担的赔偿责任负连带清偿责任。罗某在承担赔偿责任后有权依法向第三人追偿。

(三) 律师观点

道路交通事故损害赔偿责任的主体,一般应根据机动车运营支配权与运行利益的归属来确定。汽车租赁公司虽系机动车所有人,但其出租车辆后,仅收取租赁费的,应认定其对该车辆不具有支配权和运行利益,只要租赁公司在交付车辆前,审查了承租人的驾驶资格,提供了合格车辆并为车辆办理相关保险,尽到了其应尽义务,对事故的发生没有过错,不应对事故损害承担责任。

第二节　保险理赔涉及的法律问题

一、保险公司免责条款解读

1. 法律规定

(1)《道路交通安全法》第 76 条规定:"机动车发生交通事故造成人身伤亡、财产损失的,由保险公司在机动车第三者责任强制保险责任限额范围内予以赔偿;不足的部分,按照下列规定承担赔偿责任:①机动车之间发生交通事故的,由有过错的一方承担赔偿责任;双方都有过错的,按照各自过错的比例分担责任;②机动车与非机动车驾驶员、行人之间发生交通事故,非机动车驾驶员、行人没有过错的,由机动车一方承担赔偿责任;有证据证明非机动车驾驶员、行人有过错的,根据过错程度适当减轻机动车一方的赔偿责任;机动车一方没有过错的,承担不超过10%的赔偿责任。交通事故的损失是由非机动车驾驶员、行人故意碰撞机动车造成的,机动车一方不承担赔偿责任"。

(2)《保险法》第17条:订立保险合同,采用保险人提供的格式条款的,保险人向投保人提供的投保单应当附格式条款,保险人应当向投保人说明合同的内容。对保险合同中免除保险人责任的条款,保险人在订立合同时应当在投保单、保险单或者其他保险凭证上做出足以引起投保人注意的提示,并对该条款的内容以书面或者口头形式向投保人做出明确说明;未作提示或者明确说明的,该条款不产生效力。

(3)《保险法》第60条:因第三者对保险标的的损害而造成保险事故的,保险人自向被保险人赔偿保险金之日起,在赔偿金额范围内代位行使被保险人对第三者请求赔偿的权利。前款规定的保险事故发生后,被保险人已经从第三者取得损害赔偿的,保险人赔偿保险金时,可以相应扣减被保险人从第三者已取得的赔偿金额。保险人依照本条第一款规定行使代位请求赔偿的权利,不影响被保险人就未取得赔偿的部分向第三者请求赔偿的权利。

(4)《保险法》第61条:保险事故发生后,保险人未赔偿保险金之前,被保险人放弃对第三者请求赔偿的权利的,保险人不承担赔偿保险金的责任。保险人向被保险人赔偿保险金后,被保险人未经保险人同意放弃对第三者请求赔偿的权利的,该行为无效。被保险人故意或者因重大过失致使保险人不能行使代位请求赔偿的权利的,保险人可以扣减或者要求返还相应的保险金。对于道路交通事故损害,交强险是先由保险公司在交强险责任限额内予以赔偿,但在一些特殊情形下,交强险的赔偿限额可能会打折扣,甚至被全部免除。对于"强制商业险"免责条款只有《道路交通安全法》第76条第二款规定:"交通事故的损失是由非机动车驾驶人、行人故意造成的,机动车一方不承担责任"。

最高人民法院审判意见:保险公司未就免责条款向投保人作明确说明的,应如何承担责任?保险公司在订立保险合同时未就免责条款向投保人作明确说明的,仅免责条款本身受影响,即不发生免责的法律效力,合同中的其他条款不受影响。

2. 如何理解保险责任的免除

(1)《保险法》第17条。订立保险合同,采用保险人提供的格式条款的,保险人向投保人提供的投保单应当附格式条款,保险人应当向投保人说明合同的内容。对保险合同中免除保险人责任的条款,保险人在订立合同时应当在投保单、保险单或者其他保险凭证上做出足以引起投保人注意的提示,并对该条款的内容以书面或者口头形式向投保人做出明确说明;未作提示或者明确说明的,该条款不产生效力。

(2)交强险赔偿责任的相对免除。所谓"相对免除",是指在特殊情形下,交强险虽然仍需对受害人予以适当的赔偿,但已经不是按责任限额予以赔偿,对于此种相对免除交强险赔偿的特殊情形,《交强险条例》第22条规定了4种:①无资格驾驶;②醉酒驾驶;③机动车在被盗抢的期间内肇事;④机动车乙方故意制造道路交通事故。出现这4种特殊情形,交强险的赔偿责任变更为:①仅在交强险责任限额范围内垫付抢救费用;②就垫付费用有权向致害人追偿;③不赔偿财产损失。

(3)交强险赔偿责任的绝对免除。所谓"绝对免除",是指交强险不再对受害人承担赔偿责任。依据《道路交通安全法》第76条第二款,可以确定如果受害人故意造成交通事故损失,则强制保险不予赔偿,《交强险条例》第21条对此又做出了进一步的明确规定。

3. 如何执行保险的赔付

在《道路交通安全法》出台后,审判实践多次确定"强制商业险"为强制保险,保险公司依然我行我素,拒不承担法律规定的责任,因此在现实生活中,保险公司主动先行赔偿的事例几乎是没有的。绝大多数案件都是受害人直接起诉保险公司要求赔偿,或者机动车主在赔偿受害人后又起诉保险公司要求赔偿。在受害人索要赔偿时,有时会申请先予执行强制保险的赔付,实践中已经有保险公司采取先予执行措施的案例。

二、相关案例分析

1. 案例一

(1)案情简介:2010年12月,周某无证驾驶无牌摩托车,与韩某驾驶的投保车辆损失险的轿车相撞,造成韩某车辆损坏,交警认定周某、韩某分负主、次责任。韩某的车辆损失、鉴定费、施救费共7万余元,保险公司以保险合同明确告知的按事故责任比例赔付:保险机动车负次要事故责任的,保险人按30%事故责任比例计算赔偿。

(2)争议焦点:被保险车辆无责时保险公司是否赔付?

(3)争议处理:保险条款约定"保险机动车一方不负事故责任,保险人不承担保险责任……保险机动车负次要事故责任的,保险人按30%事故责任比例计算赔偿",上述约定属于第三者责任险的内容,而非车辆损失险的应有之义,该条款显属免除保险人保险责任,排斥投保人主要权利的格式条款,该条款应认定为无效。

2. 案例二

(1)案情简介:2010年3月,石某将投保交强险和商业第三者险的机动车转让给刘某,保险公司对保单做了批改并出具了保险单。同年9月,刘某雇请的驾驶员张某驾驶该车因制动不合格肇事,造成第三者施某死亡,交警认定张某、施某分负主、次责任。法院判决保险公司在交强险限额内赔偿11万余元,刘某与张某连带赔偿交强险责任限额之外的28万余元。现刘某起诉保险公司要求给付商业三者险保险金24万余元,保险公司以车辆未年检违反保险合同约定拒赔。刘某称保险公司对该免责条款未尽说明义务不应适用。

(2)争议焦点:①保险公司是否有义务就免责条款对车辆转让后的买受人进行明确说明和告知?②保险公司应否理赔?

(3)争议处理:①保险公司对免责条款有说明义务。但车辆应按期年检系常识,驾驶员均应明知并按期履行的义务,该情形下保险人的明确说明义务可适当减轻,但并不因此当然免除;②保险公司不承担责任。涉案车辆未按期年检且制动不合格虽非交通事故唯一原因,但制动不合格系非常严重的安全隐患,必然导致车辆发生交通事故的概率显著增加,在合同条款明确约定情形下,保险公司不应当承担保险责任。故驳回刘某诉讼请求。

3. 案例三

司法实践中对保险公司先予执行的案件:①发生在广西大新县法院的案例。交通事故导致行人负重伤,机动车一方投保金额为50万的"强制商业险",受害人起诉机动车一方和保险公司,因无钱医治申请先予执行6.3万保险金支付医疗费。法院依据《道路安全法》第 75 条"肇事车辆参加机动车第三者责任强制保险的,由保险公司在责任限额内支付抢救费用"的规定,裁定先予执行保险公司 6.3 万元;②广东省佛山市高明区法院的案例。受害人起诉机动车一方和保险公司,并申请先予执行,法院同样裁定由保险公司先行支付受害人的医疗费。

三、律师观点

保险人在与投保人签订机动车责任保险合同之前或签订保险合同之时,对于保险合同中所约定的免责条款,除了在保险单上提示投保人注意外,还应对有关免责条款的概念、内容及其法律后果等,以书面或者口头形式向投保人或其代理人做出解释,以使投保人明确该条款的真实含义和法律后果;未尽明确说明义务的,该条款不发生法律效力。

第三节　私家车挂靠经营问题

一、挂靠经营的表现形式

随着油价上涨带来的养车难已经成为人们普遍关注的社会问题,于是出租闲置的私家车给汽车租赁公司,以适当缓解养车负担,成为许多车主们的权宜之计。目前汽车租赁公司的车源大概有 3 种:一是自有车辆;二是业内互相租赁;三是"挂靠"在公司的私家车。"挂靠"在汽车租赁公司的私家车主要有两种出租方式:一种是"短租",即按天出租,收入每天 300 元左右。车辆仍由车主使用,一旦有人租车,租赁公司随时联系私家车主;另一种是"长租",即按月或按年出租。

二、挂靠经营的法律地位

根据《中华人民共和国道路运输条例》的规定,未取得道路运输经营许可,不得从事道路运输经营。私家车是不允许挂靠在汽车租赁公司承担租赁业务的。《汽车租赁管理规定》对从事汽车租赁的企业及其经营行为有严格要求,汽车租赁企业增加或减少用于租赁的汽车,须向道路运政管理机构申请增办或缴销有关证件;租赁汽车车主必须与汽车租赁经营人名称相一致,凡不是租赁经营人所属车辆、未办理汽车租赁业合法经营手续的车辆,一律不得用于租赁。汽车租赁公司用挂靠的私家车从事任何经营业务均属违法,此种租赁也不符合汽车租赁公司开业的许可条件,工商部门可依法做出处罚,情节严重的,可吊销汽车租赁公司的工商登记。

私家车租赁"赚外快"实际上是一种财产租赁行为,私家车如此营运是"钻空子",因为正规汽车租赁公司用于租赁经营业务的汽车,车主名称必须与汽车租赁经营人名称相一致。不是租赁经营人所属车辆、未办理租赁经营手续的车辆,不得用于租赁业务。私家车挂靠租赁,其实是典型的"黑租赁",属于非法营运。

三、案例分析

1. 案例一

(1)案情简介:车主韩某有一辆全新私家车,过户到一家汽车租赁公司挂靠经营,签署协议由该公司负责该车的管理和租赁,并按该公司要求办理了所有手续(如过户、保险费用),该公司按每月实际租车总金额的20%提取经营风险金,并按月收取200元管理费。该车在经营过程中由于租车人操作不当致使车辆撞毁,接近报废状态,该公司在支付车主韩某车辆出事当月费用(行规是从租车日开始计算直至车辆修复)之后,以种种理由不再支付次月费用。韩某认为自己的车上了保险,保险公司"你把车挂靠到租赁公司,改变了车的用途,已经不在保险赔付范围内"的说法,让车主韩某傻了眼。车主韩某要求租车公司全额赔偿购车价和各项购车费用,包括保险、购置税、内饰等。租赁公司说责任在租车的人,公司只负责中间介绍和协调,没有赔偿责任。韩某最后把租赁公司起诉至法院。

(2)争议焦点:车主的权益能否得到保护、如何得到保护?

(3)争议处理:法院审理认为,其关键在于如何认定车主与汽车租赁公司签订的"汽车挂靠协议"效力及其性质。根据我国民法及合同法的相关规定,主要应具有以下要件:①行为人具有相应的民事行为能力;②意思表示真实;③不违反法律或者社会公共利益。本案中车主在与汽车租赁公司 签订"汽车挂靠协议"时,双方具有民事权利能力,并且是在自愿基础上签订的,双方之间并没有胁迫、欺诈、乘人之危等情形,系其双方的真实意思表示,所以此协议是有效的,应受法律保护,汽车租赁公司应对车主的车辆损失进行赔偿。汽车租赁公司对车主进行赔偿后有权向承租者进行追偿。

(4)法律观点:由于市场竞争激烈,目前汽车租赁行业的门槛越来越低,一般租车人出示身份证、驾驶证,扔下几千元押金,就可开走价值十几万元的车。很显然,汽车租赁公司只能凭身份证、驾驶证来制约租车者,但在假证泛滥的今天,相关证件往往是靠不住的,犯罪分子很容易钻空子。其次是无证驾驶肇事的风险,私家车被汽车租赁公司租车上路后,驾驶员管理实际上是一个盲点,如果被无证驾驶的人开车上路出了事故,除了车辆被扣,法律责任、经济纠纷等还会接踵而来。如果私家车外挂出租期间,驾车者肇事造成人员死伤,除了肇事者负有法律责任,私家车主和租赁公司也得负连带责任。

2. 案例二

(1)案情简介:2010年5月12日,张某与一家汽车租赁公司签订了一份租赁合同,双方约定,张某将其拥有的一辆别克车交与汽车租赁公司经营,每月租金4000元,租赁公司按月支付给张某;汽车租赁公司在经营过程中出现违章、事故、车辆变卖等一切车辆损失,由汽车租赁公司承担。合同签订后,张某向汽车租赁公司交付了车辆。6月23日,汽车租赁公司向公安部门报案称,其公司的3辆车被秦某租去后非法低价转让,其中就有张某的车。2011年1月18日,法院做出刑事判决,认定秦某犯合同诈骗罪被判处有期徒刑6年,并处罚金3000元。事后,张某要求汽车租赁公司赔偿车辆损失,但遭到拒绝。2011年2月,张某将汽车租赁公司告上法庭,要求解除租赁合同,并索赔租金及车辆损失共计6.5万元。

张某认为,租赁公司与其签订了租赁合同,就是汽车租赁关系,不是委托代理关系,租赁公司丢失租赁物,依法应承担赔偿责任。因此,他要求租赁公司承担赔偿责任,并按照约定支付租金。

(2)争议焦点:私家车挂靠在汽车租赁公司并签订挂靠合同合法吗?

(3)争议处理:该案审理结果是,非法变卖车辆的被告人因合同诈骗罪被判入狱。由于张某将车辆交给租赁公司,保险的标的性质发生了变化,属于非法营运,因此保险公司有权利拒赔。法院根据双方所签协议的事实,认定双方系汽车租赁关系。张某与租赁公司的租赁合同违反了法律规定,应该解除双方签订的协议。依据《合同法》第58条第一款关于"合同无效或者被撤销后,因该合同取得的财产,应当予以返还;不能返还或者没有必要返还的,应当折价补偿,有过错的一方应当赔偿对方因此所受到的损失"的规定,本案汽车租赁合同无效,汽车租赁公司应返还张某的轿车,无法返还则折价补偿。

(4)法律观点:根据《中华人民共和国道路运输条例》的规定,未取得道路运输经营许可,不得从事道路运输经营。私家车是不允许挂靠在汽车租赁公司承担租赁业务的。因此,私家车租赁赚钱的方式涉嫌"非法营运"。私家车挂靠租车公司基本上可以定性为"黑车"。这是因为,租车公司的所有车辆都办有营运证,行车证上也是写的租车公司的名头,这样一旦出现意外情况,公司是能够负责任的。私家车挂靠,行车证上是私家车车主的姓名,使用性质写的是非营运,这种车辆只能是个人使用,如果用于出租,其实就是改变了使用性质,这是不允许的。如果租车的人发生交通意外,行车证上的名字还是私家车主,租车公司很容易逃脱法律责任。如果私家车要挂靠租车公司,行车证的名头一定要改成租车公司的名头,如果不改,一旦出现意外,车主根本逃脱不了责任。根据保险公司的规定,私家车作为营运性车辆使用时,在营运过程中一旦遇险,保险公司不会给予私家车主任何赔付。保险公司认为私家车租赁赚钱的方式涉嫌"非法营运",因此不在保险公司理赔范围,一旦遇险,造成的损失则由车主全部自行承担。

3.案例三

(1)案情简介:刘某花了近10万元买了一辆汽车,考虑到养车成本有点高,经熟人介绍,他把爱车放在高新区一家汽车租赁公司。如此一来,刘某既不用操心养车费用,还能挣一些额外的收入。一年前,张某花钱从租赁公司将刘某的车租走。约一个星期后,刘某通过车载定位系统,发现车辆的运行轨迹有些不对劲,于是立即联系张某,这时他才发现出了问题。张某可能是欠了别人的钱,把他的车当给了一个典当行。此后,刘某多次找租赁公司,和租赁公司一起到典当行,虽然刘某拿出了关于该车的全套手续,可对方说这车是张某当给他们的,当时给了张某4万元钱,刘某想要回自己的车,只能找张某。当刘某要求汽车租赁公司赔偿自己的损失时,对方却以没有签订合同为由拒绝赔偿。而且租车行表示,其在该交易中仅起到中介作用,并不承担汽车出租所带来的任何后果,所以刘某的这件事至今仍未能解决。

(2)法律观点:车辆的使用者对租车公司的车通常不会爱惜,车辆得不到及时维护、使用者不良的驾驶习惯等会影响车辆的使用寿命。另外,一些租车的客户使用虚假身份证明将车辆租走,最终导致车辆被盗的事情也时有发生,由于私家车租赁涉嫌违规,车主维权很难。

4. 案例四

(1)案情简介:赵某把私家车挂靠在汽车租赁公司想收点租金,于是到乌鲁木齐市一家汽车租赁公司商谈把车租给公司,车由公司对外进行出租,公司按期给他租金,双方签订了合同,公司抽取租金的15%作为管理费。不久,汽车租赁公司以每月7500元的价格将车转租给了柳某,租赁期为1个月。租赁期到了,但迟迟不见柳某来还车,租赁公司向公安机关报了案。原来,车被柳某非法转卖。公安机关将该车找到后扣押。持续好几个月赵某没有收到租金,才知道车被扣了。随即将汽车租赁公司告上法院,请求判令解除双方签订的合同,返还车辆,并赔偿租金损失2万元和支付违约金5000元。租赁公司说自己也是受害者,虽然同意解除双方签订的合同和返还车辆,但因车被他人私自转卖,现被扣留,在这期间无法收取租赁费,所以不同意赔偿和支付违约金。

(2)争议焦点:汽车租赁公司应否赔偿车主的租金损失?

(3)争议处理:法院经过审理认为,合同当事人双方签的是一份租赁合同,汽车租赁公司赚取的是租赁差价。由于车辆被扣押确实有一段时间无收益,因此对原告要求赔偿租金损失的诉求,法院不予支持。判决汽车租赁公司返还车辆,并支付违约金5000元。

(4)法律观点:在私家车主与汽车租赁公司的"挂靠合作"中,租赁公司都会按一定比例抽取租金作为管理费,其余收益全归车主,但租赁公司不承担汽车租赁过程中车辆被骗、被盗责任,甚至不负责车辆和驾乘人员发生意外事故所造成的一切损失。在把私家车挂靠到租车公司的时候,一定要想周全,避免不必要的麻烦,挂靠的车丢了、被偷或者被不法分子转手低价倒卖了,私家车挂靠除面临这些风险外,还会陷于保险赔付困难甚至拒赔、手续草率容易被租车公司钻空子、因监管缺失导致双方的事故职责分担不明确和不公平的泥潭。

5. 案例五

(1)案情简介:王某多年经商,经济条件相对较好,家里有两辆轿车。两辆车放在家里很少开,王某就去二手车市场咨询了一下,因为给出的价格较低王某就没有卖。王某的一位好友李某经营着一家汽车租赁公司,王某就想把车挂靠过去用于租赁。经过李某的同意,王某把他的私家车挂靠到了朋友的汽车租赁公司。时间不长,到该公司租车的孙某相中了王某的车,价格谈妥后就开走了。不巧的是,孙某把车开走后没几天就发生了交通事故,撞伤了刘某。交通事故造成刘某受伤,经调解无效,刘某上诉到了法院。王某在庭审中称,他的车辆投保有机动车交通事故责任强制保险和商业第三者责任保险,应由承保保险公司承担赔偿责任。保险公司则称,在交强险各分项限额范围内承担受害人合理合法的损失没有异议,但是车主投保时明确该车的使用性质为"家庭自用",事故发生在车辆挂靠租赁经营期间,王某私自改变车辆的使用性质,属于保险合同条款约定的免赔范围。

(2)争议焦点:私家车挂靠后发生交通事故,保险公司应该负责赔偿吗?

(3)争议处理:法院经审理认为,因王某将投保时使用性质为家庭自用的车辆挂靠从事租赁经营,保险公司与事故车辆车主王某订立商业第三者责任险保险合同中包含有"车主改变车辆使用性质发生交通事故,保险人不负赔偿责任"一项免赔条款。综上,保险公司不承担商业第三者责任险的赔偿责任,由孙某赔偿受害人刘某交强险限额外的各项损失。

(4)法律观点:私家车作为非运营车辆,本身不具备正规的经营许可,挂靠汽车租赁公司,从性质上来说是自有车辆变成了营运车辆,属于非法营运,一旦发生事故或丢失,涉及车主、经营方、保险公司等多方利益,极易引起纠纷,尤其当出现重大交通事故造成人员伤亡的情况下,事故理赔金额可能达到几十万或上百万,第三者责任险都无法全部覆盖。在此提醒私家车车主,不可贪图利益将车挂靠在汽车租赁公司进行租赁,除了因非法运营会受到交通运输管理部门的处罚外,一旦承租过程中车辆发生交通事故或意外,保险公司将拒绝理赔,车主需自行承担相应损失。因此,私家车主一定要注重相关风险的防范,切记贪图小利吃大亏。

四、律师观点

在进行私家挂靠租赁时要注意以下两点:①及时办理车辆营运手续。私家车出租别忘了办理营运证和座位险,这是走一道法规程序,使私家车挂靠租赁合法化,只有合法化了,才能光明正大地踏实上路;②到保险公司办理变更手续,并按照营运车追缴各项保费。

私家车挂靠到租车公司,是一件符合创造节能社会的做法,只要做到以上两点,相信每位私家车主都会放心地把车挂靠到租车公司。

第四节　私家车改装的法律问题

一、常见的改装类型及法律地位

1. 私家车的改装形式

(1)涂装及外壳。大多数人选择这种方式,为求外观美观好看、减少空气阻力(是否能达到,实在存疑),大包围、加尾翼、加装或换保险杠还属于可商榷的改装,一般需要变更登记,车贴面积不能影响外观,否则也套用改变车身颜色,需要变更登记,若是对外部结构进行改变,在动力上的提升也几乎为零,却大大破坏了整车的安全系数。这种改装可能合法,也可能违法,总之不能破坏车身安全结构,比如开天窗、更换氙气前照灯等,还有些车主在车身上布满灯,或车头、车尾布满各种五颜六色的炫目灯,现在都不允许。

(2)内部改造。如改进气系统、点火系统、排气管、仪表板等,但一台量产车的设计是一体的,从底盘、发动机、驱动系统到各个设备,若没有设计缺陷,都是紧密匹配的。若车主没有极其专业的知识,绝对应该谨慎对待内部改造。经过内部改造,车的性能会提升不少,但随之而来的是安全隐患。这种改变,现行法律是禁止的。

2. 法律地位分析

(1)《中华人民共和国道路交通安全法》第16条规定:"任何单位或者个人不得有下列行为:①拼装机动车或者擅自改变机动车已登记的结构、构造或者特征;②改变机动车型号、发动机号、车架号或者车辆识别代号;……"我国禁止机动车拼装,对机动车改装实行严格的管理,有原则性的规定,即任何单位或者个人不得拼装机动车或者擅自改变机动车已登记的结构、构造或者特征;不得改变机动车型号、发动机号、车架号或者车辆识别代号。对生产、销售拼装的机动车或者生产、销售擅自改装的机动车的,没收非法生产、销售的机动车成品及配件,可以并处非法产品价值三倍以上五倍以下罚款;有营业执照的,由工商行政管理部门吊销营业执照,没有营业执照的,予以查封,构成犯罪的,依法追究刑事责任。

(2)与新交法配套出台的《道路交通安全法实施条例》第 6 条规定"已注册登记的机动车有下列情形之一的,机动车所有人应当向登记该机动车的公安机关交通管理部门申请变更登记:①改变机动车车身颜色的;②更换发动机的;③更换车身或者车架的;④因质量有问题,制造厂更换整车的;……"。凡是改变机动车车身颜色的、更换发动机的、更换车身或者车架的,都应当向登记该机动车的公安机关交通管理部门申请变更登记。否则年检不能通过,还要给予行政罚款。

3. 法律责任

改装车涉及法律责任,包括车主和改装厂的连带的民事责任、各自的行政责任、刑事责任。对于改装的车,原车辆生产厂家也会提出不承担免费维护或质量保证的责任。没有经过保险公司承认的改装,保险公司也会提出相应的抗辩,不予理赔。

(1)合法的改装。如内饰、加装音响、隔音处理等。对车身、车架、发动机的变更也是可以的,需要在已经损坏无法修复或者存在质量问题的前提下才能够进行。申请变更时,须同时出具修理厂的证明及更换发动机、车身或者车架的来历凭证。有些修理厂或车主将大修车的车架或发动机换过,却修改车架号、发动机号为原来的号,而不是重新登记,一旦出现事故,无疑要加重自己的法律责任。

(2)非法的改装。常见的有加宽轮胎,改进气系统、点火系统、排气系统、仪表板,升高底盘等。

4. 律师解析

对拼装车是绝对禁止的。而对于车辆改装,是规定"不得擅自改装",但是允许改装的范围显得非常有限,而且法律规范不明确,也没有制定任何的技术标准,没有国家标准或行业协会的标准、当然也没有看到任何的厂家标准。

二、案例分析

1. 案例一

(1)案情简介:随着油价攀升,天然气、甲醇燃料的价格优势愈加明显。许多私家车开始加入到"油改气"、"油改醇"的行列中来,一次油价上涨后,刘某算了一笔账:加天然气每立方不到4元,而93号汽油已经涨到每升8元。自己的车油耗8L/100km,加油的话64元能跑100km,要是加气64元加18m³,一年下来,油钱可以节省一半。虽然对"油改气"存在一些担忧,但价格原因仍然促使他想要对车辆进行改装。刘某到有资质的改装公司把车改成了燃烧天然气。费用是省下了,但年审时刘某的车却没有通过年审。

(2) 争议焦点:车辆"油改气"后为什么过不了年审?

(3) 律师解析:目前法律没有明文规定私家车可以进行"油改气",所以实际上是不允许的,车管所对于私改车辆办理业务也不予受理。如果年检时发现私自改装车辆,将对改装部分进行拆除。私家车改装如果没有改装合格证,将被车管所视为非法改装,不允许上路行驶,一旦发现,交警部门将予以查处。即使有改装合格证,但相比出租车与公交车,私家车"油改气"仍处在尴尬中。按照有关规定车辆不得擅自改装燃油种类,否则视为非法改装,在车辆年审时过不了关。

2. 案例二

(1) 案情简介:汽车对于大多数国人来说,还是一件奢侈浪费品,车主的个性化改装欲望也就越发强烈。在不同层次的汽车消费观的攀比下,更多的是在自身能力难以突破现有消费级别的情况下,改装不失为一种蹊径。年轻的私家车车主李某,特别希望自己的爱车与众不同,首先把车做了个"油改气",然后把车的外表做了"美容",还加宽了车的轮胎,连车的品牌和发动机型号都做了改装。一次李某在驾车的行驶途中发生交通事故,车辆造成很大程度的损害。找到保险公司要求理赔时,却被保险公司告知拒绝理赔。

(2) 争议焦点:保险公司拒绝理赔有无法律依据?

(3) 律师解析:现在并没有专门针对"油改气"的险种,私家车"油改气"改装部分引起的车辆问题,保险公司都不予承保。保险公司要求车主及时变更手续,可投保"新增设备险"。这样,在设备出现损毁或者因该设备导致车辆损失的话,保险公司才给理赔。因此需要到保险公司加一个批单,出现交通事故后才能承担相关的理赔。

3. 案例三

(1) 案情简介:李某刚买了新车,为炫耀自己的车与众不同,而将转向灯、前照灯改换成蓝色"爆闪"灯泡,刚一上路,被交警发现后不但扣留了车辆,还进行了罚款处理。并且被告知如不及时更改,新车申请注册登记以及进行年检时,如果车辆有擅自改装信号灯等行为,就无法办理入户或通过年检。

(2)律师解析:《新交法》要求用户不得对外部照明和信号装置进行改装,"除转向信号灯、危险警告信号灯、紧急制动信号灯、校车标志灯及消防车、救护车、工程救险车和警车安装使用的标志灯具外,其他外部灯具不得闪烁"。不少车主私自改装爆闪灯或随意改变信号灯颜色,这样的改装给上路车辆带来很大的安全隐患。

三、律师观点

一般来说,《中华人民共和国机动车管理办法》规定已领取牌照汽车的改装申报,要向车辆登记的车管所提出,待设计方案与改装计划报送车管所审查批准后,才可进行改装。只要被批准,车身颜色、发动机、燃料种类、车架号码都可进行改装,但对车身、车架、发动机的改装必须是要在已经损坏无法修复或者存在质量问题的前提下才能够进行。改装完毕,要经车管所检验、试验合格,方可办理改装的机动车变更手续。

还有两个改装法律雷区请不要触碰:

(1)车身颜色。不能选用红、黄、上白下蓝3种颜色,红色是消防专用,黄色是工程抢险专用,而上白下蓝是国家行政执法专用。

(2)排气管改装的噪声。为了在高速行进时保持排气通畅,"直喉"排气管可能是您的首选,可它的嗓门可也是最粗的,令人鼓舞的轰鸣声绝对拉风,不仅能让路人注目,也绝对能吸引交警和环保工作者的注意力,但这可涉嫌触犯环保方面的法规。

第五节 车身广告的法律问题

近几年,私家车车身广告在我国很多城市迅速发展,日渐成为社会各界和新闻媒体关注的焦点。私家车车身广告主要是指私家车车主和广告主协商,由广告主支付广告费用,以私家车车体为载体张贴或者喷绘广告主的商品或者服务广告,从而宣传广告主的商品或者服务。与其他广告媒介相比,有其特有的特征:运作方式相对复杂、广告费用相对低廉、目标受众相对集中。然而其出现的法律问题也越来越多,需要法律来加以调整。

一、车身广告的法律规范

由于《广告法》对利用包括私家车在内的流动载体发布户外广告没有涉及,仅在第 32 条和第 33 条对户外广告的禁设情形和授权管理作了原则性规定,这导致各城市对私家车车身广告管理办法不一。对此,相关部门应通过适当的形式,出台或修订有关法律法规或部门规章,对私家车车身广告的法律地位、登记申请、设置规范、维护管理、部门分工、监督管理等问题进行明确规定。2006 年 5 月 22 日第二次修改过的、国家工商总局以部门令的形式公布的《户外广告登记管理规定》,户外广告工商登记的范围,以下列四类为限:①利用户外场所、空间、设施发布的,以展示牌、电子显示装置、灯箱、霓虹灯为载体的广告;②利用交通工具、水上漂浮物、升空器具、充气物、模型表面绘制、张贴、悬挂的广告;③在地下铁道设施,城市轨道交通设施,地下通道,以及车站、码头、机场候机楼内外设置的广告;④法律、法规和国家工商行政管理总局规定应当登记的其他形式的户外广告。上述四类广告之外的其他户外广告,不再要求到工商行政管理机关进行发布前登记。私家车做广告属于利用交通工具设置、绘制、张贴的户外广告,所以,私家车要做广告,必须先到车管所备案,再到工商部门登记、审核后,才能允许上路。打有广告的私家车必须遵循广告法、道路法等法规。

二、案例分析

1. 案例一

市民陈某刚买了一辆车,领取牌照不久,某位开汽车精品美容店的朋友就主动找他商量在其车身贴车身广告,并承诺帮他免费洗车。陈某表示,这样一来不仅帮了朋友的忙,而且还省掉了洗车的钱,何乐而不为呢?

2. 案例二

李某购车后,其朋友赵某与李某协商,在李某的车身做一些商品广告,为此支付李某一定费用。后工商部门查处该车,未作登记而私自以营利为目的做广告,予以罚款。

3. 案例三

某保险公司的负责人段某说,在员工私家车上统一发布单位的形象广告,每年给员工补贴几千元作为回报,这样既能宣传自己的品牌,还能为员工谋点福利。

三、律师观点

目前针对私家车车身广告还没有专门的管理规定,车辆广告属户外广告,由各市、县(区)具体管理。而根据《户外广告登记管理规定》的相关规定,户外广告的发布,必须经有资质的广告公司到工商部门办理审批,个人可以委托广告公司来工商部门登记。具有合法主体的车辆都可以办理,未经工商部门登记审批的任何单位、个人不能发布户外广告。

第六节 典型交通事故分析

1. 案例一

(1)案情简介:甲某就读于中心幼儿园,2007年4月4日下午中心幼儿园放学,甲某乘坐中心幼儿园的校车回家,在向其所居住村组的路口处,从校车上下车,在其家人还未来接的情况下,自己由西向东横过马路回家时与乙某驾驶的由南向北行驶的变形拖拉机相撞,致甲某被撞伤后经抢救无效死亡。经交通巡逻警察大队认定:乙某驾驶不符合技术标准的机动车辆且未确保安全行驶,甲某在无监护人带领时未确认安全后横过公路,乙某和甲某负此事故的同等责任。另查明,中心幼儿园为解决路远儿童的上学不便等困难,特别装备了专车,制定了站点,负责早晚接送幼儿,并收取相关的费用。事故发生当日,中心幼儿园放学后,甲某所乘坐的校车上没有护送老师,校车驾驶员在甲某家人未到场的情况下,在公路边停车,任由甲某下车,横穿马路,致使事故发生。经交通巡逻警察大队认定:乙某驾驶不符合技术标准的机动车辆且未确保安全行驶,甲某在无监护人带领时未确认安全后横过公路,乙某和甲某负此事故的同等责任。

(2)争议焦点:学校的此种不作为行为和乙某的侵权行为构成共同过失,是否应承担连带赔偿责任?

(3)法院处理意见:公民的生命健康受法律保护。由于本案是机动车与行人发生交通事故,故减轻行人方的责任,由乙某承担65%的责任。甲某因无监护人带领未确认安全后横过公路产生的在交通事故中的过错责任,应由在该时空对其负有监护、管理职责的责任主体承担。中心幼儿园虽将甲某送到了指定站点,但无老师护送其至安全地点,在甲某的家长未到的情况下,任由其自行横穿马路,未尽到安全接送职责;甲某的监护人未依平时接送小孩的时间准时到站点接小孩,也是造成事故发生的因素之一,故甲某在交通事故中的主要过错责任,应由中心幼儿园承担,甲某的监护人承担次要责任。中心幼儿园和甲某的监护人的不作为以及乙某的侵权行为间接结合导致了本案损害结果的发生,故本案被告应按各自的过错程度承担按份责任。

(4)律师观点:随着教育管理模式的进一步完整化,很多学校除了负责对学生的传统教学以外,往往通过收费的方式,承担起学生的饮食起居管理职责,因此学校的教育、管理、保护的责任就会由传统的校园扩展到这些新增功能延伸的场所。然而学校的这种教育、管理、保护的职责与监护职责是有着本质的区别,监护人将未成年学生送至学校学习,其监护职责并未转移给学校;学校也不因接受未成年学生到校学习,自然而然地承担起对该学生的监护职责,而应承担与其过错相适应的责任。

最高人民法院《关于贯彻执行〈中华人民共和国民法通则〉若干问题的意见(试行)》第22条规定:"监护人可以将监护职责部分或者全部委托给他人。因被监护人的侵权行为需要承担民事责任的,应当由监护人承担,但另有约定的除外;被委托人确有过错的,负连带责任。"这一条规定了监护职责可以因委托而转移。监护人如果想将监护职责部分或者全部委托给学校,必须与学校达成明确的委托约定。没有明确的委托约定,不能推定学校已经接受监护人的委托,对到校学习的未成年学生承担起部分或全部监护职责。

本案中的直接侵权人乙某和中心幼儿园,属于无意思联络的数人侵权,属于单独侵权而非共同侵权,因为行为人之间主观上并无共同过错,各个行为人的行为也只是单独的行为,因而不能按共同侵权处理。只要过错程度和原因可以确定,就可以根据过错程度和原因合理的确定各行为人所应负的责任范围,而不能笼统地使各行为人对受害人负连带责任。

2. 案例二

(1)案情简介:2007年2月27日,杨某骑电动自行车正常行驶,张某驾驶小轿车将杨某撞倒受伤。经北京市公安局公安交通管理局某支队出具交通事故认定书,认定张某承担此次交通事故全部责任,杨某不负责。故杨某诉张某及保险公司共同承担责任。

(2)争议焦点:保险公司以与受害人无直接的合同关系,不予以赔偿有无依据?

(3)争议处理:法院认为,公民的人身权利受法律保护,侵害公民身体造成伤害的应予赔偿,交通事故责任者应当按照所负交通事故责任承担相应的损害赔偿责任,本案中张某在此次交通事故中负全部责任,故应当赔偿杨某因此次事故造成的合理损失。根据法律规定,当投保机动车发生交通事故造成人身伤亡、财产损失时,应由保险公司在机动车受害人强制责任保险的责任限额内予以赔偿。故保险公司应该作为本案的被告承担相应的保险责任。

3. 案例三

(1)案情简介:2003年,葛某驾车帮朋友郑某迎亲,与王某驾驶的客运三轮摩托车追尾,造成摩托车上乘客张某夫妇受伤。交警认定葛某负主要责任,王某负次要责任。

(2)争议焦点:张某夫妇损害后果由谁承担责任?

(3)争议处理:葛某是为郑某无偿提供劳务帮工活动中致人损害,依法应由郑某承担责任。鉴于葛某帮工中存在重大过失,二者应当承担连带责任。王某驾驶的三轮摩托车存在过错,所有也应承担一定的责任。

(4)律师观点:为他人无偿提供劳务的帮工人,在帮工活动中因交通事故遭受人身损害的,被帮工人应当承担赔偿责任;被帮工人明确拒绝帮工的,不承担赔偿责任,但可以在受益范围内予以适当补偿。帮工人驾驶机动车从事帮工活动中因交通事故致人损害的,被帮工人应当承担赔偿责任;帮工人存在故意或重大过失,赔偿权利人可以请求帮工人和被帮工人承担连带责任。

4. 案例四

(1)案情简介:2008年,潘某所养名犬经常在小区溜达,某日该犬在小区未系狗链出来溜达,被张某投保交强险的轿车撞死。潘某要求张某承担赔偿责任。

(2)争议焦点:赔偿责任如何确定?

(3)争议处理:张某未尽谨慎驾驶义务,未对路面情况尽注意义务,忽视行车安全,对碾压潘某宠物犬死亡的损害后果存在过失,应负事故次要责任。潘某未束狗链,放任犬在居民区道路上行走且未尽防范与注意义务,是引起事故的主要原因,应承担70%赔偿责任。故保险公司应在交强险财产保险限额范围内承担无过错赔偿责任,超限额部分损失由事故责任人按责承担。

(4)律师观点:因交通事故致他人饲养的宠物死亡,应属于财产损失范畴。侵权一方应按照损失发生时的市场价格或者其他方式,根据事故责任的大小承担赔偿责任。

5. 案例五

(1)案情简介:2008年2月,孙某驾驶董某的车辆撞死行人曹某,交警认定孙某醉驾逃逸负全责。刑事附带民事调解书确认董某、孙某共同赔偿曹某近亲属28万元并履行完毕。随后,董某起诉保险公司,要求赔付交强险中的死亡赔偿金11万元。

(2)争议焦点:保险公司应否理赔?

(3)争议处理:根据《机动车交通事故责任强制保险条例》第22条规定,对于醉酒驾车造成交通事故的,保险公司仅应在机动车交通事故责任强制险保险责任限额内垫付抢救费用,而不包括其他费用,且在垫付后还有权向致害人追偿。该规定实质上系保险公司免除责任的规定。故本案中,驾驶员醉酒驾车致人死亡,保险公司对受害人的死亡赔偿金依法不予理赔。

(4)律师观点:当被保险车辆的驾驶员醉酒驾驶造成受害第三者人身死亡的,保险公司向受害人支付各项人身损害赔偿后,有权向侵权人追偿。

6. 案例六

(1)案情简介:2004年5月,王某从汽车租赁公司租赁的轿车在高速路上正常行驶时自燃焚毁,汽车租赁公司索赔车损8.5万余元、路面修复费用1500余元、营业损失1.5万元。

(2)争议焦点:①王某应否赔偿车辆损失?②其他损失是否赔偿?

(3)争议处理:王某无须赔偿车辆损失及其他损失。该车在王某租赁使用中由于不明火因燃烧毁损以致使用价值不复存在。汽车租赁公司未提供证据有效证明王某租赁期间对车辆存在使用不当或保管不善的过错行为,故王某对车辆毁损造成的损失不应承担损害赔偿的责任。因预见并承担因不可归责于承租人事由所致租赁物毁损灭失之损失风险应为租赁行业正常行业风险,且现代保险制度已为该行业风险提供了可以规避或减损的途径,而王某作为短期承租人对租赁物因不明燃损风险无法预见和注意,故让其承担该损失有悖公平和正义之法的价值精神。

(4)律师观点:机动车辆在使用过程中,因本车电器、线路、供油系统发生故障及运载货物自身原因起火燃烧,造成保险车辆的损失,以及被保险人在发生本保险事故时,为减少车辆损失所支出的必要合理的施救费用,应由保险公司在车辆自燃险责任范围内承担保险赔付责任。

7. 案例七

(1)案情简介:2004年6月李某驾车在二环辅路上正常行驶,吴某醉酒骑自行车逆行进入机动车道,发生事故,李某将吴某撞倒致死。交警认定吴某全责。

(2)争议焦点:①事故责任认定是否正确?②是否"撞了白撞"?

(3)争议处理:机动车与非机动车驾驶人之间发生交通事故的,由机动车一方承担责任。但有证据证明非机动车驾驶人违反道路交通安全法律、法规,机动车驾驶员已经采取必要处理措施的,减轻机动车一方的责任。在此事故中吴某醉酒骑车逆行进入机动车道的过错行为,直接导致该事故的发生,造成吴某死亡,而作为事故的另一方机动车驾驶员李某已尽到了注意义务,并已采取了必要的措施,但仍未能避免事故的发生,故交管部门根据上述情况认定吴某应承担事故全部责任,李某不负责任。就赔偿事项,因交通事故并非吴某故意造成,故根据事故责任认定,机动车一方应承担不超过10%的赔偿责任。

(4)律师观点:机动车与非机动车驾驶人、行人之间发生交通事故造成人身伤亡、财产损失的,由保险公司在交强险责任限额内予以赔偿。不足部分,有证据证明非机动车驾驶人、行人有过错的,机动车一方承担不超过10%的赔偿责任。交通事故的损失是由非机动车驾驶人、行人故意碰撞机动车造成的,机动车一方不承担赔偿责任。

8. 案例八

(1)案情简介:2007年11月,赵某搭乘郑某车辆外出海钓,从驾车到钓鱼处,将近20h未睡觉,赵某轮换驾车,夜间在回程高速路上肇事,赵某死亡。交警认定赵某全责。

(2)争议焦点:①郑某有无责任?②如何赔偿?

(3)争议处理:赵某与郑某在共同实施出海钓鱼这种户外活动中,作为均具有一定驾驶经验的成年人,在双方均已经长时间未休息、身体疲劳且夜间高速行车情况下,赵某仍执意在高速路上驾车,造成自身死亡的交通事故,故赵某对自身死亡应承担主要责任。郑某作为唯一与赵某同车同行的人,在当时特定情况下,应谨慎提醒,或采取要求住宿、停车休息等保护措施,但其未尽到谨慎提醒和采取积极有效措施避免或减轻致害后果发生的义务,其不作为与事故发生之间存在因果关系,对赵某之死存在一定过错,应承担相应责任。

(4)律师观点:当事人相约进行自驾游、钓鱼、爬山、探险等自助活动或共同饮酒的情谊活动过程中发生交通事故,共同行为人在特定情况下负有注意义务,包括可能导致损害后果的预见义务和为避免该后果发生而应采取积极措施的避免义务。同乘同伴或同行同伴未尽合理注意义务,主观上存在一定过错,且与交通事故损害后果存在相应因果关系,应承担相应赔偿责任。

第八章　家用汽车维护

第一节　日常维护

一、维护分类

广义上汽车维护分为两种,定期维护和车身维护。

(一) 定期维护

定期维护也称常规维护,即按一定里程或时间间隔对车辆各个系统或总成而进行的技术性能保持和恢复性工作,从而保证汽车具有良好的使用性和可靠性。同时针对不同的季节,也会有些固定的维护项目,以保证车辆在不同天气条件下的良好性能。它包含着很多学问,及时正确的维护会使汽车的使用寿命延长,安全性能提高,既省钱又免去许多修车的烦恼。

(二) 车身维护

车身维护主要是为保持车辆外观漆面及内饰的清洁亮丽而进行的维护工作,包括清洗、打蜡、封釉、镀膜、内饰清洁、杀菌等常规项目,这些项目的实施可以保证车漆持久的色泽和光洁度以及内饰的清新舒适,不但能够给车主带来舒适的驾乘感受,还可以提升二手车的价值。

(三) 维护与修理的区别及联系

(1) 作业技术措施不同。维护是以计划预防为主,通常采取强制实施的作业。而修理是按车辆实际需要而进行的作业。

(2) 作业的时间不同。维护通常是在车辆发生故障之前进行的工作,而修理通常是车辆发生故障之后进行的工作。

(3)作业的目的不同。维护通常是降低零件磨损的速度,预防故障的发生,延长汽车的使用寿命;而修理通常是对出现故障或失去工作能力的机件、总成,为恢复汽车良好的技术状况或工作能力和寿命而进行的修复或更换工作。

(4)汽车维护和汽车修理是密切相关的。修理中有维护,维护中有修理。在车辆维护过程中可能发现某一部位或机件将要发生故障或损坏的前兆,因而可利用维护时机,对其进行修理。而在修理的过程中,对一些没有损坏的机件也要进行维护,可以消除可能发生的故障隐患,始终保持正常的性能。

因此,汽车维护和汽车修理的关系是辩证的。在日常活动中,一定要处理好两者之间的关系,坚持以维护为重点,克服"重修轻维"、"以修代维"的不良倾向。

二、新车维护

多数人买了新车后,往往会将关注点放在车内车外的装饰方面,而忽略了车体本身的维护。新车的车体漆面虽无老化问题,但从下线出厂到运输至4S店的过程中,车表漆已经受到了空气中的紫外线、酸气和沙尘的侵蚀,尤其是经海运或水运的车辆,因此需要及时正确的维护。

(一)新车开蜡

对于进口车,一定要关注如何正确开蜡,车蜡中含有石蜡、树脂及特氟隆等材料,一般都是由4S店在交车时进行,但一定要关注,除蜡时切记不要用汽油或煤油擦拭,应选用专业的开蜡液,或者亲自到专业的美容养护店处理。对于国产车,车身大多采用静电喷涂工艺,漆面呈镜面光泽,无须开蜡。

(二)封釉/镀膜

1. 封釉

封釉其实是蜡的一种,用柔软的羊毛或海绵通过振抛机的高速振动和摩擦,利用釉特有的渗透性和黏附性把釉分子强力渗透到汽车表面、油漆的缝隙中去。封釉后的车身漆面能够达到甚至超过原车漆效果,使旧车更新、新车更亮,并同时具备抗高温、密封、抗氧化、增光、耐水洗、抗腐蚀等特点,还为以后的汽车美容、烤漆、翻新奠定了基础。封釉是打蜡的替代品,一般封釉之后半年之内可不用打蜡。

2. 镀膜

漆面镀膜技术,是世界上最新一代的车漆保护技术。真正的汽车镀膜是无机镀膜,也就是不会氧化的水晶玻璃镀膜。只有无机镀膜,才是覆盖在汽车表面的镀膜层,可以为漆面全方位提供高效的保护,增加漆面硬度和平滑度,提高防污性能,隔绝紫外线、酸雨、鸟粪等的腐蚀,通常车辆每隔1年左右建议做一次漆面镀膜,如图8-1所示。

图 8-1　车身镀膜

三、定期维护

根据目前汽车维修行业中的惯例,定期维护项目可系统分为六大部分,针对不同的汽车品牌,各生产厂家都在车辆维护手册中有明确的规范,包括维护内容、时间或里程间隔,广大车主朋友一定要严格按照厂家的维护手册要求进行定期维护作业。图8-2为发动机剖面图。

(一)润滑系统的维护

润滑系统的主要作用是对汽车发动机的各个部件进行有效的润滑、冷却、清洁和密封。在常规情况下,汽车每行驶5000~10000km时就需清洗维护一次,包括更换润滑油和润滑油滤清器。维护可以清洗发动机内部的油泥和其他杂质,避免润滑油高温下的氧化稠化,减少发动机部件的磨损,延长发动机寿命,保持发动机动力性能。图8-3为润滑油滤清器实物图和安装位置图。

图 8-2　发动机剖面示意

(二)燃油系统的维护

常规情况下,汽车每行驶10000~20000km时需更换燃油滤清器,以保持燃油系统的正常供油压力。在更换燃油滤清器时,可根据需要进行燃油系统清洗维护1次,例如当发觉发动机怠速发抖、加速踏板反应迟滞和加速不良、冒黑烟、无力、费油时即可进行。燃油系统清洗可以清除系统内部的胶质和积炭,保持燃油系统的畅通,同时可以改善喷油器喷出的燃油的雾化效果,从而提高燃油利用率,保证发动机正常的动力性能和正常的油耗水平。图 8-4、图 8-5 分别为汽油滤清器和喷油器的实物图和位置图。

图 8-3 发动机润滑油滤清器实物及安装位置

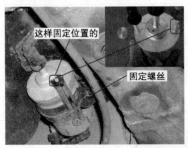

图 8-4 汽油滤清器及安装位置

图 8-5 喷油器及安装位置

(三)进气系统的维护

主要是针对空气滤清器的定期更换,在每行驶 10000~20000km 时更换一次。空气滤清器能过滤掉空气中的灰尘、颗粒物、飞絮之类的杂质,确保吸进发动机燃烧室内的空气是洁净的,这样,可以有效降低发动机内部的积炭、脏污和磨损,可以说是发动机的"口罩",起到了非常重要的作用。但是空气滤清器不可能100%的过滤掉空气中细小的粉尘,所以车辆行驶一定里程后,这些透过空气滤清器的粉尘会附着在进气道内,会导致节气门、怠速电动机等部位脏污,形成怠速不稳、发抖等故障,因此需要定期进行进气道的清洗,或单独清洗节气门和怠速电动机,里程间隔约在20000km左右。图8-6为空气滤清器滤芯实物图和位置图。

图8-6 空气滤清器滤芯及安装位置

(四)点火系统的维护

点火系统维护主要针对火花塞,火花塞主要作用是点燃汽缸内的可燃混合气,使其快速燃烧后推动曲轴运转作功,随着使用里程的增加,其点火电极会因烧蚀而变形,同时电极间隙逐渐增大,会出现火花散乱或火花强度减弱的现象,从而会导致发动机无力,甚至会有积炭产生。一般火花塞更换周期为30000~40000km。图8-7为火花塞实物图和位置图。

图8-7 火花塞及安装位置

(五) 冷却系统的维护

冷却系统维护主要针对冷却液,冷却液的作用是维持发动机的正常工作温度,并保证寒冷天气发动机不结冰冻裂,同时还兼顾防止发动机内部锈蚀和清洁水道的作用,一般情况下,冷却系统需要每两年更换一次冷却液。汽车在冬夏换季时均应进行检查,包括液位、冰点。图8-8、图8-9为冷却系统示意图和实物图。

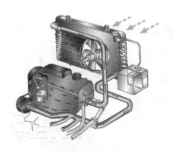

图8-8 冷却系统

图8-9 冷却系统布置

(六) 空调系统的维护

空调系统维护主要针对空调滤清器。空调滤清器能过滤空气的中粉尘、异味、飞絮等,确保车内空气的洁净,主要用来保证车内乘员的身体健康。一般更换里程间隔为20000km,主要应根据车辆行驶地区的空气情况和实际脏污情况而定。当空调滤清器脏污明显时,不但车内空气有异味,还会因堵塞导致空调出风量减小。空调系统维护的另一项工作是蒸发箱的清洁杀菌,长期使用的蒸发箱表面会因为潮湿发霉而滋生各种细菌,不但导致空调异味,还会影响制冷效果,因此当空调出风有异味时,需要对蒸发箱进行清洗杀菌处理,至少每年进行一次。图8-10为空调滤清器、蒸发箱的实物图和位置图。

(七) 制动系统的维护

制动系统维护主要针对的是制动液。制动液具有吸湿性,长时间使用后,会因吸收空气中的水分而降低沸点,从而会影响制动效果,因此要求制动液每两年必须更换一次。日常检查时,制动液的液面会随着制动片和制动盘的磨损而逐渐下降,此时不要自行盲目添加,尤其是不能添加不同型号的制动液,否则会损坏制动系统内部的密封件,导致制动失效。当更换了制动片或制动盘后,制动液面高度恢复正常。如果发现有明显泄漏现象,则需立即到4S店进行检查维修。图 8-11 为制动系统示意图和实物图。

图 8-10 空调滤清器及蒸发箱

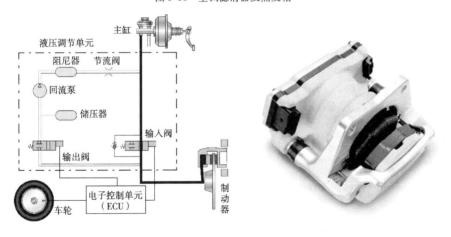

图 8-11 制动系统及制动器

(八) 变速器的维护

常规情况下,变速器的维护主要针对自动变速器润滑油和滤清器的更换。自动变速器润滑油除了润滑、冷却、清洁和密封之外,还有一项最重要的作用就是传递动力。长时间使用后变速器润滑油会因磨损产生的磨粒、空气中的粉尘和氧化而变质,会导致传动效果变差,甚至使变速器控制阀体的内部油路堵塞,出现换挡冲击、换挡不平顺,严重时车辆无法行驶的故障,因此自动变速器润滑油需要定期更换,一般更换周期为 60000km 左右,在更换变速器润滑油的同时,其滤清器也要更换。图8-12为自动变速器滤清器和自动变速器解剖图。

图8-12 自动变速器滤清器及自动变速器解剖图

在4S店做上述常规维护项目时,维修技师会根据厂家技术指导手册和维护规范对车辆其他系统进行全面检测,如灯光系统、底盘、轮胎、电气等方面,可以确保车辆处于正常的技术状态。

四、日常自行检查

除了常规维护项目之外,车主在日常驾驶过程中要对车辆进行定期的检查,坚持做到日检查、周检查、月检查,以便随时发现问题,及时解决,避免出现严重的故障影响车辆的正常使用。

(一)每天的检查内容

(1)外观检查。在出车前,环视汽车,看看灯光装置有没有损坏,车身有没有倾斜,有没有漏油、漏水等泄漏情况;检查轮胎的外表情况;检查车门、发动机罩、行李舱和风窗玻璃的状况。

(2)信号装置检查。打开点火开关钥匙(不起动发动机),检查各报警灯和指示灯的点亮情况,起动发动机查看各报警灯是否正常熄灭,指示灯是否还在点亮。

(3)燃油检查。查看油量表的指示,补充燃油。

(二)每周的检查内容

(1)轮胎气压。检查调整轮胎气压、清理轮胎上的杂物。不要忘记对备胎的检查。

(2)发动机及各种油液。检查发动机各部件的紧固情况,查看发动机各结合面有没有漏油、漏水的情况;检查发电机皮带松紧度;查看各部位的管路和导线固定情况;检查补充润滑油;检查补充冷却液;检查补充电解液;检查补充动力转向润滑油;清洁散热器外表;补充风窗玻璃清洗液等。图8-13为发动机舱实物图。

(3)清洁。清洁汽车内部,清洗汽车外表。图8-14为汽车内饰实物图。

图8-13 发动机舱

图8-14 汽车内饰

(三)每月的检查内容

(1)外部检查。巡视汽车,检查灯泡及灯罩的损坏情况;检查车体饰物的固定情况;检查倒车镜的情况。图8-15为汽车前照灯和灯泡实物图。

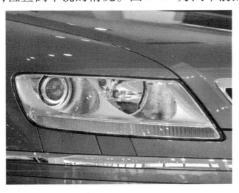

图8-15 汽车前照灯

(2)轮胎。检查轮胎的磨损情况,接近轮胎的磨耗记号时应更换轮胎,检查轮胎有没有鼓包、异常磨损、老化裂纹和胎面划痕等情况。图8-16为轮胎非正常磨损与磨损标志图。

(3)清洁。彻底清扫汽车内部;清洁水箱外表、润滑油散热器外表和空调散热器外表上的杂物。

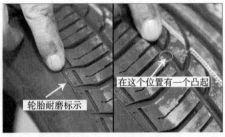

图 8-16 轮胎异常磨损及磨损标志

（4）底盘。检查底盘有没有漏油的现象，发现有漏油痕迹，应检查各总成的齿轮油量并进行适当的补充，检查底盘各连接部位胶套是否有破损。图 8-17 为悬架示意图。

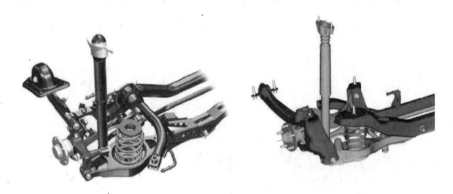

图 8-17 汽车悬架

（四）每半年的检查内容

（1）发动机外部。清洗发动机外表，清洗时注意对电气部分的防水处理。如果电气部分对防水要求较高的话，应避免用高压、高温的水枪来冲洗发动机，可以用毛刷沾清洗剂清洗发动机外表。

（2）蓄电池。检查蓄电池接线柱部分有没有腐蚀的现象，用热水冲洗蓄电池外表，清除蓄电池接线柱上的腐蚀物。对于可维护蓄电池需拧开加液塞，检查电解液是否足够，如不足需添加蒸馏水，对于免维护蓄电池，需要检查观察孔内的颜色，绿色为正常，否则需要充电。图 8-18 为蓄电池实物图及位置图。

图 8-18　蓄电池及安装位置

(3) 冷却液。检查补充冷却液、清洁水箱外表。

(4) 轮胎轮毂。检查轮胎的磨损情况,对轮胎实施换位。如发现有不正常磨损状况,需到 4S 店进行四轮定位检测调整。

(5) 制动系统。检查调整驻车制动拉杆工作行程;检查调整行车制动踏板的自由行程;检查车轮制动器蹄片磨损情况,如果达到磨耗记号应更换制动蹄片;检查补充制动液等。

(6) 紧固。检查底盘重要螺栓或螺线的紧固情况,特别是转向系统的重要螺栓和螺线,发现有松动或缺损情况,应补齐拧紧。

(7) 底盘。检查底盘各部分管路情况,查看有没有泄漏,检查紧固所有金属连接杆件,并检查橡胶轴套有没有损坏的情况,对底盘所有润滑点进行补脂润滑。

(8) 灯光。检查修理汽车灯光,检查维护制冷、暖风装置,清洁音响系统等。

五、常规维护中的误区

很多车主由于对汽车技术及操作规范了解甚少,因此在观念中可能会对汽车维护操作存在一些误区,这些误区会对车辆的技术性能造成不良影响,从而会因维护而增加额外故障,因此请广大车主朋友要多加注意。常见问题如下:

(一) 螺栓越紧越好

汽车上用螺栓、螺母连接的紧固件很多,应保证其有足够的预紧力,但也不能拧得过紧。若拧得过紧,一方面将使连接件在外力的作用下产生永久变形;

另一方面将使螺栓产生拉伸永久变形,预紧力反而下降,甚至造成滑扣或折断现象,因此,在4S店和正规的修理厂,维修技师在操作中会使用带刻度的扭力扳手,严格按照技术手册中标注的力矩来紧固螺栓,如车轮螺栓、传动轴螺栓、悬挂支臂螺栓、发动机支撑螺栓等。图8-19为扭力扳手实物图。

图8-19 扭力扳手

(二)传动皮带越紧越好

汽车发动机的水泵、发电机、空调压缩机都多用楔形带传动。如果把传动带调整过紧,皮带承受的负荷变大,易拉伸变形,甚至断裂,同时皮带轮及轴承容易造成弯曲和损坏。传动带紧度一般应调整到按压皮带中部时,其下沉量为两端带轮的中心距的3%~5%为佳。图8-20为发电机皮带实物图和安装图。

图8-20 发电机皮带及安装

(三)润滑油越多越好

如果润滑油太多,发动机在工作时曲柄和连杆会产生剧烈搅动,不仅增加发动机内部功率损失,而且还会因激溅到缸壁上的润滑油而产生过多的润滑油蒸气,这些润滑油蒸气会被吸到进气道中一同被燃烧,会导致进气系统和燃烧室内形成积炭,同时会造成三元催化转换器和氧传感器的堵塞和损坏。因此,润滑油量应控制在润滑油尺的上、下刻线之间为好。图8-21为润滑油尺实物图。

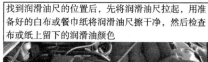
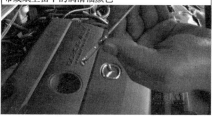

图 8-21　发动机润滑油及油面高度检查

第二节　行车过程中的维护

一、磨合期的维护

汽车磨合的目的是使机体各部件机能适应环境的能力得以调整和提升。新车、大修车及装用大修发动机的汽车在初期使用阶段都要经过磨合，以便相互配合机件的摩擦表面进行吻合加工，从而顺利过渡到正常使用状态。

(一)汽车提高磨合质量应注意以下几方面问题

(1)控制车速：需严格执行驾驶操作规程，一是要避免节气门全开；二是要保持发动机的正常工作温度。切不可在此时急加速驾驶，车速应控制在规定时速以内，在1000km之内最好不要上高速公路行驶。

(2)轻装上阵：新车承载率应低于90%，并选择平坦道路行驶。慢起动、缓停车。变速挡常变速，使其在各挡位都能磨合。

(3)合理使用油料：严格按照车辆使用手册要求的标准加注燃油，并不是标号越高就越好。

(二)磨合期阶段性能检查维护的内容

(1)磨合前期。清洁全车；紧固外露的螺栓、螺母；添加燃油、润滑油；补充冷却液；检查变速器、轮胎的气压；检查灯光仪表；检查蓄电池；检查制动。

(2)行驶30~50km时。检查变速器、前后驱动桥、轮毂、传动轴等是否有杂音或有发热现象；检查制动系统的制动能力及紧固性、密封效果。

(3)行驶150km。检查全车外露螺栓、螺母的紧固情况。

（4）行驶500km。检查轮胎是否有平衡块缺失，轮胎螺栓是否有松动。

（5）磨合结束：一般是行驶4000～5000km后到4S店进行首次维护，更换润滑油和润滑油滤清器，并对车辆进行全面检查。

二、使用过程中的日常检查与维护

（1）使用90号以上无铅汽油，定期添加燃油清洁添加剂，清洁、更换空气滤清器等，保持良好的车况是节省燃油的有效途径。

（2）确保轮胎气压正确。轮胎气压不足或者气压太高都会增加耗油量，因此要定时检查轮胎气压，一般轿车的轮胎气压为2.1～2.5bar，具体参照车身B柱或油箱盖上的轮胎气压标签。

（3）不要随意更换轮胎的大小，更换轮胎最好选择汽车厂家推荐的品牌与规格。轮胎越宽，附着能力增加，但车轮阻力和噪声增大，油耗也随之升高。

（4）常温下可使用外循环空气流通替代车内空调，达到车内降温的要求。

（5）出发前计划好交通路线以避免绕道，可省时省油。

（6）减少不必要的车辆配件和饰物，行李舱内置物越少越好。

（7）如果您使用了劣质汽油，没有经常加燃油添加剂，会造成发动机抖动，怠速不稳，发动机喷油器堵塞，解决方法为：①轻微现象可加燃油清洁添加剂；②严重现象必须清洗喷油器，再加燃油清洁添加剂。

（8）如果您犯了以下错误：不良的驾驶习惯；空气滤清器过脏；使用了含铅汽油；油品劣质；喷油器堵塞；火花塞使用时间过长；轮胎气压或规格不对。会造成油耗大，解决方法及建议为：

①车辆平稳加速，制动，市区跟车不宜太紧；

②长途运行时车速不宜过高；

③前方遇情况时应及早松开加速踏板；

④清洗喷油器，及时更换空调滤清器，定期检查火花塞，若出现严重烧蚀或积炭，请更换火花塞；

⑤使用合格油品，定期添加燃油清洁添加剂；

⑥校准轮胎气压或更换轮胎；

⑦定期维护车辆，正确的驾驶操作。

三、自驾游前车辆的准备工作

建议节假日驾车出行的朋友们,在出行前首先将自己的车开到4S店进行一次全面体检(多数4S店都会开展节前为客户车辆进行免费体检的活动)。

(一)常规检测

(1)电脑检测。检查发动机控制单元(俗称"发动机电脑")、防抱死装置(ABS)、安全气囊、自动变速器控制单元、车身电脑、空调电脑等是否有故障码,若以上检查项目出现故障码,应立即找出原因,排除故障。

(2)检查制动系统。检查制动片和制动盘磨损情况,检查制动液是否有泄漏。

(3)检查转向系统。检查转向助力器油是否充足,同时排除转向发抖、发摆、跑偏现象。

(4)检查空调系统。排除空调滤芯是否脏污、制冷不足、空调异响等现象。

(5)检查发动机冷却液、风窗玻璃清洗液、刮水器、灯光等是否正常。

(6)检查轮胎。包括气压、偏磨、起包、破裂等情况。

(二)备足应急工具

(1)上路之前还需要准备一些应急随车工具和物品以备不时之用。如:制动液、防冻液、转向助力器油、变速器润滑油、灯泡、熔断丝和随车专用拆装工具,千斤顶、备胎、钢丝钳、尖嘴钳、细铁丝、补胎用品、拖车绳、手电筒、交通地图册、手机备用电池等。图8-22为常见车用应急用品、随车工具、灭火器、打气泵实物图。

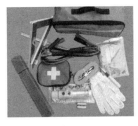   

图8-22 常见车用应急工具及物品

(2)在行驶过程中若车辆出现了某一个零件损坏而导致不能正常行驶时,可利用车上不影响行驶的部件或就地取材自制来替代,如用背包带、皮带编制成风扇皮带来代替损坏的风扇皮带;对漏油、漏水、漏气的部位采用堵漏方法,如油箱渗漏用肥皂堵上,如果油管或水管擦破可用包扎捆绑法,用绳索、铁丝等进行捆绑堵漏。

(3)带上维修救急电话。出行时别忘了带上你的车辆特约维修站通信录,各汽车制造厂家在全国各地设立了特约维修服务站,他们都实施24h服务,一旦你的车辆在行驶途中抛锚,自己又处理不了,陷入困境时应及时拨打离你的车抛锚地点最近的特约维修服务站救急电话,他们会以最快的速度及时赶到现场,帮助你脱离困境。

四、出行回来后的检查

(一)检查车辆外部

车辆的外部是否有明显剐伤、撞凹的痕迹。如果发生碰撞,车主要及时做外部的喷漆处理,因为油漆的作用不仅是美观,它更重要的功能是防锈。有些撞击所导致的油漆层裂缝不是很大,因而车主认为没有影响到车辆美观,对它熟视无睹,但其实油漆底下的金属已经开始生锈,等到车主能够从外部观察到时,内部的金属层已锈蚀得很厉害。

(二)透过轮胎铝合金钢圈目测制动盘表面

制动盘表面原本光滑,如果有明显凹槽,可能是车辆行驶在砂石路面上时,一些细小的砂石卡在制动盘与制动钳之间,不断摩擦制动片的表面,所以出现凹槽。发生这种情况时,车辆在行走时可能会发出当啷、当啷的声音,在有些情况下车主在制动时还会听到尖叫声。图8-23为制动盘实物图。

图8-23 制动盘

(三)检查轮胎

检查轮胎是否有明显的外伤、刮痕及胎压是否达到标准。

(四)检查进风口或进风格栅、电子式冷却风扇

例如有无树叶、塑料胶袋及昆虫尸体等杂物缠绕,还有水箱、空调冷凝器是否布满尘土。如是条件允许的话,可以用压缩空气吹走尘物。在发动机冷却状态下,然后用水

枪由里向外冲洗上述部位。图8-24为散热器实物图和安装图。

图8-24 散热器及安装位置

（五）打开发动机罩检查

内容包括润滑油、转向机油、制动液和冷却液面；起动发动机，听听是否有明显的嘈杂声。

（六）检查地毯

根据技师用车的经验，如果车辆走过一些较差道路（如涉水）或者遇到暴雨、水浸等情况，车主应检查车辆地毡是否潮湿。有些品牌的汽车车身上有一些孔是用胶塞塞住的，时间一长，由于胶塞的密封性下降，汽车在水浸、涉水等情况下，会有水进入车内，情况不严重，但有可能会引起车内发霉及产生异味。

五、汽车底盘的检查与维护

汽车底盘的维护往往被人视作可有可无，远没有发动机和车身那么受人重视，其实汽车底盘是否维护得法，直接关系到汽车的安全性、操控性、舒适性和经济性等各种关键的性能，丝毫不能掉以轻心。汽车底盘的维护和发动机维护有很多相似之处，需要及时检查。

（一）及时检查各重要总成润滑油情况

包括变速器、制动系统、动力转向系统、主减速器、四驱系统的分动器等，一方面要严格按照说明书上的时间规定，定期到特约维修服务站去补充或更换；另一方面也要自己检查观察，看看各个储液罐的润滑油是否在上、下两个刻度线之间，如果低于下刻度线就要及时补充，如果油面下降较快，说明系统有渗漏，需立刻检查出渗漏部位，及时修复。

这里千万要留意的一点是添加的油液一定要和原有的是同样的规格牌号，

以免不同的油液混合在一起引起化学反应,使其变质,影响正常的性能。图 8-25 为动力转向系统示意图和储液罐实物图。

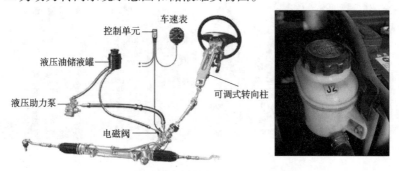

图 8-25　动力转向系统及储液罐

(二)随时检查制动片和离合器片的磨损情况

制动片和离合器片这两种摩擦片都属于正常的磨损件,随着使用时间的增加,其磨损会逐渐加剧,从而使原有功能会逐渐减弱,甚至丧失,如不及时更换就易酿成车祸。一般汽车上都有相应的警告指示灯,会及时发出警告信号,提醒用户更换。图 8-26 为制动片磨损报警示意图和测量图。

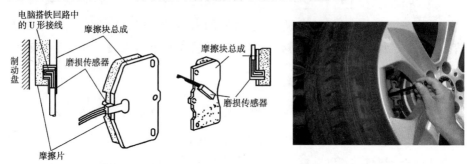

图 8-26　制动片磨损报警及测量

需注意的是,在阴雨、潮湿的天气,摩擦片会吸收水分,摩擦力就会显著降低。此时,在汽车刚起动时就应先轻踩几下制动踏板和离合器踏板,利用摩擦产生的热量将摩擦片上的水分蒸发掉,然后再出车。

(三)定期进行四轮定位的检测调整

四轮定位的状态决定了汽车的转向性能、轮胎磨损是否正常。如果车辆发生碰撞事故,或是使用时间过长因悬挂部件磨损或变形,都会导致四轮定位参数发生变化,从而会使操控性能降低,如循迹能力变差(转向跑偏)、转向沉重、

第八章 家用汽车维护

转向盘不能自动回正等。一旦在行车过程中发现类似的异常情况,就应到正规的汽修厂或专业的四轮定位检查站去检查,并作相应的调整。图8-27为四轮定位仪与测量图片。

图8-27 四轮定位仪及测量

(四)轮胎的检查与维护

1.检查轮胎气压

充气压力过高,轮胎与地面的接触面积会减小,导致附着力降低,易发生打滑现象,并会加剧轮胎胎冠中间部位的磨损,同时会使轮胎内部帘线层承受负荷过大而断裂,导致爆胎。

充气压力太低,汽车阻力增加,油耗相应增加。同时轮胎处于被挤压状态,其内部材质会产生大量的热量无法散掉,从而导致帘线层容易断裂,导致爆胎。所以,汽车的说明书上标明前后轮胎规定的气压都不一样,以及车辆在不同负载的情况下气压也不一样。

2.检查轮胎胎面

经常在不好的路况下行驶,就要勤检查轮胎胎面花纹上有没有尖锐的钉子、石头和碎玻璃等,以免刺伤轮胎。轮胎胎面上的花纹磨损到一定的程度,就需要及时更换轮胎。通常当花纹磨损到只剩下1.5~2mm时,会发现轮胎上有一个特定的标记出现,不同牌号的轮胎标志不一样,但在说明书上都有说明。这时就要更换轮胎了。

3.行驶一定里程后进行轮胎换位

按照厂家的规定,行驶到一定里程后,要将前后的轮胎互相调换,可以使四

305

条轮胎均衡磨损,延长轮胎的使用寿命。换位时可以前后交叉换位,也可以单边前后换位,一般轮胎换位里程为10000km,具体要参照原厂维护手册规定进行。图8-28为轮胎换位示意图。

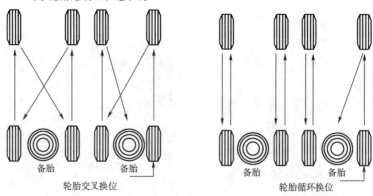

图8-28　轮胎换位方法

六、汽车外观及内饰的维护

(一)及时清洗车辆

保持汽车的干净,仅靠擦一擦灰尘是不够的,要注意经常和及时地清洗车辆。最好使用汽车专用清洗剂和碱性小的肥皂,不能用去污粉和洗衣粉等含碱性高的洗涤用品,否则在洗掉灰尘的同时会加速油漆表面老化,使车辆失去光泽。

(二)定期打蜡

汽车行驶一段时间,应进行表面磨光和上蜡处理。国外对汽车上蜡很讲究,有许多专用的工具和材料。上蜡前通常使用的清洗剂有两种:一种是磨料型,可擦掉表面油漆氧化层;另一种是化学清洗剂,可溶解沉积的油污以便擦除。使用时,先把车体清洗干净,涂上擦洗膏或清洗剂,用毛巾擦洗。在打蜡时,最好使用专用工具,如没有专用工具,可用软布代替,采用锯齿状或圆圈状摩擦的方法,同时应避免在阳光直射下打蜡。图8-29为打蜡示意图。

图8-29　汽车打蜡

第八章　家用汽车维护

(三) 雨后及时擦车

城市空气污染严重，雨水中多带有酸性，车辆被雨淋湿后，如不及时将雨水擦掉，若再被强烈阳光照射，很容易出现斑点和使表面光泽下降。所以，应及时将雨水擦净。

(四) 塑料件的清洁

现代汽车外观使用塑料件的很多。对上了油漆的塑料件，更要使用上好的清洗剂；上蜡时不能过重，防止穿透油漆露出底色。

(五) 镀光金属件的维护

对镀铬金属件，清洗时应使用炭精清洁剂，不能使用硬质器具刮除赃物。镀铬件也应定期上蜡，以保护镀层不被氧化。

(六) 防锈

汽车油漆和电镀的部件一般都具有良好的防锈能力，可是对于车体上的焊点、接缝以及受过擦伤的部位则容易生锈。因此，车辆在使用一段时间后，应该进行必要的防锈处理。

(七) 车身塑胶件的维护

车身内外的塑胶件很多，脏了就要及时清洗。需要注意的是，不能用有机溶剂去清洗，因为它容易溶解塑胶，使塑胶件失去光泽。所以要尽量用水、洗涤剂或肥皂水擦洗。像仪表板等地方，千万要注意不要让水渗到里面去，因为下面有很多电线接头，容易引起短路。人造革容易老化、开裂，最好涂上一层皮革保护剂。

(八) 车窗玻璃的维护

车窗脏了可以使用储液罐里的车窗洗涤剂清洗，当然也可以用清水擦洗，只是效率没那么高，光亮度也不够。同时由于不能清洗掉油膜，油膜在阳光下容易产生七色花斑，影响驾驶员视线，必须尽快清除。目前市场上有专用的玻璃洗涤剂，如果再喷上一层车窗玻璃凝水剂效果会更好，这是一种有机硅的化合物，无色透明，水在上面不易黏附，会自动形成水珠掉下，遇到小雨，即使不用刮水器也可照样开车。图 8-30 为刮水器实物图。

图 8-30　刮水器

(九) 车身内部的维护

车身内部的维护十分重要,它直接关系到乘坐人员的身体健康。

车身内部不仅要经常通风,补充新鲜空气,而且应经常打扫,清除灰尘等脏物,这些脏物里往往带有大量细菌。除了用刷子、吸尘器等工具外,还可以用渗入3~4倍水的工业用氨水擦洗内饰,有时也可以喷洒一些消毒杀虫剂,但过后一定要打开车门窗,把气雾排放干净。

车用地毯(或称脚垫)要经常拿出来拍打和清洗干净。目前有一些比较好的车用地毯,除了颜色美观,形状合用以外,它还编织成特殊的网格结构,便于将嵌入的沙石、灰土等拍打出来。也可采用专用于织物的喷雾洗涤剂,喷到织物上后,稍稍保留几分钟,就很容易把脏污擦洗掉。

对于真皮或人造革材质的内饰部位,要经常用专门的皮革保护剂擦拭,既保持清洁、光亮,又防止龟裂,延长使用寿命。

七、车厢异味的判断与检查

(一) 车厢内有燃烧润滑油异味

汽车使用的各种润滑油和液压油,大都添加在各自的密封系统中,就像人的血液系统和消化系统一样。一般很少相互串通,工作稳定性也较强,发生泄漏故障的现象比较少,只在定期的维护中,进行更换或添加等工作。其中较为特殊的是润滑油。在发动机运转时,润滑油参与了发动机内部机构的润滑,同时也有部分的润滑油窜进了燃烧室中,燃烧后被排出到发动机之外。但是这个量极其微小,不会在车厢中产生烧润滑油的味道。

在车厢内出现了燃烧润滑油的臭味,原因很可能是发动机舱内有润滑油燃烧,可能是某处出现了润滑油泄漏,此时重点要检查排气管一侧。因为发动机排气管侧由于温度较高,一旦有润滑油泄漏,容易发生燃烧,气味随着汽车迎风进入到驾驶室,使得车厢内气味难闻。图8-31为燃烧润滑油排蓝烟示意图。

图8-31 发动机燃烧润滑油会排出蓝烟

因此在润滑油供给系统的日常维护需要注意:

(1)经常用润滑油标尺检查发动机的润滑油量,如果发现润滑油量减少很多,很可能是整个系统的某一部分发生泄漏故障,应及时找出故障并添加润滑油。

(2)在检查时,看一看润滑油滤清器是否紧固,润滑油滤清器下面有没有泄漏的痕迹。

(3)检查发动机时,注意查看一下发动机上有没有烧润滑油的痕迹,如果有的话,必须根据痕迹查找泄漏的地方。

(4)在加润滑油时,注意不要污染发动机的机件,否则容易出现异味。

(5)经常到车后面看一看排气管的周围有没有润滑油的痕迹,一旦发现有,应尽快检查润滑油系统管道有无泄漏。

(二)车厢内有汽油异味

一般原因是汽油泄漏造成,发现车内有汽油味时一定要停车检查,重点检查发动机舱内汽油管路各连接部位,如果是严重泄漏,则容易观察到;如果是轻微渗漏,则应该在点火开关打开和关闭几次后再检查,因为这样可以使燃油泵短时间工作,使燃油管路内保持较高的油压,则有助于观察泄漏部位。

还有一种可能就是活性炭罐内部堵塞,导致油箱中的汽油蒸气无法被吸收利用,则直接排到外部,这种情况需要到4S店进行检测更换。图8-32为活性炭罐实物图。

(三)车厢内有塑料烧焦异味

重点检查发动机舱内的线束、橡胶管路是否有松动并与高温部件接触现象,如排气管、涡轮增压器、三元催化器等部位,发现类似情况一定要在发动机熄火的状态下进行检查,以免发生危险。图8-33为涡轮增压器实物图。

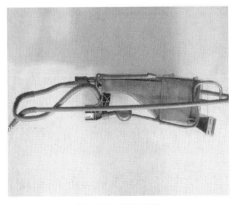

图8-32 活性炭罐

图8-33 涡轮增压器

第三节　换季维护

不同季节的气候环境会对汽车各个系统及其功能有不同的需求,而且根据汽车本身的技术特点,也需要进行必要的调整,以适应不同季节的温度,确保各系统的正常工作,保持良好的性能。

一、春季维护

一年之计在于春,春季气候宜人,对汽车来说也同样是好天气,维护起来相对容易些,但同样不能掉以轻心,春季雨水、花絮、灰尘较多,要注意清洁,防腐、防霉。

(一)春季维护的主要部位

(1)汽车漆面。春季雨水较多,雨水中的酸性物质会损害汽车漆面,应养成雨后洗车打蜡的习惯。

(2)内饰。内饰的清洁是换季维护的重要工作,清洁舒适的内饰给人带来焕然一新的感觉。

(3)底盘。因冬季气温低,底盘各连接部位的衬套可能因气温低弹性下降而在承受负荷时发生破裂,需仔细检查,同时检查底盘是否有擦伤,如有应及时修补,做好密封防锈工作。

(4)冷却系统。清洗发动机水套,清除冷却系中的水垢,检测、调试节温器效能,并可适度下调冷却液的浓度,以提高其流动性,确保散热功能,但不能加入过量的清水,清水易生成水碱、水锈,而且沸点低,极易造成"开锅"。因此不能随意将冷却液换成清水。

(5)润滑油。如果你现在使用的润滑油黏度过高,应及时改换为夏季用润滑油。

(6)蓄电池。检查蓄电池的工作性能是否良好,有必要的话到维修站去做检测。

(7)轮胎。轮胎有冬季轮胎和夏季轮胎之分,冬季轮胎强调防滑;而夏季轮胎强调排水性。因此在春季维护过程中,在天气较暖的时候更换为夏季轮胎,然后到4S店进行四轮定位的检测调整。

(二)外观清洁

春季户外灰尘、柳絮较多,因此清洁工作便是日常维护中的一项重要内容。

1. 车身清洁

(1)用水将车各部分都冲洗一遍,让污物预先湿润。

(2)对粘结坚固的泥块、鸟粪等污物,用毛刷刷洗并用水冲干净。

(3)用高压水按从上到下的顺序冲洗车的每个部位,冲洗底盘时水压应大一些。

(4)洗车时应使用专用的汽车清洗液,长时间使用洗衣粉或肥皂将造成漆面失去光泽,严重的还会腐蚀漆面。

(5)用清洗液洗车后,应用清水再把车从头到尾冲洗一遍,以洗去污渍。

(6)尽量不要在强光暴晒以及热车时洗车,这样易造成漆层脱落。

2. 空调冷凝器和散热器的清洁

长时间使用后,空调冷凝器和散热器的鳍片缝隙会附着大量空气中的灰尘、蚊虫等杂质,从而会影响散热效果。因冬季气温低,对散热系统要求相对较低,冷凝器和散热器表面的脏污影响不大,但随着气温的升高,会逐渐显现,因此需要及时对其进行清洗。

清洗时可用水枪直接冲洗,但压力不能太高,且要与冷凝器和散热器保持垂直的方向,以免把表面的散热鳍片冲变形。

(三)汽车内饰的清洁

(1)用毛巾或海绵沾上肥皂水或清洗剂,擦洗仪表板的每个角落。

(2)清洗化纤表面前先用吸尘器将灰尘吸掉,然后用专用纺织品清洁剂浸润几分钟,待灰尘溶解后,再用毛巾擦洗干净。若没有专用清洁剂可换用肥皂水或餐具洗涤液。

(3)真皮制品可用毛巾沾少许清水擦洗即可,注意小心使用皮革防护品,劣质的防护品不仅不能起到防护作用,反而还会对皮革产生损伤。

(4)镀铬表面也应经常擦洗以保持其光亮程度,当发现镀铬表面已经划伤时,应及时密封防止锈蚀继续扩展。

(四)除菌

春季气温升高,再加上空气潮湿,是各种病菌繁衍生长的黄金季节,因此要特别注意汽车室内的防菌工作,保持车内干爽、卫生,特别是对汽车座垫、脚垫、地毯、出风口这些卫生死角更要做好清洁工作。定期清扫整理行李舱中的杂物,防止久置而霉变产生异味。

春季随着气温升高,空调制冷系统会逐渐发挥作用,但在漫长的冬季制冷系统的蒸发箱一直处于不工作的状态,其表面会附着大量的空气中细小的灰尘和杂质,从而会滋生细菌,引发车内空气异味,因此需要对蒸发箱进行杀菌清洁处理。具体需要到4S店进行专业操作,以免造成蒸发箱的损坏。

(五)检查

定期对车辆进行检查,及时发现潜在的故障,防患于未然,同时也使车主更加了解爱车的习性,将其调整到最佳状态。

(1)检查润滑油、制动油,如缺少要及时补充。

(2)检查底盘是否有漏油、漏水现象。

(3)检查轮胎气压、胎面的磨损状况、螺母有无松动现象。如果驾驶起来感觉有跑偏或打摆的现象,要到维修站做四轮定位或动平衡检查。

(4)检查风扇皮带有无破损或断裂,调整皮带的松紧度。

(5)检查全车线束的连接情况,有无线束绝缘皮开裂、松脱、接触不良等现象。

二、夏季维护

(一)夏季维护要点

炎热的夏季对于汽车来说也是一个"难挨"的季节。车主们必须格外注意一些车辆维护的细节,才能防止汽车"中暑"。

1. 保护漆面

阳光的暴晒对汽车漆面的损害很大。对于爱护自己汽车"脸面"的车主来说,一定要经常洗车和定期打蜡。如果想把保护工作做得更彻底,建议做个漆面封釉或镀膜,给车漆穿上一层"水晶保护衣"。

2. 注意清洁

在爱开车窗的夏天,灰尘很容易吹进车里,一段时间以后,车里就会变得又黏又脏,甚至有异味出现。仪表板、车门饰板等塑胶部位要用毛刷配合清洁剂清洁。为了防止紫外线照射后造成的龟裂、老化,清洗后可以涂上一层蜡。

3. 防止爆胎

夏季路面温度较高,汽车轮胎的使用环境更加恶劣,因此一定要注意做好汽车轮胎的检查和维护工作,定期检查胎压,防止爆胎。采用氮气充胎能够有效防止胎压不稳,降低爆胎的概率。

4. 检查制动系统

雨季路面潮湿造成轮胎和路面之间的附着系数降低,特别是轮胎花纹处有积水的情况下,附着系数更低,一个灵敏的制动系统就显得格外重要,因此要时常检查一下制动系统,尽量做到有备无患。

5. 防患未"燃"

夏季是车辆自燃的高发期,据了解,驾驶员操作不当或汽车存在隐患是造成汽车自燃的主要原因。因此要重点检查汽车的油电等线路,发现线路老化应及时送修,防止发生自燃。

6. 巧用空调

进入车厢前先将窗户打开通风,同时打开外循环,待车内热气排出后再开空调,这样制冷效果更快更好。当车速低于25km/h左右时,应将空调置于较低挡位,防止发电量和冷气出现不足。

下雨天行车,车窗玻璃容易起雾,影响视线,此时只要将风向调至风窗玻璃方向,打开压缩机送冷气,就可在数秒钟内达到有效除雾的目的。

7. 防止蒸发

夏季温度较高,油和水的蒸发都将增加,因此一定要把油箱盖盖严,油管要防止渗油;要经常检查水箱的水位、曲轴箱的润滑油油面高度、制动总泵内的制动液液面高度及蓄电池内电解液密度和液面高度等。不合规定时,要及时添加和调整。

8. 注意"防冻"

到了夏季,一些人认为防冻液用不上了,可以用普通的自来水代替,其实这种做法不妥。专业配制的防冻液不但耐低温,耐高温的特性也特别好。优质防冻液接近200℃时才能被"烧开"。夏季使用防冻液,车主就不容易被水箱"开锅"所困扰了。除此之外,防冻液还有防锈、除垢作用。因此夏季仍需选用原厂防冻液,它能发挥"防暑降温"的作用。

(二)雨天驾驶注意事项

炎炎夏季,暴雨随时光临,雨天驾车的安全问题需要特别关注。但总结起来无外乎行车、涉水、视线、轮胎等几个要点。

1. 稳慢当先

雨天行车尽量使用二挡或三挡,且时速不要超过 40km/h。雨天行车更需要注意路边的行人,应减速慢行多鸣笛,耐心避让,切不可与行人或非机动车抢道。湿滑路面避免打滑的最佳做法就是慢速行驶。慢速行驶可让轮胎与路面的接触面积增加,从而提供更大的牵引力。如果发现车辆开始打滑,请不要猛踩制动踏板或猛转转向盘,这可能会导致汽车进入侧滑状态。将脚从加速踏板上抬起,直至车速变缓并重新获得路感。如果需要制动,请采取轻柔的防止车轮抱死的操作。装有 ABS 的车辆可以自动防止车轮抱死,此时应该坚定而稳定地踩下制动踏板。车身如果发生了侧滑,在稳定制动的同时,应该顺着打滑的方向转动转向盘,可以抑制车身发生旋转。

2. 避免胎面磨损过度

雨天行车会对轮胎提出更高的要求,雨季胎纹的深度最好能保证在 4mm 以上。因为胎纹深度过低,容易在胎面和水面间形成水膜,造成汽车跑偏、甩尾和制动距离加长等情况。

3. 低车速高转速通过积水区

通过积水区时应使用低挡行车并稳住加速踏板,一气通过,切不可中途停车、换挡或急转转向盘,即便是使用空挡也要不断地踩加速踏板,保持发动机的排气压力高于水压。因为一旦汽车熄火,排气管会立刻回流进水,造成排气系统损伤。同时车辆在涉水时不能车速过快。此外,若水深没过车轮中心或没过排气管时最好都不要通行。

4. 行驶中及时解决视线不清的问题

雨天行车使用前照灯会形成炫目的光幕,要改用雾灯。若前风窗玻璃上产生雾气模糊了视线,需要打开空调的制冷开关,用冷风吹风窗玻璃,这样能迅速使视线清晰;后风窗玻璃出现雾气时,需打开后风窗玻璃加热器,尽快消除雾气。如果刮水器刮水不彻底,使雨水黏在车玻璃上,可以将车蜡涂在车窗上,使玻璃表面形成蜡膜,改善视线范围。

5. 保持车距

车辆在湿滑路面上的制动距离大约是干燥路面制动距离的 3 倍,因此务必注意保持和前车的车距,根据车速的不同,最少应保持两个车身以上的车距,防止与前车发生追尾事故,如果后车跟车过紧,可以打开双闪警示灯提醒后车。

6. 及时检修

大雨之后,无论车辆有无异常现象,最好能够到4S店做一次全面"体检"。因为一些隐患并不能当场发现,但对车的潜在危害却非同一般。例如,大雨很容易让一些树叶、灰尘等附着在散热系统或发动机罩的排水孔位置,如果不及时清理这些污物,会让散热系统的工作效率下降,引发机械故障。所以,雨后要看一下发动机舱与驾驶室分隔部位的进气孔位置和左右翼子板两侧的沟槽内有无积水,如有积水,可以拿清水冲洗进气孔,疏通水道,以保证车辆的最佳工况。

雨后的汽车由于多处灌水可能会对汽车某些部件的性能有所影响,严重的可导致汽车不能正常起动。例如,电路遇水后很可能短路,极易造成发动机报废。许多车主往往在雨天开车后一个多星期才发现车辆短路现象。所以,在雨天涉水后,即使发动机正常运转,也建议在维修站及时对电路设备做一些处理。例如,将电路吹干或擦干后,再起动预热。另外,检查制动系统也很重要。由于制动系统有非常强的吸附力,雨水非常容易进入制动液内,这样会影响到制动效果,严重的可能造成制动失灵,建议雨后到专业维修站进行检查,以防后患。

雨天容易导致前照灯进水。如果发现前照灯内有水雾,可以打开前照灯并把远光灯也打开,看10min后车灯内的水雾是否开始消失,1h后是否能够彻底消失,如果消失了就不用担心,但如果还有水雾,就要到专业的售后服务站进行处理。

7. 涉水过程中发动机熄火处理

如果遇到积水,千万别冒险。万不得已要涉水时,要保持在一二挡,千万不要高挡位低转速,要一口气通过。如果因为水面过高造成发动机熄火,应立即关闭点火开关,不要试图再次起动发动机,以免造成发动机内部机械损伤,应将车辆移至安全地点,尽量使车辆前高后低,这样可使进入排气管中的水流出,避免损坏三元催化转换器及消声器,并及时联系4S店救援,尽快拆检,进行排水处理。

涉水中如果水进入车厢内,维修过程主要是清理车内积水,位于车辆底盘下部有几个密封胶堵,打开胶堵能够放出车厢内的积水。但由于车内装饰材料地胶吸水性很强,应拆除地胶,放置于宽敞空间便于水分的蒸发,安装后还要注意打开空调,将车辆循环开关调整到内循环,使车厢内水蒸气通过空调系统排出车外,在夏季这是一种非常快捷的除湿方法。图8-34、图8-35为车辆涉水深度及进水后发动机连杆断裂图。

图8-34 车辆涉水深度

图8-35 发动机进水后连杆断裂示意

三、秋季维护

在经过一个炎热、高温、多雨的夏季后,秋季是一个适宜自驾游的好季节,那么,如何维护汽车,才能使自驾游安心、开心呢?爱车人士说,"人爱车一时,车爱人一世",的确如此,虽然秋天天气很凉爽,但也不能忽视对汽车的维护,以下是秋季维护汽车的小常识,供参考。

(一)车辆外部维护

秋天的早上,露水较多,汽车表面往往很潮湿,如果汽车表面有明显的剐痕,就应及时做喷漆处理,以免刮痕部位受潮而锈蚀,另外,由于夏季雨水中雨酸的腐蚀和夏季强光的直射,汽车漆面难免会被氧化,在换季之时,最好为汽车的表面做一次从清洗、抛光到打蜡、封釉或镀膜的一系列美容养护。

(二)轮胎维护

在夏季,由于气温高,要经常检查轮胎的气压,切不可使轮胎气压过高,否则,会有爆胎的危险;而到了秋天,由于气温相对较低,轮胎就要补气,以使其保持在规定的气压范围,同时,还应检查轮胎是否有刮痕,因为橡胶在秋冬季节容易变硬而显得较脆,轮胎易漏气,甚至扎胎,另外,要经常清理胎纹内的夹杂物。

(三)发动机舱维护

进入秋季,除了要经常检查发动机舱内的润滑油、制动油和防冻液等液面外,还要重点检查各部位线路是否存在锈蚀迹象,尤其是在夏季经常涉水行驶或进过水的车辆更要仔细检查。对于一些熔断丝盒、控制器、继电器之类的电气部件要重点关注,发现问题及时到 4S 店处理,否则电气部件的锈蚀会给车辆造成各种随机性故障,且排查难度很大。

(四)暖风管线及鼓风机维护

秋天天气转凉,气温较低时会出现白霜,在这个季节,要特别注意风窗玻璃下的除霜出风口出风是否正常,热量是否够,如果出现问题,要及时解决,否则,会给行车带来不安全因素。

(五)进风口或进风格栅、电子扇维护

要经常检查这些部位是否有杂物,如果有杂物,可以用压缩空气吹走灰尘,另外,在发动机冷却状态下,可以用水枪由里向外冲洗以上部位。

(六)空调维护

夏天天气炎热、气温高,汽车空调往往超负荷运转,另外,由于夏天雨水较多,汽车经常会走一些涉水路面,致使空调冷凝器下部粘附上许多泥沙,时间久了,就会使冷凝器发生锈蚀,从而缩短空调的使用寿命。因此,进入秋季,为汽车的空调做一次维护就显得尤为重要。

(七)蓄电池维护

在秋天,汽车蓄电池的电极接线处是最容易出问题的地方,检查时,如果发现电极接线处有绿色氧化物,一定要用开水冲掉,这些绿色氧化物会引起发电机电量不足,使蓄电池处于亏电状态,严重时还会引起蓄电池报废或者点火困难。

四、冬季维护

进入冬季,寒冷天气对车辆提出了更高的要求,而车辆本身的多个系统部件会因为气温较低而变得更"脆弱",因此,为了保证车辆的正常性能,冬季维护非常关键,需要比较全面的呵护。

(一)冬季维护要点

1.冷却系统

冬季首要检查的就是发动机冷却液的质量和防冻能力,如果冷却液变为灰褐色,则说明其内部杂质较多,已经变质,需要彻底更换,并慎选慎用防冻液,一是不要混用;二是不要用假冒伪劣产品。一般来说,防冻液应两年换一次,更换

之前最好用清水把冷却系统冲洗干净。如果冷却液质量正常，一定要用比重计测量其防冻能力，这是一项非常关键的维护工作，一定要确保其防冻能力足以耐得住当地的最低气温，否则发动机会被冻裂。

2. 刮水器

如果清晨出门发现刮水器被雪水粘在风窗玻璃上的话，千万不要用热水直接冲洗，这样容易使车窗因为温度变化而炸裂、刮水器变形。正确的方法应该是将空调开至热风，吹风模式为前风窗，待刮水器自然化开。

3. 暖风系统

放置了一夏天的暖风，往往会出现故障，最好先试一下有没有热风、风机运转有无异响、风管是否通畅。有时遇到的问题是暖风水管中的防冻液长期不流动，凝结堵塞了循环管路，虽然不影响行车，维修起来却十分麻烦。

4. 润滑油

检查标号是否符合低温条件使用，有无缺少或变质。冬季冷车润滑油的黏度大，会影响发动机起动，加大机件磨损。同时热车时润滑油黏度小会降低润滑和密封性能。要选用适合冬季的优质合成润滑油。如果到了或临近规定的换油时间，最好在天气变冷前换掉。

5. 风窗玻璃

风窗玻璃保持清晰是安全行车的基本条件。冬季应定期擦洗刮水器，雪天确保可刮净风窗。有条件的话可换防冻型风窗玻璃，以免冬季结冰。另外，玻璃水中可加些风窗除冰剂。风窗结冰时，将玻璃水喷上，冰即可融化，不像普通的玻璃水，结冰时越喷越麻烦。

6. 车身

入冬前，最好给汽车身上加一层保护膜。含特氟隆高分子聚合物的车漆镀膜或镜面釉等，均能抵御酸雨雪、盐水的侵蚀。雪后道路洒盐水，飞溅到车身上的盐水对车漆有很大的危害，事先要有所防备，雪天出行就不怕损毁车漆了。

7. 底盘

冬天，汽车底盘总是直接和雨、雪打交道，很容易生锈。飞驰的轮胎会把含盐分很高的雪水甩到汽车底盘上。雪过天晴后，汽车的底盘便开始生锈。所以，在入冬季前最好花点时间，给底盘做个防锈护理。

8. 蓄电池

蓄电池最怕低温,低温环境下蓄电池电容量比常温时的电容量低得多。因此在寒冷季节来临之前,应补充蓄电池的电解液,调节好电解液的比重。同时清洁蓄电池的接线柱,并涂上专用油脂加以保护,保证起动可靠,延长蓄电池寿命。如果车辆在露天或冷库停放数周不用,应拆下蓄电池,存放在较为温暖的房间内,以防蓄电池结冰损坏。

9. 轮胎

轮胎橡胶在冬季会变硬而且相对较脆,附着系数会降低,所以轮胎气压不可太高,但是更不可过低。外部气温低,轮胎气压过低,使轮胎变形过大可加速老化。冬季要经常清理胎纹内夹杂物,尽量避免使用补过一次以上的轮胎,更换掉磨损较大和不同品牌不同花纹的轮胎。轮胎内外磨损大不相同,为保证安全、减少磨损,应定期给轮胎更换位置。为了更好地应对雪地和结冰路面,建议更换附着系数更高的冬季轮胎。图 8-36 为冬季轮胎实物图。

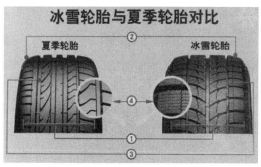

图 8-36 冬季轮胎

(二) 冬季驾驶注意事项

1. 预热

冬季气温低,润滑油黏度增加不易流动,起动发动机后应让发动机保持高怠速运转几秒钟后,即可挂挡起步,缓慢行驶,此时不可起步过猛,也不能猛踩加速踏板,待温度表的指针开始上升就可以正常驾驶了,这样做的好处是可以加快发动机的预热速度,且避免对发动机和环境造成更多的损害。

在冬季原地热车方面多数人都存在一个误区,即原地着车待水温正常后才能起步行车,因发动机始终处于空载状态,使得预热时间很长,会导致发动机内部磨损加剧和排放更多的污染物。

2. 起步

冬季汽车起步一定要十分柔和缓慢,这样,一方面是为了让发动机在未达到正常运转温度时负载尽量小;另一方面也让轮胎在没热起来还处于较硬的状态下有一个渐热的过程,对发动机、轮胎及行车安全都有好处。

3. 行驶

冬季行车,特别刚上路时,一定要尽量让车匀速行驶,切忌猛加速和紧急停车,在有冰雪的路面上更是如此。轻柔踩加速踏板,及早缓慢减速是冬季行车的原则。

4. 选线

在有冰雪的路面上行车选线直接关系到安全和行车的顺畅。尽可能保持直线行驶,不要频繁换道,有车辙处最好沿车辙走,没有车辙处要注意周围参照物,辨明道路的走向,提防积雪掩盖处的坑洼,有可能的话尽量在路中间行车。

5. 会车

在一般情况下冬季上路会车如同其他季节一样,但在有冰雪时,会车应及早减速,特别是在道路不很宽的情况下,会车要尽量在直道和稍宽一点的路段。

6. 超车

冬季枝黄叶落,视野略好于其他季节,但由于空旷无遮拦,风也较大,所以前车不易听到后车的喇叭声,因此超车时应运用喇叭和前照灯提示,待前车做出让道动作时再超车。在有冰雪的天气,超车很危险,实在必须超车时,要选择宽直的、对面有极足够的安全距离的路段进行,而且超过前车千万不要马上向回变线,而要尽量给被超车留出安全距离。

7. 转弯

冬季驾车转弯要特别注意避开弯道内的积雪结冰,冰雪路无法避开时,一定要提早减挡减速、缓慢通过。车速降下来后,应采取转大弯、走缓弯的办法,不可急转转向盘,更不可在弯道中制动或挂空挡。

8. 制动

冬季行车制动突出一个"早"字和一个"柔"字,即便是在无冰雪的路面上行驶,冬季制动的效果也与其他季节不尽相同,往往略有些"硬",所以冬季驾车制动应早一些轻踩制动踏板,与减挡制动结合起来更好。在冰雪路上则尽量不踩制动踏板,而运用减挡让发动机制动。必要时还可运用驻车制动,但应按住驻车制动的放松钮,不要让驻车制动卡死。绝对不要忘记的是上路前和停车休息再上路时,一定要试着踩几脚制动踏板,以免结冰导致制动失效。

9. 停车

冬季停车要注意选择地点,尽量避开坑洼潮湿处,以免积水成冰冻住车轮。另外,有冰雪时要选择平地停车,不宜在坡地停车,以免起步困难。避开有枯草落叶处,装有三元催化装置的车更要注意,以防高温的三元催化器外壳将枯草引燃。

10. 其他方面注意事项:

(1)手套、防寒服。虽然许多人开车外出用不着穿戴过厚的御寒装备,但在车中备一套防寒服和一双手套也是必要的,万一在冰天雪地里需要换轮胎,这些准备可就如同救命衣了。

(2)旧报纸、胶带。雪花纷飞是让人们放情的时候,却给行车带来麻烦。在下雪时将旧报纸放在风窗玻璃外,再用胶带略加固定,可以免去次日凌晨风窗玻璃结霜结冰、无法很快上路的烦恼。

(3)干布、掸子。用掸子掸去尘土和车上的积雪是件每个人都会做的事,但要注意绝不要用湿布去擦拭车窗,那样就会令车窗上结冰、越擦越花,所以冬季最好在车上备有一块干布。

(4)墨镜。雪后的晴天,一片银白,很容易令人视神经疲劳,佩戴墨镜和适时休息都能缓解。

(5)擦干钥匙孔。冬季洗车或雪化时,要注意擦干车门上的钥匙孔,也可以在钥匙孔内注一点润滑油,同时还要用干布擦干车门四周的水滴,以防夜间结冰打不开车门。

(6)支起刮水器片。在下雪结冰的日子里,开启和关闭刮水器前后,应注意擦去刮片上的残雪和冰、水,同时要擦净风窗玻璃,防止刮水器片和风窗玻璃冻在一起,必要时夜间停车将刮水器片支起来,确保不会冻住。图8-37为前风窗结冰防护图。

(7)开门降温几分钟。在冬季里玻璃结霜结冰的情况极为常见,这主要是车内外温差大造成的,所以入夜收车前将车门打开几分钟,待车内温度降至与外界相同时再锁车,便可以减轻或避免晨起玻璃结冰不易清除的现象(见图8-38)。

(8)敲敲备胎。一般情况备胎入冬应能保持足够的气压,但仍应经常敲敲,检查一下气压是否正常,特别是对修补过的备胎更要注意,过低的气温会使一些质量差的补胎胶失效。

图8-37　前风窗结冰的防护

图8-38　防止风窗结冰

(9)看看灭火器。冬季风大气候干燥,一些素质低的吸烟者随手遗弃星火未灭的烟头,加上干枝枯叶易于进入发动机舱,所以灭火器是必备用品,但一定要看一下灭火器是否完好有效。

第四节　汽车易耗品的选用

众所周知,汽车的正常运转需要多种必要的消耗品,如汽油(柴油)、润滑油、冷却液、变速器油、齿轮油、制动油、轮胎等,这些消耗品直接决定了汽车的动力性、经济性、操控性和安全性,如果其中某些消耗品出了问题,则会导致汽车某种性能的下降或缺失,并会对相应系统造成损坏,增加故障率,降低其使用寿命。因此,如何正确选用这些日常的易耗品,如何正确地检查和维护这些易耗品在车辆使用过程中至关重要,前面几节所述的各类维护工作也是围绕着这些易耗品的检查、调整和更换来开展的。

一、汽油的选用

(一)汽油的性能和标号

1.汽油的性能

标准汽油是由异辛烷和正庚烷组成。异辛烷的抗爆性好,其辛烷值定为

100,正庚烷的抗爆性差,在汽油机上容易发生爆燃,其辛烷值定为0。如果汽油的标号为90,则表示该标号的汽油与含异辛烷90%、正庚烷10%的标准汽油具有相同的抗爆性。

2. 汽油的标号

目前市场上的汽油有90号、93号、97号等标号,这些数字代表汽油的辛烷值,也就是汽油的抗爆性,与汽油的清洁度无关,所谓"高标号汽油更清洁"纯属误导。标号越高,其抗爆性也有所提高。2011年12月,北京市拟定将汽油牌号由"90号、93号、97号"修改为"89号、92号、95号",并规定硫含量不得超过0.001%。

在国内的一些省份目前在推广E90、E93、E97标号的汽油,与普通标号的汽油相比,区别在于这些汽油中含有10%的乙醇,乙醇是可以人工制造的,可以缓解石油无法再生的问题。在性能上,乙醇的热值比纯汽油要低,即同等燃烧条件下,其耗油量会稍高,同时其清洁能力较强,不易在燃油系统中沉积胶质物,所以在首次应用乙醇汽油前,应对汽车的油箱和燃油系统进行彻底的清洗,以免造成燃油系统的堵塞。如果车辆经过清洗后,乙醇汽油和普通汽油可以互换使用。

(二) 汽油的正确选用

1. 根据发动机的压缩比

从动力性和经济性方面来说,发动机的压缩比应该越大越好。压缩比高,动力性好、热效率高,车辆加速性、最高车速等会相应提高。但是受汽缸材料性能以及汽油燃烧爆燃的制约,汽油机的压缩比又不能太大。简单地说,高压缩比车使用高标号的汽油。汽油标号越高,汽油的燃烧速度就越慢,爆燃倾向越小,发动机需要较高的压缩比;反之,低标号汽油的燃烧速度较快,爆燃倾向大,发动机压缩比较低。汽油的标号还涉及发动机点火正时的问题。

低标号汽油燃烧速度快,点火角度要滞后;高标号汽油燃烧速度慢,点火角度要提前。例如一台发动机按照说明书要求应加93号汽油,现在加了90号汽油,可能会造成发动机起动困难;加速时,发动机内有清脆的金属碰撞声音;长途行车后,关闭点火开关时发动机抖动。选择汽油标号的主要依据是发动机的压缩比。盲目使用高标号汽油,不仅会在行驶中产生加速无力的现象,而且其高抗爆性的优势无法发挥出来,还会造成金钱的浪费。

2. 根据汽车制造商推荐选用

汽车制造商一般在说明书中推荐适用的汽油牌号,用户可根据具体情况适当选用。

3. 不要使用不合格汽油

汽油在运输、储运过程中轻质馏分容易损失,在储运中发生氧化变质而导致实际胶质增多等均会使汽油质量下降,同时会导致发动机内部积炭增多,甚至因燃烧不完全会冲刷汽缸壁的润滑油膜,导致汽缸的异常磨损。

4. 使用无铅汽油

因为目前汽车发动机均采用电喷系统或缸内直喷系统,用于监测发动机燃烧效果的氧传感器会因汽油中的铅而损坏,所以一定要选用无铅汽油。

5. 海拔地区车辆用汽油的选用

在海拔较高的地区使用汽车时,因空气密度小,压缩终了的汽缸压力和温度均较低,不易发生爆燃。因此汽油的辛烷值可相应降低,当汽车从平原驶到高原时,若未更换低标号汽油,可把点火提前角适当调大。

6. 汽油中不可掺入煤油和柴油

煤油和柴油的蒸发性较差,加入后会使汽油品质变差。

二、发动机润滑油的选用

(一)发动机润滑油的分类

一般来说,汽油机转速高而负荷小,润滑压力低;柴油机转速低负荷大,润滑压力高,两者对发动机润滑油性能的要求不同,因此发动机润滑油也视发动机的类型不同分为汽油机润滑油和柴油机润滑油两种,二者不能混用。还有一种是既可用于汽油机又可以用于柴油机的通用型润滑油,其性能满足两类发动机的润滑油级别的重叠值,所以也标明适用的润滑油级别范围,并不能适用所有汽车。

1. 按成分分类

(1) 矿物油。矿物油是从石油中提炼出来的润滑油,矿物油的基础油是原油提炼过程中在分馏出有用的轻物质(如航空用油、汽油等)之后剩下来残留的塔底油再经提炼而成的产物。就本质而言,它运用的是原油中较差的成分。矿物油是目前市场上最常见的润滑油类型。矿物油的价格虽然低廉,但其使用寿命、润滑性能等都较半合成油和合成油逊色,同时对环境也有较大的污染。目前市面上很少见。

(2)半合成油。半合成油是在矿物油的基础上经过加氢裂变技术提纯后的产物,半合成油的纯度非常接近全合成油,但其成本较矿物油略高,是矿物油向合成油的理想过渡产品。

(3)全合成油。全合成油是通过化学合成方法制备成较高分子的化合物,再经过调配或进一步加工而成的润滑油。它包括合成酯类,聚 α—烯烃、聚醚类、硅油等,其成分与石油烃类不同。由于合成油的原材料贵,合成工艺复杂,因此全合成油及半合成油的价格普遍比矿物油高。

全合成型润滑油比矿物油黏度指数高,黏度随温度变化小。在高温黏度相同时,大多数合成油比矿物油的倾点或凝点低,低温黏度小。因此品质较好,热稳定、抗氧化、抗黏度变化的能力自然要比矿物油和半合成油强得多。

2. 按 SAE 黏度分类

1911 年,美国汽车工程师协会(Society of Automotive Engineers,简称 SAE)制订了发动机润滑油黏度分类法,中间曾几次修改,目前执行的是 SAE J300 - 2000《发动机润滑油黏度分类》。该标准采用含字母 W 和不含字母 W 两组系列黏度等级号划分,前者以最大低温黏度、最大低温泵送温度下的黏度和 100℃ 时的最小运动黏度划分;后者仅以 100℃ 时的运动黏度划分。

冬用的发动机润滑油黏度等级以 6 个含 W 的低温黏度级号(0W、5W、10W、15W、20W 和 25W)表示;夏用发动机润滑油黏度等级以 5 个不含 W 的 100℃ 时的运动黏度级号(20、30、40、50 和 60)表示。

简单来说,黏度表示润滑油是稀还是稠。较稠的润滑油流动性较差,会导致大量的能量损失在克服润滑油内部阻力上,但它能够在机件表面形成较厚的润滑油膜,故此适合在较高温度及重负荷的情况下工作。反之,较稀的润滑油形成的油膜较薄,但流动性佳、阻力小,适合在低温、低负荷的情况下运转。一般来说,温度每升高 20℃,润滑油黏度就会降低一半。

按美国汽车工程师协会(SAE)的黏度分类体系,发动机润滑油还有单黏度级和多黏度级(稠化油)之分:单黏度级发动机润滑油,是只能满足低温或高温一种黏度级别要求的发动机润滑油;多黏度级发动机润滑油,是既能满足低温工作时黏度级别要求,又能满足高温工作时黏度级要求的发动机润滑油。多级油是由一些经黏度指数改进剂调配,具有多黏度等级的内燃机油,其低温黏度小,100℃运动黏度较高。多级油用低温黏度级号与高温黏度级号组合来表示。主要有5W/20、5W/30、10W/30、15W/40、20W/40等牌号,牌号标记的分子5W、10W、15W、20W等表示低温黏度等级,牌号标记的分母20、30、40等表示100℃时的运动黏度等级。目前市面上常见的各品牌润滑油,即为多黏度级润滑油。不同环境下润滑油选用见表8-1。

润滑油推荐使用表 表8-1

环境温度(℃)	建议黏度(SAE)	环境温度(℃)	建议黏度(SAE)
-30~35	5W/50,10W/50,10W/60	-15~15	10W/30,10W/40
-30~15	5W/30,5W/40	-15~40	15W/40,15W/50,20W/40,20W/50

例如5W/30,其含义为一种多黏度级发动机润滑油,这种油在低温使用时符合SAE5W黏度级;在100℃时运动黏度符合SAE30黏度级。可见多级油可以四季通用。

3. 按API使用性能分类

发动机润滑油的使用性能分类,是根据在发动机润滑油试验评定中所表现的抗磨性、清净分散性和抗氧化腐蚀性等确定其等级。

1970年,美国石油协会(American Petroleum Institute,简称API)、美国汽车工程师协会(SAE)和美国材料试验协会(American society for Testing and Materials,简称ASTM)共同提出了发动机润滑油的使用性能必须通过规定的发动机试验来确定,即API使用性能分类法。

API使用性能分类法将汽油发动机润滑油规定为S系列(SERVICE STATION CLASSIFICATION,即加油站分类)。包括SA、SB、SC、SD、SE、SF、SG、SH、SJ、SL、SM等级别,每递增一个字母,润滑油的性能都会优于前一种,润滑油中会有更多用来保护发动机的添加剂。字母越靠后,质量等级越高,国际品牌中润滑油级别多是SF级别以上的。例如,壳牌非凡喜力(Shell Helix Plus)是API SM级,而壳牌红色喜力润滑油(Shell Helix Red Motor Oil)则是API SG级,这说明非凡喜力的质量等级要高于红喜力。

柴油发动机润滑油规定为C系列(COMMERCIAL CLASSIFICATION,即工商业分类)。包括 CA、CB、CC、CD、CD-Ⅱ、CE 和 CF-4 等级别。其宗旨是按发动机润滑油强化程度和工作条件的苛刻程度来划分发动机润滑油的等级,以保证润滑油的使用性能。

(二)润滑油的合理选用

发动机润滑油的选择应遵循一定的原则,即应兼顾使用性能级别和黏度级别两个方面。首先应根据发动机结构特点和要求,确定其合适的使用性能级别,然后再根据发动机使用的外部环境温度,选择该质量等级中的黏度等级。高质量等级可代替低的质量等级的油,但绝不能用低质量级别的油去代替高质量级别的油,否则会导致发动机故障甚至损坏。

1.润滑油使用性能级别选用应考虑的问题

(1)发动机的压缩比、排量、最大功率、最大转矩。

(2)发动机润滑油负荷,即发动机润滑油功率(kW)与曲轴箱润滑油容量(L)之比。

(3)曲轴箱强制通风、废气再循环等排气净化装置的采用对发动机润滑油的影响。

(4)城市汽车时开、时停等运行工况对生成沉积物和发动机润滑油氧化的影响。

2.润滑油黏度级选用应考虑的问题

选择发动机润滑油的黏度级别主要是根据气温、工况和发动机润滑油的技术状况。

(1)应根据工作地区的环境温度、发动机负荷、转速选用适宜黏度等级的发动机润滑油,以保证零件正常润滑。

(2)应尽量选用黏温特性好、黏度指数高的多级油。多级油使用温度范围比单级油宽,具有低温黏度油和高温黏度油的双重特性。

如 5W/30 多级油同时具有 5W、30 两种单级油的特性,其使用温度区间由 5W 级油的 -30~10℃ 和 30 级油的 0~40℃ 组合成 -30~40℃。

与单级油相比,多级油极大地扩大了使用范围。这样不仅可以减少因气温变化带来更换发动机润滑油的麻烦,而且可以减少发动机润滑油的浪费。一般我国南方夏季气温较高,对重负荷、长距离运输、工况恶劣的汽车应选用黏度较大的发动机润滑油。我国北方地区冬季气温低,应选用低黏度发动机润滑油,以保证发动机易于起动,减少零部件磨损。

(3)发动机润滑油黏度级别的选择,还与发动机的技术状况有关。

新发动机应选择黏度较小的发动机润滑油;磨损严重的发动机应选择黏度较大的发动机润滑油。

发动机润滑油的黏度要保证发动机低温易于起动,而走热后又能维持足够黏度保证正常润滑。

从工况方面考虑,重载低速和高温下应选择黏度较大的发动机润滑油;轻载高速应选择黏度较小的发动机润滑油。

3. 润滑油使用注意事项

(1)要注意使用中润滑油颜色、气味的变化,有条件者可以定期检查润滑油的各项性能指标,一旦发现颜色、气味以及性能指标有较大变化,应及时更换,不应教条地照搬换油期限。

(2)换润滑油时应采用热机状态放掉旧润滑油方法。

(3)加注发动机润滑油要注意适量。

(4)要定期检查清洗发动机润滑油滤清器,清理油底壳中的脏杂物。

(5)要避免不同牌号的发动机润滑油混用,以免相互起化学反应。

(6)选购时,应尽可能地购买有影响、有知名度的正规厂家的发动机润滑油,要特别注意辨别真假,确保润滑油的品质。

发动机润滑油使用八忌:

(1)忌选用黏度偏高的润滑油。

(2)忌随意选择代用油品。

(3)忌使用中只添加不更换。

(4)忌把润滑油颜色变黑作为更换润滑油的主要依据。

(5)忌润滑油加注量过多。

(6)忌不了解发动机的结构特点选润滑油。

(7)忌储存、使用中混入水分。

(8)忌选用劣质冒牌润滑油。

4. 常用润滑油品牌、型号及参考价格

(1)普通润滑油

①适用车型:国产汽油机载货车、小客车以及低转速、低压缩比的发动机;

②代表产品:壳牌喜力(Shell HELIX,红色包装)SG 级,15W/40,65 元(4L 装);美孚力霸(Mobil Special)SG 级,10W/40,75 元(4L 装);埃索力富(Esso UNF,金色包装)SG 级,10W/40,65 元(4L 装);嘉实多护力(Castrol XL)SG 级,10W/30,65 元(4L 装)。

(2)中档润滑油

①适用车型:发动机强化程度不高的国产轿车,如奥拓、3 缸夏利、富康、桑塔纳等;②代表产品:壳牌超级喜力(Shell HELIX Super,黄色包装)SJ 级,10W/40,95 元(4L 装);壳牌方程式(Shell Formula.白色包装)SL 级,10W/40,140 元(4.73L 装);美孚速霸(Mobil Super)SJ 级,10W/30,110 元(4L 装);埃索超力富(Esso Superflo,红色包装)SL 级,15W/50.85 元(4L 装);嘉实多嘉护(Castrol GTX)SL 级,10W/40,85 元(4L 装);道达尔 5000(TOTAL Quartz5000)SJ 级,15W/40,85 元(4L 装);长城金吉星 SJ 级,10W/40,95 元(4L 装);长城金福星 SL 级,5W/40,105 元(4L 装)。

(3)半合成润滑油

①适用车型:多气门、高压缩比、高转速发动机;②代表产品:壳牌 HELIX Plus,浅蓝色包装,SJ 级,15W/50,280 元(4L 装);埃索 Ultraflo,深蓝色包装,SJ 级,10W/40,290 元(4L 装);嘉实多磁护(Magnatec),浅绿色包装,SL 级,5W/40.290 元(4L 装);道达尔 7000,SJ 级.10W/40,290 元(4L 装)。

(4)全合成润滑油

①适用车型:强化程度极高的涡轮增压发动机,豪华轿车和超级跑车发动机;②代表产品:壳牌 HELIX Ultra,灰色包装,SJ 级,5W/40,380 元(4L 装);美孚 1 号(Mobil No.1)SJ 级,5W/50,380 元(4L 装);嘉实多 FORMULA RS SL 级,0W/40,390 元、(4L 装);长城世纪星 SJ 级,5W/50,340 元(4L 装);埃索傲超能 SJ 级,5W/40,420 元(4L 装)。

三、冷却液的选用

(一)冷却液的作用和性能要求

(1)冷却液具有冷却、防冻、防腐、防垢作用,是发动机正常运转所必需的物质。

(2)冷却液的性能要求:低温黏度小,流动性好;冰点低;沸点高;防腐性好;

不易产生水垢,抗泡性好。

(二)冷却液组成

发动机冷却液由水、防冻剂和各种添加剂组成。

1. 水

水是冷却液的重要组成部分,因为水具有良好的流动性能、导热性能和较大的比热容,而且乙二醇防冻剂只有在配成一定浓度的水溶液后才能充分发挥其冷冻作用。

2. 防冻剂

由于水的冰点较高,车辆在严寒低温天气下使用时容易结冰,所以在发动机冷却液中都加入一定量的防冻剂。目前冷却液中通常使用的防冻剂主要有两种类型:乙二醇和丙二醇。

3. 添加剂

冷却液中所使用的添加剂有缓蚀剂、缓冲剂、防垢剂、消泡剂和着色剂等。

(1)缓蚀剂是冷却液中最主要的添加剂,其主要作用是减缓或防止冷却系统中金属零部件因腐蚀而穿孔,以免造成冷却液渗漏和流失。

(2)冷却系统中的金属零部件在弱碱条件下容易得到保护,因此为了使冷却液在使用过程中维持一定的 pH 值,防止其酸化,冷却液中通常都加入缓冲剂,使冷却液具有一定的缓冲能力。

(3)为了防止冷却系统内水垢的产生,有的冷却液中还含有一定量的防垢剂。通常使用的防垢剂有配合型和分散型两种。

(4)为了降低冷却液泡沫产生的危害,冷却液中一般都含有一定量的消泡剂。消泡剂通常使用硅油、甲基丙烯酸酯等,以使所产生的泡沫及时破灭。

(5)冷却液在使用过程中,一般都要求加入一定的着色剂,使它具有醒目的颜色,以便与其他液体相区别。这样,在冷却系统发生泄漏时,通过观察冷却系统外部管路,就能够很容易判断出其泄漏的位置。

目前,广泛使用的冷却液以绿色和蓝色居多,也有红褐色的。

冷却液着色剂一般有染色剂和 pH 值指示剂两种。染色剂是通过染料或颜料的作用使冷却液具有一定的颜色。而 pH 值指示剂除了具有显色作用外,同时它的颜色还会随着冷却液 pH 值的变化而变化,这样,用户可以根据其颜色来大致确定冷却液是否需要更换。

(三)冷却液类型

1. 乙二醇型汽车防冻剂冷却液

乙二醇—水冷却液冰点低、沸点高、高闪点、不起泡、很好的流动性和化学稳定性,可在腐蚀抑制剂存在下能长期防腐防垢,其性能远优于水,故使用非常广泛。

其缺点是有毒性,对金属有腐蚀作用,并对橡胶零件有轻度侵蚀作用。

乙二醇比较突出的特性是能够与水以任意比例互溶,沸点为197.4℃,相对密度为1.113,冰点为 -11.5℃,但在与水混合后(见表8-2),混合液的冰点可显著降低,最低可达 -68℃。

乙二醇—水型冷却液 表8-2

冰点(℃)	乙二醇含量(%)	相对密度(20/4℃)
-10	28.4	1.0340
-15	32.8	1.0426
-20	38.5	1.0506
-25	45.3	1.0586
-30	47.8	1.0627
-35	50	1.0671
-40	54	1.0713
-45	57	1.0746
-50	59	1.0786

2. 丙二醇型冷却液

常温下丙二醇为无色透明黏稠状液体,微有辛辣味,对人体无刺激性作用,化学稳定性好,与乙二醇一样能与水以任意比例互溶。

丙二醇由于毒性低,降解性能好,对人体和环境危害较小,同时还具有良好的防冻和其他性能,作为冷却液的基础液,可以获得与乙二醇相似的效果。因此,近年来在冷却液中使用逐渐增多,特别是在注重环保的国家应用较广。但是由于丙二醇的原材料价格较高,加工和使用成本较高,目前在我国应用尚少。

(四)冷却液的选择与使用

1. 汽车发动机冷却液的选择

针对目前使用的乙二醇水基型发动机冷却液,汽车发动机冷却液的选择主要包括发动机冷却液防冻性的选择和产品质量的选择。

发动机冷却液防冻性的选择原则是汽车发动机冷却液的冰点要比车辆运行地区的最低气温低10℃左右,以确保在特殊情况下冷却液不冻结。

乙二醇冷却液的最高和最低使用浓度,一般规定最低使用浓度为33.3%(体积分数),此时冰点不高于-18℃,当低于此浓度时则冷却液的防腐蚀性能不够。最高使用浓度为69%(体积分数),此时冰点为-68℃,高于此浓度时则其冰点反而会上升。全年使用冷却液的车辆其最低使用浓度为50%(体积分数)左右为宜。

不同的发动机其技术特性、热负荷情况、冷却系材料等均有不同。因此,对冷却液产品质量的要求也有所不同。

目前,国内外的发动机冷却液的产品配方很多,所以汽车发动机冷却液的选择要区别发动机的类型、性能的强化程度和冷却系材料的种类,除了要保证发动机冷却液能降温、防冻外,还要考虑防沸腾、防腐蚀和防水垢等问题。

车主在对冷却液产品选择时应以汽车制造厂家的规定或推荐为准。

2. 汽车发动机冷却液的使用

发动机冷却液在使用过程中应注意以下事项:

(1)加注冷却液之前应对发动机冷却系统进行清洗。最简单的方法是打开散热器放水阀,用自来水从加水口冲洗。

(2)稀释浓缩液时要使用蒸馏水或去离子水。

(3)注意检查冷却液液面高度。适宜的冷却液液面应在储液罐的最高线 max 和最低线 min 之间,应视具体情况正确补充。

(4)不同厂家、不同牌号的发动机冷却液不能混用。

(5)冷却液在使用一段时间(一般为2年)后应及时更换。

(6)在使用乙二醇冷却液时,应注意乙二醇有毒,切勿用口吸。乙二醇冷却液沾染到皮肤上时,应及时用清水冲洗干净。

(7)乙二醇冷却液有毒,不能饮用。为了在外观上便于识别,一般正规厂家生产的乙二醇冷却液都用着色剂将其染成绿色或蓝色。但目前市场上也有很多小厂生产未经着色剂染色的乙二醇冷却液,并以普通塑料桶盛装销售,价格也很便宜。全国每年都有误将乙二醇冷却液当作普通散装白酒饮用致死的案例发生,这一点要特别引起注意。

(五)冷却液的现场快速检测

1. 直观鉴别

观察冷却液的外观、辨别其气味,进行直观判别。冷却液应透明、无沉淀、无异味;如果发现外观浑浊,气味异常,说明冷却液已严重变质,应立即停止使用。

2. 冰点测试

冰点测试是对冷却液能否在寒冷天气里使用的一种防冻性能测试,可采用冰点折光仪测试冰点的高低。

冰点折光仪是利用不同浓度溶液折射率的差别测量溶液中二元醇浓度的方法,如果同时具有乙二醇和丙二醇浓度的刻度,可对冷却液中丙二醇和乙二醇浓度进行测试。

四、制动液的选用

汽车制动液又称制动油,是用于汽车液压制动系统,传递压力,使车轮制动器实现制动作用的一种功能型液体。汽车制动液在制动系统中传递压力,其制动工作压力一般为2MPa,高的可达4~5 MPa。

(一)制动液性能要求

(1)迅速而准确的传递制动力,保持制动缸和橡皮碗很好地滑动。

(2)安全可靠,制动系统温度升高有时可达150℃以上,保障安全。

(3)安定性好,不产生热分解;生成油泥;腐蚀作用;有胶质产生;互溶性要好。

(4)膨胀率小,不引起过度的软化、溶胀、溶解、固化和收缩。

(5)腐蚀性合格,具有一定的碱性和储备碱度,标准要求pH为7.0~11.50。

(6)不产生沉淀,在标准规定条件下是否分层、是否有沉淀及透明度等现象。

（二）制动液的分类

1. 醇型制动液

由精制的蓖麻油45%～55%和低碳醇（乙醇或丁醇）45%～55%调配而成，经沉淀获得无色或浅黄色清澈透明的液体。蓖麻油加乙醇为醇型1号，蓖麻油加丁醇为醇型3号。醇型制动液的原料容易得到，合成工艺简单，产品润滑性好；缺点是沸点低，低温时性质不稳定。在严寒的冬季和炎热的夏季，汽车不宜使用醇型和改进的醇型制动液。目前醇型制动液正在被合成型制动液所代替。

2. 矿物油型制动液

矿物油型制动液是以精制的轻柴油馏分经深度脱蜡得到的 C12–C19 异构烷烃和烷烃组分、添加稠化剂和抗氧剂与助剂调和而成。矿物油型制动液无统一的质量标准，多采用企业标准。按企业标准生产的7号、9号矿物油型制动液外观为红色透明液体，具有低温流动性好的特点。

矿物油型制动液温度适应范围很宽，可从 –50℃到150℃，低温流动性和润滑性好，对金属无腐蚀作用。它对制动系统的橡胶零部件有溶解作用，使用这种类型的制动液时，必须换用耐矿物油的橡胶零部件。

3. 合成制动液

以有机溶剂中的醇、醚和酯为基础，加入添加剂调制而成。基础溶剂有单元和多元组分。国内外厂家多采用乙二醇醚、二乙二醇醚、三乙二醇醚、水溶性聚醚。合成型制动液通常工作温度范围较宽，对橡胶零件的溶胀率小，黏度随温度的变化平稳，对金属有微弱的腐蚀性。它适用于高速、大功率、重负荷和制动频繁的汽车。在我国各地一年四季均可使用。目前还在发展与完善，将逐渐成为通用型制动液。

（三）制动液技术标准

为保证汽车行驶安全，各国都不断制定、修订汽车制动液标准。

1. 国外汽车制动液标准

国外汽车制动液有代表性的标准是：

（1）美国联邦政府运输安全部（DOT）制定的联邦机动车辆安全标准（FMVSS），具体是 FMVSS NO.116DOT3、DOT4 和 DOT5。这是世界公认的汽车制动液通用标准，目前大多数进口品牌和合资品牌汽车均参考此标准。

(2)美国汽车工程师学会标准(SAE),具体是 SAE J1703t 和 SAE J703f 等。

(3)国际标准化组织标准 ISO 4925—1978《机动车制动液》。

2. 我国汽车制动液标准

我国汽车制动液标准有 GB 10830—1998《机动车制动液使用技术条件》和 GB 12981—1991《HZY2、HZY3、HZY4 合成制动液》。

GB l0830—1998《机动车制动液使用技术条件》,从保证汽车安全运行的角度出发,提出了制动的关键性技术要求。为使用者提出正确选择使用制动液的指南;为制动液的生产企业提供了保证其产品质量的最低要求;同时也为制动液行业的质量控制和管理提供了技术依据。因此,本标准与制动液的产品标准的作用有着本质差异。汽车制动液使用技术条件分为 JG3、JG4、JG5 三级。JG 为交通运输部、公安部系列,J 为交通运输部第一个汉字的汉语拼音首字母;G 为公安部第一个汉字的汉语拼音首字母。

(四)制动液的选用

(1)汽车制动液的选择应坚持两条原则:一是选择合成制动液;二是质量等级以 FMVSS NO.116 DOT 标准为准,目前一般为 DOT4 标准。

(2)选用制动液时,首先看说明书或标签上的说明,是什么类型,有无质量标准和质量指标。若没有标注这些内容则不能使用,而只标有类型的应慎用。

(3)醇型制动液的工作温度范围相对较窄,对温度变化适应性差,换油周期短,高速、大功率、重负荷和制动频繁的汽车不能用,其他汽车选用时应注意地区和季节。有的合成型制动液温度范围在 -60℃ ~60℃ 之间,低温下黏度比较小,非常适合于严寒地区冬季使用。

(4)如果汽车制动系统的橡胶零件是耐油的,应优先选用矿物油型,它不受地区、季节和车型的限制,润滑性好,无腐蚀作用,换油周期长;但制动系统橡胶零件若是不耐油的,则不能使用。

(5)合成型制动液型号很多,颜色各异,选用时必须注意其质量指标中的温度范围、常温和低温下的黏度、透明度、有无沉淀和异味。

(6)不同类型的制动液由于成分不同,混合后可能发生反应,分层或沉淀,堵塞制动系统,以致失去作用,通常不允许混用。

(7)制动液都是由有机溶剂制成的,它易挥发易燃,灌装和保存时应远离火源,防止日晒雨淋,用后把瓶盖紧,防止吸水变质。

图8-39为制动液、储液罐更换操作图。

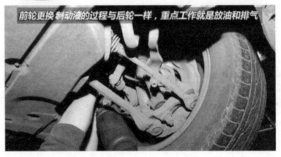

图8-39 制动液、储液罐更换

五、汽车风窗玻璃清洗液的选用

汽车风窗玻璃清洗液,俗称玻璃水,其具有如下功能:

(1)清洗性能。起到清洗去污的作用。

(2)防冻性能。起到防冻的作用,能很快溶解冰霜。

(3)防雾性能。玻璃表面会形成一层单分子保护层。这层保护膜能防止形成雾滴,保证风窗玻璃清澈透明,视野清晰。

(4)抗静电性能。用车窗净清洗后,吸附在玻璃表面的物质,能消除玻璃表面的电荷。

(5)润滑性能。车窗中含有乙二醇,黏度较大,可以起润滑作用,减少刮水器片与玻璃之间的摩擦,防止产生划痕。

(6)防腐蚀性能。车窗净中含有多种缓蚀剂,对各种金属没有任何腐蚀作用,汽车面漆、橡胶绝对安全。

为满足汽车风窗玻璃清洗液的性能要求,在汽车风窗玻璃清洗液中常常添加表面活性剂、防雾剂、阻凝剂、无机助洗剂、有机助洗剂等。

通常情况下,常见的风窗玻璃清洗液分为3种:一种夏季常用的,在清洗液里增加了除虫胶成分,可以快速清除撞在挡风玻璃上的飞虫残留物;一种专为冬季使用的防冻型玻璃清洗液,保证在外界气温低于零下20℃时,依旧不会结冰冻坏汽车设施;一种是特效防冻型,保证在零下40℃时依旧不结冰,适合我国最北部的严寒地区使用。

六、轮胎的选用

（一）轮胎分类

（1）按轮胎的用途分类。可分为轻型乘用车轮胎、载重车轮胎、农用机械轮胎、工程机械轮胎、特种车辆轮胎。

（2）按帘布层材料分类。可分为人造丝帘线轮胎、尼龙帘线轮胎、钢丝帘线轮胎。

（3）按胎体结构分类。可分为普通斜交轮胎（见图8-40）、子午线轮胎（见图8-41）。

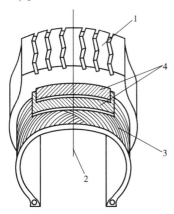
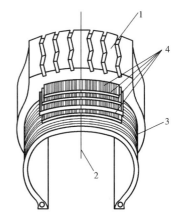

图8-40 普通斜交轮胎　　　　　　图8-41 子午线轮胎
1-胎面;2-轮胎断面中心线;3-帘布层;4-缓冲层　　1-胎面;2-轮胎断面中心线;3-帘布层;4-带束层

（4）按轮胎气压分类。分为高压胎、低压胎、超低压胎。

（5）按轮胎胎体结构分类。可分为充气轮胎、实心轮胎。

（6）按轮胎的使用季节分类。可分为夏季轮胎和冬季轮胎两类。其实,夏季轮胎更多地称为四季轮胎。

所谓冬季轮胎(也就是俗称的雪地轮胎)是专门针对北方冬天多雪的路面设计的。雪地轮胎比较软,有两种防滑方式:一种是胎面上有很多细纹,能够在行走时夹紧雪,形成小的凸起的冰块,从而防止轮胎滑动;另一种是胎面有很小的钉子,可能是金属的,可能是硬橡胶,也可能是塑料,因制造商不同而异。

目前家用汽车都采用无内胎的低压子午线轮胎。子午线轮胎比普通斜交轮胎的优越性能:使用寿命长、缓冲性能好、滚动阻力小、胎温低散热快、承载能力大、附着性能好、转向行驶稳定性好、轮胎质量轻。

(二)汽车轮胎的尺寸与规格

1.汽车轮胎的尺寸(见图8-42)

(1)轮胎断面宽度 B。轮胎按规定气压充气后,轮胎外侧面间的距离。

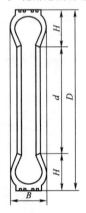

(2)轮辋名义直径 d。轮辋规格中直径大小的代号,与轮胎规格中相对应的轮胎内直径一致。

(3)轮胎断面高度 H。轮胎按规定气压充气后,轮胎外直径与轮辋名义直径之差的一半。

(4)轮胎外直径 D。轮胎按规定气压充气后,在无负荷状态下,胎面最外表的直径。

图8-42 轮胎的尺寸

(5)负荷下静半径。轮胎在静止状态下,只承受法向负荷作用时,车轮中心到支承平面垂直距离。

(6)轮胎滚动半径。车轮旋转运动与平移运动的折算半径。

2.汽车轮胎的系列

轮胎扁平率 H/B:轮胎断面高度 H 与宽度 B 之比(以百分比表示),即 $H/B\times100\%$。轮胎扁平率(轮胎的高宽比)越小,说明轮胎的断面越宽,故高宽比小的轮胎称为宽断面轮胎。轮胎系列就是用轮胎的高宽比的名义值大小(不带%)表示的。例如:"80"系列、"75"系列、"70"系列、"60"系列、"55"系列等。

轮胎的标注如图8-43所示。

第八章　家用汽车维护

图 8-43　汽车轮胎标注

3. 汽车轮胎最高速度与负荷指数

（1）速度级别符号。将轮胎最高速度（km/h）分为若干级，用字母表示（见表 8-3）。轮胎最高速度是指在规定条件（路面级别、轮辋名义直径）下，在规定的持续行驶时间（持续行驶最长时间为 1h）内，允许使用的最高速度。

汽车轮胎速度级别　　　　　　　　　　　表 8-3

轮胎速度级别符号	最高行驶速度（km/h）	轮胎速度级别符号	最高行驶速度（km/h）	轮胎速度级别符号	最高行驶速（km/h）
A1	5	D	65	Q	160
A2	10	E	70	R	170
A3	15	F	80	S	180
A4	20	G	90	T	190
A5	25	J	100	U	200
A6	30	K	110	H	210
A7	35	L	120	V	240
A8	40	M	130	W	270
B	50	N	140	Y	300
C	60	P	150		

339

(2)轮胎负荷指数。

在规定条件(轮胎最高速度、最大充气压力等)下,轮胎负荷能力的数字符号(见表8-4)用轮胎负荷指数 LI 表示,轮胎负荷能力用 TLCC 表示。轮胎负荷指数目前有 0,2,3,…279 共有 280 个。

常用轮胎负荷指数　　　　表8-4

指 数	71	72	73	74	75	76	77	78	79	80
负荷(kg)	345	355	365	375	387	400	412	425	437	450
指 数	81	82	83	84	85	86	87	88	89	90
负荷(kg)	462	475	487	500	515	530	545	560	580	600
指 数	91	92	93	94	95	96	97	98	99	100
负荷(kg)	615	630	650	670	690	710	730	750	775	800

(3)"3T"轮胎(见图8-44)。美国交通运输部规定,轿车轮胎上必须有轮胎磨耗(Tread Wear)、温度(Temperature)、牵引力(Traction)标志。简称"3T"指标。

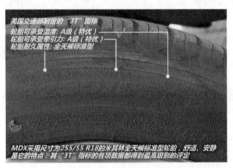

图8-44 "3T"轮胎

①"磨耗"指标:以具体数字表示,该指标越高,轮胎胎面耐磨性越好。

②"温度"指标:衡量轮胎行驶时升温的高低,实际上与轮胎高速性能相关,用 A、B、C 区别。

③"牵引力"指标:衡量轮胎与地面的附着性能,也以 A、B、C 三级区分,A 为特优,B 为良好,C 为一般。

4.轿车轮胎规格表示方法

轿车轮胎规格表示方法如图8-45所示。

第八章 家用汽车维护

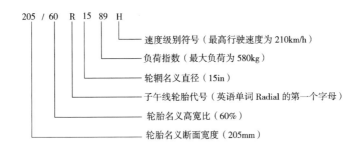

图 8-45 轿车轮胎规格表示方法

(三) 轮胎的合理选用

1. 轮胎的合理选用原则

按制造商要求选择、按负荷系数选择、按速度等级选择、按轮胎花纹选择。

轮胎应按照规定车型配装,并根据行驶地区道路条件选择适当的胎面花纹。要求在同一轴上装用厂牌、尺寸、帘线层数、花纹相同、磨耗程度相同的轮胎。同一名义尺寸的不同厂牌的轮胎,其实际尺寸有所差别,轮胎尺寸大小不一致,会产生高低不一,承受负荷不均衡,附着力不一样,磨耗不均匀。胶面花纹不同,与地面附着系数不同,同样会造成磨耗程度的差别。因此,不能将外周尺寸大小悬殊、花纹不相同的轮胎混装。

2. 轮胎的合理使用

(1) 保持车辆左右轮胎气压一致。

(2) 禁止轮胎超负荷工作。

(3) 随时检查轮胎温度,及时清除轮胎异物。

(4) 合理使用补过轮胎,正确驾驶。

(5) 禁止高速过坑、压过尖锐物体、上路肩。

3. 轮胎的合理维护

(1) 轮胎胎压测量。轮胎平均每月会减少 68.6kPa 的气压。

(2) 轮胎花纹检查。定时检查轮胎表面有无裂纹、变形等,如有应及时更换轮胎。

(3) 轮胎期限检查。当轮胎使用超过 6 年时,不管轮胎是否完好,都必须更换。

(4) 轮胎更换。安装轮胎时,同一轴上应该装配同一规格、尺寸、花纹、帘线层数的轮胎。

(5)轮胎平衡测试。轮胎与轮辋总质量不均匀、周向和径向不平衡都会引起汽车振动与摆动。

(6)定期进行轮胎换位。

第九章 汽车美容与装饰

"汽车美容与装饰"主要包括汽车的美容和汽车装饰两方面的内容。其中重点在于汽车内装饰。

第一节 汽车内装饰

一、座椅装饰

汽车座椅是车内占用面积最大,使用率最高的部件。为此,对其进行装饰不仅要考虑到美观,还要考虑到实用。

(一)安放汽车坐垫

1. 汽车坐垫的功能

(1)提高舒适性。柔软的汽车坐垫使身体与座椅更服帖,可减缓汽车颠簸产生的振动,减轻旅途疲劳。

(2)改善透气性。夏季使用的硬塑料或竹制品坐垫具有良好的透气性,给人以凉爽的感觉,有降温消汗功效。

(3)增强保健性。汽车保健坐垫可通过振动按摩或磁场效应,改善乘员局部新陈代谢,促进血液循环,消除紧张疲劳,达到保健目的。

2. 汽车坐垫的种类

(1)柔式坐垫。主要由棉、麻、毛及化纤等材料制成。棉麻混纺坐垫具有透气性能优良、韧性强、易于日常清洁护理等特点;棉毛混纺坐垫具有柔软、舒适、透气性能好等特点;化纤混纺坐垫透气性好、价格低,但易产生静电。

(2)帘式坐垫。主要由竹、石或硬塑料等材料制成小块单元体,然后将单元体串接成帘状制成坐垫,该坐垫具有极好的透气性,是高温季节防暑降温的佳品。

(3)保健坐垫。该坐垫是根据人们保健需求制成的高科技产品,当乘员随汽车颠簸振动时可起到自动按摩效果,另外,坐垫的磁场效应对人体保健也大有益处。

3.汽车坐垫的选用

(1)根据气温条件选用。当气温不高时应选用柔式坐垫,利于保温,并提高舒适性;高温季节应选用帘式坐垫,以利于降温防暑。

(2)根据汽车档次选用。中高档轿车可选用材质极好的纯毛坐垫或保健坐垫,另外,中高档轿车空调效果较好,高温季节也不必使用帘式坐垫,以提高舒适性。

(二)包真皮座套

1.真皮的选择

皮椅的质料有两种:一种是真皮,一种是合成皮。真皮的好处在于它的质感较合成皮的好,当然在售价方面也贵了许多,且不容易维护。经过精细加工制作而成的汽车真皮座椅的透气性、坚韧性、保暖性、散热性及其耐久性和柔软性都绝非任何人造材料可以代替的,真皮的内饰使人进入车内后,有一种坐到高级沙发上的感觉。包汽车座椅必须用牛皮,羊皮强度不够、猪皮也不行。除特殊的高质猪皮,牛皮分不同等级,头层皮在强度、透气性、花纹和色泽上都首屈一指,是最适合的皮质。汽车专用真皮最上乘的要属意大利产的专用牛皮,它是意大利特殊牛种的皮,其厚薄程度和其他性能都与家居用牛皮、服饰用牛皮的皮质不同。汽车专用真皮需能耐得起各种不同气候的挑战。

2.安装注意事项

(1)要仔细鉴别座椅的皮质。汽车专用真皮皮面光滑,皮纹细致,色泽光亮柔和是无反光感,手感滑爽而富有弹性。其厚度应均匀,约为1.3~1.6mm,只有此种厚度才能保证弹性和耐久性。真正的牛皮冬暖夏凉、透气性良好且富有弹性,而人造皮革正好相反。制作家具的牛皮是较厚的,制作服装的皮革较薄,只有那种厚薄适中的牛皮才能用于汽车。

(2)要鉴别安装的是座椅还是座套。汽车座椅是依据椅子的骨架,通过仔细的测量,精细的剪、贴、胶合、缝制而成的,并由有经验的技师安装,它牢固、严紧,与汽车骨架紧密地结在一起。而座套只是在原有的座椅外表罩一个套子,它也是利用牛皮加工的,但座套与座椅间有一定的距离,就如人的衣服,不可能完全紧贴在身上,座套要较松些,但也不能太松,否则很容易移动,在汽车行驶中经常拉扯,很容易撕裂。

(3)看工艺与缝制质层。牛皮座椅制作过程中,需用原来的座套制板,根据板形缝制座套。板形如何,很大程度上决定着真皮椅套缝出后是否得体、好看。缝制质量非常重要,我们从表面能看到的只有明线和"做缝",明线必须横平竖直,"做缝"要在3mm以上。否则,皮椅在使用过程中可能由此开裂。另外,要注意内在质量。比如内部定位用的钉子用了多少,用少了,将影响座椅使用的耐久性。

最后,安装时要注意售后服务,如产品维护期的长短,是否保修、包换,是否维护清洗等。

(三)安装电动座椅

电动座椅是利用电动机的转动来调整座椅的前后位置和靠背的倾斜度,自动适应不同体形的驾驶员和乘员乘坐舒适性要求,它是人体工程技术与电子技术相结合的产物。自动座椅由驱动机构、传感器及控制器等部分组成。

1. 驱动机构

一般自动座椅的驱动机构由4个电动机组成,其中3个电动机控制座椅向上、下、前、后、前倾、后倾6个不同方向移动。

2. 传感器

电动座椅的位置传感器也有3个,它们分别与不同的驱动电动机相对应。传感器主要由永久磁铁、霍尔集成电路等组成。永久磁铁安装在由电动机驱动的转轴上,由于转轴的旋转而引起通过霍尔元件磁通量的变化,使霍尔元件产生霍尔电压信号,再经霍尔集成电路进行放大并处理.然后取出旋转的脉冲信号送往电动座椅的电子控制器ECU。

3. 控制器

电动座椅的控制器由继电器、断路器及控制开关等组成。

二、汽车桃木内饰

单调的车内空间令人乏味,而核桃木精品一扫仪表板和中央控制台的廉价塑胶感,虽是薄薄的一层,亦令人耳目一新。核桃木精品种类有:核桃木纸巾盒、PVC核桃木饰板、核桃木变速杆头、核桃木后视镜、核桃木电话架等。

汽车的转向盘、变速杆、离合器、制动踏板、加速踏板及驻车制动杆是驾驶汽车的六大操作件,也是装饰的对象。常用的有皮质、桃木的变速杆手柄,不但改进其外观,且使操作更为舒适、方便。而离合器、制动踏板、加速踏板则多选用硬质金属片加装,既耐磨又加强质感。

至于转向盘,从理论上讲安装转向盘套并不是明智之举,反倒显得画蛇添足。但从个人喜好来讲,装转向盘套也无可厚非。现在转向盘套多采用皮质,以增加手感,防止打滑。目前最为新潮的是更换整个转向盘,有皮质、桃木、亚金属等材料制成,质量更轻,手感更好,外观更豪华,使汽车具有赛车的感觉。要注意转向盘套与转向盘是否真正配合合适,装好后也应检查转向盘套是否松动和磨损,以避免安全隐患。同时车内仪表板外框也可改装或加装桃木贴面,使内饰更趋豪华。

三、车内饰品装饰

(一)车内饰品的种类

车内饰品种类很多,按照与车体连接形式的不同可分为吊饰、摆饰和贴饰3种。

1. 吊饰

吊饰是将饰品通过绳、链等连接件悬挂在车内顶部的一种装饰。吊饰按饰品的不同可分为以下四类:

(1)图片类。主要有伟人照、明星照、佛像等饰品。有的是由金属或陶瓷制成,也有的是照片直接塑封而成。

(2)徽章类。主要有国徽、会徽、名车商标、企业标志等饰品。一般由金属材料制作。

(3)花果类。主要有彩花、水果等饰品。由绸缎、塑料等材料制成。

(4)动物类。主要有狗、猫等宠物饰品。由毛绒和陶瓷等材料制成。

2. 摆饰

摆饰是将饰品摆放在汽车控制台上的一种装饰。主要的摆饰物品有地球仪、水平仪、报时器、国旗及精美的珍藏品等。

3. 贴饰

贴饰是将图案和标语制在贴膜上,然后粘贴在车内的装饰。图案主要有名车商标、明星照片及公益广告等,标语主要是对驾驶员及乘员的提醒或警告语,如"注意安全"、"车内严禁吸烟"等。

(二)车内饰品的选用原则

出于车主的爱好、情趣及审美观各不相同,因此所选用的饰品各式各样,在此无须进行统一,但应掌握以下几点原则:

1. 美观原则

车内选用饰品的主要目的就是给人带来美感。要做到这一点,首先在选购时,应挑选造型、色彩及质地都比较讲究的饰品。其次要保持饰品干净、卫生、摆放有序。另外,还应注意车内饰品不宜过多,否则,车内将给人一种饰品陈列柜的感觉。

2. 协调原则

"协调"也就是车内饰品的选用要得体。一是要与车主的身份相协调,如在一些首长的专车里可选用伟人照、国旗等饰品;但不宜选用佛像及宠物等饰品;二是要与车主的年龄相协调,如车主是年轻人可选用明星照、宠物等饰品,但这些饰品对车主是年长者则不宜选用。

3. 安全原则

车内选用任何饰品都不能对行车安全造成影响。如车内前侧顶部不能悬挂过大、过长、过重的吊饰,控制台上不能放置过大、过重的摆饰,前、后风窗玻璃上不能粘贴大面积的贴饰。否则,过大、过长的饰品会影响到驾驶员的视线,过重的饰品在紧急制动时会撞坏前风窗玻璃,这些都不利于安全。

四、香品装饰

车用香品对净化车内空气、清除异味、杀灭细菌、保持车内空气卫生具有重要作用。

(一)车用香品的种类

现今市面上的车用香品种类繁多,这些香品按形态可分为气态、液态和固态;按使用方式可分为喷雾式、泼洒式和自然散发式等。

气态车用香品主要由香橘、溶剂和喷射剂组成。液态车用香品由香精与挥发性溶剂混合而成,盛放在各种具有造型美观的容器中,此种车用香品在汽车室内应用最广。固态车用香品主要是将香橘与一些材料混合,然后加压成型。

(二)车用香品的选择

选购车用香品时,应根据车型、季节及车主性别、性格、爱好等因素合理选用。

选用香品首先要看其颜色及包装品的造型是否与汽车外观、造型、车饰等相互和谐。如香品选用适当,会构成车室的整体美;如选用不当,会感到很不协调。

不同的季节应选用不同的香品。在寒冷或炎热的冬夏,如果车内经常开空调,应选用具有较强挥发性的车用香品,以便有效地去除空调机的异味;而在冷暖适宜的春秋,可以挑选喜爱的香型。

车主的性别及爱好不同所选香品有很大差异。大多数女性对各种清甜的水果香、淡雅的花香比较欢迎。但有的女性却喜欢色泽艳丽、造型雅致的玻璃瓶装香水。另外,动物造型的车用香品,因其活泼可爱、风趣等特点,受到很多成熟女性的喜爱。大多数男性车主喜欢的车用香品外观造型单调、古朴,如果造型过于夸张、色彩过于艳丽,会使人感到不宜。淡雅酌古龙香、琉璃香、龙涎香等车用香品比较适合。在外观上,木纹、皮革等样式比较适宜。

根据车主的不同性格选用不同的香品。对于性格暴躁的车主,为使驾驶时保持平静的心态,应选用具有镇静功效的车用香品,如清凉的药草香型、宁静的琥珀香型等;对于喜欢开快车的驾驶员,应选用凝胶型等固体香品。

对于习惯吸烟的车主应选用浓郁的药草香、绿茶香、甜润的苹果香等,可以有效地去除烟草中的刺激气味。

第二节 汽车外装饰

随着物质生活水平的提高,个性化、独具风格的汽车装饰已成为时下现代人们生活的新时尚。通过以装饰为目的的外饰件在不改变车辆本身的功能和结构的前提下,改变汽车的外观,使车辆更显醒目、豪华,满足个性化需求。同样的一辆汽车,通过前后保险杠、导流板裙边、车门、轮胎、车顶、发动机罩等外饰件的改装,变化出各自不同的风格、品位,或豪华,或商务,或运动……

一、大包围

(一) 相关概念

全保险杠式,就是将原来的保险杠拆除,装上大包围;半包围即将原来保险杠的下部附加一装饰件,这样可不用拆除原保险杠;侧包围或称侧杠包围,或称侧杠裙边尾翼或称定风翼;眼线也称眼眉,是在车灯表面附着的装饰件。

(二) 大包围设计原则

一款汽车大包围是否好看,主要视其整体是否平衡协调,外观是否美观大方,前后包围、侧包围的设计是否融为一整体。

大包围的主要设计原则:

(1) 安装大包围及其他改装件之后与汽车整体是否平衡与协调。

(2) 安装大包围后决不能影响整车性能和行车安全。

(3) 设计的产品要考虑路面状况,所有装饰件离地面应保持一定距离,至少在经过大坡度的地面时,大包围车以保持低速行驶为佳。

(4) 设计的产品符合国家相关规定。

(5) 应符合消费者的消费心理及审美观等。

(三) 大包围的制作材料

大包围的制作材料有塑料和玻璃钢两种。前者是各名牌汽车改装厂的主要生产材料。因为塑料可进行细微的成分和性能调整,且成形性好,这些优点使塑料大包围套件的质量相对较高。但是塑料成形所需的模具、生产设备要求高,价格昂贵,所以产品售价高、款式变化少也是塑料大包围不可摆脱的缺憾。

相反,使用玻璃钢的改装套件虽然在细腻程度等方面不如塑料件,但因为制作方便,模具和生产设备要求不高,所以玻璃钢成为多数大包围生产商的必然选择。纵观港台地区改装市场,无一例外都是玻璃钢大行其道。

(四) 大包围制作

大包围雏形的设计,被行内称为"做试模",即先用玻璃钢做成预想的产品形状。试模做成后,就可以在试模上用玻璃纤维套出主模,经过修整后的主模便可以用于生产了。

首先在主模内表面喷涂一层胶衣,它是产品的表面,也是玻璃钢最重要的材料,同时也起到方便脱模的作用,而且它的颜色也决定了产品配件的颜色。等胶衣干后,就可以把预先裁好的纤维往主模上铺,此时产品的造型就已基本形成。

二、安装天窗

(一)安装天窗的优点

(1)增加汽车美观,提高汽车档次。

(2)改善车厢内通风换气状况,保持车内新鲜空气的流通。

(3)天窗换气利用负压原理,换气柔和,所以对空调影响小,且不易灌入尘土,可相对减小噪声,在高速公路上不宜开侧窗。

(4)视野开阔,亲近自然,沐浴阳光,去除了被封在铁皮内的压抑感。

(5)经试验,阳光暴晒下的车内温度可高达60℃,汽车开动后打开天窗比开空调降温速度快2~3倍,并可减少能耗。

(二)天窗的类型

从理论上讲,任何一款天窗都可配所有的车型。但考虑到汽车的造价和大小,外倾式的天窗用于经济型轿车,而内藏式的天窗用于商务车。

(1)外倾式天窗。开启时向外向后倾斜。有大小不同的尺寸,采用绿水晶玻璃,可阻隔99.9%的紫外线和96%以上的热能,分电动和手动两种。具有防夹功能和自动关闭功能;配有可拆式遮阳板。目前此类天窗在国内主要安装在桑塔纳、富康等经济型轿车和金杯、全顺等客车上。

(2)内藏式天窗。开启时天窗有不同的弧度。采用绿水晶玻璃,可阻隔99.9%的紫外线和96%以上的热能。具有防夹功能和自动关闭功能;配有独立的内藏式太阳挡板。目前此类天窗在国内主要安装在别克、桑塔纳、帕萨特、奥迪、红旗等豪华商务型轿车上。

(3)敞篷式天窗。开启时天窗完全打开。由三层高品质的特殊材料组合而成。具有防紫外线和隔热的效果,此款天窗非常前卫,适合年轻人驾驶,目前富康轿车安装的比较多。

(三)加装天窗注意事项

天窗的质量是保证正常使用的关键,挑选时应从天窗的外观、框架刚度、机械结构及电控装置等方面认真判别,高质量的天窗应外观光滑平顺、框架刚度较好、机械结构合理、工艺精致,使用舒畅。

另外,还要考虑的是密封性。品质好的天窗与车顶间靠特种胶和紧固件连接,玻璃板和框架之间有密封圈防水。同时,内藏式天窗四周加有排水管,会将积在天窗周围的水排走。

(四)使用与维护

(1)遇到下雨时勿开启天窗,等雨后风把天窗上的水吹干后再开启。

(2)绿水晶玻璃板是防热层镀制成的,应用不黏性清洁剂清洁玻璃。开车时若玻璃板很潮湿,则应驾驶一段时间,直至肯定所有潮气散发后,再打开天窗。

(3)玻璃板由一个高弹性、防磨损橡皮密封垫圈密封。可用浸湿的海绵清洁以保持干净,用细腻的滑石粉经常维护能延长橡皮圈的使用寿命。天窗的移动部分由低维护材料制成,应用一段时间之后需要用润滑油或润滑剂(不能用黄油之类)清洁它的机械活动部分。

三、车身彩条

为更加突出个性,体现新一代的车身文化,似夏天流行的多彩文化广告衫一样,车主们已不满足于单一色调的车身油漆颜色。

(一)车身彩条的类型

(1)没有可撕离表层的贴膜。它由彩条层和背纸层组成、彩条层正面是彩条图案,背面是黏性贴面。

(2)有可撕离表层的贴膜。它由背纸层、彩条层及外保护层组成,彩条层也是有彩条图案和黏性贴面两面。

(二)装贴注意事项

(1)粘贴彩条贴膜只能在摄氏16℃~27℃,温度过高会导致贴膜变大,湿溶液迅速蒸发,温度过低会影响贴膜的柔性,从而影响附着效果。

(2)使用水和中性清洗剂将车身表面彻底清洗干净,为了使彩条正常地贴上去,车身表面必须没有灰尘、蜡和其他脏物,必要时,还应进行抛光处理。

四、其他外装饰件

(1)导流板与扰流板。近年来,漫步在街头时,可看到越来越多的汽车在车身的前后端装上一块导流板和扰流板,使车身显示出美观的流线型,也增添了一份新奇,导流板和扰流板能增加汽车的美感,制造商也借此吸引买主。

(2)晴雨窗罩。依车身外形一体设计,流线造型,高速行驶时稳定性佳,开窗时可导入大量空气,避免窗户结雾,省油效果较佳。雨天行车,车窗打开大半,雨水仍不会直灌车里;车内吸烟,可摇下车窗,高速行驶时不会狂风吹头;热天停车,可开窗保持空气对流,降低车内温度;晴天遮阳,可防止侧面刺眼强光。安装简便、不需使用任何工具。

(3)车轮饰盖。车轮饰盖能烘托整车的造型美;更能让用户加深对轿车品牌概念的理解;车轮饰盖表面油漆关系到产品的外观、色彩、光泽度及牢度,正规产品均采用高质油漆及先进的工艺处理,以保证产品的质量和使用寿命。

(4)挡泥板。挡泥板可防止盐碱物及碎石、泥土附着车身,有效保持汽车清洁。

(5)防撞胶。涂于车身表面的一层特殊涂层,可进一步加强其防撞抗振功能。使用前将车身擦净,贴上后轻压一次,1小时后再压一次,1小时内避免与水、油类接触。

(6)静电带。充分释放行车途中产生的静电,完全消除因静电积聚引起的不适感。

第三节　汽车美容与护理

一、车表美容

车表美容包括汽车清洗和汽车打蜡,作业时常用设备及用品见表9-1。

车表美容设备及用品　　　　　　　　　　　　　　表9-1

美容项目	具体操作项目	设备及用品	选用要点
车表美容	汽车清洗	龙门滚刷清洗机、小型高压清洗机、鹿皮、毛巾、板刷、清洗护理二合一清洗剂、水系清洗剂、玻璃清洗剂、沥青清洁剂、轮胎清洗保护剂、电镀清洗保护剂、银镀清洁保护剂、清洁上光剂等	①小型美容企业宜选用小型高压清洗机 ②北方冬季宜选用调配式清洗机 ③不宜选用碱性清洗剂洗车
	汽车打蜡	打蜡机、打蜡海绵、无纺布毛巾及各种保护蜡、上光蜡、防静电蜡、镜面釉等	①根据汽车漆面性质、特点及汽车运行环境选用车蜡 ②镜面釉是非蜡质保护剂

(一)汽车清洗

1. 车身的清洗方式

(1)车身静电去除清洗。车辆在行驶过程中由于摩擦而产生强烈的静电层,静电对灰尘和油污的吸附能力很强,一般用水不能彻底清除,必须要用专用的清洗剂。

(2)车身交通膜的去除清洗。汽车经过一段时间的行驶,由于车身静电吸附灰尘,时间久了形成一层坚硬的交通膜薄膜,使原来艳丽的车身变得暗淡无光。这层交通膜使用普通的清洁剂很难把它清除掉。

(3)除蜡清洗。因为蜡如果不清除干净,上新蜡时会因两次蜡的品种和上蜡的时时不同,极易产生局部新蜡附着不牢的现象。

(4)增艳清洗。这种清洗的作业方式是在抛光或上镜面釉之后进行,目的是除掉残留在车身表面的抛光剂和油分,为上蜡保护做好准备,一般使用清洁上蜡二合一香波。

2. 洗车的工艺流程

洗车步骤一般分冲车、擦洗、冲洗、擦车和吹干等5个步骤。洗车时一般由2人配合进行,这样不但速度快而且清洗的质量好。

(1)冲车。接到服务车辆后,由1人负责驶入工作间,1人在车前引导,适时提醒驾驶员控制好方向。

(2)擦洗。将配制好的洗车液均匀喷洒在车身表面,如果有泡沫清洗机,可先将泡沫喷洒在车身表面,然后2人手持海绵一左一右按照从上到下的顺序擦洗车身。

(3)冲洗。擦洗完毕之后,开始冲洗车身,顺序同冲车一样,但这时应以车顶、上部和中部为重点。

(4)擦车。用半湿性大毛巾将整个车身从前至后先预擦一遍,待车身中部及下部大部分水分被吸干之后,用干毛巾细擦一遍,要求擦干所留下的水痕。

(5)吹干。完成前面四道工序后,车身表面基本洗干净。

3. 车表顽固污渍的清除

汽车行驶时有可能粘上焦油、沥青等污物,如果没有及时清洗,长时间附着在漆面上,会形成顽固的污斑,使用普通的清洗液一般难以清除干净,可以采用如下方法处理:

（1）焦油去除剂清除。焦油去除剂是汽车美容的常用产品，主要用于沥青、焦油等有机烃类化合物的清洁。使用专用的焦油去除剂，既可有效溶解顽固污物，又不会对漆面造成损伤。在沥青、焦油等顽固污渍的清除作业中，最好选用专用产品，若无专用去除剂，可考虑使用下面两种方法。

（2）有机溶剂清除。如果没有专用的焦油去除剂，可选用有机溶剂，但选用时一定要注意不可选用对车漆有溶解作用的有机溶剂，如含醇类、苯类的有机溶剂、松节水等。一般可用溶剂汽油浸润后，擦拭清除。

（3）抛光机清除。使用抛光机清除时可加入适当的研磨剂，也能有效地去除附着在车表的沥青、焦油等顽渍。但操作时要注意抛光机的使用，注意选择抛光机的转速和抛光盘的材质，避免抛光过度，得不偿失。

（二）车身表面的抛光与打蜡

判断车身漆面是否需要抛光处理可以按照以下方法进行。①观察法：从车身的不同角度来观察车身漆面的亮度，通过眼睛感觉光线的柔和度、反射景物的清晰度等来判断。如果景物暗淡、轮廓模糊则需要进行抛光处理；②触摸法：用手套上一层塑料薄膜纸来触摸漆面。如果感到发涩或有凹凸不平的感觉时，就必须进行抛光处理。

1. 上蜡

上蜡可分手工上蜡和打蜡机上蜡两种：手工上蜡简单易行，打蜡机上蜡效率高。无论是手工上蜡还是打蜡机上蜡，都要按一定的顺序进行，要保证车身漆面涂抹的均匀一致。上蜡时每次不要涂得太厚，上太多的蜡不但造成成本的增加，而且会增加抛光的工作量，还容易粘上灰尘，使抛光摩擦时有可能产生划痕。

（1）手工上蜡。首先将适量的车蜡涂在海绵上，然后按一定顺序往复直线或环形均匀涂布。

（2）打蜡机上蜡。将车蜡洒在车身表面上，用手控制好打蜡机，启动开关，注意涂布时的力度、方向性及均匀度。

2. 抛光

上蜡后一般停留几分钟，然后用手工抛光或用抛光机将其打亮。手工抛光时应先用手背感觉车蜡的干燥程度，以刚刚干燥而不黏手为度。手工抛光作业通常使用无纺棉布按一定的顺序作往复直线运动，适当用力挤压，以清除剩余车蜡。

二、车饰美容

车饰美容通常是对汽车内部空间的美容护理,主要包括车内顶棚的清洁、车侧立柱及车门内表面的清洁、仪表控制面板的清洁护理、风窗玻璃的清洁护理、座椅的清洁护理、安全带的清洁、地毯的清洗、转向盘的清洁及其他饰面的清洁,还包括行李舱的清洁。常用的设备工具有吸尘器、高温蒸汽杀菌器、喷壶、毛巾、纤维织物清洗剂、真皮上光保护剂、地毯清洗剂等。

(一)车饰美容工艺流程

第一步:整理杂物。

第二步:除尘。

第三步:清洗。对于不同的内饰件材质使用不同的清洗方法。

第四步:上光护理。

第五步:消毒处理。可采用两种方法:①臭氧消毒。臭氧的化学性质是它的氧化能力很强,对细菌、病毒等微生物杀灭率高、速度快,对有机化合物等污染物质去除彻底而又不产生二次污染;②光触媒消毒。"光触媒"是以二氧化钛为代表的具有光催化功能的光半导体材料的总称。它比臭氧、负氧离子有着更强的氧化能力,可强力分解臭源,有极强的防污、杀菌和除臭功能。光触媒机如图9-1所示。

(二)车饰清洁注意事项

(1)使用适当的清洁剂。进行车饰清洁时,要根据不同材质使用专用的清洁剂或最相近的清洁剂,例如,用水性真皮清洁柔顺剂清洁真皮座椅,用化纤清洗剂清洗丝绒纤维制成的座椅、地毯等,用玻璃清洗液清洗车窗内侧的玻璃等。

(2)切记不要随意混合或加温使用车饰清洁用品。不同的车饰清洁用品混合后,有可能产生一些有害物质,例如有些化学成分混合后可能会释放出有毒气体。若将清洁剂加温,如放入蒸汽清洗机内使用,也容易产生有害气体。

图9-1 光触媒机

(3)对不熟悉的产品应先测试使用。对于首次使用的清洁剂,应先找到相同材质的部件进行清洗测试,或可在待清洗部件的不显眼处进行测试。如使用真皮清洁剂清洗车内座椅皮革时,可先在座椅底部或背面等不显眼的地方小面积使用,观察清洗效果如何,以防褪色或有其他损害。

(4)车饰件上有特殊的污渍如焦油、油漆、润滑油等时,不可用力擦洗,应选用专用清洁剂进行清洗。

(5)清洁作业时,喷上清洁剂稍停片刻后才进行擦拭。擦拭方向要求后期只能单向运动,以便保持光线漫射面一致。

(6)如有需要,可对清洗过的较难干燥的饰件进行烘干处理,有利于防止发霉。

三、漆面美容

(一)漆面美容的分类

根据侧重点的不同,漆面美容可以分为修复美容、护理美容及翻新美容。

1. 修复美容

汽车修复美容是指对喷漆后的漆面问题进行处理。施工工艺是先磨平再抛光。

2. 护理美容

护理美容是指汽车在正常使用中进行护理,保护漆膜而使漆面光泽持久,避免粗糙失去弹性和光泽。

3. 翻新美容

漆面翻新美容是指受污染的漆面造成粗糙失光,不需喷漆,经过翻新美容后就能达到原来的效果。

(二)漆面美容的主要内容

1. 漆面失光处理

汽车在使用过程中,免不了风吹、日晒、雨淋及受到空气中有害物质的侵蚀,致使漆面逐渐失去原有光泽。在汽车美容作业中采用特殊处理工艺与方法,配合专门的护理品,可以有效地去除失光,再现漆面亮丽风采。

1)确定漆面失光的原因

(1)自然氧化导致的失光。漆面无明显划痕,用放大镜观察漆面斑点较小,这类失光原因大多是氧化还原反应所致。

(2)浅划痕导致的失光。漆面分布较多的浅划痕,特别是在光线较好的环境中,如在阳光的照射下十分明显,导致漆面光泽受到严重影响。

(3)透镜效应引起的失光。用放大镜仔细观察漆面,若发现漆面有较多的斑点,则说明漆面受透镜效应侵蚀严重,光泽受到不同程度的影响。

2)漆面失光处理的工艺程序及方法

(1)自然氧化不严重或浅划痕导致的失光通常可采用抛光研磨的方法进行处理。

(2)自然氧化严重或透镜效应严重引起的失光要求进行重新地涂装翻新施工。

2. 漆面浅划痕处理

由于使用中摩擦及日常护理不当,久而久之在漆面上出现轻微划痕,并未露出底漆,这种划痕在阳光下尤其明显。

1)漆面浅划痕修复的基本方法

(1)漆笔修复法。用相近颜色的漆笔涂在划伤处即为漆笔修复法。

(2)计算机调漆喷涂法。结合计算机调漆并采用新工艺方法的划痕修补技术,是一种快速的技术修复,但要求颜色调配准确,修补的面积尽可能缩小,再经过特殊溶剂(驳口水)处理后,能使新旧面漆更好地融合,达到最佳附着。

(3)抛光法。对于一般的极浅的浅划痕,可用抛光机来进行抛光,如果相对的深一点的,可以用 2000 号砂纸进行打磨,然后再进行抛光,这样就可恢复其原有的漆膜了。

2)漆面浅划痕处理应注意的问题

(1)在进行漆面浅划痕处理施工前,待处理表面必须进行清洁和开蜡。

(2)抛光剂不可涂在抛光轮上,应用小块毛巾均匀涂抹于漆面待处理部位。

(3)抛光剂涂抹面积要适当,即可便于抛光操作,又要避免未及时抛光出现干燥现象。

3. 漆面深划痕处理

汽车漆面深划痕多为硬性划伤所致,目测会看到裸露的底漆,当用手擦拭划痕表面,会有明显的刮手感觉。目前在汽车美容行业中,在深划痕处理工艺上,虽然称谓命名不同,但从实质特点上看,仍采用喷涂修复施工来完成。

4. 喷涂修复

喷涂修复是汽车美容作业中要求最为严格、技术含量最高的施工项目。当汽车漆面出现划伤、破损及严重腐蚀失光等现象时,即可采用喷漆工艺来恢复汽车的昔日风采。

5. 面漆的镜面处理

最佳镜面效果的材料是抛光剂,靠抛光机转速的调整而使抛光剂产生的化学反应。方法是,用抛光机转速带来的热量使汽车漆与抛光剂之间产生一种化学反应,来清除细微划痕,让汽车漆显示出它自身的光泽,然后再施以上光蜡。

第四节 汽车音响

汽车音响早在50多年前就初现端倪,发展至今,它已由最初的汽车收音机演变为集视听娱乐、通信导航、辅助驾驶等多种功能于一身的综合性多媒体车载电子系统,并成为未来汽车上不可缺少的组成部分。

许多车主都喜欢更换原车所配的音响,不外乎有以下几点理由:欣赏更多的音源;大多数中档轿车原车只配卡带和收音主机,为获得更好的音质;扩展音响的功能等。

一、汽车音响设备的组成

1. 音源

①模拟音源。如FM/AM收音机、卡带等;②数字音源。如CD、VCD、DVD、MP3、MD等。

2. 功率放大器

信号放大是整套汽车音响中至关重要的部分,虽然大多数主机都内置功率放大器,但其功率和效果却无法与外置功放相提并论。

功放的基本作用是将经过前级放大的音频信号进行功率放大(电流放大),用来驱动扬声器。

3. 扬声器

在汽车音响中,扬声器作为还原设备进行声音的还原,而音质的好坏直接由扬声器表现。

(1)全频扬声器,负责重放全频段的声音。

(2)高音扬音器,负责重放高频段的声音。

(3)中音扬声器,负责重放中频段的声音。

(4)低音扬声器,负责重放低频段的声音。

(5)超低音扬声器,对超低音进行重放。

普通的全频扬声器虽然可以表现各个音域的声音,但每个音域的表现都不是很好。而多组分频扬声器中每只扬声器只表现某一个频率范围的声音,其效果更是非同凡响。

4. 其他设备及附件

(1)声音处理设备。均衡器,声音处理器,电子分频器等。

(2)附件。电源分配器,保险器,线材,接头等。

二、汽车音响搭配原则

决定音响系统类型后,要按照车内的空间来选择合适的器材。汽车音响系统的好坏,关键在于如何组合和搭配,同一品牌的音源、功放、喇叭的组合出现不协调的机会少,不易出毛病,适合初入门者;不同品牌的主机、喇叭的组合,选配要有功力,组合得好,往往会收到比全套服务高出 20%～30% 的效果。组合原则是充分利用和发挥每件器材的作用,相差悬殊会造成浪费,好的器材没有发挥应有的作用,而较差的器材又使整个音响系统指标下降,所以,要取得好的音响效果,应选择同一个档次的器材。

(一)系统的平衡性

1. 价格的平衡性

价格的平衡性是指整个汽车音响系统的档次要和汽车的听音环境相配合。一辆价格为 20 万～30 万元的轿车,通常车内噪声较小,车体较厚,隔声效果不错,这时搭配一套价格在 2 万元左右的高档套机丝毫不足为过。

2. 搭配的平衡性

搭配汽车音响时一定要考虑一套音响各个组成部分的平衡,即主机、功放、扬声器和线材等都要进行恰当的选择,不可偏废,因此在资金有限时,选择一款带有大功率输出的主机不失是一种明智之举。

(二)大功率输出原则

所谓大功率输出原则是指在一套音响系统中,主机或功放的输出功率一定要大,因为它们的输出功率越大表明它们能够控制的音频线性范围越大,这也就意味其驱动扬声器的能力越强,而小功率的功放不仅容易引起声音上的失真,更会导致烧毁功放或者喇叭线圈。

(三) 音质自然重放原则

当专业音响人士评判一套音响系统的优劣时,都会不约而同地将其频响曲线的平滑性作为评价的主要客观参数。

三、汽车音响配线的选择

(1) 汽车音响线材的电阻越小,在线材上消耗的功率越少,则系统的效率越高,即使线材很粗,由于喇叭本身的原因也会损失一定的功率,而不会使整个系统的效率达到100%。

(2) 线材的电阻越小,阻尼系数越大,阻尼系数越大,喇叭的赘余振动越大。

(3) 线材的横截面面积越大,越粗,电阻越小,该线的容限电流值越大,则允许输出的功率越大。

(4) 电源熔断丝的选择,主电源线的熔断丝盒越靠近汽车蓄电池越好,熔断丝电流值大小可按以下公式加以确定:电流值=(系统各功放的总额定功率之和×2)/汽车电源电压平均值。

四、汽车音响的基本调节

(一) 增益的调节

第一步,首先将功放的增益调节到最小的位置。

第二步,用一个有人声的CD作为音源。

第三步,逐渐调高音量直至能够听到失真,然后再慢慢调低音量直至不再听到失真,将主机的音量固定在这一位置。

第四步,逐渐增加功放的增益,直到所期望的音量,注意不要产生失真。

(二) 分频点的设置

根据扬声器的需要设置分频点。各类扬声器都具有不同的重放频率范围,应根据这些特性来设置功放的分频点,对于分体组合式扬声器,由于其车身带有分频器,提供给它全频信号就可以了。

(三) 汽车音响功能调节

1. 选择适当的试音碟

无论采用什么样的试音碟,注意不要将音量调节得过大。

2. 声场的定位

调节 BAL、FAD 选项使乘客在车中能够体会到声场在车内前、后、左、右的定位,如果该机器具有 SPS(车内聆听位置选择)功能,千万不要忘记给予演示。

3. 声音的处理

在声场定位功能演示之后,可以进行各种声音处理操作,如 BBE、SOUND-NESS、DSP 声场模拟、环绕音效等。

调试时主声场应该以驾驶座和前排座为主,高、中音和中低音一般在前部,而低音则应在车的后部,在调整高、中、低音时,先调或后调哪部分,可根据每个人的习惯而定,无固定模式,但最终应使音乐完美地播放出来。

第五节 汽车安全防护

汽车是一个具有复杂结构的高速运动的物体,由于道路交通状况等诸多因素的影响,汽车发生碰撞时,其碰撞形式各不相同,主要有 3 种形式:正面碰撞、侧面碰撞及后面碰撞,另外还有车碰行人与翻车事故等。发生车对车、车对固定物体碰撞或翻车等类型的交通事故时,车内乘员会受到伤害。

一、减轻乘员受害的结构措施

(一)乘员受害分析

碰撞部位附近的车身发生变形时,汽车将产生非常大的减速度,在数百微秒乃至数十微秒的瞬间内停止运动。此时,车内乘员在惯性力作用下,仍以原有速度相对汽车向前运动,最后,撞在车内结构物(如转向盘、仪表板、风窗玻璃等)上。汽车撞在固定物体上可称为一次碰撞,乘员撞在车内结构物上称为二次碰撞。车内乘员的伤害程度取决于二次碰撞的程度,二次碰撞的减速度越大,受害越严重。当汽车发生其他类型的碰撞事故,如追尾碰撞、侧面碰撞时,乘员的伤害情况与此类似。

此外,在发生事故时,如果驾驶室变形很大,可能危及车内乘员的生存空间而使乘员受害。为减轻车内乘员在汽车碰撞事故中的伤害,可从增加驾驶室的强度、增加车身前后部吸收冲击的能力以及降低二次碰撞的减速度等方面着手。乘员保护可以从两个方面考虑:一是要有合理的车体构造,以保证车体在事故中产生变形后仍能确保乘员的生存空间;二是要有性能良好的乘员约束装置,以减轻二次碰撞。

(二)保护乘员生存空间的结构措施

1. 提高驾驶室的变形强度

驾驶室坚固可靠是保证乘员生存空间的最直接、最有效的方法,特别是在发生侧面碰撞和翻车事故时,坚固的驾驶室是保证乘员安全的主要手段。为减少驾驶室在事故中的变形,保护车内乘员有足够的生存空间,可提高窗框、门框、驾驶室前后壁顶棚、车门等处的变形强度。车身结构设计的基本思想是利用车身的前、后部有效地吸收碰撞能量。可以通过车身前部或后部的变形,来吸收碰撞时产生的冲击能量,并把冲击载荷加以分散。这样便减轻了驾驶室部分受到的冲击,同时,对整个汽车也起到缓冲作用。针对车辆行驶中,由于急转转向盘而使车辆翻车的情况,为确保乘员的生存空间,必须增强车辆结构。主要是对构成乘员室侧向构造的车顶纵梁、前柱、中柱等进行增强,以保证翻车后车顶等部分向乘员室内的突入量较小。

2. 加强车身前部与后部吸收冲击的能力

汽车前部构件的碰撞能量主要依靠物件的弯曲变形和压溃变形来吸收。汽车前部如发动机、变速器、差速器等质量较大,是不产生变形的部件,在发生碰撞时,并不吸收能量,从而车身的压溃变形量小。为防止这些部件侵入驾驶室,必须采取相应措施使其向下转移。对于小客车为了减少在碰撞时驾驶室受到的冲击,可加强车身前后吸收冲击的能力。

良好的能量吸收特性,包括两方面的含义:一方面,汽车的前部结构要尽可能多地吸收撞击能量,使作用于乘员上的力和加速度降到规定的范围内;另一方面,控制受压各部件的变形形式,防止车轮、发动机、变速器等刚性部件侵入驾驶室。计算表明,当汽车以 80km/h 车速发生正面碰撞事故时(例如两车迎面相撞或汽车撞在固定物体上),汽车前部如果能吸收全部冲击能量的 70%,就可保证车内乘员的安全。为了吸收冲击能量,对于承载式车身,可在车身前部加装吸收能量的杆件;对于非承载式车身,主要靠前部车架的特殊结构来吸收冲击能量。

3. 侧面碰撞保护

侧面碰撞是另一种最常见的道路交通事故类型,其撞击过程可划分为3个阶段：

(1)加速度作用于车侧,指撞击汽车以一定速度撞上被撞汽车(0~20ms)。

(2)乘员受伤(20~30ms)。

(3)车身最后变形(30~70ms)。

侧面碰撞时车身变形空间小,所以,侧面碰撞受伤的危险性比正面碰撞高得多。为了加强乘员保护,车门、门槛和立柱都要设计成刚性结构。通过将侧碰力有效地转移到对车身具有保护作用的梁、柱、地板、车顶及其他部件,使撞击力被这些部件分散、吸收,从而极大限度地把可能造成的损害降低到最小程度。

二、汽车用安全用品

行车安全越来越被人们所关注,各种有关行车安全的法规不断出台,汽车制造商们在开发新产品时,往往将行车安全放在了首位,这里所介绍的是在汽车装饰中可供选用的一些辅助安全产品。

(一)后视镜

通常汽车所安装的后视镜都是平面,观察物体无变形,符合人的视觉习惯,但汽车上的平面后视镜尺寸很小,视场大受限制,倒车时驾驶员往往要回头观察,增加了不安全因素,因此市场上目前有一些所谓的"无盲区"后视镜产品供车主选用。

"无盲区"后视镜的原理并不复杂,从光学上说都是凸面反射镜,相同尺寸的凸面反射镜与平面镜比较,视场更为宽阔,但观察物体的成像变小,凸面镜的弧度越大,视场就越大,但物体变形也越大,汽车上安装凸面后视镜后,驾驶员的视野会更为开阔,观察到后方更多的物体,但由于物体"变小"了,所以会不同程度地造成距离错觉,因此在选用后视镜时不能简单地认为视野越大越好。

目前市场上出售的"无盲区"后视镜主要有三类。

(1)加贴小镜子。为方或圆形小镜片,只要揭下背面不干胶保护纸把小镜子粘贴到原来的平面后视镜上即可,但由于这种小镜子弧度很大,看到的后方来车变得很小,会产生较严重的距离错觉,特别是夜间行车,只能看到后方一些小亮点,分不清是车灯还是路灯,基本上失去后视作用。

(2)大视野后视镜。根据不同牌号汽车,设计成原后视镜大小,取代原来的平面后视镜,通过大视野后视镜观察后方车辆,略有缩小,但基本不影响驾驶,安装比较复杂,要拆下原来的平面镜,可在购买时请商店代为安装。

(3)"无盲区"倒车镜。是车厢内部后视镜的替代品,尺寸比原镜宽得多,并有一定弧度。在小型轿车内使用这种倒车镜,通过后窗可以看到与车宽差不多的范围,便于倒车,对并线也有一定帮助,安装很方便,只要卡在原镜上就行。但所谓"无盲区"只是相对于平面镜视野有所扩大而已,不能简单地认为安装了"无盲区"镜就能洞察一切。另外凸面镜或多或少地使后方物体成像缩小,产生距离感,所以不宜把汽车的后视镜全部都换成凸面镜,而应至少保留一面平面镜,以保证正确的距离参照物。

(二)倒车报警系统

目前汽车越来越多地进入家庭,老驾驶员们可凭数年的经验,凭感觉进行倒车,但对新手,倒车就不是件容易的事了,倒车时不易把握倒车距离,左右后方不易把握倒车角度,后行李舱太高,挡住倒车视线;夜间、下雨或有雾等天气及狭窄空间停车,都会给倒车带来烦恼。

安装倒车报警系统(即倒车雷达)后,倒车时倒车报警系统自动启动,当车后有物体进入侦测范围时,通过超声波探头探测汽车尾部与障碍物之间的距离,并通过显示器以数字显示车体和物体间距离,同时发出间歇性警告声,同时左、中、右3个灯光按物体同车身后实际位置由远至近依绿、黄、红色亮起三重提示,倍感方便。

(三)安全气囊

1. 一般安全气囊

用此安全气囊在发生正面撞车事故时避免驾乘人员的头部、颈部和胸部强烈撞击在仪表板、转向盘或风窗玻璃上,安全气囊的引发条件等同于一辆车以35km/h的速度撞在坚硬的墙壁上。

加装时,有直接将安全气囊装在转向盘上的,也有的将整个转向盘均换装成带有安全气囊的豪华转向盘,这种转向盘价格相对较高,当汽车碰撞速度超过35km/h以上时,安全气囊就会在40vs以内迅速完成充气程序,在驾驶员与转向盘中间形成一层柔软而坚韧的保护层,从而有效地保护驾驶员免受碰撞挤压、玻璃碎片等造成的伤害,安全气囊一般所充气体为氮气,基本符合环保需要。

在选择安全气囊及加装店时,需要认清所购安全气囊有无国家安全鉴定权威机构(公安部车检中心)的检测合格证明,同时也要核实经销商及加装店的经营安装许可文件。

2. 双极安全气囊

这是一种新型的安全气囊,与一般安全气囊的主要不同点是在不同强度的撞击过程中能够分级启动。当驾驶员系着安全带并在低速下行驶发生碰撞时,安全气囊只处于待命状态,但如果驾驶员没系安全带,安全气囊将会启动,不过此时它只会膨胀到充气总量的70%;当驾驶员系有安全带但车速更高,撞击力更大时,安全气囊也将充气膨胀到70%的程度,此时如果驾驶员未系安全带,则安全气囊会完全膨胀,如果撞击力极强,安全气囊也将完全膨胀。

3. 防侧撞安全气囊

防侧撞安全气囊可以在汽车发生侧撞时为乘员提供髋骨股部保护,有的还带有保护头颈的安全气帘。

(四)其他安全产品

1. 保险防撞装置

如前后防撞杆、轮眉防撞条等,可减轻外界物体的冲撞力,以对车身起到防护作用。

2. 防侧撞安全杆

防侧撞安全杆在汽车的表面上是看不见的,其作用是在汽车发生侧撞时对车内乘员提供更好的保护,在现代设计的车中防侧撞安全杆已经被普遍采用。

3. 安全带

相对安全气囊而言,安全带结构简单,价格低廉,是汽车上安装最普遍,也是最实用的一种保护驾驶员及乘客的有效安全装置,当汽车遇到意外情况紧急制动时,安全带能将驾驶员及乘客束缚在座椅上,从而避免因惯性前冲而受到伤害。

4. 后座安全带

目前在市场上可以看见的进口车和国产中高档车中,后座安全带都是作为标准配置的,有一些国产车后座安全带仅作为选装配置,但后座安全带对于保护车内乘员的安全起着不可忽视的作用,在选装配置时后座安全带应在必选之列。

5. 儿童安全座椅

儿童安全座椅是保证儿童乘车安全的有效装置。但由于儿童年龄上的不同体格上的差异也很大,所以选择儿童安全座椅时,必须注意合适的尺寸和正确的使用方法,3 岁及不满 3 岁的幼儿应采用后向儿童安全座椅。

6. 防夹伤电动车窗

防夹伤电动车窗主要用于防止儿童夹伤手指。关闭车窗时,当窗内有任何物品时,防夹伤电动车窗都会自动停止关闭。

7. 安全带扣上警示灯

这是一个位于仪表板上的警示装置,可以提醒乘员系好安全带。

8. 关闭车门警示灯

当车门开启或未关好时,仪表板上的关闭车门警示灯亮,以提示乘员将车门关好。

9. 高位制动灯

高位制动灯位于车辆后风窗下部或顶部,有的则装在尾翼上,由于其位入眼且发光面积大,对防止汽车追尾能起到较好的警示作用。

三、安装汽车防盗装置

(一)汽车防盗装置的种类

汽车防盗装置按照结构不同大致可分为机械式、电子式和网络式 3 种。

1. 机械式汽车防盗装置

机械式汽车防盗装置大多为各种防盗锁,它们通过锁定转向盘、制动器踏板、变速杆等主要操纵件使盗贼无法将汽车开走。

(1)转向柱锁。主要由锁杆、凸轮轴、铰止器挡块、开锁杠杆和开锁按钮等组成。当驾驶员从钥匙筒拔出钥匙后,转向柱即被锁住,使汽车无法驾驶。

(2)转向盘锁。该锁两个锁栓分别固定在转向盘的径向两相对端,锁杆的另一头插在车内任意地方固定,以防止窃贼转动转向盘。

(3)制动器踏板锁。该防盗锁锁在制动器踏板杆上。使汽车处于制动状态,盗贼无法开走汽车。

(4)变速杆锁。该防盗锁可将转向盘和变速杆锁在一起,采用这种锁可以同时防止窃贼转动转向盘和拨动变速杆。

(5)车轮锁。该防盗锁锁在车轮上使车轮无法转动。

2. 电子式汽车防盗系统

在高级轿车上多数安装的是微电脑控制的智能型电子遥控防盗器,该防盗器可在窃贼接近或进入汽车时,发出蜂鸣、警喇叭、灯光等信号,既可吓退窃贼,又可引起路人的注意。

3. 网络式汽车防盗系统

网络式汽车防盗系统是主要利用 GPS 卫星定位系统对汽车进行监控达到防盗目的,该防盗系统不仅可以锁定汽车点火或起动,还可通过 GPS 卫星定位系统(或其他网络系统)将报警信息和报警车辆所在位置无声地传送到报警中心。

(二)汽车防盗装置的选用

1. 根据实际需要选用

不同的防盗装置价位相差很大,选用时应根据汽车的档次,本着实用、安全、方便的原则选择合适的防盗器。

2. 注意产品质量

选购时应注意检查产品设计工艺是否先进,是否通过了公安部的检测(须经过公安部安全与车用电子产品质量检测中心检测达到我国标准的产品,检测有效期为4年)。

3. 注意产品的环保性

我国部分城市对防盗器的环保性有具体要求,如北京市公安局技防办每年都要审批发放防盗器生产经营许可证,选购防盗器应注意在环保方面必须符合北京环保局、公安局、工商局、技监局联合发出的《关于防止机动车防盗报警器噪声扰民的通告》及《机动车防盗报警器报警控制标准》。

4. 注意产品的售后服务

购买防盗器应选择具有高质量的安装技术和良好的售后服务的商家,确保防盗器在使用过程中无后顾之忧。

四、更换电子式汽车门锁

为了安全、防盗、便于操纵,汽车门锁正在由机械式向电子式转变。汽车电子门锁是采用电子控制,以电磁铁、微型电动机和锁体或继电器作为执行机构的机电一体化保险装置。电子门锁在设计上通常突出方便性和安全性。所谓安全性是指驾驶员打开(或锁上)前车门时,其余门锁应能自动打开(或锁上)。安全性包括:防止乘坐人员误开车门;防止外来人员侵入等。

(一)汽车电子门锁的种类

由于电子门锁的控制电路部分具有很大的灵活性,使得电子门锁的种类繁多,既可按照控制部分中主要元器件的异同进行分类,也可按照输入密码方式的异同进行分类。

1. 按键式电子门锁

按键式电子门锁采用键盘(或组合按钮)输入开锁密码,内部控制电路采用电子锁专用集成电路 ABIS,例如,具有四位密码的 LS7220 和 LS7225。此类产品包括按键式汽车电子门锁和按键式汽车点火锁。

2. 拨盘式电子门锁

拨盘式电子门锁采用机械拨盘开关输入开锁密码。很多按键式电子门锁可以改造成拨盘式电子门锁。

3. 电子钥匙锁

电子钥匙锁使用电子钥匙输入(或作为)开锁密码,电子钥匙是构成控制电路的重要组成部分。电子钥匙可以由元器件或由元器件构成的单元电路组成,做成小型手持单元形式。电子钥匙和主控电路的联系,可以是声、光、电和磁等多种形式。此类产品包括各种遥控汽车门锁、转向锁和点火锁,以及电子密码点火钥匙。

4. 触摸式电子门锁

触摸式电子门锁采用触控方法输入开锁密码,操作简便。相对于铰链开关,触摸开关使用寿命长,造价低,因此优化了电子锁控制电路。装触摸式电子锁的轿车前门没有门把手,代之以电子锁和触摸传感器。

5. 生物特征式电子门锁

生物特征式电子门锁的特点是将声纹等人体生物特征作为密码插入,由计算机进行模式识别控制开锁。因此,生物特征式电子锁的智能化程度相当高。

(二)汽车中央集控门锁

为提高汽车使用的便利性和行车的安全性,现代汽车越来越多地安装了中央集控门锁。

中央集控门锁的功能：①中央控制。当驾驶员锁住其身边的车门时，其他车门也同时锁住，驾驶员可通过门锁开关同时打开各个车门，也可单独打开某个车门；②速度控制。当行车速度达到一定时，各个车门能自行锁定、防止乘员误操作车内门把手而导致车门打开；③单独控制。在除驾驶员身边车门以外的其他车门设置有单独的弹簧锁开关，可独立地控制一个车门的打开和锁住。

五、安装汽车安全报警装置

汽车是高速行驶的交通工具，为使汽车驾驶员和行人及时了解汽车运行过程中的各种信息，采取果断措施，确保行车安全，现代汽车上安装了多种安全报警装置。

（1）汽车超速报警装置。随着汽车动力性能和我国道路条件的改善，汽车行驶速度越来越快，但高速行驶往往也是酿成交通事故的直接原因。为了防止超速行驶，可在汽车上安装超速报警器。当汽车行驶速度超过一定数值时，报警器的音调发生器便使扬声器发出声响，提醒驾驶员适当减速或集中精力观察前方的交通情况。

（2）超车自动报警装置。高速行驶的汽车会因本车噪声的干扰听不到后面汽车发出的超车信号，特别是白天，驾驶员的目光不可能总是盯着后视镜，因此后面的汽车不得不长时间尾随其后等待机会。一旦后车驾驶员强行超车，便会带来不良后果。为防止这种现象的发生，可在汽车上安装超车自动报警器。该报警器通过装在车尾的拾音器获取后车请求超车的喇叭声，经处理后变成报警信号，提示驾驶员后面有汽车等待超车。

（3）多功能安全显示器。该装置安装在汽车尾部，可向后车显示本车行驶状态和有关提示，显示内容包括："左转"、"右转"、"倒车"、"请您制动"、"请您超车"、"请勿超车"、"本车故障"、"保持距离"等8项。

第六节　汽车改装知识

目前很多汽车爱好者对汽车改装非常青睐，然而改装必须符合国家的法律规定。《道路交通安全法》对改装汽车做出了限制：汽车的型号、发动机型号、车架号不能改，不能破坏车身结构；汽车改变颜色，更换发动机、车身或者车架的，必须交验汽车,更换发动机、车身或者车架的还要提交机动车安全技术检验合格证明;车贴面积不能超过车身总面积的30%,超过了就必须去相关部门报批;车的外观不能大幅改动,要求与行驶证上的照片基本保持一致。

一、汽车改装注意事项

(一)汽车外部改装注意事项

(1)可以对车身颜色、发动机、燃料种类、车架号码等进行改装,但有3种颜色属于特种车专用颜色,不能使用。红色为消防专用;黄色为工程抢险专用;上白下蓝为国家行政执法专用。而对车身、车架、发动机的变更,要在已经损坏无法修复或者存在质量问题的前提下才能够进行。申请变更时,须同时出具修理厂的证明及更换发动机、车身或者车架的来历凭证。

(2)更换前保险杠属于改变汽车外形,经过审批后是可行的,但对升高底盘等提升汽车越野性能的改装是不允许的。年审中一旦发现违规改装,必须恢复原状。

(3)加宽轮胎、进气系统、排气系统等改装是不允许的。根据公安部《机动车登记办法》有关规定,在用汽车轮胎规格、改装进气系统、排气系统都不是国家允许的变更项目。如在用汽车进行上述改装,可能会改变发动机功率,影响到行车安全,对进行非法改装的机动车所有人,将依法处以500~1000元的罚款,并责令其恢复原状。

(4)申请变更所需要提交的材料及手续:填写《机动车变更登记申请表》,然后提交机动车所有人及驾驶人身份证明和《机动车登记证书》、《机动车行驶证》、申请办理变更登记机动车的标准照片。

(二)内饰装饰方面应尽量遵循以下原则

(1)协调。饰品颜色必须和汽车的颜色相协调,不可盲目追求高品位、高价位,以免弄巧成拙。比如浅色车的内部配以深色的座套及红色的地毯等。

(2)实用。根据车内空间的大小,尽可能地选用一些能充分体现车主个性的小巧、美观、实用的饰物,如茶杯架、香水瓶、储物盒等。

(3)整洁。车内饰品应做到干净、卫生、摆放有序,给人一种轻松、舒适的感觉。

(4)安全。车内饰品绝不能有碍驾驶员的安全行车或乘员的安全,如车内顶部吊物不宜过长、过大、过重;后风窗玻璃上的饰物不要影响倒车视线等。

(5)舒适。车内饰品的色彩和质感要符合车主的审美观,香水要清新,不宜太浓等。

(三)汽车改装禁忌

总有一些车主喜欢对自己的爱车"动手动脚",以为能够提升车辆的性能,殊不知这样会给车辆及自身带来莫大的危害,以下25条禁忌就是最应该避免的。

(1)改大排气。降低了排气回压,低速转矩会下降,发动机排气门将会因为超高温度容易烧毁。

(2)装蘑菇头。降低了进气惯性,低速转矩会下降,油耗升高,低速无力。

(3)加平衡杆、横拉杆。局部振动更剧烈,会永久性破坏车体。

(4)改装音响,加低音炮。低音炮夸张的音量会不知不觉中损害车主听觉,大功率音响经常使得电路超负荷工作,容易烧毁开关,引起火灾。

(5)加汽油、润滑油添加剂。汽油油路清洁剂会溶解汽油滤清器里的杂质之后直接堵塞喷油器,故应在更换汽油滤清器后再清洁油路。润滑油添加剂只适用于中度燃烧润滑油的老车,任何新车加进去都会导致发热和剧烈磨损。

(6)改大轮胎。起步无力,加速变慢,转向盘松动,机构磨损加速。

(7)加装多点粗搭铁线。导致高压线路不正常,缩短火花塞寿命,有时电脑会混乱,油耗增加。

(8)车内香水。几乎全部是化学香精,有毒,对内饰塑料有脆化腐蚀,久了会莫名其妙爆裂,对身体健康危害很大。卡在空调出风口的香水瓶还经常卡断出风口导风片。

(9)车内门板等隔音。隔音只能是车辆生产过程中才能完成的事,不能再乱动。而且消音原理复杂,不是贴了就有效果,这是个声学均衡抵消的问题。往往是你隔了门板就会听出发动机声更明显,隔了发动机声又会导致车内异响听起来更杂乱。

(10)底盘封塑。99%的原车都有这道工艺,而且都足够厚。再乱喷上去只会封了底盘下不该封的地方,后果只有等以后维修才发现。

(11)改前照灯。加大灯泡功率会直接超过原设计的耐温值,不几天就会熔化烧毁灯罩反光层,灯光越来越暗淡,原因就是灯罩彻底报销。现在的前照灯透明罩都是合成材料,超过温度就会变黄,并慢慢产生一条条的小裂纹,灯泡电流大了更会慢慢烧掉前照灯开关线路,引起火灾。

(12)封釉。100%骗局,那只是硬蜡之类的东西,需要用高温溶解才会光亮,这个过程会造成漆层过热内伤。

(13)车内皮件打蜡。真皮类有细微毛孔,渗进去的任何东西都很难再清洁掉,缝线更是一碰到蜡以后就别想洗得掉。

(14)玻璃水。会硬化刮水器橡胶,还会在玻璃上镀上一层膜,失效之后会留下一片片的不均匀。

(15)后风窗玻璃贴太阳膜。后风窗玻璃上面都印有薄膜电路,一旦贴膜就永远不能撕开,当太阳膜失效需要更换时,一撕就会把印刷电路撕开,整块后风窗玻璃几乎报废。

(16)轮胎充氮气、加自补胶水。空气中氮气含量是70%,氮气也不是惰性气体,换句话说:是骗钱的。轮胎自补胶水效果有限,副作用却是破坏轮胎平衡,腐蚀轮毂和轮胎。

(17)大包围。超级跑车式的离地间隙只有在超级公路才能行驶,大多数非原厂大包围,土得掉渣不伦不类不说,先弄断你几个昂贵、还找不到配件的零件,才装得上去,以后天天要当心什么时候会掉下来,遇到碰撞,这类非原厂的护件会对你的生命安全产生极大的危害。

(18)碳纤维发动机罩。这是最可怕的改装,原厂的发动机罩碰撞的时候可以阶段变形弯曲起来,而改装件会直接插进玻璃切了驾驶员的头。

(19)换赛车转向盘。没了安全气囊,要是仅依靠系安全带,40km/h 碰撞就会一头撞在转向盘中间的螺栓上。

(20)加装雨挡。驾驶视线关系到安全,加了雨挡会使得盲区变大。

(21)换电脑芯片。一般只是解除了电子限速保护,只是功率提升,绝不是使得转矩也能得到提高,0~140km/h 车速提速依然一样,毫无区别,要看出区别得到230km/h 车速以后。

(22)电子提速加速踏板。发动机的润滑系统供油是需要时间的,当转速提升超过润滑油供油速度,感觉提速很快,使用几次后你就得准备去把发动机拆下进行大修。

(23)换白金火花塞。任何新的火花塞新装上去动力肯定有改善,不管是昂贵的白金还是几块钱一个的,这个原因是没被污染的新火花塞的绝缘良好,用几天后通通打回原样。

(24)加压刮水器。听起来似乎有点道理,利用气流增加刮水器压力能刷得更干净。但等你开到100km/h车速就会发现刮水器被压得变形根本刷不动,刮水器电动机齿轮也快被磨圆报废。

(25)粘贴防撞块。这个没什么好说的,一粘上去就等于车4个角都被撞了,粘得不紧或自动掉下来的时候会看到4个角的漆层被粘贴的强力胶水腐蚀脱落而变色。

二、汽车改装项目

(一) 外观

车身外观的改装一直占有相当重要的地位,改变车身外观最迅速、最简便的方式就是加装空气动力套件。所谓空气动力套件就是俗称的大包,基本上包含了进气格栅、车侧扰流板(侧裙)、后包围以及后扰流板(尾翼)等,有时我们也会看到在原厂保险杠会加装一片下扰流板,一般则称之为下巴;若是没有更换前后保险杠,只是加装下巴,也有人称其为小包。加装空气动力套件除了可使车辆更具可看性,以及更具运动气息外,最重要的还是要有良好的性能改善效果。加装空气动力套件并不会使车辆跑得更快,严格地说,好的套件通常会降低车速,能够使车有更稳定的表现。

(二) 发动机

就像人的心脏一样,发动机就是汽车的心脏,这是全车最重要的部分。而且改装起来也是最麻烦的,对其最主要的改装就是提高它的输出功率,改装方式有:加大缸径,提高压缩比,加多气门、自然吸气改为涡轮增压等,但是必须注意的一点是,改装发动机是相当危险的,一个不小心发动机就会损坏,甚至引发严重的安全事故。

(三) 进气系统

发动机的工作需要大量空气,空气进入发动机首先要经过空气滤清器,这是进气系统最重要的组成部分,目前大部分原厂配置的都是一次性纸质滤清器。改装用的产品是由特殊的化学纤维制成,其最大优点是在滤净空气的同时使进入燃烧室的空气流量、流速提高30%以上,从而令燃油燃烧更充分,单位效率更高,发动机的表现自然不俗。

(四)点火系统

点火系统是发动机工作的另一要素,由火花塞和点火线共同构成,原有配置均为单组线束,在电压、电流的通过性和通过量上均不尽如人意。改装用点火线的多组线束和高性能导电特质,点火线圈产生的高压电能大量、及时的传导给火花塞。火花塞是点火系统的末端组,利用电极产生的火花点燃混合后的油气,完成燃烧,推动活塞工作。原厂的配置和点火线一样,都是为降低成本而做的最低配置。车主如果要更换火花线和火花塞,则会使汽车加速踏板变硬、起步迅捷、加速凌厉。

(五)排气系统

排气效能的好坏直接关系到发动机效能的优劣。在进气增加、燃烧完好的同时,排气效率也需加强,高性能的排气管和消音器成了追求动力的车主的目标。

(六)制动系统

制动系统的结构设计比较简单,但改装的工作量则较大。想要提升其制动性能,最快最直接的方法就是换高性能制动片。此外,想升级制动系统还可以换高等级制动油;或者换装金属材质的高压制动油管;再者就是使用规格更大的制动增力器以提高制动踏板的辅助动力。

(七)底盘悬架

关系到行车操控的最大因素就是汽车的底盘悬架系统,原厂的设计一般以大众消费者能接受为目标。底盘悬架系统的改装可分为减振器换装、悬架结构杆强化、车身刚性加强等部分。影响最大也是最多人改装的项目是减振器。市面上的减振器类型有:原厂加强型、原厂加强车身高度可调型、专业高运动型、竞赛专用型等。车主应该根据自己的驾驶习惯和需求来选择减振器。

(八)轮胎

轮胎也是很重要的,因为强大的动力也好,灵敏的制动也好,最终还是要靠轮胎与地面的附着来实现的,而且更加专业的职业比赛用车,场地比赛的干燥路面和雨天都要用不同的轮胎,越野比赛更是对轮胎提出更高要求。

(九)减振器

悬挂系统的改装大致可分为换装减振器、强化悬挂结构杆、加装平衡杆等。

其中影响最大也是最多人改装的项目就是减振器。减振器的改装实际就是换上阻尼较硬、品质较好并且能和弹簧充分配合的减振器。选择一组适合的减振器是十分重要的,要在舒适性和操控性之间取得折中尤其困难,不过在纯竞技用的赛车上,一切均以操控为核心,这时一组硬邦邦的减振器无疑对于改装车来说就更加实用了。

家庭汽车改装应从实际需求出发,明确用途后按需改进,不要只是单一的模仿。无论是为了满足豪华性或舒适性,还是为了提高车辆性能、弥补功能的不足,始终都要注意确保车辆的安全性、通过性和环保性。盲目改装不仅没有乐趣可言,相反还会带来危险。

第十章　汽车停驶与封存

第一节　汽车的停驶维护

汽车上路行驶会涉及燃油费用、磨损费用和维护费用,但是对于停驶的汽车来说,其日后的维护费用可能会比正常行驶的车辆还要高,长期停驶的车辆其各部件的使用寿命更容易缩短。例如轮胎和油封这些部件,正常使用 10 万 km 没有任何问题,对于长时间停驶的车辆来说,其使用寿命可能会缩短到 5 万 km。

一、汽车停驶定期维护的作用

(一)预防橡胶部件老化

汽车上的橡胶部件,如轮胎、附件皮带以及防尘罩等,使用时间较长后会老化、膨胀或者变形,其性能和使用寿命会缩短。其次,这些橡胶部件长时间被日光照射,会导致橡胶迅速老化,若被汽油、润滑油沾污后,会导致体积膨胀,胶质变松,弹性下降等。为了防止橡胶部件的老化,应当避免阳光直接照射及接触到车辆上的各种油液。

(二)预防金属生锈

锈蚀主要是空气中的水分、氧气以及腐蚀性物质的共同作用造成的。因此,对于长期停驶的汽车应保持金属表面清洁,停放车辆的车库内应保持通风,使空气相对湿度保持在 70% 以下。还要及时清除汽车上的灰尘、脏物和水分。在易锈蚀的部位和机件表面应涂以润滑油、润滑脂或者用油纸包扎起来。对于各总成机构上的孔隙,应加以密封,避免空气、水分和灰尘进入内部。

(三)预防油封漏油

汽车上安装有很多油封和密封垫,例如凸轮轴油封、曲轴油封、半轴油封、气门室盖垫以及油底壳密封垫等,这些部件的密封性能会随着时间的延长而下降,尤其是在寒冷的冬季,油封和密封垫容易出现渗油的现象。如果再遇到长时间停驶的车辆,其密封性就很难得到保障了。定期起动一次发动机,使发动机达到正常的工作温度有利于延长油封的使用寿命。

(四)预防蓄电池亏电

汽车蓄电池电压为 12V,车辆长时间停驶蓄电池电压会下降,当蓄电池电压低于 12V 以后,发动机就很难被起动了。为了避免蓄电池电压下降而导致车辆无法起动,停驶的汽车 1 个月内最少要起动 3 次,起动后运转时间应不低于 20min,如果有时间的话,最好是上路行驶一段路程,这样做既可以更好地为蓄电池充电,而且还有利于底盘各部件可以保持在最佳的工作状况。

二、汽车停驶维护方法

(一)清洗整理

汽车停放前,应清洗整理全车,不要留下泥渍。轮胎压气要调到上限,油箱内加满油,并关闭全车电路。若停放期超过 1 个月以上,不但要将胎压调到上限,而且应每隔 1 周定时移动车辆数厘米,以免车胎因固定一个位置总压着地,造成该部位辐射钢丝变形。

(二)停放车库内

汽车停驶最好将汽车存放在车库内,以防止日晒漆面褪色。车库内保持通风,车库内的潮湿不仅会使金属部件锈蚀,还会损坏电气元件,这对于自动化程度较高的汽车是致命的。因此,停放车辆的车库内应经常保持通风,使空气相对湿度保持在 70% 以下。在易锈蚀的部位和机件表面应涂以润滑油、润滑脂或者用油纸包扎起来。对于各总成机构上的孔隙,应加以密封,避免空气、水分和灰尘进入内部。

(三)罩上汽车罩

如果没有车库停放,要给汽车罩上汽车罩。要选择厚并多层的汽车罩,这样就可以有效地减少阳光对漆面的影响。因为强烈的阳光照射能使漆面缓慢地褪色并且破坏汽车零件中的皮革和橡胶。另外,一定要选择质量好的汽车罩,并且大小要合适,否则车罩在风的吹动下与车身来回摩擦,其结果如同给汽车罩上了一层砂纸,而且不停地打磨。

(四)将车架起来

汽车在停驶前,应用千斤顶或专用支架把车子架起来,使轮胎和悬架元件不再受力。

(五)放净防冻液

汽车停驶前,应放净冷却系统中的全部防冻液,放掉润滑油,蓄电池应在充足电后摘下桩头,在停放期间还应定期充电。

(六)油箱要密封

汽车长期停驶,汽油的辛烷值会随着轻质成分的损失和胶质含量的增加而下降,从而使其抗爆性随之降低。因此,汽油油箱要严密封闭,并且避免温度过高,汽油储存的时间最好不要太长。

(七)油箱要加满

如果车辆存放时没有或有少量的燃油,水分会侵入系统中而引起生锈和腐蚀。如果系统中存有燃油,汽油中的化学物质会逐渐分解变化,其中的化学物质与氧气发生反应,产生胶质沉淀物和清漆类物质,这就会堵塞燃油管路。正确做法是向燃油中添加稳定剂,延长汽油的使用寿命并保证其不变质。

(八)每月起动发动机一次

汽车如长期不用,最好每月起动发动机一次,检查发动机的运转情况。如有异常现象,需及时调整、维修。

(九)每周行驶一段里程

当一段时间内不使用车时,最好每周将车开到公路上高速行驶一段里程,以保持车辆的各种使用性能。

(十)检查蓄电池

蓄电池的电解液液面必须高于极板 10~15mm,不足时应及时添加蒸馏水,应保持电量充足,不足时应对蓄电池充电。

第二节　办理相关汽车停驶手续

一、办理条件

已注册登记的机动车需要停驶的。

二、办理停驶所需提供的材料

(1)《机动车停驶、复驶/注销登记申请表》。

(2)机动车所有人身份证明原件和复印件。

(3)若委托代理人办理,还应提交代理人身份证明,并且在《机动车停驶、复驶/注销登记申请表》上与机动车所有人共同签字。

(4)申请停驶的,交回号牌、行驶证和《机动车登记表(副表)》(到所辖区交巡警支(大)队领取)。

三、办理程序

(1)机动车所有人或代理人携带所需证明、凭证到车管所验车场窗口办理手续。

(2)办理交还机动车号牌手续,再到初次受理窗口。

(3)领取《机动车停驶凭证》(办理复始的领取《机动车行驶证》、车辆号牌和《机动车登记表(副表)》)。

(4)办理后,将机动车号牌和行驶证交回车管所保存。

办理汽车停驶手续一般在一个工作日内完成。受理地点为公安交通管理局车辆管理所指定检测场。

参考文献

[1] 周立国. 不一样的玩法 自驾游完全实用手册[M]. 北京:中国财政经济出版社,2014.

[2] 知路图书. 中国自驾游[M]. 长春:吉林科学技术出版社,2014.

[3] 齐玉梅. 快乐自驾游攻略[M]. 北京:机械工业出版社,2011.

[4] 《中国自驾游》编写组. 中国自驾游 驾车游完全实用攻略[M]. 北京:中国轻工业出版社,2004.

[5] 行者无疆. 野外生存自助游全攻略[M]. 北京:中国法制出版社,2014.

[6] 谷声图书. 旅行你就搭动车[M]. 北京:电子工业出版社,2012.

[7] 凌凯汽车资料编写组. 汽车钣金涂装与美容[M]. 北京:北京邮电大学出版社,2006.

[8] 周燕. 汽车美容与装饰[M]. 2版. 北京:机械工业出版社,2010.

[9] 甘文嘉. 现代汽车美容与装潢[M]. 上海:上海交通大学出版社,2002.

[10] 马勇智,吴晋裕. 汽车美容[M]. 北京:人民交通出版社,2004.

[11] 吴兴敏. 汽车车身修复与美容[M]. 北京:机械工业出版社,2002.

[12] 交通运输部公路科学研究院. 机动车驾驶员安全技能培训教程[M]. 北京:人民交通出版社,2012.

[13] 陈礼璠. 汽车节能技术[M]. 北京:人民交通出版社,2011.

[14] 中华人民共和国交通部. 驾驶员安全行车手册[M]. 北京:人民交通出版社,2010.

[15] 刘益军. 汽车安全驾驶技巧[M]. 北京:人民交通出版社,2006.

[16] 杨万凯. 汽车实用维修技术与管理[M]. 北京:人民交通出版社,2006.

[17] 陈枝辉. 机动车与交通事故疑难案件裁判要点与依据[M]. 北京:法律出版社,2013.

[18] 孙智峰. 交通事故赔偿指南[M]. 北京:人民法院出版社,2011.

[19] 奚晓明. 道路交通事故赔偿纠纷[M]. 北京:法律出版社,2012.